浙江省普通高校新形态教材项目

导游词
编撰与讲解实务 第2版

汪亚明 徐慧慧 王显成 编著

北京·旅游教育出版社

策　　划：李荣强

责任编辑：李荣强

图书在版编目（CIP）数据

导游词编撰与讲解实务 / 汪亚明，徐慧慧，王显成编著. -- 2版. -- 北京：旅游教育出版社，2024.1

ISBN 978-7-5637-4643-9

Ⅰ. ①导… Ⅱ. ①汪… ②徐… ③王… Ⅲ. ①导游－解说词－写作－中国－教材 Ⅳ. ①K928.9

中国国家版本馆CIP数据核字(2024)第003216号

导游词编撰与讲解实务

DAOYOUCI BIANZHUAN YU JIANGJIE SHIWU

（第2版）

汪亚明　徐慧慧　王显成　编著

出版单位	旅游教育出版社
地　　址	北京市朝阳区定福庄南里1号
邮　　编	100024
发行电话	（010）65778403　65728372　65767462（传真）
本社网址	www.tepcb.com
E - mail	tepfx@163.com
排版单位	北京旅教文化传播有限公司
印刷单位	北京柏力行彩印有限公司
经销单位	新华书店
开　　本	710毫米 × 1000毫米　1/16
印　　张	19.75
字　　数	266 千字
版　　次	2024年1月第2版
印　　次	2024年1月第1次印刷
定　　价	49.00元

（图书如有装订差错请与发行部联系）

前　言

本教材是为旅游院校旅游管理专业及导游专业开设的"导游词创作与讲解""模拟导游实训""导游现场面试技巧"等课程编写的实训教材。在以往的旅游管理和导游专业人才培养方案中，大多未开设导游词创作的课程，只是在应用文写作中设置一个章节或单元。浙江旅游职业学院被列为国家示范性骨干院校建设单位后，导游专业被列入骨干院校中央财政支持的重点建设专业。2019年，浙江旅游职业学院又率先组建了"导游专业群"，并成功入选中国特色高水平高职学校和高水平专业建设计划名单（简称"双高计划"）中的高水平专业群建设名单。为增强导游专业教学改革力度，提高导游人才培养质量，"导游词创作与讲解"课程及其教材也同时被列为导游专业建设项目中的末级项目，并由汪亚明教授负责此项目的实施，编写出版了《导游词编撰实务》，由旅游教育出版社初版，后又修订出版和更名，教师、学生和广大读者均给予良好评价。多年来，浙江旅游职业学院导游及旅游管理专业和嘉兴职业技术学院旅游管理专业都开设了"导游词编撰实务""模拟导游实训"和"导游现场面试技巧"课程，为本教材的试用提供了良好平台。这次新修订的教材在上一版的基础上，增加了项目二：沿途导游词的编撰与讲解。

本教材的教学是导游专业群研学型导游方向和智慧型导游方向学生的核心职业技能课之一。其总体目标是，通过本课程的教学，学生达到全国导游人员等级考试中的中级导游员的相关资格标准，既能熟练进行不同类型导游词的编写，又能将景区的深厚的人文内涵用生动形象的语言表达出来，引导游客更好地欣赏自然与人文景观的美学价值。具体目标是通过项目化的实训教学，使学生掌握不同类型导游词的写作与讲解，诸如沿途类、概况类、山地类、水体类、动植物类、园林类、建筑类、宗教类和主题公园类导游词的编写与讲解。本课程以"导游文化基础知识""导游业务"等课程的学习为基础，也是进一步学习"模拟导游"和"现场导游讲解"等课程的基础。因此，本教材的推广应用对于提升导游专业、旅游管理专业学生和广大社会考生的写作与讲解水平具有重要意义。

本教材具有以下三大特点：

一是项目化特点。本教材按照导游词写作与讲解的基本程序，先学习编撰，再进行讲解。在编写体例上，以项目为纲，以具体任务为目，形成纲举目张式的教材内容结构体系。本教材先按导游讲解的主要内容分成九个项目，依次是项目综述、沿途类、概况类、山地类、水体类、动植物类、古代园林类、古代建筑类、宗教景观类和主题公园类；然后在项目之下设置一些具体实训任务，除项目综述外，其余九个项目均由项目导入、例文呈现、篇章解析、写作实训和拓展阅读5项具体任务构成。每个项目要掌握的知识重点是：项目类型导游词的内涵与定义、内容结构、语言特点等；所达到的能力是：能学会在网上查阅资料和采编技巧，学会篇章构思和语言表达技巧，学会修改与润色技巧，最终完成一则结构完整、内容充实、语言表达准确、生动、形象的导游词作品。导游词编撰学习完成后，学生分成小组依据每个项目后的讲解视频进行讲解训练，达到写与讲互动一体的效果。

二是贴近导游服务工作实际。本教材所对应的课程是依据导游带队实际工作中导游讲解服务工作项目的要求设置的，课程的设计思路是以培养学生的导游词写作能力、讲解技巧和相关知识素养为目标，采用教、学、练、讲四位一体的教学方法，进行以实训教学为主的导游词编撰与讲解教学活动；教学紧跟旅游产业发展需求，密切关注行业与时代发展动态，突出课程的职业性和时代性，贴近一线导游服务工作特点，立足于学生的认知特点、写作与讲解能力的培养，以初中级导游考试相应资格为标准，实施四位一体的"415"的教学模式，有效实现本课程预期目标。

三是实施四位一体的"415"项目化教学模式。本教材是进行课程教学的主要蓝本。课程开设一个学期，共36课时，按项目化教学模式，分成九个实训项目，即每个项目4课时，其中1课时讲授，1课时写作实训，1课时讲解练习，1课时修改成文。一学期每位学生撰写5篇导游词作品，作为学业评价依据，5篇导游词作品，每篇20分，其中导游词文本占15分，分成4

个等级：A. 13~15 分，B. 10~12 分，C. 8~9 分，D. 7 分以下；导游讲解每篇 5 分，分成 3 个等级：A. 5 分，B. 4 分，C. 3 分及以下。这种教学与评价方法可概括为四位一体的"415"项目化教学模式。

课时分配表

序号	项目名称	总课时	讲授	写作	讲解	修改
一	综述：中文导游词的含义、分类及编撰路径	2	1	0	1	0
二	沿途导游词的编撰与讲解	2	0	1	1	0
三	旅游景区概况类导游词的编撰与讲解	4	1	1	1	1
四	山地类导游词的编撰与讲解	4	1	1	1	1
五	水体类导游词的编撰与讲解	4	1	1	1	1
六	动植物类导游词的编撰与讲解	4	1	1	1	1
七	古代园林类导游词的编撰与讲解	4	1	1	1	1
八	古代建筑类导游词的编撰与讲解	4	1	1	1	1
九	宗教景观类导游词的编撰与讲解	4	1	1	1	1
十	主题公园类导游词的编撰与讲解	4	1	1	1	1

编者

目 录

项目一 综述：中文导游词的含义、分类及编撰路径 1

 项目导入 1

  任务一：认知中文导游词的含义与类别 1

  任务二：导游词的选材立意 4

  任务三：导游词的谋篇布局 5

  任务四：导游词的语言表达 10

  任务五：导游词的修改润色 14

  任务六：导游词修改实训 19

项目二 沿途导游词的编撰与讲解 22

 项目导入 22

  任务一：例文呈现 22

  任务二：篇章解析 25

  任务三：写作实训 26

  任务四：讲解交流与修改考评 27

  任务五：拓展学习——两种常见的沿途导游词 27

项目三　旅游景区概况类导游词的编撰与讲解 …………… 34

项目导入 ……………………………………………………… 34

任务一：例文呈现 …………………………………………… 34

任务二：篇章解析 …………………………………………… 36

任务三：写作实训 …………………………………………… 37

任务四：讲解交流与修改考评 ……………………………… 38

任务五：拓展学习——两种常见的概况类导游词 ………… 40

项目四　山地类导游词的编撰与讲解 …………………………… 57

项目导入 ……………………………………………………… 57

任务一：例文呈现 …………………………………………… 57

任务二：篇章解析 …………………………………………… 62

任务三：写作实训 …………………………………………… 63

任务四：讲解交流与修改考评 ……………………………… 64

任务五：拓展学习——各类地貌景观导游词撷英 ………… 66

项目五　水体类导游词的编撰与讲解 …………………………… 79

项目导入 ……………………………………………………… 79

任务一：例文呈现 …………………………………………… 79

任务二：篇章解析 …………………………………………… 83

任务三：写作实训 …………………………………………… 85

任务四：讲解交流与修改考评 ……………………………… 86

任务五：拓展学习——各类水体景观导游词撷英 ………… 87

项目六　动植物类导游词的编撰与讲解 ············· 107
项目导入 ·· 107
任务一：例文呈现 ·· 107
任务二：篇章解析 ·· 111
任务三：写作实训 ·· 113
任务四：讲解交流与修改考评 ····························· 114
任务五：拓展学习——各类动植物景观导游词撷英 ······ 116

项目七　古代园林类导游词的编撰与讲解 ············· 135
项目导入 ·· 135
任务一：例文欣赏 ·· 136
任务二：篇章解析 ·· 137
任务三：写作实训 ·· 139
任务四：讲解交流与修改考评 ····························· 140
任务五：拓展学习——不同类型园林景区导游词撷英 ···· 141

项目八　古代建筑类导游词的编撰与讲解 ············· 162
项目导入 ·· 162
任务一：例文呈现 ·· 163
任务二：篇章解析 ·· 165
任务三：写作实训 ·· 166
任务四：讲解交流与修改考评 ····························· 167
任务五：拓展学习——不同类型古代建筑导游词撷英 ···· 168

项目九 宗教景观类导游词的编撰与讲解·······189
项目导入·······189
任务一：例文呈现·······190
任务二：篇章解析·······192
任务三：写作实训·······194
任务四：讲解交流与修改考评·······194
任务五：拓展学习——不同类型宗教景观导游词撷英·······196

项目十 主题公园类导游词的编撰与讲解·······221
项目导入·······221
任务一：例文呈现·······222
任务二：篇章解析·······223
任务三：写作实训·······225
任务四：讲解交流与修改考评·······225
任务五：拓展学习——几种常见主题公园导游词·······227

附 录 比赛型导游词及研究论文选·······247
一、近几年全国职业院校导游服务技能大赛获奖导游词选评·······247
二、研究论文·······292

后 记·······301

项目一

综述：中文导游词的含义、分类及编撰路径

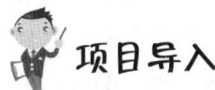

项目导入

本项目的重点任务是导游词编撰路径中的四大任务：选材立意；谋篇布局；语言表达；修改润色。本项目意在通过案例分析让学生了解导游词撰写中的一些常规性知识，为此后9章的分类教学与实训做好铺垫。

任务一：认知中文导游词的含义与类别

1. 导游词的含义

导游词是导游人员（工作者）为引导游客游览而对游览对象所作的说明、讲解词。导游员是导游词表达的主体；游客是导游词的受众；介绍、说明、讲解旅游景观是导游词的基本内容。导游员要找准自己讲解的切入点，充分考虑游客的特点，根据他们的要求进行讲解。

2. 导游词的分类

导游词可从内容和语体两个角度进行分类。从内容方面可分为自然景观导游词和人文景观导游词。自然景观又可分为山、水、植物、动物、气候

景观等,其导游词多用描写和比喻、拟人等修辞手法。人文景观有宫殿建筑、亭台楼榭、碑林墓塔、洞窟摩崖、风土人情、实物展品等,其导游词多用较严谨的笔法和准确的语言词汇来写。从语体风格角度可以分为口语语体和书面语体的导游词(如旅游指南、旅游手册、专题介绍等)。口语是导游词的主要表现形式,是导游带团过程中对旅游景观的解说。根据不同的游客、景观和情境,口语体又可分为演说型、介绍型、解说型和描写型4种类型。

(1)演说型。突出"演"字,句式整齐,音节和谐,节奏波浪起伏,多用于导游大赛。例如《隋梅》:

隋 梅

各位游客:大家好!欢迎光临闻名中外的宗教旅游圣地天台国清寺。我们现在所处的位置是国清寺中轴线上大雄宝殿的东侧,大家看到的这棵古树就是号称中国第一梅的隋梅。隋梅,顾名思义就是隋代种植而存活至今的古梅!相传此梅为天台宗的创始人智𫖮(yǐ)大师的弟子章安亲手所栽,它铁干疏枝,苔痕斑驳,巍然屹立,见证了国清寺千余年的沧桑历史。如今,它依然满树繁花,暗香四溢,向我们展示了它那无限的生机!1400多年,50多万个日日夜夜,受日月之精华,感天地之灵气,可谓阅尽人间无数。长在八桂峰下,相伴佛门圣地,在古佛青灯边感受禅的意境,听过多少高僧讲经说法,又见过多少香客顶礼膜拜!

假如,隋梅能开口向我们诉说以往的历史,那该有多好啊!不用,不用说,它已经用"行动"向我们显示了它的神奇灵性:十年"文革"期间,隋梅不开花,不结果,叶疏枝枯,像一位万念俱灰的老人,平静地等待死神的降临。"文革"一结束,隋梅却又突然花繁叶茂,果实累累。国清寺僧人采摘这千年梅子,做成罐头,用来招待嘉宾。不知在座的各位有没有品尝过?那种清香、酸甜、爽口的滋味,真是只可意会,不可言传。

说起梅,我们自然会想起宋代诗人林逋的"疏影横斜水清浅,暗香浮动月黄昏"的名句,那是一株淡雅清高的梅;说起梅,我们也会想起陆游的词"零落成泥碾作尘,只有香如故",那是一棵充满愁情而感伤的梅。

说起梅,我们还会记起毛泽东的咏梅词:"风雨送春归,飞雪迎春到,已是悬崖百丈冰,犹有花枝俏。俏也不争春,只把春来报,待到山花烂漫时,她在丛中笑。"那是一棵乐观向上、大气而又浪漫的梅，充分体现出开国领袖的博大胸怀！

而我们眼前这棵隋梅却充满了禅机与佛意，我们不必去过多地打扰它，我们只有用一颗虔敬之心默默地与之交流，才能领悟它那神圣而伟大的灵魂。"禅机付与花同发，一寸寒枝一寸心"，就形象地道出了其中的玄机！

（引自汪亚明，刘建明．中国5A级旅游景区导游词全编．北京：旅游教育出版社，2011．以下凡是引自此书的不再一一注明。）

这则导游词就是为一次导游大赛准备的。为了切合导游大赛独特的空间与对象，参赛者巧妙选择了一个非常单一的景点——国清寺里的一棵古梅树。这个景点虽然小，但却有丰富的历史文化内涵，这就为参赛的成功奠定了内容方面的基础。导游讲解无疑应该以讲为主，但为了营造参赛的演讲效果必须设置讲解中的高潮部分，做到有讲有演，讲演结合。这则导游词的前两自然段以叙述性讲解为主，到第三自然段用三个由短到长的排比句设置一个颇有气势的高潮，最后一自然段又急转直下回归平缓的抒情性叙述，真可谓是一波三折，徐疾有致，引人入胜。

（2）介绍型。突出"说"字。多用于介绍景观外形、性能、功用和行程安排等。如《悬空寺》：

悬空寺表面看起来好像只有十几根碗口粗的木柱支撑，令人心惊胆寒，其实有的木柱根本不受力，真正的支撑点是打入岩石的木桩，它们使整座寺庙稳稳地"挂"在崖壁上，历经1400多年的风雨沧桑，经受了1989年大同一带6.1级的强地震。

（3）解说型。突出"解"字。多用于解释专用名词、科技术语和景观的文化底蕴等。例如《大雄宝殿》：

（大雄宝殿）左边这尊佛是主宰西方极乐世界的阿弥陀佛，佛经记载的那个世界金碧辉煌，充满香气和美妙的音乐，生活在那里非常快乐。右边的这尊佛是主宰东方净琉璃世界的药师佛，传说那里没有病痛，人们永远健康幸福。中间的这尊佛是主宰娑婆世界的佛祖释迦牟尼，他主宰的世界是一个不完美的世界，人们有生、老、病、死，有欢乐，也有痛苦。这个世界要求人们多奉献、少索取。

此段导游词把"横三世佛"解释得清清楚楚。

（4）描写型。突出描绘，把看似普通、平淡的景观描绘得美妙无比、充

满神奇色彩。例如《漓江黄牛峡》：

（漓江黄牛峡）群峰突兀、怪石峥嵘、浪涌石鸣、惊涛拍岸、波光潋滟、水雾迷蒙、清风送爽、绿树丛生。这里险奇与秀丽共处，喧嚣与宁静同生。杨堤翠竹是漓江风光中的著名一景。江到杨堤，青峰锁江，碧水萦回，晴岚紫气，翠竹垂岸，农舍半现，炊烟袅袅，云飞雾绕，如虚似幻，犹如一幅格调高雅的中国画。

这段导游词用一连串的形容词和整齐的句式形象地描写了漓江风光。

中文导游词写作与一般文章的写作，从基本路径上看大体是一致的，都要经过选材立意、谋篇布局、语言表达和修改加工四道基本程序，这就是我们要学习的主要任务。

 任务二：导游词的选材立意

1. 选材

首先要有素材，要素材就要搜集。景点一旦确定后就要搜集方方面面的相关素材，包括地理、历史、人文、掌故、逸闻与民情风俗，要尽可能全面、详细。搜集材料的方法：上网搜索；查阅文献档案；采风和田野调查等。网上可能搜索到现成的导游词，但必须经过自己的消化与加工，才能写出具有个性特色的优秀导游词。

2. 立意

立意就是要提炼主题，就是对搜集到的素材进行去伪存真、去粗取精、由表及里的梳理与提炼，然后确立一个主题。主题是一篇导游词的灵魂与主线，有主题就可围绕主题来选择材料，即只选取与主题有内在联系、能突出与表现主题的材料，对与主题没有内在联系的应毫不吝惜地删去；主题可放在开头、正文、结尾，以开头与结尾居多。例如《杭州灵隐寺》结尾：

飞来峰石刻

各位朋友，游完整个灵隐寺后，你会发现灵隐寺的造园艺术归结为一个"隐"字。一般的寺院，前面往往比较开阔，以炫耀法门的气派。而灵隐寺却处在群峰环抱的峡谷中，雄伟的北高峰作为大寺的靠山，嶙峋的飞来峰成了秀美的前屏，一泓清泉流贯寺前，使得"灵山、灵峰、灵泉、灵鹫、灵隐"浑然天成，使人恍如置身于仙灵之地。难怪平生酷爱山水的宋代诗人苏东坡游灵隐之后，吟咏出"最爱灵隐飞来孤"之句。各位朋友，你们觉得如何呢？

 **任务三：导游词的谋篇布局**

谋篇布局是指导游词写作的构思阶段。就是围绕主题，对梳理加工过的材料按一定的逻辑顺序，进行排列与组合，然后用恰当的语言表现出来。谋篇布局从大的结构框架来看，主要由开头、正文、结尾三大部分构成。元代散曲家乔梦符："作乐府亦有法，曰凤头、猪肚、豹尾六字是也。大概起要美丽、中要浩荡、结要响亮。"导游词与一般文章做法一样，也应该做到凤头、猪肚、豹尾六字。

1. 凤头：起要美丽

俗话说，良好的开端是成功的一半。导游员应特别注重第一印象。因为

导游员与游客相处的时间较为短暂,游客多以第一印象来判断导游员的整体素质与水平。这第一印象除了你的衣着打扮、仪表仪态外,你的言谈举止也格外重要。有时只要你一开口就知道你有几斤几两。所谓文如其人、声如其人是也。一个好的开头要做到亲切、热情、新颖6个字。开头的方式很多,主要有介绍式开头、故事式开头、朗诵式开头、猜谜式开头和投其所好式开头等。

(1)介绍式开头。这是一种常用的开头方式,特点是较为全面地介绍各方面情况,使游客尽快知晓。例如:"各位来宾,大家好!首先请允许我代表××旅行社向前来杭州参观游览的各位表示热烈的欢迎,并预祝各位高兴而来,满意而归。我先自我介绍一下,我姓汪,名亚明,大家可叫我汪导。接下来我把杭州的概况向大家介绍一下……"

(2)故事式开头。故事能吸引人们的注意力,能激发人的情感,能使人在潜移默化中受到启发与激励,可增加游兴和艺术感染力。例如《莫干山名称的由来》:

各位游客,在游莫干山之前,让我先给大家讲个小故事。相传在我国春秋末期,吴王阖闾命令干将和莫邪夫妻俩在三个月内铸造一对宝剑。于是,夫妻俩来到一座山前开炉铸剑。可是,不知为什么炉中的铁总是不熔化,眼看期限要到了,如不按期交出宝剑,就会招来杀身之祸。这时,妻子莫邪问道:"铁汁不下,有何妙计?"干将沉思良久说:"先师欧冶子铸剑不销,是把爱妻嫁给炉神而炼成的。"说完他想起了什么似的,立刻用刀剪下自己的头发和指甲扔向炉中,这时奇迹出现了,只见炉中火光四溅,铁石熔化,夫妻俩赶快铸剑,一对绝世宝剑铸成了。夫妻俩把宝剑分为雌雄,雌剑称莫邪,雄剑称干将。后来,人们为了纪念这对聪明的夫妻,就把这座山取名为莫干山。

(3)朗诵式开头。以此方式开头,句子要精美,朗诵时要有感情,时间不宜太长,结束后马上进入自我介绍。例如:"朋友,当您踏上这片美丽的土地时,就仿佛进入了诗情画意之中。古往今来,名人墨客赞美它,风流人物向往它,英雄豪杰追寻它。今天这片美丽的土地正张开它的双臂,热烈地欢迎着你们的到来!"这是抒情性朗诵。也可用其他景点之美来衬托本地风光之美,同样能起到很好的效果。例如:"尊敬的女士们、先生们:您见过大海的壮阔之美吗?你见过草原的苍茫之美吗?您见过峡谷的幽深之美吗?今天黄山的雄峻之美、白云飘逸之美、晚霞瑰丽之美将一起展现在您的眼前！"这是衬托式朗诵。

（4）猜谜式开头。用此法开头，要注意时机，要紧扣景点，不要太难。例如："女士们、先生们，在我开始讲解之前，先让大家猜个谜，谁猜中谁得奖（说完拿出一个旅游纪念品）。请听好：'上海哪个著名风景区是女性的世界，其中只有一个男人？''上海大观园。'有人揭了谜底。又如：'两个胖子结婚——打一地名。''合肥！'游客异口同声地喊了起来。"这样的猜谜式开场白也能收到良好的效果。

（5）投其所好式开头。如接待一些专业旅游团队，可以针对他们的职业与爱好进行褒奖式开头。如碰到医学界专业人士，就可用李燕杰那首有名的即兴诗开头："每当我忆起那病中时光，白衣战士就引起我深情的遐想。他们那人格的诗、心灵的美，还有那圣洁的光，给我以顽强生活的信心，增添着我前进的力量！"

2. 猪肚：中要浩荡

导游词写作中最关键的部分还是正文，因为这部分是最能看出写作者功力的。乔梦符所说的"中要浩荡"，就是说文章的中段部分要有丰富饱满的内容，调度有方、游刃有余的气度。好的导游词也应如此。导游词正文部分的写作要根据景观内容和具体情景而定，形式多种多样，没有固定的模式。但在结构安排上是有规律可循的，不外乎时间、空间和逻辑3种结构顺序。

（1）时间顺序。导游词中的时间顺序有如下两种：第一种时间顺序是景观形成的历程。如自然形成的时间、建造成的年代、历史的沿革、社会的变迁等。这种讲述主要表现为时间的延续性，几乎每一游览客体都具有这方面的内容。例如《莫高窟》：

> 莫高窟始建于前秦建元二年（366），北凉、北魏、西魏、北周、隋、唐、五代、宋、西夏、元等朝代均有所建造……在不同程度上反映了我国从公元5世纪到14世纪延续千年的不同时代的社会、生产、生活、交通、建筑、艺术、音乐、舞蹈、民情风俗、宗教信仰、思想变化、民族关系、中外交往等各方面的情况。在我国三大石窟中，莫高窟是开凿最早、延续时间最长、规模最大、内容最丰富的石窟群。

第二种时间顺序是以事件发生的过程为序：礼仪过程—史料记载—民间传说。例如《祭天大典》：

祭天大典是在每年冬至日，当天凌晨4点多各种坛灯点燃，圜丘坛西南的望灯杆望灯高悬，圜丘前燔柴炉上放置一牛犊，用松柏枝烧祭。台南广场排列200多人的乐队、舞队，在庄重的中和韶乐中，文武百官前呼后拥，皇帝亲自登上圜丘坛，站在坛面中心的"天心石"上恭读致皇天上帝的祝文。礼仪完毕，各神位前所供的供品分别依次送到燔柴炉和铁燎炉焚烧，烟气腾空，以示送达天庭。大典结束，皇帝起驾回紫禁城。

（2）空间顺序。以空间位移或转换的顺序来安排导游词结构是最符合导游带团实际的，所以按旅游线路编写导游词也是最为常见的。《浙江现场导游》就是如此。具体到某一景点要看具体情况而定，一般总是由远及近，从上到下，从外到内，或者反其道而行之。例如《飞英塔导游词》主要采用的是由内到外的顺序：

飞英塔的内石塔，8面5层，高15米，下设须弥座，由一百多块太湖青石雕琢、拼叠而成。雕刻仰莲、覆缠枝花卉。束腰八边雕狮子群像，形态生动。第四层正北面为观音像。塔身各面均辟壶门状佛龛，内雕大幅佛造像。整座石塔刻有佛像1048尊，为一件唐代石雕艺术珍品。飞英塔外塔，8面7层，通高55米。副阶宽敞明亮，塔体收放自然，塔刹高峻挺拔，雄浑古朴。其中最具宋代建筑风格的是平伸舒展的翼角、简洁朴实的檐面、硕大的斗拱和寻杖望柱式栏杆。塔身的转角雕出梭形轮状的倚柱、覆盆式的柱础，这种做法除宁波保国寺大殿外，已经很少见到了。内含石塔，使外塔构造奇特，4层以下中空，上3层统设楼面，6层底架设十字交叉的千斤梁，悬挑27米高的塔心柱。最上面的是高12米，重10吨的塔刹。沿塔壁挑出各层平座和楼梯，拾级登临，盘旋而上，内可饱览石塔精华，外可俯瞰湖城风光。外塔造作讲究，塔身砌体中用了许多木质额枋、龙骨，起到了牵拉作用，加强了八面塔壁的整体牢固性。这对保证塔体千百年无开裂和明显倾斜，起到了重要作用。塔内壁二层平座斗拱，采用两跳上昂承托，是迄今为止宋代建筑上昂构件用于平座斗拱做法的孤例。

（3）逻辑顺序。逻辑是思维的规律，语言是思维的现实。所谓逻辑顺序，就是按照人们共同的思维规律安排段落结构或语句顺序。条理性差的讲解词，随意发挥，讲述事件没有头绪，介绍、说明毫无条理，使人听起来东一句、西一句，没有完整的概念和具体的形象，造成理解上的困难。导游解说中段落的逻辑性主要表现在总述部分，例如《故宫概述》：

A. 故宫的建筑格局是"前朝后寝，左祖右社"，这是遵从了《周礼·考工记》的帝王都城营建的原则。颜色基调为红、黄两色，取意中国传统的"阴阳五行"学说，黄色代表尊贵、权威，红色代表吉祥、富贵（风格、特点）。

B. 它从明永乐四年（1406）开始修建，于永乐十八年（1420）建成，前后共花费了15年（建造时间）。

C. 故宫占地面积72万多平方米，建筑面积16.3万平方米，有宫殿、楼阁等各种房间8704间。周围有9.9米高的围墙，城外设有52米宽的护城河。城四周各设一座城门，城四角各建有一座结构精美、造型奇特的角楼（面积、规格）。

D. 故宫在建造过程中共征集工匠23万人、民夫100万人。选用两湖、两广、江西、山西等地的木材，使用了北京房山的汉白玉、河北天津盘山的五色虎皮石和曲阳县的花岗石（耗费的财力）。

以上几段内容，如果按逻辑规律调整应为：B、D、C、A。应当首先介绍故宫的建造年代、时间，其次介绍建造中花费了多少人力、物力、财力，再次介绍建造的结果——面积、规模等，最后讲解建筑的文化含义和特点。这样讲解人们易于了解故宫的历史背景，听起来一环扣一环，条理性强，思路清晰，易于理解。

3. 豹尾：结要响亮

"结要响亮"，就是指文章结尾要有力度与回味，所谓"余音绕梁，三日不绝"是也。好的导游词也应做到简洁有力，干净利落，趣味盎然，耐人寻味，给人以美的享受。导游词结尾的主要内容：游览总结，虚心听取游客意见，表达感激与惜别之情，期待来日重逢的祝愿。结尾的方式主要有以下几种：

（1）诚恳谦虚式结尾。例如："要和在座的各位说声再见了，此刻，我的心情是既激动又难过，在这次旅游过程中，我有许多应该做好而没有做好的工作，我能向你们说些什么呢？只有一句话，那就是——谢谢各位对我的支持和帮助，我要努力工作，或许来年我们有缘再次相会，我将提供更好的服务……"

（2）祝愿式结尾。例如："尊敬的朋友们，我们就要分别了，在这难忘的时刻，我衷心祝愿你们一路平安，同时我也希望你们与我常通信，愿我们的

友谊像兄弟,愿我们的感情像亲人,海内存知己,天涯若比邻,相信我们能再次相聚。再见吧!尊敬的朋友们……"结豹尾之法很多,如用名人名言、名人诗句、幽默诙谐的语言等,切忌冷饭回锅、毛驴拉磨、画蛇添足、敷衍了事。

任务四:导游词的语言表达

语言表达是导游词写作中极为重要的一环。好的题材、主题和布局,最后都要归结到语言表达上,文字功夫不强、写作能力不好的导游是写不出漂亮的导游词的,所以在某种程度上,一个人的写作能力决定了他是不是能写出优秀的导游词。写作能力好的人只要稍加学习和模仿,就能写出优秀的导游词,反之则很难。如何能写好导游词?一般要注意3个词6个字:准确、含蓄与幽默,现略说如下:

1. 准确

所谓准确,一是指文字表达要准确,字、词、句符合语法。如下面的句子就有不准确之处:

(1)作为导游员的我愿(希)望游客获得满意。

(2)当游客抱怨时,使我想起了老导游员某某,他招(对、接)待游客很热心(情)。

(3)在抗日战争爆发之际,只有中国共产党才能担负(起)拯救民族危亡的重任。

二是指引用要准确。包含两方面:一方面是引经据典要准确。引用是为解释、说明旅游景观的背景、文化含义或风格特点而运用史料典故、民间传说、文学作品片段或名人评点的一种修辞手法,在导游讲解中经常使用,可以清楚地介绍景观(物)的历史背景,详尽地描述风格特色,准确地解释文化蕴意,可以浓缩、提炼导游词。引用首先要做到准确,引用的内容与景观应有直接关系或内在的联系,可以清楚有力地说明或论证旅游景观的名称、历史和由来,不能含糊其词。例如《叠彩山》:"叠彩山是距今一千多年前唐朝桂管观察使元晦首先开发的。在半山的摩崖《叠彩山记》中他写道:'山以石纹横布,彩翠相间,若叠彩然,故以为名。'"此处引用现场的摩崖,清楚地解释了"叠彩山"名称的由来，这是一种可靠的历史依据，增强了可信度。

另一方面是引用的数字要准确。数字是旅游景观中一项带有直观性介绍的内容，它涉及旅游客体的历史背景、生成年代、面积规模、尺寸规格等。数字有两种：自然数字和文化数字。自然数字——年代、度量衡数字；文化数字——带有文化含义的数字。文化数字有的是用自然数字赋予文化内容的，也有的是中国传统计数方法。它们都是为了阐述文化含义的数字。《易经》中以"九"为阳数中最大的数，如"天有九重，国有九州"，"九"成了大、高、尊、贵的代表。北京故宫中所用的"九"更不胜枚举。正南门——午门的城楼上的门楼面阔九间，宫墙是九点九米高，门钉是九个或九的倍数，皇帝的寝宫——乾清宫的寝室上下两层共九间，皇极门外著名照壁上的图案为九条龙，故称"九龙壁"。

2.含蓄

所谓含蓄，是指只求意会、不必直言、点到即止。含蓄与幽默一样是导游员智慧、性情和自身文化修养的集中表现。导游词写作中运用含蓄的方法有以下几种：

（1）借喻法。例如：

黄浦江有两个孩子，一个叫浦东，另一个叫浦西，新中国成立以前，她们一家子都深受三座大山的压迫，母亲河身上停泊着外国的军舰和商船，两个孩子也被压得喘不过气来。"跳黄浦江"这句上海人的口头禅，就是指旧社会上海人走投无路时，到这儿来投黄浦江自尽。

在此，将"黄浦江"借喻为母亲，又将"浦东"和"浦西"比作她的两个孩子，由此展开拟喻性想象，把一个具有政治意味的事实讲述得非常形象生动，意味深长，收到具象而又含蓄之功效。

（2）隐喻法。例如：

从前，有个军阀对下级非常粗暴，一天他心情特好，找出一瓶酒，倒满两杯，对一个卫兵说："来，今天老子赏你一杯酒。""谢谢长官。"卫兵向他敬了礼，一仰脖子把酒喝了下去。谁知卫兵刚喝下去就哇的一声把酒吐了出来，难受地说："长官，这酒好酸啊！""胡说，这酒是团长送我的，哪会有假，分明是你戏弄老子。"说完就叫士兵把他拖出去"打板子"。说也巧，这时正好走进一位通信兵，那军阀用手一指，说："情况等会儿报告，你先把另

一杯酒喝掉！"通信兵慢慢端起酒杯喝了一口，说："长官，你把他放了，换上我挨板子吧！"

在此，那个通信兵并没有直接说这酒有问题，因为这样他怕会得罪长官，所以只好说"换上我挨板子吧！"这是用一个行为动作来隐喻军阀的固执与可笑，同样收到含蓄而又令人忍俊不禁的效果。

（3）点到即止法。例如：

随着殖民者对上海的进一步扩张，大量欧式建筑不断出现，由欧洲古典式、文艺复兴式等发展到巴洛克式、哥特式、日本近代西洋式、英国新古典主义式等。除闻名世界的外滩外，上海仅徐家汇区就有70多幢风格各异的西洋建筑。那时，上海的建筑业可神了，建造速度和海派文化的风格，要领先世界潮流一步，令世界瞩目和神往。

在此，既用了点到即止法，也用了具有反讽意味的手法，以此来揭露西方列强对旧上海肆无忌惮的殖民侵略，既含蓄又极具讽刺意味。

3. 幽默

幽默是英语单词 humour 的音译。幽默必含蓄，但含蓄未必一定幽默。幽默的方法多种多样，有谐音法、拟人法、顺口溜法、歇后语法等。

（1）谐音法。例如：

老外吃猪油大米菜饭的故事说的是一个老外在上海元芳弄吃猪油大米菜饭，他吃一碗不够又吃一碗，需要付8两米饭钱，他不信，认为被宰，后终于信服，他一边掏钱，一边打着饱嗝，发出"格得，格得"的声音，嘴里称赞地说："饭灵，饭灵""格得，格得"。你们知道英语里的 very good 从哪里来的吗？

这是典型的谐音法。在这里用的是英文读音与汉语读音的谐音法，把老外吃猪油大米菜饭的言行描述得极其生动幽默，让人开怀大笑。

（2）拟人法。例如，有位导游在讲解一块奇形怪状的太湖石时说：

各位游客，眼前有一块太湖石，人称"美人腰"。它美就美在这杨柳细腰上，仿佛一位古代穿素装的妙龄少女。传说，当人们在此稍作休息，欣赏周围的景色时，可能会看到一个因突然遇见陌生人而害羞的美女，但愿各位能有这样的好运气！据说，这位少女的"心肠"很好，谁如果把硬币从它的"心"里扔进去，并能把从底下洞里流出来的硬币接住，那他以后定能得到这位美少女的热心帮助。不信，你可以试试！

（3）顺口溜法。抗战胜利后，讽刺那些国民党接收大员大发国难财的说法有"三洋开泰"——捧西洋，重东洋，要现洋，"五子登科"——房子、车子、位子、条子和婊子。上海人民叹息道："天上来，地上来，平民百姓活不来；盼中央，望中央，中央来了更遭殃。"

（4）歇后语法。例如："懒婆娘的裹脚布——又长又臭！""石灰行里兜圈子——白走""骑驴看唱本——走着瞧""直升机吊大闸蟹——凌空八只脚"等。

据说幽默也有干与湿之分。先看一个"干幽默"的例子——《费城市长介绍费城》：

主席及各位朋友：

远在144年前，这个伟大的国家——美利坚合众国——在我居住的费城诞生了。因此，很自然的，一个有着这种历史记录的城市，应该拥有那种强烈的美国精神，使它不仅成为这个国家中最伟大的工业中心，也是全世界最伟大及最漂亮的城市。

费城拥有将近200万人口，它的面积等于米尔瓦基和波士顿，或是巴黎与柏林面积之和。而在我们这个城市的130平方英里的土地上，我们提供了将近800公顷的最佳土地充作美丽的公园、广场和林荫大道，使我们的市民有适当的休闲及娱乐场所，以及属于每一位美国人民的正常环境。

费城不是适合欧洲君主制度生存的土地。因为我们的家庭、我们的教育制度以及我们庞大的工业，都是由诞生在我们这个城市的真正美国精神所产生的，也是我们的祖先留给我们的宝贵财富。费城是这个伟大国家的母城，也是美国自由的基础。第一面美国国旗就是在这个城市里制成的；美国的第一届国会就是在这个城市里召开的；《独立宣言》就是在这个城市里签字的；就是在这个城市里，最受爱戴的美国国宝——自由钟——激励了我们数以万计的男女老少同胞。因此我们深信，我们有一项神圣任务：不是"崇拜金牛，而是去散播美国精神"，使自由的火种继续燃烧下去。因此，在上帝的恩准之下，华盛顿、林肯及罗斯福的政府将是对人类的启示。

有人可能要说，听了这篇演讲，感到心情舒适、美好，但没有笑，怎么这也叫幽默呢？这是美国佬惯用的一种幽默手法，是美国独有的，叫作"干幽默"（dryhumour）。据说在拉丁文中"幽默"的原意和体液有关，是湿的。用"干"来形容，有点儿汉语的"干巴巴"之意。这要求讲幽默的人，脸色

庄重，勿露笑容，切忌自己笑个不停，把幽默的话当平常话说，平常得不露一丝痕迹，这就是美国人喜欢说的"干幽默"。笑不一定是幽默的标志！

再来说说"湿幽默"。先看一则《东莞市容导游词》（东莞国际旅行社黎泉）：

各位团友，欢迎大家来到东莞旅游。到我们东莞来第一件需要注意的事情就是我们这个市名的发音，好多以前来的朋友都念成"东碗"，只因为有个成语叫"莞尔而笑"。您倒是笑得开心了，咱东莞人民可不答应了。怎么变成一只碗了？东莞这里因为盛产一种水草叫莞草，它的发音是"管"，这里又在广州的东边，所以慢慢地就有了东莞这个名字。

有人可能要问了，莞草有什么用处？这莞草在过去用处可大啦，广东天气热，过去的老广东人一年四季床上都铺着席子，席子是什么编成的？就是这莞草！而且当时大批地销售到中国香港地区和东南亚，因为那里的天气也都很热嘛！过去广东的学生到北京读书，人人都不带褥子而是带条席子去，大冬天床板上只铺着一条席。校领导检查学生宿舍时，一看就差点儿落泪，赶紧叫学生处补助一床褥子，结果过几天去一看，褥子是铺上了，但上面还铺着一条席子。真是拿他们没办法，这就是我们莞草席的巨大吸引力啦！不过现在的莞草业惨啦，因为家家装上了空调，结果害得这个行业就此寿终正寝，如今在东莞要看莞草席得到博物馆里去看啦！

这是由东莞才女黎泉写的市容导游词中的一段，是典型的"湿幽默"（wet humour），是讲者笑容满面、听者笑声不断，全世界人都明白的"幽默"。该篇一上来，就用"东莞""东碗""莞尔而笑"这种语音上造成的偷梁换柱的手法制造幽默。接着她又用南北方人对席子的观念不同、生活习惯不同，制造了一个大幽默——校领导见铺席的学生"差点儿落泪"，非给补助不可。

任务五：导游词的修改润色

大家知道，许多好的诗文都是改出来的，好的导游词也是如此。所谓修改，无非是一改错字、错句；二改修辞手法；三改篇章结构；四改节奏旋律。我们先看苏东坡改对联与诗句的故事：

小时候，苏东坡在自己的书房门上贴了一副对联："识遍天下字，读尽人间书。"应该说，苏东坡的雄心壮志无可非议，但是"天下字"多如牛毛，你能"识遍"吗？"人间书"汗牛充栋，你能"读尽"吗？未免有点儿"狂"啊！

这事被一位老者知道了。一天，他拿来一本小书，向苏东坡请教。苏东坡接过小书一看，有许多字他并不认识，这本小书也没见过，不禁十分羞愧。老人取回小书，盯着这副对联看了好一会儿，不禁摇摇头走开了。苏东坡看在眼里，觉得自己的这副对联确实狂了一点儿，于是拿起笔来，在开头多添了两个字："发愤识遍天下字，立志读尽人间书。"

这一改，没有了原先的"狂"气，变成努力的方向了。从此以后，苏东坡变得谦逊起来，孜孜不倦地识字、读书，终于成为一代大诗人、大文豪。

据说，有一次苏东坡与他的妹妹苏小妹及诗友黄山谷一起论诗，互相题诗。小妹说出"轻风细柳"和"淡月梅花"后，要哥哥从中各加一字，说出诗眼。苏东坡当即道：前者加"摇"，后句加"映"，即成为"轻风摇细柳，淡月映梅花"。不料苏小妹却评之为"下品"。苏东坡认真地思索后，得意地说："有了，'轻风舞细柳，淡月隐梅花'。"小妹微笑道："好是好了，但仍不属上品。"一旁的黄山谷忍不住了，问道："依小妹的高见呢？"苏小妹便念了起来："轻风扶细柳，淡月失梅花。"苏东坡、黄山谷吟诵着、玩味着，不禁拊掌称妙。

类似的典故在中外文学史上不胜枚举，充分说明好的作品并不是一蹴而就的。许多好的导游词也是几易其稿、几番琢磨才完成的。下面请看一个实例——从初稿到修改稿：

乌镇
（初稿作者：徐陈琦）

当现代城市的高楼大厦越建越高，把天空割裂得支离破碎，把心灵压得面目全非的时候，许多人都渴望回归到简单、朴素的生活中，重拾生命的真谛。

小桥、流水、人家……远离尘嚣的江南水乡——乌镇，无疑是都市人找回心灵宁静的最佳去处。悠悠河水穿镇而过，粉墙黛瓦的古朴居所，悠然祥和，这大概就是我们这些厌倦了都市生活的人所向往的吧。

接下来的时间就让我们一同走进乌镇,一起去感受这静谧的梦里水乡。

乌镇是江南水乡六大古镇之一,古风犹存的东、西、南、北四条老街呈"十"字交叉,构成双棋盘式河街平行、水路相邻的古镇格局。民居宅屋傍河而筑,街道两旁完好地保存有大量的明清建筑,辅以河上小桥,体现了小桥流水人家的江南古镇风韵。

乌镇是古老的,这里有着厚重的文化积淀,一座古朴的门洞,一副精美的窗棂,一间古老的手工作坊,一块长满青苔的石板……这些具有江南水乡特色的人文景观,折射着一种悠闲、舒适、从容和惬意。白天,窗外就是古桥绿水;夜间,枕边响着船桨划水声。

走在狭长的小巷里,踩在平坦的青石小路上,轻抚两旁斑驳的老墙,似乎还能看见这里昔日的繁华:挂着招牌的茶馆里,头戴毡帽、身穿马褂的人们或是品茶或是饮酒,巷子里黄酒香飘四溢;典当行门口人来人往,戴着眼镜的老板坐在窗口后面打点着当物;手工作坊里织布机咯吱咯吱作响,布料扎染成花布后被做成了扇子、头巾、小背包、婴儿穿的小兜肚。

请看,这里竖立着一个个密密麻麻的高杆和庞大的阶梯式晒布的铁木架,上面晾晒着一条条蓝白两色大块长布条。这就是乌镇民间的特产蓝印花布。我们现在来到的就是乌镇的蓝印花布作坊。

眼前的蓝印花布工艺源于汉晋,发展于宋元,鼎盛于明清。这家作坊始创于宋元年间,已有800余年的历史。传说是由一个名叫葛洪的农夫为爱妻所创。其原料土布、染料和工艺均来自农村民间,图案充满浓郁的乡土气息,蓝白两色,题材为花卉草木,显得自然、清新、秀气、典雅。

乌镇人将染好的蓝印花布挂在太阳底下晒的情景确实叫外地人感到惊奇,一幅幅蓝印花布从高高的云天直挂而下。太阳照着的时候,蓝印花布似乎也发出了耀眼的光芒,一朵朵别致的花儿仿佛呼之欲出;当风吹过的时候,那些悬挂着的布匹们则跳着优美的舞蹈,像是一眨眼工夫就能飞到天上去。

蓝印花布是江南最普通的布料,真的贯穿了江南女孩子的一生,它们是江南女孩子一生中最美丽的情结。

晨光初照,一户人家的女人生下一个女孩,睁开小眼,咿呀,刚刚出生的小女孩第一眼就看见了幔帐,妈妈亲手做的幔帐,蓝印花布的幔帐,开满浆瓣头草慈姑花的幔帐。那些蓝草染成的青青蓝色呀,把小女孩的眼睛都染蓝了。

出生以后本该哭出声的江南小女孩,因为第一眼看见的是蓝印花布,她就咧开没长牙的小嘴笑了。小女孩慢慢长大,她的眼睛里到处都是蓝印花布,妈妈的围裙,家里的窗帘,吃饭桌上的台布,小女孩自己头上小小的头巾——乌镇出产的最普通的蓝印花布,就这样打扮着一个最普通的江南女孩子。17岁出头,小姑娘已经按捺不住爱美的心思,跑到作坊里,三天两天就把印染蓝印花布的技术学会了。有心上人了,送什么给他好呢?就送一块小姑娘自己印制的蓝印花布包袱吧!

要出嫁了,终于要嫁了,嫁给谁呀?就嫁给乌镇的心上人。小姑娘现在是大姑娘了,乌镇小镇上数得上的美丽姑娘。她赶了三天三夜,赶出一整套蓝印花布的物什——窗帘、枕套、拖鞋。眼睛哭出两朵桃花的江南女孩出嫁的时候也是一身蓝印花布衣裤,配上哭红的眼睛,真是楚楚动人呢!

乌镇,总有一种爱恋在我们心头挥之不去,总有一段似水年华让我们眷恋不已。想起刘若英的一句话:来过便不曾离开。乌镇所散发出的灵秀和独特的情韵让我深深着迷。简单是这里的主旋律,也许人世间的很多事情,倘若能定格在这样单纯的简单里,也是一种幸福吧。

……

乌镇与蓝印花布

(修改稿作者:汪亚明)

各位游客,上午好,欢迎大家来乌镇游览观光。我是你们的导游,我叫徐陈琦,你们可以叫我小徐或徐导。今天,我要带大家去看看被称为浙江五大古镇之一的乌镇,去欣赏一下乌镇独有的蓝印花布。现在就随我一同走进乌镇,一起去感受那份梦里水乡的宁静吧!

各位朋友,来到乌镇我想大家一定想了解乌镇这个名字的由来,你们中间有谁知道吗?这位朋友说对啦,乌镇古名叫乌墩。所谓乌墩,是指古时的乌镇地处河流冲积平原,沼泽中淤积的土堆逐渐隆起,高出四周的田野,土墩色彩深黑而且肥沃,于是就有了乌墩之名,后改为乌镇,并一直沿用至今。

乌镇地处浙江桐乡市北端,西接湖州市,北与江苏苏州市吴江区为邻。乌镇由东、西、南、北四条老街构成十字交叉的格局。民居宅屋临河而建,

河上架有各式各样的小桥,古朴玲珑的小船在河上飘然而过,充分体现出小桥流水人家的江南古镇风韵。

各位朋友,乌镇是古老的,这里有着厚重的文化积淀,一座古朴的门洞,一副精美的窗棂,一间古老的手工作坊,一块长满青苔的石板……这些具有江南水乡特色的人文景观,折射出一种悠闲、舒适、从容和惬意。走在乌黑狭长的小巷里,轻抚两旁斑驳的老墙,似乎能看见这里昔日的繁华:挂着招牌的茶馆里,头戴毡帽、身穿马褂的人们或是品茶或是饮酒;典当行门口人来人往,戴着眼镜的老板坐在窗口后面打点着当物;手工作坊里的织布机发出咯吱咯吱的响声……

各位朋友请看,这里竖立着一个个密密麻麻的高杆和阶梯式的晒布铁木架,上面晾晒着一条条蓝白两色的大块长布条,这就是乌镇特有的蓝印花布。现在我们就走进蓝印花布作坊去看个究竟。

据说,这家作坊始创于宋元年间,已有800余年的历史。传说是由一名叫葛洪的农夫为爱妻所建,其土布原料、染料和工艺均来自农村民间,图案充满浓郁的乡土气息,蓝白两色,题材为花卉草木,布料扎染成花布后被做成了扇子、头巾、小背包、婴儿穿的小兜肚和各种男女服装,显得自然、清新而又不失典雅。

各位朋友,蓝印花布对于江南女孩来说具有特殊的意义,它贯穿了江南女孩的一生,是她们一生中最美丽而又最难忘的情结。当一个呱呱坠地的女婴,一睁开小眼,就看见了妈妈亲手做的蓝印花布的幔帐,她就咧开没长牙的小嘴笑了。小女孩渐渐长大,她的眼睛里到处都是蓝印花布,妈妈的围裙、吃饭桌上的台布、家里的窗帘、她自己头上小小的头巾,这些乌镇出产的最普通的蓝印花布,就这样伴随着这里的女孩。

17岁出头,小姑娘已经按捺不住爱美的心思,跑到作坊里,三天两天就把印染蓝印花布的手艺学会了;有心上人了,送什么给他好呢?就送一个小姑娘自己印制的蓝印花布荷包吧!

转眼间,小姑娘就变成大姑娘了,变成小镇上数得上的美丽姑娘。她赶了三天三夜,赶出一整套蓝印花布的物件:窗帘、枕套、拖鞋等。江南女子出嫁的时候也是一身蓝印花布衣裤,配上两只哭出桃花的红眼睛,也真说得上是楚楚动人呢!

各位朋友,乌镇总有一种爱恋在我们心头挥之不去,总有一段似水年华

让我们眷恋不已。想起台湾歌手刘若英的那句话：来过便不曾离开。乌镇所散发出的灵秀和情韵一定会让我们深深地着迷与回味……

以上从初稿到修改稿主要从三方面进行了调整与修改：一是格式上的修改。初稿没有按照导游词的规范格式来写，没有欢迎词，也没有致谢词，所以修改稿就按照要求加上简短的开头与结尾，这样作为相对独立的导游词显得比较完整。二是内容上的取舍与调整。初稿中有较多的感觉化的描写性内容，而对游客最想知道的"乌镇"名称的由来却只字未提，这显然是一个不小的缺憾，所以在修改稿中就重点补充了这一内容。然后根据时间限定（5分钟）对讲解内容做了调整与重组，保留了对古镇街区的描写，对蓝印花布染坊的介绍，特别是对小姑娘从出生到出嫁这一重要人生历程中与蓝印花布的不解之缘进行了加工与提炼，因为这是最能吸引游客的人性化故事。三是在字句与节奏上对初稿进行润色与加工，尽量去掉那些文人化的欧化句子，改用适宜于口语化讲解的简洁通俗的语言。在节奏上也设置了两个高潮，如第四自然段对古镇街区排叙式的描写和第九自然段对姑娘出嫁的喜庆场景的铺排，再加上开头与结尾略带抒情的致辞，使这则导游词有陈述有议论，有描写有抒情，节奏徐疾有致，波浪起伏，既适宜于导游大赛，也能吸引现场的游客。如果不加修改，就不会有这样的效果！

任务六：导游词修改实训

请各位同学将下列关于雁荡山的导游词初稿修改加工成一则可用于导游大赛的规范导游词，讲解时间是5分钟，字数不超过1200字。本次练习为5分，由教师根据文本质量分成三等：A.5分，B.4分，C.3分及以下。

雁荡山大龙湫

雁荡山坐落于浙江省温州市乐清境内，为国家首批重点风景名胜区，中国十大名山之一，因"山顶有湖，芦苇丛生，结草为荡，秋雁宿之"而得名雁荡山。雁荡山植根于东海，山水奇秀，素有"海上名山"之誉。雁荡山"日景耐看，夜景销魂""观山景，尝海鲜""一景多变，移步换形"，其在中华名山中具有鲜明的特色。

雁荡山开山凿胜始于南北朝，兴于唐，盛于宋，积淀了丰富的历史文化内涵。其大尺度的奇特景观形象，给诗人、画家、文人学士以强烈的美感和灵感，他们于此赋诗作画，留下大批作品，其中诗词5000多首，摩崖石刻400多处，还有南阁古牌坊群等国家级文物保护单位，都是宝贵的历史文化遗产。

大龙湫景区东起马鞍岭，西至东岭，南起筋竹涧口，北至凌云尖。东西阔28公里，南北长7.5公里，面积为28平方公里。其中有15峰、13岩、7石、5嶂、6洞、1尖、3门、2阙、8岭、5瀑、2湫、8潭、1泉、3溪、2涧、1峡、4庵、7亭、1院、1镬、1轩、2桥，合计景点105个。高耸天际的芙蓉峰、变幻无穷的剪刀峰、雄伟如屏的连云嶂、云雨漠漠的经行峡、谷幽潭深的筋竹涧，皆为胜境。被誉为"天下第一瀑"的大龙湫变幻多姿，蔚为壮观，更是令人叫绝。

大龙湫瀑布的壮美在于它的专注。它不蔓不散，不悠然自得，不闲荡无意。从那么高的山峰跃下，它是专注的，有一种破釜沉舟的决然。它又是洒脱的，有一种风萧萧兮的悲壮。从绝高处毅然跌入深潭，需要的不仅仅是勇气，还要有一份完全放得下的坦荡。仰望大龙湫瀑布，心里会顿感空灵，仿若平时看得再重的东西也只不过如眼前一水，落下便消弭无形。

大龙湫落差197米，为中国瀑布之最，有"天下第一瀑"之誉。历代文人墨客无不为之倾倒。大龙湫在空中、潭底幻成两条龙，腾飞翻卷，仪态万千，变幻无穷。清人袁枚曾赋诗曰："龙湫山高势绝天，一线瀑走兜罗绵。五丈以上尚是水，十丈以下全为烟。况复百丈至千丈，水云烟雾难分焉。"

别的瀑布只是瀑布，而大龙湫是龙。因风作态直下袅娜200米，谁能比得？四时朝夕阴晴雨雪，它有多少种姿态谁又能说清？无数世俗文人饶舌到最后，还是以清代诗人江堤的一句话做了总结：欲写龙湫难着笔！

大龙湫瀑布与贵州黄果树瀑布、黄河壶口瀑布、黑龙江吊水楼瀑布并称中国四大瀑布，而大龙湫以落差190余米取胜，为中国瀑布之最，有"天下第一瀑"之誉，它变幻多姿，蔚为壮观，令人绝叹。瀑流发源于百岗尖，流经龙湫背，从连云峰凌空泻下，像从银河倒泻下来，十分壮观。大龙湫的最奇绝之处，在于因季节、晴雨等变化呈现出多姿多彩的迷人景象。盛夏季节，雷雨初过，大龙湫像一条发怒的银龙，从半空中猛扑下来，声如雷鸣，震天撼地，气势雄壮。晴朗的冬日，瀑流从半空中飞溅而下，阳光照射时，瀑布呈现出色彩绚丽的五色长虹的奇观，景色格外迷人。阳春三月，大龙湫又是另一番景象，雨水稀少，瀑布如珠帘下垂，不到几丈，就化为烟云。大龙湫瀑布真是千变万化，不可捉摸。这是人们心中最神圣、最渴望的地方，因为这是一种心念灵魂的归属感，让你烦躁不安的心在这里宣泄、荡漾、安静。

项目一 综述：中文导游词的含义、分类及编撰路径

项目二

沿途导游词的编撰与讲解

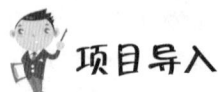

项目导入

说到导游讲解,大部分人容易想到景区导游词的讲解,殊不知,沿途导游讲解才是导游员实力和创造力的集中体现,是导游讲解服务中的重要组成部分。尤其在 City Walk——城市步行旅游方式逐渐火热的当下,不同类型的沿途导游讲解成为导游员常规工作和创造性工作同步发展的重要路径。因此,本项目的主要任务是:了解几种常见类型沿途导游词的写法;熟悉并掌握某一个具体沿途旅游讲解项目的编撰思路与方法;学会写作一则千字左右的集中体现沿途导游讲解目的与风格特色的导游词,并通过自编自演的模拟训练巩固所学内容,最终达到学以致用的目的。

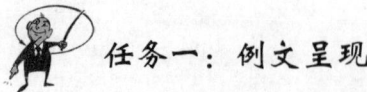

任务一:例文呈现

【欢迎词→下榻饭店介绍→行程安排→西湖大道→杭州概况→涌金池→中国美院→钱王祠→宣布下车集合事宜】

各位游客：大家好！

欢迎大家来到美丽的天堂城市杭州观光旅游，很荣幸为大家提供导游服务。首先，请允许我代表公司热忱欢迎大家的到来。下面简单做一下自我介绍：我是杭州××旅行社的导游，姓周，周到的周，我将努力周到地为大家提供服务。为我们驾驶旅游车的师傅姓王。王师傅行车多年，行车安全交给他，大家完全可以放心。根据计划安排，在杭州游玩期间，将由王师傅和我为大家提供服务。我们将本着"宾客至上，服务第一"的宗旨，尽我们最大的努力，安排好各位在杭州的各项活动。如果大家有什么特殊要求或者愿望可以直接向我们提出。预祝大家在杭州度过一段美好的时光。

各位游客，我们的大巴首先将带大家前往下榻饭店——杭州百合花饭店，全程大概需要40分钟。百合花饭店是一家旅游饭店，它位于风景如画的西湖山水间，交通便利，环境宜人。我们旅行社把各位安排在百合花饭店，是想送给大家一份祝福，祝愿大家家庭幸福，百年好合。

各位游客，根据预定计划，大家在杭州的行程是这样安排的：今天中餐后，我将带领大家前往灵隐景区，游览飞来峰造像和千年古刹灵隐寺。今天的晚餐我们安排在杭州百年老店楼外楼，请各位好好品尝一下我们杭州的风味。晚餐后去西湖边观赏由张艺谋导演的特色表演"印象西湖"。明天上午，我们将安排大家先去游览岳王庙，然后再乘船游览西湖。下午游览天下第三泉所在地——虎跑景点和厚重典雅的古塔——六和塔。好！如果大家没有意见的话，我们就按照这个行程活动。

各位游客，现在我们的车行驶在西湖大道上，这是从城站火车站出来通往杭州西湖最便捷的一条迎宾大道。这条大道全长1.74公里，宽60米。它集商贸、旅游、交通功能于一身，两边为公共建筑和民宅。西湖大道的建成，不仅带动了周边地区的旧城改造和地块开发，也改善了这个地区居民的居住条件。各位请看，道路两旁那些百年老店和明清式样的建筑还是那么古色古香，原汁原味。

各位游客，杭州被誉为人间天堂，处于我国东南沿海、浙江省的北部，是浙江省政治、经济、文化、交通的中心，是举世闻名的历史文化名城，也是我国著名的七大古都之一。

春秋时，这里是吴、越两国的边陲，先后为吴国和越国所统治。秦始皇统一六国后，在此设立钱唐县，所以杭州城的历史就从此时开始算起，至今

已有二千二百多年的历史了。

杭州这个地名据说与大禹有关。大禹治水时，在前往会稽途中，曾在此舍航登陆。航即方舟，"航"与"杭"通借，于是便有了"禹杭"的地名。而"杭州"之名始于隋朝。610年，隋炀帝开通南北大运河。五代十国时，吴越国建都杭州。

历时153年的南宋，于1138年建都杭州。元代初年，意大利旅行家马可·波罗赞扬杭州为"世界上最美丽华贵的天城"。自明代起至今，杭州就是浙江省的省会。

各位游客，现在我们右手边看到的是涌金广场，往前就是涌金池。据说五代时，吴越王筑杭州城墙，在此开建城门，并命名为涌金门。后来有人在此开凿大池，引入西湖水，仍以"涌金"为池名。

这里还有一个传说，据传在汉代时，西湖中曾有金牛涌现，人们认为是"明圣之瑞"，因此西湖又有"金牛湖"之称。涌金池中这个张顺雕像就是《水浒传》中的"梁山一百零八将"之一的天损星浪里白条。

我们现在看到的就是"涌金楼"。相传建于北宋，建成后名为"涌金楼"。南宋时，这里是为当时考取进士、状元举行状元宴的酒楼，曾盛极一时。

各位游客，现在我们左手边看到的就是中国美术学院。1928年，著名教育家蔡元培、林风眠先生选址孤山南麓，创建我国第一所综合性的高等艺术学府——"国立艺术院"，它就是中国美术学院的前身。多少年来，中国美术学院始终以兼容中西艺术、创造时代艺术，弘扬中华文化为办学宗旨。

中国美术学院培养和造就了一大批中外闻名的艺术家，如林风眠、潘天寿、黄宾虹、李可染、艾青等都曾在这里撒播艺术的种子，留下耕耘的足迹。

现在我们右手边窗外的就是重建后的钱王祠。钱王祠是为纪念吴越国钱王功绩而建造的。钱王祠主体工程宏伟壮观。这里的五道"功德坊"是为了纪念吴越国三世五王的功绩。在甬道尽头有一尊钱王塑像。钱王深受杭州老百姓爱戴，至今还流传着"钱王射潮"的英勇事迹和"陌上花开缓缓归"的浪漫情调。

各位游客，吴越国太祖武肃王钱镠是我们浙江临安人，原以贩盐为业，因为立有战功升为节度使，后来利用武力扩展其地盘，于907年建立了吴越

国，以杭州修建了都城，管辖"十三州一军"，在922年被册封为吴越王。

……………

各位游客，我们下榻的百合花饭店马上就要到了，到达饭店后，请大家先在大堂稍等片刻，等我为各位办理完入店手续，就可以进房了。一会儿的集合时间是12点整，我们统一在下车的地方集合登车，我将带领大家前往用餐。好了，饭店到了，请大家带好行李物品随我下车。谢谢！（徐慧慧）

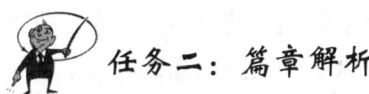任务二：篇章解析

请一位同学以导游讲解的方式朗读一遍后，教师以提问方式让学生从此案例中总结出沿途导游词的篇章结构、主要内容与写作特点。

结构与内容：

开头——欢迎词、下榻饭店介绍、行程安排，开场先致了欢迎词，接着介绍这段车程的目的地下榻饭店的基本情况和路程时间，然后对整个旅游行程做一个梗概式介绍，使旅游者心中有一个基本印象。

正文——根据移步换景的需要，按序简要介绍了沿途所见所历的西湖大道、杭州概况、涌金池、中国美院、钱王祠等道路两边的主要标志性景观，尤其是在合适的时机介绍了杭州城市概况。

结尾——宣布下车集合事宜，主要介绍下车后的安排和下一次集合的时间和地点。

待学生大致总结出以上结构与内容后，教师对为什么要这样写以及这样写的好处与不足做出点评性分析。要点如下：

（1）这是一段大巴首站接站途中的沿途导游词，也称"首次沿途导游"，首站接站是旅游者与导游员从陌生到熟悉的重要节点，也是旅游者与目的地城市接触的第一面，因此，开场必须有一段相对规范的欢迎词，一般包括称呼、问候、表示欢迎、自我介绍和介绍司机及整个服务团队、表达服务意愿、期待旅游者的配合、预祝本次旅游活动愉快等内容。

（2）由于旅游者刚经由一段长途旅行到达一地，因此会较为迫切需要知道可以稍作休整的时间和下榻饭店信息，因此导游员需要尽快介绍一下下榻饭店的简要情况和途中所需时间。同时，作为首次沿途导游，需要对接下来

的整体行程安排做一个简要介绍，让旅游者有一个基本认识，心中有底。

（3）由于沿途导游讲解受到行进速度和沿途景观变化的决定性影响，因此在标志性景观出现时，需要尽快移步换景地进行同步介绍，所以本篇在车辆行进到标志性路段"西湖大道"的时候，及时进行了介绍。同时，由于旅游者初到一个城市也会对城市的整体情况产生好奇，因此在合适的路段应及时对城市概括做一个简单介绍，本篇在西湖大道行进中相对常规的路段，插入了概况。

（4）接着就是沿途导游的常规讲解，即沿途风光风情介绍，风光一般指眼睛所见之景，常常是标志性建筑和场所等，风情一般指风光背后可以触景生情的内容或相关的背景信息、风俗民情等。沿途导游重点应把握移步换景的及时性和见缝插针、适时切换内容的灵活性。同时要注意随时观察旅游者情绪与精神状况，如果沿途时间过长，旅游者又表现出长途旅行后的疲惫状态，应适时减少或停止讲解，让旅游者有一个休息时间。沿途讲解不是讲得越多越好，而是应符合旅游者需求。

（5）最后在即将抵达下榻饭店时，应提前予以提醒，并再次强调下车后的安排与注意事项及下一次集合的时间地点。

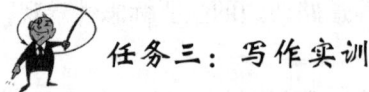

任务三：写作实训

1. 根据下列材料所提供的信息和要求撰写一则规范的沿途导游词

你是某城市的一位地陪导游员，正要前往当地机场接站，你要接站的团队是本地主要客源城市的一个一行15人的定制团队，将要下榻的是本地具有代表性的一家旅游饭店，本地的行程为3天，主要参观当地人文旅游景点，需要根据实际情况设置行程和当日安排。

撰写要求与评分参考（本题共20分）：

①请根据以上提供的景观信息，撰写一篇在语言、形式上符合要求的沿途导游词（3分）；

②请将字数控制在1000~1200字（2分）；

③要求按照题目中提到的任务信息，合理选择接站路线和沿途主要风光风情内容，并设定真实的行程安排和酒店信息（10分）；

④整个创作应追求真实性和实用性（5分）。

2.教师列出常规接站线路让学生进行模拟性写作，如本地机场接站、本地火车高铁接站等，可在课堂上完成，也可在课后完成

任务四：讲解交流与修改考评

第二次上课时选择一个组（5个学生）中写好的两篇导游词进行讲解交流，由全班学生（被选中的小组同学除外）和教师进行评议打分后，提出修改意见，当堂修改好并上交，最后由教师打分，并加上学生打分给出本次作品的最终成绩。本项目共5分，分为三个等次：A.5分；B.4分；C.3分及以下。

任务五：拓展学习——两种常见的沿途导游词

1.送站沿途导游词

与接站沿途导游词相对的是送站的沿途导游词，一个是"迎来"，另一个是"送往"。此类沿途导游词是旅游者完成一地的全部旅游行程之后，离开本地时，导游员进行送站时讲解的导游词，一般需要包括提醒注意事项、送站途中的沿途风光风情、致欢送词、送站手续及注意事项介绍等。

【提醒注意事项→黄龙体育中心→浙江图书馆→黄龙洞……杭州商业休闲场所→庆春门→杭州城垣……机场高速→杭州萧山国际机场→欢送词→送站注意事项】

各位游客，大家早上好！我们现在马上要离开百合花饭店了，请大家再次认真地检查一下，看看自己的行李是否已全部带上车，证件、贵重物品等是否全都带在身边了。好，如果大家都确认没有遗忘物品的话，那我们就开车出发吧。

相聚的时光总是如此短暂，三天前从杭州城站迎接大家的画面还历历在目，转眼间，就到了送站的时候。在这里，我想为各位再介绍介绍杭州的大

街小巷。

各位游客，现在大家看到的这座宏伟的建筑叫杭州黄龙体育中心。它曾是浙江省规模最大、功能最全的现代化体育设施，是一个集体育比赛、文艺表演、健身娱乐、商贸休闲于一身的多功能场所。虽然钱塘江畔又造起了更为庞大的体育场馆——大莲花，但是黄龙体育中心仍具有不可撼动的重要地位，是当之无愧的浙江省内体育场馆里的"老大哥"，它也是杭州亚运会和亚残运会足球、体操等项目的承办地，并由此完成了智慧化升级和华丽蜕变。

各位游客，杭州自古以来商业繁华，后来更成为购物的天堂。以武林广场、延安路为中心的购物商务圈，以湖滨路、嘉里中心、万象城等为代表的新商圈等陆续形成，杭州大厦、银泰百货、万象城等引导着时尚消费的潮流。杭州的一批百年老店和名店，如边福茂鞋庄、万隆火腿庄、状元楼面店、老大房、亨德利、高义泰以其商品富有地方特色而一直深受广大百姓青睐。杭州的餐饮更是闻名全国，杭帮菜源远流长。

…………

各位游客，这就是古代的杭州十大城门之一的庆春门所在地，它始建于南宋。因城门外有菜市，又称"菜市门"。明朝初年朱元璋的部将常遇春由此门进入杭州城，故名"庆春门"。各位游客，庆春门残存的城墙在1958年建筑环城东路时被拆除。为了使后人了解其城墙，古城墙内是一座"古城墙陈列馆"，又称"杭州古城墙博物馆"，在这里可以看到杭州不同历史朝代的古城墙遗物。

说到庆春门，我们不妨也了解一下杭州这座古都的城垣。杭州城垣最早建于隋代，五代时钱镠以杭州为吴越国都城，曾两次修建杭州城，都以隋唐旧州城城址为基础而有所扩充。当时的杭州城，东西狭窄，南北修长形似腰鼓，所以在北宋就有"腰鼓城"之称。

南宋时，赵构在旧城基础上营建都城，城垣的规模又有了扩大。元朝统治者为了表示天下统一，禁止修建城墙，杭州的城墙与城门逐渐被夷平。到了元末，农民起义军首领张士诚重建杭州城。辛亥革命后，城墙与城门先后拆除，但城门的名称作为地名，则一直沿用到今天。

2019年，随着良渚古城遗址的申遗成功，一座五千年前的古城受到了国际社会的广泛认可，它实证了中华五千多年的文明史，也将杭州的建城史向前推到了新石器时代晚期。

……………

各位游客，现在我们的车正行驶在机场高速路上，这是一条连接杭州萧山国际机场和杭州市区的交通道路。

道路两旁漂亮的建筑是杭州萧山郊区农民自家的住房。萧山农民以种植苗木走上了一条快速致富的道路。同时，萧山的经济主要以民营企业为主体，其中最引人注目的就是"传化集团"和"万向集团"。尤其是万向集团的董事局主席鲁冠球，从一个普通农民到跨国集团主席的故事一度广受关注。

各位游客，说话间，萧山机场很快就要到了，美好的时光总是短暂的，真所谓"天下没有不散的筵席"，两天的愉快相处即将结束，朋友们也将回到自己温馨的家中。在这两天当中，我们大家一起开心地在西湖上坐了游船，游览了千年古塔六和塔，参观了岳王庙，还游览了杭州最古老、最大的寺庙灵隐寺，在百年老店楼外楼品尝了杭州的风味，观看了一场浪漫唯美的演出"印象西湖"，有的游客还选购了许多杭州土特产，应该说大家不虚此行吧？此时此刻，虽然不舍，但我还是不得不说再见了，感谢大家这两天来对我工作的配合和给予我的支持和帮助。如果有什么不到位的地方，也请大家多多包涵，也期待大家能够再来杭州，我能再次为大家提供服务。在此预祝大家接下来的旅途愉快顺利，谢谢大家！

好，各位游客，现在我们的车子已经驶入萧山机场附近。萧山机场是华东地区第二大国际机场，目前拥有T1、T2、T3三个航站楼，我们一会儿前往的是T3航站楼。萧山机场最明显的特征是那波浪形的屋顶，它象征连绵起伏的群山、微波荡漾的西湖碧波和缓缓飘浮的白云，可以说是现代高科技和地域特色的完美结晶。

我们的车子很快到达T3航站楼，等车子停稳后，请各位带好随身所有物品随我下车，请大家准备好身份证，我会统一协助大家办理登机手续，谢谢！

2. 线性旅游景观沿途导游词

线性旅游景观是旅游景观中较为独特而重要的一种类型。线性旅游线路是一个空间的概念，是相对于点和面的一种旅游线路。一般而言，它沿着旅游公路、绿道、河道等进行。其中的线性文化遗产是近年来兴起的一种全新

的遗产保护理念。它着眼于线性区域，所涉遗产元素多样，兼具物质文化和非物质文化，旅游价值较高。2019年12月，中共中央办公厅、国务院办公厅印发《长城、大运河、长征国家文化公园建设方案》，不同主题的线性旅游资源保护和利用成为国家文化公园建设的重要任务。线性旅游景观的导游讲解，随着空间的转换和行进方式、速度等要素而同步推进，内容选择要符合实际行进情况的需要。

【御码头】

各位游客，今天我们将循着千年运河的足迹，以运河沿岸风光为主要观赏点，从南到北，来依次参观"御码头，乾隆舫，江涨桥，卖鱼桥，富义仓，香积寺，大兜路历史街区，小河直街，桥西历史街区，中国杭州工艺美术博物馆，伞、扇、刀剪剑博物馆，手工艺活态展示馆，拱宸桥，运河天地，浙窑公园"等一系列具有浓厚运河文化元素的景观。

刚刚登船的地方就是运河御码头。说起御码头，一个"御"字理所当然地把它和皇帝联系了起来。相传位于湖墅南路江涨桥旁运河边上的御码头，就是乾隆皇帝坐船来杭州时，上岸换乘车马进城的第一个落脚点。

据史书记载，乾隆皇帝从1751年开始，至1784年为止，曾六下江南。乾隆南巡，其中前四次带了皇太后、皇后和众多妃嫔，随同的王公大臣，章京侍卫官员等多达2500多人，巡幸的船队有1000多艘，首尾相连、旌旗招展。每次南巡前，都有周密详细的计划，早有"打前站"的官员沿途勘察道路，修桥铺路，修葺行宫。巡幸所经过三十里外的地方，地方文武百官都要身穿朝服前来接驾。到了御码头一带，更是呈现一派盛世太平的繁荣景象，迎接皇上的彩棚用红黄两色绸带搭建，棚内焚香、燃灯，灯火彻夜通明，百姓们"巷舞衢歌"。请看，在御码头旁的一堵大理石墙上，有一幅长约50米的浮雕，向人们形象地呈现了当年乾隆下江南时的空前盛况。

【乾隆舫】

大家请看，御码头往北的河道一侧有一座大型的龙舟画舫，古色古香，华贵绚丽，这就是按当年乾隆下江南时所乘"宝莲舫御舟"的外形式样精心制造的"乾隆舫"。它参照了历史图片资料，分上下四层，外观极像停泊在水上的一艘豪华古龙舟，跳板、锚链、船舷、舵舱一应俱全，从外表看不出与其他航船有什么不同，差别在于"任凭风吹浪打，此船岿然不动"，画舫虽卧于水中，其实船底与地基是紧紧相连的，严格来讲，它只是一幢别具一格的四层楼房。

乾隆画舫实际是集休闲、娱乐、餐饮、住宿于一身的综合接待场所，内有雅间、卡拉OK，现代设备应有尽有，联匾字画随处可见，文化氛围十分浓厚，菜肴味道颇具"御膳"特色。

【江涨桥】

乾隆舫旁的这座桥叫江涨桥。早在北宋时期，桥名就有记载，"江涨"顾名思义，就是指钱塘江的大潮来临，大雾弥天，云气涨满，一直涨到此地而得名，古时候湖墅八景中，曾有"江桥暮雨"一景，指的是指傍晚时分，江涨桥上暮雨潇潇，炊烟袅袅，渔舟唱晚，倦飞的鸱鸟也已归巢，形成一幅绝美的"运河人家桥畔图"。

江涨桥附近以前是有名的货物集散码头，南宋时期，"江涨东市""江涨西市"分布于大运河两岸，人流不息。卖鱼的，卖米的，卖酱油的，形成了繁华的交易市场。如今，这里也是拱墅区的商贸、旅游、文化的中心地带，著名的信义坊商业步行街就建立在附近。

提起江涨桥古时候的美景，我们不妨从明代著名词人聂大年的《临江仙·江桥暮雨》中来感悟其意境："一叶渔舟吞暮景，夜来江涨平桥，蒹葭两岸响萧萧，水村烟郊外，隐隐见归樵。鸿雁欲飞愁翅湿，谁怜万里云霄？空漾山色望中遥，钟声何处寺？白鸟没林腰。"词人通过仔细观察和丰富的想象，把古时江涨桥一带水天一色的美景描写得活灵活现。当暮色降临，潮水上涨，运河两岸雾气霭霭，烟云密布，一叶小舟似隐似现，投林的飞燕在浓雾中被打湿了翅膀，晚归的樵夫背着沉重的柴担，小心翼翼地走在湿滑的下山路上。远处传来了寺庙里的钟声，两岸的芦苇随风摇曳，这是一幅多么具有诗情的图画啊。

江涨桥原是座三孔古石桥，原桥早在元末就已坍塌。明宣德年间重建时，仍为三孔石拱桥。民国年间加固，改为混凝土桥面，1995年被拆除。今天我们看到的江涨桥是在原桥址偏北点一处地方新建的，是一座钢筋水泥结构的现代桥。建成后的江涨桥，二十几年来由于桥的负重过大，在2006年2月21日又开始封桥修缮，并用重型钢材加固桥体，以提高其承载能力，延长其服役期限，增加其景点功能。今天看来，结合其历史地位，回忆其民间典故，江涨桥就更有韵味了。

【卖鱼桥】

　　江涨桥的西南是著名的卖鱼桥,它的名声要大得多。从名字可以看出,这里当年是杭州最大的渔市,运河上的储运中心,外乡水产大多运到这里卸货。卖鱼桥最早叫归锦桥,当地有的百姓也叫它通市桥,此桥位于湖墅路中间,西有草营巷,北有信义巷,又于华光桥相对,余杭塘河自西向东流经此桥汇入大运河。

　　提起归锦桥,根据《湖墅小志》记载,明英宗朱祁镇帝的正统年间,这里出了个名叫夏时正的进士,高风清正,从不趋炎附势。明宪宗朱见深成化年间,夏时正官居大理寺正卿。但朱见深是个昏君,当政期间,朝纲混乱,宦臣专权,妖僧术士祸乱后宫,大臣们为了自保前程,在群魔乱舞的小人面前有的唯唯诺诺,有的敬而远之,只有夏时正不随波逐流,针对时弊,多次上奏,希望皇上励精图治,重振朝纲,然而明宪宗置若罔闻,夏时正毅然辞官,回家隐居,所以这一带除有归锦桥与之归隐有关外,还有"夏罢弄"及"罢归弄"都因夏官归隐而得名。

【富义仓】

　　前面就是富义仓,它位于拱墅区偏南方向。它是清朝时期营建的,当时水运比较发达,特别是江南一带进京的贡粮,大多数由大运河漕运运到京城,所以,运河两端京杭两地有很多大小不等的储粮仓,像离通州最近的北京内城东直门内就有北新仓、南新仓、新太仓、禄米仓等国字号的粮仓,至今那里很多胡同还以粮仓的名字命名。杭州也一样,有永济仓、盐义仓、富义仓、仁和仓等分布在运河两岸,至今同样有很多地名叫原来所在粮仓的名字,如仁和仓北弄、仁和仓南弄等。

　　富义仓是当时最大的粮仓,年吞吐量多达几十万担,对日常百姓的粮米供应及贡粮储备都起到了极其重要的作用,拱墅区是京杭大运河南端的货物集散地,是江南供物漕运的起点,来往运输十分繁忙。如今,随着先进粮米仓储机制的建立,古老的米粮仓已经"黯然下岗",大多数地块已建成拔地而起的现代化公寓和写字楼等,但唯有富义仓凭借着它古朴的院落、石基、木板、土围墙、青瓦顶,经过"修旧如旧",依然原汁原味地保留在这里。请看,在这扇已经不能开合的门板上"社会主义联合大院"的名字还历历在目,那是20世纪50年代大锅饭的产物,也应算是"二级文物"了。

　　在粮仓的东南角,骑河沿生长着两棵歪脖老槐树,中间夹一棵挺直的小槐树，人们把它们称为"二老携子迎客槐"。这两大一小槐树就像三口之家，舒展着优美的身姿，殷切地在向游人打着招呼，热情地欢迎着我们的到来。

…………

【结束语】

各位游客：我们的京杭大运河游船体验即将结束，一路行来，边游边赏，您是否感受到了运河文化的独特魅力？是啊，运河不仅有地理的长度、历史的深度，还有名闻遐迩的知名度，更重要的是，运河沿线更贴近杭州的市井风情。最后，希望这次"运河之行"能让您好运常在，心想事成。谢谢大家！再会！（徐慧慧主编《导游服务能力》）

项目三

旅游景区概况类导游词的编撰与讲解

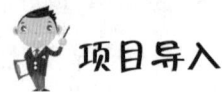 **项目导入**

在实际的带团过程中,讲解景区概况是导游人员一项基本任务,也是最能反映导游人员知识积累、写作能力和讲解水平的一个重要环节。因此,本项目的主要任务是:了解各种类型景区概况的不同写法,如大到一个民族、一个地区、一个国家、一个省市和一个城市,小到一个旅游景区、一个景点和一个游乐项目的不同概况;熟悉并掌握一个旅游景区或一个旅游项目概况的主要内容、结构形式以及导游词具体的编撰方法;学会写作一则千字左右的可用于导游大赛的导游词,并通过自编自演的模拟训练巩固所学内容,最终达到学以致用的目的。

 **任务一:例文呈现**

西湖概况

各位同学,下午好,欢迎大家来到美丽的杭州!大家还记得《湖心亭看雪》吗?就是我们初中八年级语文课本中张岱写的《湖心亭看雪》。在这篇游记中最有名的是哪几句呢？对了，看来大家对这篇课文都记忆深刻，现在就让我们一起来重温一下，把这几句大声地背出来："湖上影子，惟长堤一痕，湖心亭一点，与余舟一芥，舟中人两三粒而已！"同学们，那现在我们就已经走进了张岱笔下的西湖啦，让我们跟着课本一起来感受一下西湖的美丽吧！

西湖平湖秋月

西湖位于杭州城西，三面环山，东临市区。西湖湖面面积为6.7平方公里，南北长约3.2公里，东西宽约2.8公里，绕湖一周近15公里。西湖处处有胜景，历史上就有"钱塘十景""西湖十八景"之说，而最为著名的是南宋定名的"西湖十景"。它们是苏堤春晓、柳浪闻莺、花港观鱼、曲院风荷、南屏晚钟、雷峰夕照、三潭印月、平湖秋月、断桥残雪、双峰插云。如果我们用一句话来概括西湖，那就是：春夏秋冬花，晚云夕月柳。这句话点出了无论是春夏秋冬，还是明晦晨昏，西湖胜景时时皆有，处处绝佳。同学们，我们不妨这样来描述西湖美景：湖面不大不小，湖水不浅不深，湖山不高不矮，夜湖的灯光不明不暗，一切都是那么地恰到好处。难怪早在1982年，西湖就被列为第一批国家重点风景名胜之一啦。2011年又被列入《世界遗产名录》。

各位同学，张岱笔下的"长堤"就是我们眼前看到的白堤，它与前面的苏堤将整个西湖分成外湖、北里湖、西里湖、岳湖和小南湖5个部分。白堤原名叫白沙堤。当年白居易在杭州担任刺史的时候，曾在当时的钱塘门外石

涵桥附近修筑了一条堤，称为"白公堤"，当然，现在这条堤已经无迹可寻了。杭州老百姓为了纪念白居易，就把白沙堤改名成白堤。白居易对白堤也特别有感情，曾写下这样的诗句："乱花渐欲迷人眼，浅草才能没马蹄。最爱湖东行不足，绿杨阴里白沙堤。"

各位同学，现在我们的船已经行驶到了西泠桥畔，大家请看，那一座古色古香的环洞石拱桥就是著名的西泠桥。西泠桥与长桥、断桥并称为西湖三大情桥。在历史上，西泠桥的成名并不是因为它的风景如画，而是一段留传至今的六朝韵事。相传钱塘才女苏小小自幼聪慧美丽，非常自爱。有一次，她乘车出游，在白堤遇到了青年才俊阮郁，两人一见钟情，小小当即吟诗一首："妾乘油壁车，郎骑青骢马。何处结同心？西陵松柏下。"诗中的西陵，说的就是现在的这座西泠桥。小小死后就葬于西泠桥畔，后人又在她的墓上建造了一座慕才亭，人们每过此桥都要到她墓前凭吊一番。

各位同学，千百年来，西湖美景风姿绰约，美不胜收，散发出经久不衰的迷人魅力。就连见多识广的唐朝大诗人白居易离开杭州时也恋恋不舍，写下了"未能抛得杭州去，一半勾留是此湖"的千古名句。同学们，当你领略了"水光潋滟晴方好，山色空蒙雨亦奇"的西湖美景后，难道不会生出与白老先生一样的感触吗？

谢谢大家！

 任务二：篇章解析

请一位同学以导游讲解的方式朗读一遍后，教师以提问方式让学生从此案例中总结出景区概况导游词的篇章结构、主要内容与写作特点。

结构与内容：

开头——欢迎词，以张岱游记中的引文引入。

正文——先概述了西湖的地理位置、面积水深、主要景点、景观特色和相关荣誉，接着重点介绍了白堤和西泠桥。

结尾——用白居易和苏东坡的诗句概括了西湖景观的迷人魅力，致感谢词。

待学生大致总结出以上结构与内容后，教师对为什么要这样写以及这样写的好处与不足做出点评性分析。要点如下：

（1）因本篇导游词是用于参加全国高等院校导游大赛的底稿，根据大赛的规定，讲解时间不得超过5分钟，开头必须用中学生学过的相关课文引入。然而西湖景区的自然与人文内涵十分丰富，即要以千字左右概述出来，又要与张岱的游记相契合，难度极大，想要面面俱到几乎是不可能的。所以，只能采用由面到点的叙述方式，先从面上介绍西湖概况：位置、规模、十景、特点等，然后根据张岱游记的线索，重点介绍白堤（苏堤）与西泠桥。这样讲解就能做到点面结合、以点带面，给人较深的印象。

（2）本篇导游词不仅结构层次清晰，而且在节奏设置上非常符合导游大赛的要求。导游虽以讲解功夫见长，但导游大赛必须考虑演讲技艺，也就是在"讲"中穿插"演"，要演讲就必须考虑节奏的问题。本篇导游词全篇根据内容和讲解需要设置了5个大的节奏，而每个大的节奏里又包含若干个小节奏，形成徐疾有致、波浪起伏的节奏。如开头至介绍西湖十景前都比较平缓，到十景形成一个高潮，然后回落到以平缓语调介绍白堤，但在引用白居易诗句处又形成了一个小高潮，再后来又回到用平缓语调讲述苏小小的爱情故事，最后在结尾又形成一个高潮。真可谓是一波三折！

任务三：写作实训

1. 根据下列材料所提供的信息和要求撰写一则规范的概况类导游词

某公园位于县城北面的边缘，园中除林木、湖泊、湿地和多处泉眼外，还有依山势而建的20多个唐代以来的古建筑（如五佛寺、洁音殿、湖心亭、雷台、药王阁、火神宫等）和一些现代建筑（如腾飞塔、过山车、旱冰场、游泳池、鹿鸣园等），是县城居民休闲和外地游客必游之地。

撰写要求与评分参考（本题共20分）：

①请根据以上提供的景观信息，撰写一篇在语言、形式上符合要求的导游词（3分）；

②请将字数控制在800~1200字（2分）；

③要求按照题目中提到的概念、信息和景观意象，进行准确、恰当的解释、扩充与想象，不能照搬某一景点现成的导游词（10分）；

④在选材、角度、结构、表达等方面要有一定的创新性（5分）。

2. 教师列出类似景区让学生进行模拟性写作，如千岛湖景区概况、南湖景区概况、东钱湖景区概况等，也可以由学生自选相关景区进行写作练习，可在课堂上完成，也可在课后完成

任务四：讲解交流与修改考评

导游词视频

1. 第二次上课时选择一个组（5个学生）中写好的两篇导游词进行讲解交流，由全班学生（被选中的小组同学除外）和教师进行评议打分后，提出修改意见，当堂修改好并上交，最后由教师打分，并加上学生打分给出本次作品的最终成绩。本项目共5分，分为三个等次：A. 5分；B. 4分；C. 3分及以下。

2. 请扫二维码，跟着视频学讲解：《青海省情概况》。

青海省情概况

各位游客朋友，大家好，欢迎各位来"大美青海"观光、旅游。现在离景点还有一点儿距离，我先给大家介绍一下青海的省情概况。

青海省位于祖国西部，雄踞世界屋脊青藏高原的东北部，因境内有青海湖而得名，简称"青"。全省总面积72多万平方公里，位居新疆、西藏、内蒙古之后，位列全国第四。青海是长江、黄河、澜沧江的发祥地，故称"三江源"。青海北部和东部同甘肃省相接，西北部与新疆维吾尔自治区相邻，南部和西南部与西藏自治区毗连，东南部与四川省接壤，是联结西藏、新疆与内地的纽带。青海全省平均海拔3000米以上。青海现辖2个地级市：西宁市和海东市，6个自治州：海北藏族自治州、海南藏族自治州、海西蒙古族藏族自治州、黄南藏族自治州、果洛藏族自治州和玉树藏族自治州。截至2016年年末，全省常住人口接近600万人，其中少数民族人口283万人。

各位游客朋友，青海山脉纵横，峰峦叠嶂，湖泊众多，峡谷、盆地遍布。祁连山、巴颜喀拉山、唐古拉山等山脉横亘境内。青海湖是我国最大的内陆咸水湖，柴达木盆地以"聚宝盆"著称于世。青海省深居内陆，远离海洋，地处青藏高原，属于高原大陆性气候，其特征是日照时间长、辐射强；

冬季漫长，夏季凉爽；气温日较差大，年较差小；降水量少，地域差异大，绝大部分地区年降水量在400毫米以下。年平均气温在零下5℃~9℃。青海太阳辐射强，光照时间长，日照时数在2336~3341小时。

各位游客朋友，青海地大物博，资源丰富。全省土地最新实测总面积共约0.7亿公顷。青海有珍稀动物野骆驼、野牦牛、野驴、藏羚羊、盘羊、白唇鹿、梅花鹿、麝、雪豹、黑颈鹤、藏雪鸡、天鹅等；有著名中药材冬虫夏草、大黄、贝母、枸杞、甘草、雪莲、党参、黄芪、羌活、麻黄等50多种。全省集水面积在500平方公里以上的河流达380条，可建装机500千瓦以上的水电站241座。青海拥有铜、铅、锌、镍、钴、锡、钼、锑、汞等有色金属矿产和菱镁矿，以及普通萤石、熔剂石英岩、冶金用白云岩、冶金用石英岩等非金属矿产。地处柴达木盆地的茫崖石棉矿，是目前国内最大的石棉矿床，已查明储量为3800万吨，居全国首位。柴达木盆地共有33个大中型盐湖，其中储量超过10亿~100亿吨的大型盐湖有8个。2010年在青海冻土带又发现了"可燃冰"资源，使中国成为世界上第三个在陆地上发现"可燃冰"的国家，有望成为未来的新型能源。

各位游客朋友，青海的旅游资源也相当丰富且独具特色。这里有青海唯一的世界自然遗产地——可可西里，华夏最美的山峰——昆仑山，中国最美的湖泊——青海湖，中国面积最大的湿地类型国家级自然保护区——三江源；这里有藏族、土族、撒拉族等异彩纷呈的民族歌舞，有大型历史藏戏《松赞干布》、大型音画歌舞《秘境青海》等特色演艺，有环青海湖国际公路自行车赛、青海湖国际诗歌节、中国青海三江源国际摄影节等国际性的文体节庆活动。这里还有青海湖、塔尔寺、互助土族故土园3家国家5A级旅游景区和7处国家地质公园。奇异的地形地貌、独特的高原气候、众多的名胜古迹，形成了青海三大旅游区：东部旅游区、青海湖旅游区和西部旅游区。在东部旅游区，我们可以欣赏塔尔寺的艺术"三绝"：酥油花、堆绣、壁画；以及精巧绝伦的同仁"热贡艺术"；还可以观赏位于门源县、祁连山与大坂山之间的百里油菜花海美景，那是中国最大的北方小油菜基地，曾荣获"全球十大绝美花海"称号。在青海湖旅游区，我们可在青海湖边漫步，可以去鸟岛观鸟，也可以到日月山去寻访当年文成公主进藏时的踪迹，还可以到金银滩草原去聆听世界名曲《在那遥远的地方》。在西部旅游区，我们可以去三江源头漂流、去巴隆国际狩猎场看狩猎，也可以去昆仑山、新青峰和黄河谷地

大峡谷等地观赏奇异美景。青海还有丰富的物产与美食资源，我们可去选购著名特产：昆仑玉、安冲藏刀、藏毯、黑枸杞、冬虫夏草、牦牛肉干、青稞酒等；还可以去品尝特色美食：湟鱼、面片、酸奶、酿皮、甜醅、羊肠面、杂碎汤、油锅盔、德令哈糌粑等。

各位游客朋友，天地有大美而不言。青海地大物博、山川壮美、历史悠久、文化底蕴深厚。青海的美具有原生态、多样性和不可替代性。唐代大诗人李白曾写下这样的诗句："登高壮观天地间，大江茫茫去不还。黄云万里动风色，白波九道流雪山。"这正是大美青海壮丽山河的生动写照！（汪亚明）

任务五：拓展学习——两种常见的概况类导游词

1. 关键词法

此类概况性导游词往往抓住最能体现某旅游景区特色的几个关键词，然后展开来进行概况介绍。这种写法既条理清楚，又能突出重点，还易记易讲，游客也愿意接受，在导游实践中使用的频率也是相当高的。如著名景区黄山的概况就可抓住"奇松、怪石、云海、温泉"四个关键词来讲解。再如在介绍庐山的自然景观与物产时也可以抓住几个能概括庐山特点的关键词来讲解。

黄山风景区概况

各位游客，现在我们已经到达黄山风景区南边重镇汤口。在这里小汪先向大家介绍一下黄山风景区的概况。

黄山位于中国安徽省南部，属中国南岭山脉的一部分，全山面积约1200平方公里。黄山山系中段是黄山的精华部分，也就是我们游览的黄山风景区，面积约154平方公里，位于黄山市境内，南邻歙县、徽州区、休宁县和黟县，北连黄山市五县、区。黄山在唐以前叫黟山，黟是黑的样子，因为山上岩石多为青黑色，古人就给它起了这个名字。传说我们中华民族的先祖轩辕黄帝在完成中原统一大业之后，来到这里采药炼丹，泡温泉浴，因而得道成仙。唐明皇李隆基很相信这个说法，就在天宝六年（747）下了一道诏书，将黟山改名黄山。意思是这座山是黄帝的山，从那以后，黄山这个名字就一直沿用到现在。

黄山风光

  游客们，你们不远千里甚至万里来到这里，不就是要亲眼看一看黄山之美吗？是的，黄山是美轮美奂，可说是天下第一奇山，能够登临它，亲眼看看它，确实是人生的一大乐事。在很久很久以前，在漫长的地质历史年代中，大自然的无穷神力塑造了黄山那绝美的风采和种种奇特的景观，令人倾倒，令人心醉。黄山之美，就美在奇峰。这里奇峰竞秀，峰峰称奇，各具神韵。黄山奇峰到底有多少，还没有一个确切的统计数字。历史上先后命名的有36大峰、36小峰，近年又有10座名峰入选《黄山志》。这80多座山峰的高度绝大多数在海拔千米以上，其中莲花峰最高（1864米），光明顶次之（1841米），天都峰再次之（1829.5米）。这三大峰与风姿独秀的始信峰（1683米）并称为黄山"四大奇峰"，各位若能登上其中之一，也算不虚此行了。黄山之美，还美在"四绝"：奇松、怪石、云海、温泉。下面，我就给大家讲讲这"四绝"。

奇松

  各位游客，说起黄山"四绝"，排在第一的当是奇松。黄山松奇在什么地方呢？首先是奇在它无比顽强的生命力上，你见了不能不称奇。一般来说，凡有土的地方就能长出草木和庄稼，而黄山松则是从坚硬的花岗岩石缝里长出来的。黄山到处都生长着松树，它们长在峰顶，长在悬崖峭壁，长在深壑幽谷，郁郁葱葱，生机勃勃。千百年来，它们就是这样从岩石中迸裂出来,根深深扎进岩石缝里,不怕贫瘠干旱,不怕风雷雨雪,潇潇洒洒,铁骨铮铮。你能说不奇吗?其次,黄山松还奇在它那特有的天然造型上。总体来说,黄山松的针叶短粗稠密,叶色浓绿,枝干曲生,树冠扁平,显出一种朴实、稳健、雄浑的气势,而每一株松树,在长相、姿容、气韵上又各不相同,都有一种奇特的美。人们根据它们不同的形态和神韵,分别给它们起了贴切自然而又典雅有趣的名字,如迎客松、黑虎松、卧龙松、龙爪松、探海松、团结松等,它们是黄山奇松的代表。

怪石

各位游客,黄山的第二"绝"便是怪石。在黄山到处都可以看到形态各异的岩石,这些怪石的模样儿千差万别,有的像人,有的像物,有的像某些神话传说和历史故事中的场景和人物,活灵活现,生动有趣。在121处名石中,知名度比较高一些的有"飞来石""仙人下棋""喜鹊登梅""猴子观海""仙人晒靴""蓬莱三岛""金鸡叫天门"等。这些怪石有的是庞然大物,有的则奇巧玲珑;有的独立成景,有的是几个组合或同奇松巧妙结合成景。还有些怪石因为观赏位置和角度变化,模样儿也就发生了变化,成了一石二景,如"金鸡叫天门"又叫"五老上天都","喜鹊登梅"又叫"仙人指路",就是移步换景的缘故。

云海

各位游客,黄山的第三"绝"就是云海。虽然在中国其他名山也能看到云海,但没有一个能比得上黄山云海那样壮观和变幻无穷的。大概就是这个缘故,黄山还有另外一个名字,叫"黄海",这可不是妄称,是有历史依据的。明朝有位著名的史志学家叫潘之恒,在黄山住了几十年,写了一部60卷的大部头书——黄山山志,书名就叫《黄海》。黄山的一些景区、宾馆和众多景观的命名,都同这个特殊的"海"有关联,而且有些景观若在云海中观赏,就会显得更加真切,韵味也更足。"黄海"这个名字可说是名副其实的。

温泉

各位游客,最后向大家介绍一下温泉。我们常常游览的温泉是前山的黄山宾馆温泉,古时候又叫汤泉,从紫石峰涌出。用它命名的温泉景区,是进入黄山南大门后最先到达的景区。黄山温泉水量充足,水温常年保持在42℃左右,水质良好,并含有对人体有益的矿物质,有一定的治疗价值,对皮肤病、风湿病和消化系统的疾病确有一定的疗效。但是只能浴,不能饮;过去说它可以饮用是不科学的。其实,黄山温泉不止一处。在黄山北坡叠嶂峰下还有一个温泉,叫松谷庵,古称锡泉。它与山南的宾馆温泉水平距离7.5公里,标高也近,南北对称,遥相呼应。

各位游客,黄山四季分明:春天青峰滴翠,山花烂漫;夏季清凉一片,处处飞瀑;秋天天高气爽,红叶如霞;寒冬则是银装素裹,冰雕玉砌。黄山确实是一个旅游、避暑、赏雪的绝好去处。欢迎大家再来黄山游览观光。

庐山风景区概况

各位朋友,大家好!在没有开始游览之前,我先问大家一个问题,有哪位朋友能记得苏东坡的那首诗《题西林壁》呢?有谁记得李白的《望庐山瀑布》?也许说名字大家不熟悉,但内容我相信大家都知道:"横看成岭侧成峰,远近高低各不同。不识庐山真面目,只缘身在此山中。""日照香炉生紫烟,遥看瀑布挂前川。飞流直下三千尺,疑是银河落九天。"也许很多人都是从这两首诗中知道庐山的,并且"庐山真面目"已经成了一个约定俗成的习惯用语了。那么,庐山的真面目究竟是什么样的呢?从我下面的介绍中也许能让大家略知一二。

庐山位于江西省的北部,屹立于长江的南岸、鄱阳湖的西北,南接星子县,北邻九江市。庐山虽非位列五岳,却有"庐岳"之称,自古就有"磅礴五百里,奇秀甲东南"的美誉。唐代大诗人白居易在他的《庐山草堂记》中赞之为"匡庐奇秀,甲天下山"。庐山的山体呈长椭圆形,从高空鸟瞰,仿佛一个肾脏,山势由西北向东南方向倾斜,长约20公里,宽约16公里,总面积约为300平方公里。庐山由99座山峰组成,最高峰为汉阳峰,海拔1474米。庐山是怎样形成的呢?在很久很久以前,这一地区是汪洋一片,大约在6000万年以前,经历了一场"燕山运动"的造山运动,逐渐形成了现在的大致模样;又在200万年前,经历了第四纪冰川。简单地说,就是因地壳运动、褶皱隆起、断裂上升而成,地质上称为"地垒式断块山"。

庐山属于亚热带季风区,气候温和宜人。也许大家都知道这样一个常识:海拔每升高1000米,温度降低6℃左右,而庐山平均海拔在1000米以上,于是形成了庐山春迟、夏短、秋早、冬长的特点。年平均气温11.5℃,夏季平均气温22.6℃,历史上最高温度为32℃,最低温度为零下16℃。在炎热的夏季,庐山相对于山脚下的九江、南昌、南京、武汉等几个火炉城市来说,

是一片热海中的清凉岛屿。因此，庐山是有名的避暑胜地。常常有客人问："庐山的房间里有没有空调呀？"其实庐山顶上是不用空调的，用空调反倒是一种浪费和污染。因为庐山本身就是一个天然的大空调和大氧吧。

云雾

各位朋友，庐山是平地突起，山中的地形相对来说比较封闭，这种独特的地理环境，使庐山常年处于云雾缭绕之中，因此烟云雾雨是庐山最美的景色之一。庐山的云雾有的时候丝丝缕缕，有的时候像薄纱朦朦胧胧，更多的时候是铺天盖地而来，让人措手不及，分不清东西南北，因此苏东坡才会发出"不识庐山真面目"的感叹。此外，庐山还有一种特殊的气候现象，有时山顶艳阳高照，云雾在山腰翻滚，而山脚下却雷声阵阵，风雨交加。明代心学家王阳明就为这种现象写了一首诗："昨夜月明峰顶宿，隐隐雷声在山麓。晓来却问山下人，风雨三更卷茅屋。"庐山年平均有雾日为192天，最多的年份为221天，最少的年份也有158天。所以在山中，如果碰巧遇到一场大雾而看不清四周风景，千万不要觉得遗憾，这正是庐山的一大特色。

瀑布

各位朋友，如果说云雾是山的灵魂，那么流水瀑布就是山的血脉。一峰千态匡庐云，一雨百瀑匡庐水。庐山有22条瀑布，被李白描述为"飞流直下三千尺，疑是银河落九天"的秀峰开先瀑布，位于庐山山南的秀峰景区。庐山顶上有号称第一奇观的三叠泉瀑布，还有新开发的大口瀑布、九奇峰的彩虹瀑布等。由于山中沟谷纵横，雨水丰沛，常常是"山中一夜雨，处处挂飞泉"。庐山还有3座人工湖：琴湖、芦林湖、莲花台水库。高山出平湖，在中国名山大川中是很少见的，这些山中之湖也为庐山更添秀色。山因水而活，水因山而媚，山水交融，魅力无穷。庐山不但水资源丰富，水质也很好，唐代茶圣陆羽曾品遍天下名茶，喝遍天下名水，将庐山的谷帘泉定为天下第一泉，将招隐泉定为天下第六泉，将天池水定为天下第十泉。在庐山的白云峰下还有报春泉，每当立春时分，涌出泉水，春季一过就停止，被称为"神泉"。其实在我国的历史上，被称为第一泉的，除了庐山的谷帘泉外，还有镇江的中泠泉、北京的玉泉、济南的趵突泉。说起天池，大家也许会以为很大，甚至会想到长白山的天池，其实庐山的天池会完全出乎大家的预料，它很小，小到什么程度呢，大家看了就知道，那为何又被称为天池呢？我先在此卖个关子，到了景点以后再给大家细说。

花鸟

各位朋友，庐山由于雨量充沛，植物当然也生长茂盛，再加上庐山人很爱护自己的家园，使庐山的森林覆盖率达到76.6%，有2400多个品种植物，其中有被称为植物活化石的银杏、珙桐等。树木多了动物就多了，庐山有鸟类170余种，昆虫2000多种，兽类37种，包括非常珍贵的华南虎、云豹等。庐山的山花瑞香花，先开花后长叶，初春开花，香气浓郁，以金边瑞香最为名贵。此外还有庐山玉兰、云锦杜鹃和陶渊明的"东篱菊"等一些颇有庐山特色的花卉。庐山的植物品种丰富，药用植物有50多种，如天麻、竹节人参、杜仲、当归、党参、七叶一枝花、独活等，当年李时珍就曾来庐山采草药。所以，古人有"山中一棵草，药中一味宝"的说法。

名茶

各位朋友，有人说："酒能让人古道热肠，茶能让人仙风道骨。"而庐山就生长着中国十大名茶之一的庐山云雾茶。庐山湿润的环境，非常适合茶叶的生长，这里的茶树常年生长在云雾缥缈的山间，因而得名云雾茶。懂茶的人都知道，茶叶按加工工艺的不同，分为绿茶、白茶、黄茶、黑茶、红茶等。它们并不是茶叶不同，而是生产加工的过程不一样。庐山云雾茶属于绿茶，最早产于汉代，宋代时开始成为贡品。云雾茶外形条索紧结、卷曲，翠绿多毫，汤色绿而透明，香高锐鲜好似兰花，滋味浓厚、鲜爽，叶底嫩绿明亮，号称"味醇、色秀、香馨、汤清"四绝。所谓"名山出名茶，名茶人人夸"，唐朝茶圣陆羽曾赞之为"天下之奇茶"。朱德元帅品过之后挥毫写道："庐山云雾茶，味浓性泼辣。若得长年饮，延年益寿法。"古人云"早采为茶，晚采为茗"，茶叶以谷雨前茶、清明前茶最好。饮茶从古时到现在，已经形成了一种文化。有人说：喝茶的女人不一定有魅力，但一定很优雅；喝茶的男人不一定多潇洒，但一定很从容。现代科学研究显示，茶具有多种保健功能，常喝茶可以清心、明目、美容、减肥、抗衰老、防癌、防辐射、降血压、降血脂等，被誉为天然保健饮品。我们当地对喝庐山云雾茶有一句俗语：一泡水，二泡茶，三泡四泡是精华。也就是因为庐山云雾茶味道十分浓厚，第一杯是不喝的，称为洗茶，第二杯才开始饮用。随着加工工艺的提高，现在的云雾茶为适应大众的口味，开发出了浓淡各异的品种。大家在庐山期间玩累了，可以泡上一壶庐山云雾茶，真可谓是"甘甜苦涩壶中煮，湖光山色闲中趣"。

项目三 旅游景区概况类导游词的编撰与讲解

三石

各位朋友,除了云雾茶,在庐山的沟溪山涧里还生长着石鱼、石耳、石鸡,并称为庐山"三石"。石鱼生长在溪涧中,通体透明无鳞,因为永远长不大,俗称绣花针,是很有营养的滋补品。石耳属于地衣类,生长在悬崖峭壁上,外形好似人的耳朵,故名石耳,李时珍在《本草纲目》中说道:"石耳气味甘平,无毒,久食益色,至老不衰,令人不饥,大小便少,明目益精。"被誉为"山菜第一"。大家都知道,蜗牛不是牛,壁虎不是虎,而石鸡也不是鸡,而是一种麻皮青蛙。野生的石鸡是国家二级保护动物,它生长在沟溪中,因其体肥肉嫩,味美如鸡,故名石鸡。现在的石鸡多是人工饲养,但价格昂贵。以上的三石一茶是庐山最主要的特产。此外还有茶树菇、梅花菇、笋衣、竹笋等山区美食。大家如有兴趣,可以在庐山品尝,也可以买回家馈赠亲朋好友。

各位朋友,庐山的四季景色可以说是"春山如梦,夏山如滴,秋山如醉,冬山如玉"。大家可以在游览的过程中慢慢地体会。现代科学家竺可桢在游遍庐山之后,发现庐山有三种奇观:雾有声,雨倒行,佛光佛灯。其实庐山还有三大怪:庐山屋顶铁皮盖,竹笋皮是一道菜,八十老太太走得快。

2. 特色归类法

我国的名山大川数不胜数,各具特色。所以,我们在导游讲解时首先要通过比较的方法,找出你要介绍的那个景区的景观特色,然后用恰当的词语进行归类讲解。这种方法与关键词法有相似之处,因为你在选择讲解的关键词时也是根据景观特点来确定的,这与特色归类法是一致的,但就其涵盖面来讲,特色归类法所选择的"类别"中所包含的内容却不像关键词法那样单一,而是包含同一类别的多项内容。譬如,我们在介绍庐山景区的自然风光时可选择几个关键词来讲解,而在介绍庐山的人文景观时可用特色归类法来讲解,即把庐山丰富的文化内涵归纳为文化名山、宗教名山、政治名山三个方面来介绍。这样的讲解就会思路清晰,条理清楚,易记宜听,就会受到游客的欢迎。当然,这种归类法是建立在景区本身所具有的丰富而又特色鲜明的景观资源基础之上的,否则就会变成空中楼阁、无稽之谈。

庐山景区的人文景观

文化名山

各位朋友，介绍了庐山的山水，大家的心中肯定有一个问题，为什么叫庐山呢？庐山最早叫"敷浅原"，出现在《尚书》中，但不是专指庐山山体，而是泛指这一地区中的丘陵平原，至今在庐山的紫霄峰顶仍有"敷浅原"的石刻。在另一部古代地理著作《山海经》中，称庐山为"天子都""天子障""南障山"。而庐山之名真正出现于史书上是在我国第一部纪传体通史《史记》中。唐代诗人刘禹锡曾说"山不在高，有仙则名"，庐山的得名就来自一个和神仙有关的传说。相传在公元前6世纪，有姓匡名俗字子孝的七兄弟来这座山结庐炼丹，以求成仙之道。几百年后的周朝威烈王慕其才学，派使者请他们出山，辅佐朝廷，可是使者到时，匡氏兄弟已成仙而去，只有他们住过的茅庐草屋仍在，于是将这些草庐命名为"匡庐"，这座山就称为"匡山"或"庐山"。在宋代，为避赵匡胤的讳，一度改为"康山"。庐山的历史，三国以前，传闻多于真实；三国以后，大体有据可考。在两千多年的风风雨雨中，庐山一直以"甲东南"的秀色吸引着众多游人。从历史上有文字记录开始，第一个登上庐山的名人是西汉的司马迁。公元前126年他登上庐山，考察大禹治水的历史，在《史记》中他写道"余南登庐山，观禹疏九江"。随后，文人墨客纷至沓来，主要有晋朝的王羲之、陶渊明，唐代的李白、白居易，北宋的苏东坡、王安石，南宋的岳飞、朱熹，明朝的唐伯虎、徐霞客，清朝的康有为、王士祯，民国的陈三立、徐志摩、胡适等，他们都曾被庐山美景所吸引，留下了大量优美的文章诗篇。中国田园诗派创始人陶渊明曾在九江的彭泽县做了80天的县令，后因不为五斗米折腰，辞官归隐在庐山北山脚下，并且写出了《归去来兮辞》《桃花源记》等传世名篇。他在一首诗中写道："结庐在人境，而无车马喧。问君何能尔，心远地自偏。采菊东篱下，悠然见南山。山气日夕佳，飞鸟相与还。此中有真意，欲辩已忘言。"其中南山就是庐山。晋代书圣王羲之曾在庐山的归宗寺养鹅，在庐山的博物馆还珍藏有他的"鹅"字墨宝。唐代诗仙李白为避"安史之乱"，隐居庐山青莲谷，青莲谷之名源自李白号青莲居士。在山中他写下很多诗篇，除了《望庐山瀑布》外，还有一首《山中与幽人独酌》："两人对酌山花开，一杯一杯复一杯。我醉欲眠卿且去，明朝有意抱琴来。"唐代另一伟大诗人

项目三 旅游景区概况类导游词的编撰与讲解

白居易曾被贬为江州司马，在谪居九江期间，他写下了"同是天涯沦落人，相逢何必曾相识"的千古名句。他也常来庐山，并且筑草堂读书，他曾经在庐山赏桃花的小径，现在已建成"白司马花径公园"。北宋大文豪苏东坡刚到庐山时，就被庐山的风景所吸引，决定不作诗，好好看风景。可是庐山的和尚、道士们听说东坡来了，都请他作诗留念，而庐山的美景又让东坡觉得不作诗不足以表达他心中的激动之情，更何况吟诗填词是他生平第一快事，便觉得当初不写诗的决定很好笑，于是每到一处都挥毫作诗，最后一首诗是在北宋元丰七年（1084）4月作的并且题写在庐山西林寺的墙壁上，所以诗的名字就叫作《题西林壁》："横看成岭侧成峰，远近高低各不同。不识庐山真面目，只缘身在此山中。"南宋理学家朱熹在庐山创办了"白鹿洞书院"，它和岳麓书院、嵩阳书院、石鼓书院并称为宋代四大书院。明朝的风流才子唐伯虎来到庐山后，被庐山的缥缈云雾所折服，不光画画，也挥毫作诗，他说"匡庐山高高几重，山雨山烟浓复浓"。民国时期，徐志摩在庐山写下了《庐山石工歌》，陈三立在花径修建了景白亭以纪念白居易，胡适在1928年游历庐山之后，把庐山的人文历史和中国的历史结合起来，概括为三大趋势：一是慧远和尚代表着中国佛教化和佛教中国化的大趋势；二是朱熹的白鹿洞书院代表着中国近七百年的理学大趋势；三是庐山牯岭的别墅代表着西方文化入侵中国的大趋势。总之，庐山的文化遗产实在太丰富，几天几夜也说不完，所以说它是一座文化名山再恰当不过了。

宗教名山

各位朋友，我想大家也去过了不少地方，不知道大家有没有留意，当大家在中国的名山大川中旅行时，不经意间就会发现一座道观或者寺庙。庐山作为一座风景秀丽的名山也不例外，并且从古到今，宗教在庐山一直都很兴盛。但是庐山又有一点儿不一样，为什么呢？因为"庐山顶上六大教，走遍天下找不到"。的确，在中国乃至世界上几乎没有一座山上有六大宗教。这六大教派是佛教、道教、基督教、天主教、伊斯兰教，还有一种就是古代读书人的儒教，当然现在称为儒学了。下面呢我就简单地介绍一下它们在庐山的一些情况。

我们先来说说佛教。佛教自西汉末年传入中国后就一直很盛行，在晋朝分为南北两个区域，南方就是以庐山为中心，代表人物是东晋名僧慧远和尚，他在庐山创立了净土宗，并成为佛教八大宗派之一，还修建了东林寺。

所谓净土宗，就是称名念佛即可前往极乐净土的一种修炼方法，也就是每天不停地念南无阿弥陀佛，直到离开人世咽下最后一口气，就能成为不同级别的佛从而到达极乐净土，因为这种修炼方法简单易行而广为流传。唐代和尚鉴真东渡日本的时候曾带去了教义，至今在日本仍很盛行，并且经常派人来东林寺朝拜取经。东林寺与西林寺、大林寺并称为庐山三大名寺。此外，庐山还有海会寺、栖贤寺、万杉寺、归宗寺、秀峰寺五大寺庙。1942 年，世界佛教大会在庐山召开。

再来说说道教。既然从国外传来的佛教都如此热闹，那么中国土生土长的道教自是不甘寂寞。南朝名道士陆修静曾在庐山修建简寂观、太虚观、先天观等道观，与佛教争夺庐山的名山秀水。大家都知道，道教创立于东汉末年，由张道陵创立于四川的鹤鸣山。由于道教创立的时间晚于佛教，争夺修炼之地就成为必然，这种争夺的情况，清朝诗人李渔的一副对联最能说明："天下名山僧占多，也该留一二奇峰，栖吾道友；世间好话佛说尽，谁识得五千妙论，出我先师。"庐山的道教属于正一道。道教自金元以来，分为全真道和正一道。全真道创始人是王重阳，看过武侠小说《射雕英雄传》的朋友都知道王重阳有七个徒弟，号称"全真七子"。全真道主张佛、道、儒三教合一，以修身养性为正道，出家修炼，不能结婚，他们现在主要分布在北方。而正一道主要分布在南方，以画符念咒、驱鬼降妖、祈福祛灾为特征，像大家比较熟悉的崂山道士穿墙术就是正一道，它以江西的龙虎山为教廷。让人遗憾的是，庐山众多的寺庙和道观都毁于日军侵占期间或者"文革"时期，保存下来的很少，规模也不大。

从 1895 年英国人开始在庐山强行租地建造别墅以来，西方列强纷纷染指庐山，并且带来了它们的宗教：基督教和天主教，并修建了教堂。20 世纪 20 年代，庐山有了第一代居民，之后伊斯兰教也在庐山扎下根来，并在此建了它们的朝拜场所——清真寺。古人有三教九流之说，三教就是佛、道、儒。可以看出古时候儒学也是一个教派，而儒教是在庐山立足最早的一个教派。一开始，士大夫们的主要活动是游历、隐居和读书。随后，南唐在庐山设立了庐山国学，南唐中主李璟曾在庐山开先寺读书，至今还有李璟读书台的遗迹。庐山的儒学活动在南宋时达到高潮，主要是朱熹在庐山创立了白鹿洞书院，它是中国第一座讲学式的书院。

政治名山

庐山的名气，除了历史悠久、风景优美之外，还和近代以来的中国政治有着十分紧密的联系。1895年，英国人李德立来到庐山，被庐山美丽的风光所吸引，于是强行租借庐山牯岭到长冲一带，租期为999年，并把租界内的土地划分为130块地皮在上海拍卖，牟取暴利。此后，美国、德国、法国、日本等西方列强的传教士、外交官也纷纷来庐山租地，并建造了大量的别墅。也许大家对李德立这个人并不熟悉，但他在中国的近代史上留下了一个并不光彩的身影。李德立靠卖庐山的地皮发财后，又积极向政治发展。在辛亥革命后，他充当政治调解人，1911年12月，其参与并促成了清政府的代表与孙中山的代表在上海和谈。后来又协助反对派迫使孙中山辞去临时大总统一职，推举袁世凯为大总统。1912年1月，袁世凯曾通令嘉奖他。在此之前，孙中山也被蒙蔽而授予他"和平使者"的勋章。1920年，李德立再次上庐山，那时候庐山已经有20多个西方列强修建的别墅500多幢。于是，李德立又指导汉口英国教会编写了《庐山的历史》一书。这是第一本由外国人编写的全面介绍庐山的书籍。1927年，中国大革命波及庐山牯岭外国租界。1935年，中国政府无条件收回牯岭租界。现在的庐山仍保存有各种风格的西方别墅近千栋，都是西方列强殖民的产物。在庐山，大家既能观赏到英国式建筑的符号、巴洛克建筑的模拟品、折中主义建筑的产物，又能欣赏到哥特式建筑的遗风、浪漫主义的表现手法以及混合着中国园林建筑艺术的美学情趣。所以有人说"牯岭是一座别墅博物馆"，我们要参观的美庐别墅就是其中的代表，也是庐山别墅的精华所在。

提起庐山的政治，就不能不提蒋介石。有人说"庐山浓缩着一部蒋介石的兴衰史"。1926年12月，蒋介石第一次登上庐山，就撩开了分裂大革命、准备反共的真面目。南京国民政府成立后，1930年到1931年他又多次登上庐山。1932年，蒋介石推行"攘外必先安内"的政策，坐镇庐山指挥围剿江西和中原的中国共产党革命根据地，把庐山变成了南京之外的第二中心。从此，庐山成为一座政治山，也成了国民党的"夏都"。蒋介石在庐山一开始并没有固定的住所，从1933年8月8日起，蒋介石住进了原英国西伊勋爵的别墅，也就是现在的美庐别墅，并且断断续续住了8年。1933年7月，蒋介石为了提高参加围剿的国民党军官的素质，在庐山创办了军官训练团，并于1934—1936年兴建了庐山图书馆、传习学舍、庐山大礼堂三大建筑，共培训军官2500多人，一直到抗战时才结束。1937年，卢沟桥事变后，中共代表周恩来先后两次登上庐山与蒋介石进行国共合作谈判。1937年7月17日，蒋介石在庐山召开了由各派人士参加的座谈会，要求"地不分南北，年不分老幼，无论何人皆有守土抗战之职责，理应抱定牺牲一切之决心"。这就是近代史上非常有名的"庐山谈话会"。1938年5月，宋美龄邀请中共代表邓颖超来庐山参加全国妇女谈话会。1939年4月16日，日军开始攻山，4月18日，完全占领庐山，占领时间长达6年，给庐山造成了数千年以来最大的浩劫：焚毁了最古老的归宗寺，寺中三国时代的铁塔被炮击毁。明朝的名人真迹有的被抢，抢不走的就毁掉。在栖贤寺里，庐山的镇山之宝——清代许从龙画的《五百罗汉图》也被抢走一部分。东林寺中，明代铜塔被整座运走。其他名胜古迹被毁被抢不计其数。树木也未能躲过浩劫，数万株几百年的巨松几乎被砍伐一空，让人深感痛心。日军战败后，1946年7月14日，蒋介石偕夫人宋美龄再上庐山，仍住在美庐别墅。1948年8月18日，蒋介石离开庐山就再也没有回来。1948年秋冬，辽沈、淮海、平津三大战役相继告捷。1949年5月23日解放军攻占南京。1949年5月18日，庐山解放。

1959年6月29日，毛泽东第一次登上庐山，写下了一首气势磅礴的诗篇《登庐山》："一山飞峙大江边，跃上葱茏四百旋。冷眼向洋看世界，热风吹雨洒江天。云横九派浮黄鹤，浪下三吴起白烟。陶令不知何处去，桃花源里可耕田？"1959年7月，中共八届八中全会在庐山召开。同年7月下旬，越南共产党主席胡志明来到庐山，这也是庐山接待的第一位外国元首。1961年，中共中央工作会议在庐山召开。1970年，又在庐山召开了中共九届二中全会。这三次会议，可以说对中国近50年的政治产生了较大影响，也让庐山更加闻名中外，并成为一座真正的政治名山。

各位游客，正是由于庐山的历史悠久，人文活动丰富，文化底蕴深厚，在1996年被联合国教科文组织列入世界文化遗产名录。

各位游客，我们的第一次介绍到此告一段落，希望我的介绍能为大家揭开庐山神秘面纱的一角，欲识庐山真面目呢，还需要靠大家在庐山用眼看，用脚量，用心去感受。大家可以打开窗户，用力地呼吸庐山的新鲜空气，不要因为我的介绍耽误大家看车窗外的景色。

3. 功能定位法

此法是指按照旅游景区的功能定位来撰写概况。许多旅游景区除了游览

项目三 旅游景区概况类导游词的编撰与讲解

观光外，还会有休闲度假、生态保护、娱乐演艺、商务会议等功能定位，以满足各类游客的不同需求。所以，导游可以按旅游景区的主要功能定位来编撰导游词。这样写不仅思路清晰、条理清楚，而且便于游客对景区的了解与接受，同时对旅游景区的宣传与推广营销也有积极作用。如我们在编撰杭州萧山湘湖概况导游词时就用了这种功能定位法。

萧山湘湖概况

各位游客（各位团友／各位贵宾），欢迎大家来到国家4A级景区——浙江湘湖旅游度假区游览观光。湘湖旅游度假区位于钱塘江三江交汇处，东接萧山城区，西濒钱塘江，北部与杭州市滨江区接壤，总规划面积51.7平方公里。该区东面有杭州萧山国际机场，南面有杭州绕城高速公路，北面有正在建设的杭州市1号地铁车站，往返于西湖与湘湖之间只需30分钟，交通十分便捷。在未来几年里，萧山区政府将投入巨资，把湘湖打造成以杭州国际旅游风景城市为背景，以湖光山色和历史文化为依托，充分体现保护与开发相结合、传统与现代相协调的都市大型休闲旅游度假区，使萧山湘湖成为融观光、休闲、度假、生态、文化科普、健身、购物、演艺、国际化会展为一体的旅游综合体。

各位游客，现在我们的车正行驶在前往湘湖景区的路上，我就以该景区的三大功能定位——自然生态、历史文化和休闲度假为线索给大家介绍一下湘湖景区的概况。

湘湖——自然生态名湖

各位游客，湘湖位于钱塘江南岸的萧山中南部低山丘陵地带，与钱塘江北岸的杭州西湖南北呼应。但是，湘湖有着和西湖不同的地理环境与气质风韵。西湖是三面环山一面城，而湘湖则是"两山夹一湖"。两山，就是指北岸的越王城山、美女山、老虎洞山和南岸的萧然山（西山）、石岩山和瓜藤山两组山体，两组山体之间形成一片狭长弯曲、形似葫芦的水面，这就是即将呈现在我们面前的湘湖。

古湘湖历来就有"赛西湖"的美名，其山水胜景绝不逊色于姊妹湖西子湖，而且气韵风貌独特。晚明文学家张岱在《陶庵梦忆·西湖》中说：与艳丽的西湖相比，湘湖就像一位处女，素雅天然。这种独特的气韵，与湘湖四周的环境有密切的关系。这里的山不高不矮，绵延起伏，错落有致。放眼望去，群山如道道翠玉屏风，滴翠流霞；山间云雾缭绕，随风飘荡，像是给湘湖罩上了洁白的纱巾或翠黛的衣衫；定神近看，群山前伸后缩，在湖边形成几十个山坞，而且坞中有坞，盘桓幽深，湖水深入其中，又成为坞中之湖，由此形成山抱水、水环山，山绕湖转、湖傍山走，山中藏湖、湖中有山，山水交融、湖山争辉的独特景观。

湘湖位于北亚热带季风气候区南缘，四季分明，雨量充沛，湖光山色随季节变化而呈现出不同风姿：初春水暖，湖面似镜，十里长堤，柳色青青，洁白的水仙花盛开在浅滩水渚上，煞是好看；夏季，湖面碧叶连天，荷花娇艳，沿湖各山坞，景色如画；秋天，湖畔丹枫欲燃，杏叶鲜黄，湖中红蓼白蘋，凫聚雁飞，一派丰收景象；冬天雪后，整个湘湖银装素裹，一片寂静，只见银湖吐光，群山凝素，交相辉映，宛若琼楼玉宇，若隐若现，美不胜收。

湘湖之美，美在其黛色环抱中那一湖宁静而又灵动的碧水。清代诗人周起莘赞美它是"涵虚天镜落灵湖"，意思是湘湖犹如天宫遗落在人间的一面宝镜，清澈而明净。古往今来的文人学士对湘湖美景一直情有独钟，他们根据湖光山色与诗文意境，分别编排了两组"湘湖八景"，为湘湖增添了诗情画意。

湘湖——历史文化名湖

各位游客，湘湖不仅是美丽的自然生态之湖，也是底蕴深厚的历史文化名湖，从这里发掘出来的正是我华夏文明的源头之一。

说起湘湖的历史文化，我们有必要先来追溯一下湘湖湖名的历史渊源。据萧山图书馆的方晨光先生在《"湘湖"考名》一文中考证，湘湖之雏形早在远古时期（约8000年前）就已形成，是由海潮退后的浅海湾形成的潟湖。春秋时期叫"溟海""木鱼池"，汉朝称"西城湖"。唐朝杜光庭在《道教灵验记》中说："有湘湖老人水上见一物，凌波而去，谓其蛇也。"北宋著名政治家、诗人刘敞在庆历（1041—1048）初年，得知在萧山当县令的弟弟刘和喜得贵子，便赋诗一首，其中有"清酒肥鱼宴宾客，时时骑马临湘湖"和"令尹生儿湖作名"等诗句，意思是说，刘和对湘湖情有独钟，儿子降生后即取名为"湘"。由此可见，"湘湖"之名早在政和二年（1112）之前就有了。

大家可能会觉得奇怪，"湘"是湖南省的简称，我们浙江萧山怎么会有一个叫作"湘湖"的湖呢？难道它与湖南有什么关联吗？要说湘湖与湖南有什么关联，我们还真没有找到这方面确切的史料佐证。查考历史文献，唯一与湖南沾点边的就是曾任萧山县令的宋代理学家杨时。杨时虽是福建人，但他曾于绍圣元年（1094）到湖南浏阳县任职，并在绍圣二年和绍圣四年两度上书朝廷，为当地老百姓解除旱涝之灾。可以想象，杨时对湘江之水和洞庭之波一定会有深刻的印象。政和二年（1112）四月，杨时来到萧山任县令。当时的萧山县城周围农田易旱易涝，连年受灾。乡民曾多次要求将低田蓄水为湖，以灌农田，但都没有实现。杨时到任后，认真听取乡民的意见，率百姓修堤筑湖，成湖3.7万多亩，周围80余里，可以灌溉农田14.68万余亩；即使大旱之年仍然有过半农田可以得到灌溉；而且"湖中多产鱼鲜，又有莼菜，可炊以疗饥"。试想，当杨县令驻足于湖边，目睹眼前这片碧波荡漾的万亩水面，会不会联想起那烟波浩渺的洞庭湖呢？

当然，这样的想象毕竟只是想象，不过此后的明清文人好像也是这样认为的。明代人钱宰在他的《湘阴草堂记》里说：湘湖因其"山秀而疏，水澄而深，邑人谓景之胜若潇湘然"，遂称为"湘湖"。清朝诗人黄元寿在《湘湖杂咏》中写道："若把西湖比西子，也将湘水拟湘灵。"不仅把湘湖与西子湖联系在一起，而且把湘湖与洞庭湖畔的湘妃相比拟。在《康熙字典》里，"湘"不只是湖南的专称，对"湘"字还有这样的解释："湘，湖名，在绍兴府萧山县。"由此可见，在古人的眼里，湘湖与湖南之潇湘早已有剪不断，理还乱的纠葛了！

各位游客，湘湖之美不仅在于其湖名的扑朔迷离和开发历史的曲折丰富，还在于它有着灿烂的远古文明遗存。早在8000年前，就有湘湖先民在这里狩猎、耕耘、劳作和繁衍生息，孕育出留存至今的"跨湖桥"文化——跨湖桥遗址和下孙遗址，特别是那条独木舟残骸的出土，把浙江远古文明的历史整整往前推进了1000多年，成为华夏古老文明的源头之一。

8000年来，湘湖先民在这里创造过千古不朽的辉煌历史，留下了许多美丽动人的故事传说。2500年前，在这里上演过著名的吴越之战。湘湖北岸的山巅上至今留有当年越王勾践兵败退守的固陵城（后称越王城），山下水域为越国配置大船军的固陵港，越王城遗址至今保存完好。老虎洞山上的老虎洞，据说是当年勾践卧薪尝胆之处。与老虎洞相连的莲华寺，以及与之隔湖相望的石岩山上的先照禅寺等佛教文化也源远流长。

各位游客，湘湖还是浙江古代的水陆要冲。它的西南是富春江、浦阳江和钱塘江三江交汇处。湘湖西南的渔浦,从晋代起就是沟通浙东、浙西两浙的著名津渡,曾是"浙东唐诗之路"的起点。王维、孟浩然、常建、储光羲、钱起等许多唐代著名诗人都在这里留下了优美的诗篇。古往今来,曾有无数的文人墨客在这片湖光山色里流连忘返,歌咏吟唱,如李白、贺知章、宋之问、温庭筠、苏轼、秦观、陆游、姜夔、文天祥、萨都剌、刘基、唐寅、袁宏道、朱彝尊等著名文人都写过讴歌湘湖的诗文。正是凭借这些人文与自然资源,经过历代文人的想象与吟诵,逐渐形成"湘湖八景""石岩十景"等众多景观,使优美的自然景观蕴含着深厚的文化积淀,直到今天仍散发出独特的人文光芒。

湘湖——休闲度假名湖

各位游客,湘湖优质的自然生态景观和深厚的历史文化底蕴,再加上大杭州国际休闲都会的强势辐射,为把湘湖打造成现代化的休闲度假胜地提供了得天独厚的有利条件。由此,休闲度假名湖也成为湘湖景区的第三大重要功能定位。

说起休闲,我在这里想问问各位,你们知道"休闲"这个词或概念是从哪里来的吗?是中国古已有之的?还是从外国进口的?这位先生说得对,先是从外国进口,后来在我国的大量文献中也找到了许多有关"休闲"的记载与论述。伟大导师马克思的著作中也提及休闲一词(free-time),通译为"自由时间";西方休闲学研究者通常将 free-time 等同于"leisure"(休闲)。在马克思眼中,"休闲"一是指"用于娱乐和休息的余暇时间";二是指"发展智力,在精神上掌握自由的时间"。在马克思看来,休闲是人的生命活动的重要组成部分,是社会文明的重要标志,也是现代人走向自由王国的"物质"保障。

各位游客,20世纪90年代,随着"休闲服"的流行,"休闲"一词开始走进中国公众的生活里。如今"休闲"已成为人们使用频率最高的词之一,诸如休闲度假、休闲娱乐、休闲产业、休闲经济、休闲文化等,休闲已成为我们生活的重要组成部分。正因为如此,中国学人才开始重视并研究休闲,才在我们古老的历史文献里发现,其实我们的老祖宗(主要是有闲阶层)是很懂休闲也很会休闲的。这一点从造字上就可以看出其中的端倪。"休",人倚木而休,意指人与自然的和谐;"闲"通"娴静",寓意思想的纯洁与安宁,从词意组合上表明了休闲独特的内涵和价值取向。

项目三 旅游景区概况类导游词的编撰与讲解

各位游客,不管中外先贤如何理解休闲,但在我们老百姓的概念里,休闲无非是在自由时间里,找一个理想环境,吃喝玩乐一通。所以,著名经济学家于光远先生提出:"人之初,性本玩""玩是人生的根本需要之一",而且说他要"活到老,玩到老"。当然,于先生所说的"玩",既不是玩世不恭、玩物丧志,也不是玩忽职守、玩火自焚,而是"要玩得有文化""掌握玩的技术"和"发展玩的艺术",这才是健康的玩和高雅的玩;这样的玩才能玩出真善美,才能玩出当代人的自由精神和生命价值。

这里有优美的生态环境:山水相映,空气清新,气候温润,植被茂盛,物产丰富。清晨,你可以迎着朝霞跋涉在重重叠叠、曲曲环环的山间小道上;傍晚,你可以披着金色的晚霞漫步于杨柳依依的湖堤;夜半时分,如果你仍有兴致的话,可以依偎在亭楼间,邀月临风,独自享受那份宁静与安详!

这里有许多参与性和体验性的游乐项目,让你在玩中掌握许多技艺,在参与中体验成功的快乐;在湖中摇橹船,你可以学习驾船的技巧,享受划船的喜悦;在眉山岛的金色沙滩上,你可以享受阳光、沙滩、湖水的洗礼,也可以享受足球、排球和其他运动带来的快感;在亚洲陶艺中心,你不仅可以观赏世界大师级的精美艺术陶器,还可以到陶艺作坊去亲手制作陶艺作品,享受劳作带给你的成功喜悦!到水漾坞钓钓鱼、打打高尔夫,到象山真人CS(Counter-Strike:反恐精英)基地尽情游戏,到下孙文化村把玩古董、听听小曲,到海洋公园与极地动物亲密接触,相信湘湖会让你"乐不思蜀"!

各位游客,这里还有丰富的文化资源,让你玩得有文化、有品位。跨湖桥遗址博物馆,特别是那只世界上最早的独木舟,会把你带进距今8000年的远古时代,让你领略跨湖桥先民耕作、渔猎以及繁衍生息的原始生活;越王城遗址,是当年越王勾践屯兵抗敌的重要军事堡垒,登临其上遥想2500年前那场吴越大战,想象越王勾践在老虎洞里卧薪尝胆、十年生聚、复仇雪耻的情景;荷花庄,在衣香荷韵中听听"西施藕"的传说,体味西施美女以身殉国的忍辱负重和无限悲凉;先照禅寺和莲华寺,可以把你带入静穆祥和的宗教世界,感受千手观音的大慈大悲、法力无边,揣摩释迦牟尼佛那神秘莫测的微笑,领悟、洞察自然万物特别是生命的真谛!

好啦,各位游客,湘湖概况就介绍到这里,我们的车已经驶入湘湖景区的西南大门,下车后请各位带好自己的贵重物品,随景区导游进湖游览吧!

项目四

山地类导游词的编撰与讲解

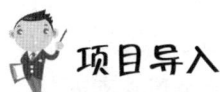
项目导入

我国地大物博，幅员辽阔，各种类型的地貌景观齐全且发育成熟，山地类旅游景区数量众多，质量上乘，在导游带团中讲解得也最多，所以学习此类景观的导游词写作非常有必要。本项目意在通过例文的解析、写作实训以及"请扫二维码，跟着视频学讲解：《玉龙雪山导游词》"的模拟讲解训练，大体掌握山地类导游词的写作特点、常规结构、主要内容和语言特色，然后，通过拓展学习了解花岗岩、岩溶、丹霞、石英砂岩、火山流纹岩等地貌景观的审美特点及语言描绘特色，为以后写作此类导游词奠定良好基础。

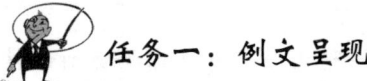
任务一：例文呈现

西岳华山

各位游客，大家好！今天我们要去游览的是以险峻著称的西岳华山，此山位于西安城东120公里的华阴市以南。华山古称西岳，又称太华山，是我国五岳之一，因其山峰自然排列成花状，所以得名华山。华山北瞰黄河，南依秦岭，整个山体线条简洁，形如刀削、斧劈，奇峰突兀，巍峨壮观，被誉为"天下奇险第一山"。华山是由一块完整硕大的花岗岩体构成的，它的历史衍化可追溯到1.2亿年前，据《山海经》记载："太华之山，削成而四方，其高五千仞，其广十里。"现在的华山有东、西、南、北、中五峰，主峰有南峰"落雁"、东峰"朝阳"、西峰"莲花"，三峰鼎峙，"势飞白云外，影倒黄河里"，人称"天外三峰"。还有云台、玉女二峰相辅于侧，36小峰罗列于前，虎踞龙盘，气象森森。因山上气候多变，又形成"云华山""雨华山""雾华山""雪华山"等景观，都给人以仙境般的美感。

　　各位游客，华山是中华文化的发祥地之一。据清代著名学者章太炎先生考证，"中华""华夏"皆因华山而得名。《尚书》里就有关于华山的记载；《史记》中也有黄帝、尧、舜华山巡游的事迹；秦始皇、汉武帝、武则天、唐玄宗等帝王也曾到华山进行过大规模祭祀活动。华山还是道教名山，传为谭紫霄、马丹阳、刘海蟾、丘处机修炼处，陈抟亦曾隐居此山。《华岳志》称陈抟隐于云台观，殁于张超谷石室，葬于玉泉院。山上现存72个半悬空洞，道观20余座，其中玉泉院、东道院、镇岳宫被列为全国重点道教宫观。华山留下了无数名人的足迹，也留下了无数故事和古迹。自隋唐以来，李白、杜甫等文人墨客咏华山的诗歌、碑刻和游记不下千余篇，摩崖石刻多达上千处。自汉代杨宝、杨震到明清冯从吾、顾炎武，不少学者曾隐居华山诸峪，开馆授徒，一时蔚为大观。而在华山诸多故事中，流传最为广泛的神话故事有"巨灵劈山""吹箫引凤""沉香劈山救母"等。华山的著名景点达200多处，除五峰之外，还有凌空架设的长空栈道，三面临空的鹞子翻身，在峭壁绝崖上凿出的千尺㠉、百尺峡、老君犁沟等。2011年1月，华山景区以其独特的自然与人文景观被国家旅游局列为5A级景区。

回心石→千尺㠉→百尺峡→老君犁沟

　　各位游客，从玉泉院出发到北峰的登山通道汇集了众多惊险瑰丽的景观。现在我们来到了青柯坪，在它的东面有一巨石，名叫"回心石"，以前体弱者到此石，向导往往劝其回头下山，故有"回心石"之名。民间还有一则传说，说的是元朝道士贺志真带领两个徒弟在华山开道凿洞，每凿一洞，就让给别人，这样天长日久，两个徒弟就有些不高兴，认为本想跟师傅学点东西，现在不但没学到什么东西，而且天天吃苦凿洞，这要到什么时候才是个头啊？那天，师徒三人在南天门外悬空凿洞时，两徒弟心怀叵测，砍断绳索，眼看师傅坠入深渊。两徒弟随即下山，当走到那块巨石时，却看到师傅毫发无损，一切如常。两徒弟知道师傅已经成仙，于是悔恨不已，立即回心转意，又随师傅上山修炼。后来两徒弟也都修炼成仙了。于是后人就将这块巨石叫作"回心石"。

各位游客，现在我们看到的那条峭壁上的大裂缝就是千尺幢，它是华山第一道险关。千尺幢陷在两旁的巨石之间，共370余级台阶，坡度极陡，每级台阶的宽度不过1/3的脚掌，幸好两旁都有可助攀爬的铁链。仰望天际，天开一线；俯视脚下，如临深渊。石级顶端有如井口，倘若把"井口"用铁盖盖住，通往华山的道路便被堵塞，所以称为"太华咽喉"。

各位游客，出千尺幢不远就是百尺峡，这里是登华山的第二道险关。两壁高耸，中间夹有一块从天而降的巨石，上刻"惊心石"三个大字，游人要从石下小路穿过，确实惊心动魄。走过仙人桥、俯渭崖、黑虎岭等小险处，就到了登山的第三道险关老君犁沟，这是夹在陡峭石壁之间的一条沟状险道，深不可测，有石阶570余级。

北峰

各位游客，现在我们已到达了北峰。北峰为华山主峰之一，海拔1614.9米，因位置居北得名。北峰四面悬绝，上冠景云，下通地脉，巍然独秀，有若云台，因此又叫云台峰。唐李白《西岳云台歌送丹丘子》诗曾写道："三峰却立如欲摧，翠崖丹谷高掌开。白帝金精运元气，石作莲花云作台。"北峰北临白云峰，东近量掌山，上通东西南三峰，下接沟幢峡危道，峰头由几组巨石拼接而成，浑然天成。绝顶处有平台，原建有倚云亭，现留有遗址，是南望华山三峰的好地方。峰腰树木葱郁，秀气充盈，是攀登华山绝顶途中理想的休息场所，1996年开通的登山缆车上站，即在峰之东壁。峰上景观颇多，有影响的有真武殿、焦公石室、长春石室、玉女窗、仙油贡、神土崖、倚云亭、老君挂犁处、铁牛台、白云仙境石牌坊等，且各景点均有美丽的神话传说。

1949年华阴解放前夕，国民党陕西省第八行政督察区专员兼陕西保安第六旅旅长韩子佩率残部百余人逃上华山，妄图凭借天险负隅顽抗做最后挣扎。我中国人民解放军在华阴群众的帮助下，打破"华山自古一条路"的传说，从黄甫峪攀上北峰，奇袭残匪，创造了神兵飞越天堑、英雄智取华山的

奇迹。今真武殿前百米处建有六角攒顶飞檐斗拱华山花岗岩圆雕石亭一座，亭中立有解放华山纪念碑。从此，北峰又成为向青少年进行爱国主义教育和革命传统教育的课堂。

中峰

各位游客，现在我们来到的是中峰。中峰居东、西、南三峰中央，海拔2037.8米。峰上林木葱茏，环境清幽，奇花异草多不知名，游人穿行其中，不时闻到阵阵花香。峰头有道舍叫玉女祠，传说是春秋时秦穆公女弄玉的修身之地，因而此峰又被称为玉女峰。相传，春秋时，华山隐士萧史善吹洞箫，优美的箫声博得秦穆公的小女儿弄玉的爱慕，使她放弃了奢华舒适的宫廷生活，随萧史在此隐居，多年后二人修炼成仙乘风而去，山上许多名胜也因此得名。有玉女洗头盆、舍身树等。由于这则美丽的爱情故事，华山在博大、庄严、深沉之外又被赋予了一些浪漫与温柔，古代文人也为此抒写了许多诗文。唐杜甫在他的《望岳三首·其二》中有"安得仙人九节杖，拄到玉女洗头盆"的诗句；明顾咸正《登华山》诗中有"金神法象三千界，玉女明妆十二楼"等，这些诗文更为中峰锦上添花。

东峰

各位朋友，经中峰，现在我们来到了东峰。东峰是华山主峰之一，因位置居东得名，海拔2096.2米。峰顶有一平台，居高临险，视野开阔，是著名的观日出的地方，人称朝阳台，东峰也因此被称为朝阳峰。古时登东峰道路艰险，《三才图会》记述说：山冈如削出的一面坡，高数十丈，上面仅凿了几个足窝，两边又无树枝藤蔓可以攀缘，登峰的人只有爬在岗石上，脚手并用才能到达峰巅。现已开辟并拓宽几条登峰台阶路，人们可安全到达。东峰顶生满巨桧乔松，浓荫蔽日，环境非常清幽。游客自松林间穿行，上有团团绿荫，如伞如盖，耳畔阵阵松涛，如吟如咏，顿觉心旷神怡，超然物外。明代书画家王履在《东峰记》中谈他的体会说，高大的桧松荫蔽峰顶，树下石径清爽幽静，风穿林间，松涛涌动，更添一段音乐般的韵致，其节律此起彼伏，好像吹弹丝竹，敲击金石，美妙无比！

东峰有景观数十处，位于东石楼峰侧的崖壁上有天然石纹，像一巨型掌印，这就是被列为"关中八景"之首的华岳仙掌，巨灵神开山导河的故事就源于此。朝阳台北有杨公塔，与西峰杨公塔遥遥相望，为杨虎城将军所建，塔上有杨虎城将军亲笔所题"万象森罗"四字。此外，东峰还有青龙潭、甘

露池、三茅洞、清虚洞、八景宫、太极东元门等景观。遗憾的是有些景观因年代久远或天灾人祸而毁，现仅存遗址。20世纪80年代后，东峰部分景观逐步得以修复，险道整修加固，亭台重新建造，在1953年毁于火灾的八景宫旧址上，已重新矗立起一栋两层木石楼阁，是为东峰宾馆。

南峰

各位游客，现在我们来到了南峰。南峰又名落雁峰，是华山最高峰，海拔2160米，来到这里如临仙境，正如古诗所云："只有天在上，更无山与齐。举头红日近，回首白云低。"这里四周都是松林，杂以桧柏，迤逦数里，浓荫密蔽。现在我们眼前看到的险要之处就是第四险关"长空栈道"。长空栈道悬空半壁，下临深渊，是华山最险要处之一。没有过人的胆量和坚定的意志，是不敢一游的。峰顶有"太上泉"，池水青绿澄澈，常年不竭，俗称"仰天池"。池崖上镌刻甚多，多为明清和近代诗人所题。武侠小说《射雕英雄传》中描写的"华山论剑"大概也发生在南峰。上面建有金天宫，是专门供奉白帝的。白帝即少昊，号金天氏，是专管西方的神。山上还有杨公亭，是杨虎城将军于1931年所建。

西峰

各位游客，我们现在来到了华山最精华的部分——西峰。西峰又称莲花峰，得名于峰顶翠云庙前右侧的那块大石，其状如莲花。山峰奇拔峻峭，如刀切剑削，壁立千仞。此峰最高处有"摘星台"，登台俯瞰，秦川茫茫，蓝天如洗，浩瀚无际，渭、洛二水如银带，北望黄河细如丝。唐代大诗人李白观此景后曾写下"西岳峥嵘何壮哉，黄河如丝天际来"的美丽诗句。西峰南崖有山脊与南峰相连，脊长300余米，石色苍黛，形态好像一条屈缩的巨龙，称为屈岭，也称小苍龙岭，是华山著名的险道之一。西峰上景观比比皆是，有翠云宫、莲花洞、巨灵足、斧劈石、舍身崖等，并有许多美丽的神话传说，其中沉香劈山救母故事流传最广。峰上崖壁题刻遍布，工草隶篆，琳琅满目。峰北绝顶叫西石楼峰，峰上杨公塔为杨虎城将军所建，塔上有杨虎城将军亲笔题词。塔下岩石上有"枕破鸿蒙"题刻，是书法家王铎手迹。特别是莲花洞，也叫莲花石、太乙莲台，此石头如莲花瓣覆盖石上，顶上的松树在没有因修建气象站而被砍去一半前，就像莲花的莲蓬一样，很有诗意。

各位游客，关于华山景区的讲解就到这里，谢谢大家对我工作的支持。欢迎大家再来华山。

任务二：篇章解析

请几位同学以模拟导游讲解的方式朗读一遍后，教师以提问方式让学生从此例文中总结出山地类景观导游词的篇章结构、主要内容与语言特色。

1. 结构—内容

开头——以十分简洁的欢迎词引入西岳华山的讲解。

正文——分成两大部分：一是华山的概况；二是华山的重要景点讲解。

在第一部分中，先介绍华山的自然景观，包括华山的地理位置、山名由来、景观特色、地貌特征、形成原因、主要景点和相关赞誉；然后介绍华山的人文景观，包括华山之名对中华文化的影响、古代典籍中对历代帝王巡游华山的记载、本土宗教道教在华山留下的古迹、历代文人学者留下的诗文碑刻和故事传说等文化遗迹。

在第二部分中，先介绍了华山最著名的四处山崖险景：回心石→千尺幢→百尺峡→老君犁沟，然后逐一介绍了北峰、中峰、东峰、南峰和西峰。在讲解每一座山峰时，也都包含了山峰的位置、高度、名称由来、景观特点和文化遗迹等内容。如在介绍中峰时，先介绍它的位置："居东、西、南三峰中央"，高度："海拔2037.8米"，特点："林木葱茏，环境清幽"，然后讲述中峰被称为"玉女峰"的民间传说，最后引杜甫、顾咸正的诗句作结。其他诸峰的内容构成也大致相同，一般总是自然景观在前，人文景观在后。

结尾——用了极为简洁的致谢词。

2. 语言特色

导游在讲解山体景观时，一定会根据景观的特点选用相应的描绘性词语和句子，常常引用名人名家的诗文来描述山体美景。由于许多山体景观都是大自然鬼斧神工的杰作，令人震撼，美不胜收，而又难以名状，所以要讲解得有声有色、有吸引力，就必须运用一些文学描写的手法，多用描绘性词语，适当引用名家诗文，巧用比喻、拟人、夸张、对仗等修辞手法，否则就会枯燥乏味，令人生厌。在上面这则例文中，作者为了突出华山的特点——险，就用了许多文学词语和诗文描写其"险峻"之美。如在描述华山整体特征时用了"形如刀削、斧劈，奇峰突兀，巍峨壮观"这样的明喻式语句。在描写千尺幢之险要时用了一个借喻：仰望天际，天开一线；俯视脚下，如临深渊。石级顶端有如井口，倘若把"井口"用铁盖盖住，通往华山的道路便被堵塞，所以称为"太华咽喉"。在描写西峰那块大石时，用"其状如莲花，山峰奇拔峻峭，如刀切剑削，壁立千仞"这样的语句。在描写西峰最高处"摘星台"的空间感时用"登台俯瞰，秦川茫茫，蓝天如洗，浩瀚无际，渭、洛二水如银带，北望黄河细如丝"。除了描写华山的险峻之美外，也有一些描写山林优美环境的文字，如"东峰顶生满巨桧乔松，浓荫蔽日，环境非常清幽。游客自松林间穿行，上有团团绿荫，如伞如盖，耳畔阵阵松涛，如吟如咏，顿觉心旷神怡，超然物外"。引用名人诗文更是比比皆是了，如唐代大诗人李白观西峰"摘星台"后曾写下"西岳峥嵘何壮哉，黄河如丝天际来"的美丽诗句；唐代大诗人杜甫在他的《望岳三首·其二》中有"安得仙人九节杖，拄到玉女洗头盆"的诗句，写的是玉女峰（中峰）；《山海经》记载："太华之山，削成而四方，其高五千仞，其广十里。"凸显华山之古老。例文中所引述的故事传说，如"巨灵劈山""吹箫引凤""沉香劈山救母""回心石"传说、"玉女峰"传说、"华山论剑"等，又给华山险峻之美外增添了一道神秘色彩，使华山更具有魅力。所以，我们在编撰山体类导游词时，请不要吝啬文学辞藻。

任务三：写作实训

1. 根据下列材料所提供的信息和要求撰写一则规范的山地类导游词

某山为喀斯特地貌，面积约 8 平方公里，自然景观除野生灌木和花草外，还有洞穴、悬崖、奇石、一线天、瀑布、地下长河等。人文景观有道观、仿古亭、吊桥、栈道、陡阶，分别位于山脚、山腰和山顶。山上各景观之间建有安全的游步道。

撰写要求与评分参考（本题共 20 分）：

①请根据以上提供的景观信息，撰写一篇在语言、形式上符合要求的导游词（3 分）；

②请将字数控制在 800~1200 字（2 分）；

③要求按照题目中提到的概念、信息和景观意象，进行准确、恰当的解

释、扩充与想象，不能照搬某一景点现成的导游词（10分）；

④在选材、角度、结构、表达等方面要有一定的创新性（5分）。

2. 教师列出类似景区让学生进行模拟性写作，如雁荡山、天目山、莫干山、武夷山、三清山、龙虎山等，也可以由学生自选相关景区进行写作练习，可在课堂上完成，也可在课后完成

任务四：讲解交流与修改考评

导游词视频

1. 第二次上课时选择一个组（5个学生）中写好的两篇导游词进行讲解交流，由全班学生（被选中的小组同学除外）和教师进行评议打分后，提出修改意见，当堂修改好并上交，最后由教师打分，并加上学生打分给出本次作品的成绩。本项目共5分，分为三个等级：A. 5分；B. 4分；C. 3分及以下。

2. 请扫二维码，跟着视频学讲解：《玉龙雪山导游词》。

玉龙雪山导游词

各位朋友大家好，在中原，有一种造景手法叫欲扬先抑，人们想要欣赏美丽的风景，须得经过层层屏障。而今天在我们的丽江，淳朴的纳西人民和中原人民的表达方式不一样，他们总是把最美的景色一览无余地展现在大家眼前，这就是丽江人民送给诸位最珍贵的礼物——玉龙雪山。

玉龙雪山位于丽江古城北15公里处，其南北长约35公里，东西宽约25公里，景区面积415平方公里。而就在这415平方公里的面积上，藏着三个发音都近似"真"的字，下面就由我带大家去寻找。首先我们看到的是玉龙雪山的主峰——扇子陡。咱们今天所说的第一个字，铮铮铁骨的铮，说的就是它。扇子陡海拔5596米。虽然不及海拔8000多米的珠穆朗玛峰，但却是世界上迄今为止无人登顶的处女峰。如此铮铮铁骨，着实令我们钦佩。

说话间，我们来到了玉龙雪山冰川公园。在玉龙雪山，白水一号现代冰川最为美丽，它长达2.9公里，远远望去，如同一条瀑布悬挂天际，令人惊叹不已。靠近这白水一号，我们可以听见哗啦啦的流水声，那是冰川融化后形成的冰河。玉龙雪山冰川近20年出现了消融现象，科学家认为全球变暖为

其主要原因，所以，欣赏美景要趁早，大家今天算是来对了。说到这儿，您一定能猜出我们今天所说的第二个真字，对，就是珍惜的珍。全球变暖日趋严重，或许在若干年后，如此美丽的雪山将不复存在，所以，它才值得我们每一个人用心去珍惜。

　　当然，玉龙雪山不仅成就了这一方美丽的景色，而且养育了一方百姓。我们知道，丽江古城被称为东方威尼斯，正是源于这玉龙雪山上雪水的眷顾。清澈的玉泉水流经古城，使古城呈现出一派"家家门前有流水，户户垂柳赛江南"的特有景观。这种小桥流水的居住环境就注定了生活在这里的纳西人民有一颗包容的心。在丽江这片土地上，不仅存在着一种自由的婚俗，纳西族支系——摩梭人的阿夏走婚制，还存在着另一种截然不同的婚俗现象——殉情。在元代改土归流时期，随着汉文化的传入，这里也出现了门当户对的思想，很多相爱但不能在一起的纳西男女便选择了殉情。说话间，我们现在就来到了纳西族殉情的地方——云杉坪。而这里，就是传说中玉龙第三国的入口。据说在玉龙第三国，人们有"穿不完的绫罗绸缎，吃不完的鲜果珍品"。撒下一颗种子，就能长出参天大树；滴下一滴水，便能流出五谷清泉。据《东巴经》记载，如果年轻的男女来到这云杉坪殉情的话，他们的灵魂就会进入玉龙第三国，得到永生的幸福。所以，这云杉坪就成了纳西族殉情的地方。咦，您可不要以为这殉情就是悲伤地，草草地结束生命。关于这纳西族的殉情，它也是有讲究的。据说有的纳西族男女穿着最美丽的衣服，戴着最好看的首饰，挑选一块风景优美的草坪，欢欢喜喜，昼夜欢歌，度过生命中的最后几天，直至冻死饿死。还有的情侣来到这里找到连理枝，一阵深情相拥之后双双上吊而亡。据报道，20 世纪 50 年代，怒江州有一县委书记同他的恋人也是为了自由的恋情来到这云杉坪殉情而死。所以，这就是我们今天所说的第三个真，真诚的真，正是这种用生命换来的爱情，才塑造了纳西族最真诚的民族性格。找到这三个发音都为"真"的字，我们今天的游览就要结束了，此时相信您一定会被这美丽的雪山所折服，真切地体会到或真诚，或珍惜，或铮铮铁骨。在这里，我们就衷心地祝愿这座美丽的雪山能够万年不变，同时也祝愿您身体健康，万事如意。谢谢！（何先秀、尚璐）

任务五：拓展学习——各类地貌景观导游词撷英

1. 花岗岩地貌景观——山东泰山

各位游客，现在我们来到了"五岳"之首的泰山。泰山属于典型的花岗岩地貌景观之一。泰山风景区以泰山主峰为中心，呈放射状分布，由自然景观与人文景观融合而成。泰山山体高大，形象雄伟，尤其是南坡，山势陡峻，主峰突兀，山峦叠起，气势非凡。

泰山碧霞祠

十八盘

各位游客，这里就是泰山有名的十八盘了。大约25亿年前，在一次被地质学家称作"泰山运动"的造山运动中，古泰山第一次从一片汪洋中崛起，以后几经沧桑，泰山升起又沉没，沉没又升起，终于在3000万年前的"喜马拉雅造山运动"中，泰山最后形成了今天的模样。古老的造山运动造就了泰山南麓阶梯式上升的三个断裂带，最上一层从云步桥断裂带到极顶，海拔陡然上升400多米，使得这一层地带与四周群峰产生强烈对比，犹如宝塔之刹，形成了"东天一柱"的气势。十八盘是整个登山盘路中最为艰难的地段了。大家看，石壁上古人的题刻："努力登高""首出万山""共攀青云梯"，那是在勉励我们。大家再看，那负荷百斤的挑山工，再想想当年无名无姓的凿石修路人。大山无言,但它们能激励人们向上。朋友,登山犹如干事业,只有义无反顾地向上,才能战胜险阻,才能达到最高的境界!

南天门

各位游客,南天门到了,我们现在已置身"天界"了,虽然我们没有成仙,但我们在这里领略到了"登泰山而小天下"的豪迈。进了南天门,与之相对的大殿取名为"未了轩",未了轩两侧各有一门可以北去。出门往西有一山峰叫"月观峰",山上有亭,名月观亭。据说,秋高气爽的深秋时节,在这里还可以一览"黄河金带"的奇异景观:在夕阳映照的天幕下,大地变暗了,唯有一曲黄河水,反射出了太阳的光辉,像一条闪光的金带,将天与地连在一起。入夜,在皎洁的月色下,由此北望可见济南的万家灯火,因此月观峰又称"望府山"。

2.岩溶地貌景观——云南石林

各位朋友,大家好!今天我们将要游览的景区是被誉为"天下第一奇观"和"阿诗玛故乡"的国家重点风景名胜区——石林。在中国旅游,人们有这样的说法:到了北京登墙头,到了西安看坟头,到了桂林观山头,到了上海数人头,到了苏州看丫头,到了昆明大家猜猜该看什么"头"呢?对了,有朋友说了:石头!前面所提的墙头、坟头所指不用说了,而这石头指的就是我们今天即将游览的石林。不少游客说:不到石林等于没到昆明。由此可见石林在云南旅游中的地位。另外我还要告诉大家的是我们云南省的旅游标志就与石林有关,那是什么标志呢?这个谜底等我们到了石林后自然就能解开。正因如此,上至国家元首,下至平民百姓,凡来昆明者必到石林一饱眼福。

云南石林地处滇东高原腹地,位于中国云南省石林彝族自治县,距省会昆明市70余公里。景区面积达1100平方公里,主体景区为350平方公里。石林是喀斯特地貌的精华,按景观空间分布及景观特点,全区可分为8个旅游片区:石林、黑松岩、芝云洞、长湖、飞龙瀑、圭山国家森林公园、月湖和奇风洞,以石林景区最有代表性,为核心区,景点百余处,其中"石林胜境""千钧一发""凤凰梳翅""阿诗玛"等均为游人集中之处。

各位朋友,当我们进入景区,就仿佛步入了时间的隧道,会充分感受到大自然的鬼斧神工。峭壁万仞,石峰嶙峋,像千军万马,又似古堡幽城,如飞禽走兽,又像人间万物,惟妙惟肖,栩栩如生,构成一幅神韵流动、蔚为

壮观的天然画卷。石林以喀斯特景观为主，其特点可概括为"雄、奇、险、秀、幽、奥、旷"7个字，被誉为"天下第一奇观""造型地貌天然博物馆"。

狮子亭

各位朋友，现在就随我上山，先去纵览石林全貌。狮子亭是我们今天游览行程中最高的地方，海拔1750米，是远眺石林全景最佳的位置之一。登上狮子亭，朝南可欣赏石海惊涛，苍茫浩瀚的大石林尽收眼底；向东可俯视湖光山色，烟波浩渺的石林湖"犹抱琵琶半遮面"。有道是"不登狮子亭，不算游石林；一登狮子亭，全身醉石林"。有人称石林是"中国风景之最"，与长江三峡、桂林山水和吉林雾凇并称为"中国四大自然奇观"；也有人说石林是"中国造园之源"。

"这莽莽石林是怎么'长'出来的呢？"问得好，既然是"石林"，就应该有一个生长过程。我们眼前这些岩石是怎么形成的呢？这就要追溯到泥盆纪到早二叠世时期了（距今5.7亿~2.5亿年前）。那时候石林所在的滇东一带是沉在海中的。当时气候温暖潮湿，海洋中的生物生长快且种类繁多，有珊瑚、孔虫、瓣鳃及各类腕足动物等。这些生物死亡后其骨骼与沙、泥质一起沉积。至2.7亿年前石林成为热带浅海，海底沉积了很厚的（1000~2000米）浅海台地生物礁相灰岩。后来由于地壳运动，这里被抬升，海退成陆，地面受到侵蚀，形成准平原状态，逐渐陷落成湖盆，进一步产生溶蚀作用。到喜马拉雅造山运动时期，这里又再次被抬升。在岩层抬升过程中由于各种外力，如水、土、生物等的作用才形成今天我们所看到的千峰林立、高耸入云、彼此相间、形态多样的奇特地貌。

各位朋友，云南石林的发育与其他同类地貌地区相比具有多种形态并存、高大石林（最高者超过40米）集中发育的特征，保留了高原期和湖盆原始古地形。世界各地的剑状喀斯特地貌，论面积之广大、保存之完好、发育之典型、年代之古老、造型之独特、类型之齐全，云南石林首屈一指。并且，它与民族文化紧密相连，以独一无二的雄姿、神韵、意境和无法抗拒的魅力，当之无愧地赢得了"天下第一奇观"的美称。

各位观赏完大石林概貌，耳闻了石林成因，了解了石林的价值，我想大家早就按捺不住探奇的冲动了。好吧，要识石林真面目，各位就请随我进林中一探究竟吧。各位，参观石林，随时间的不同、角度的变化、光线的强弱，会产生不同的景观。还要提醒大家，游览石林您可一定要发挥想象力。

石林胜景

各位在观赏石头时，别忘了欣赏题刻。过了鳄鱼头，石林胜境就到了。各位请看前方，是否有似曾相识的感觉。这里就是在许多影视作品、书刊照片中出现过的石林胜境。"石林"两个鲜红的隶书大字，也就是我路上给大家讲过的1931年龙云视察石林时所题的"石林"二字。而"龙云题"三字则是龙云的儿子龙绳文于1985年9月22日来石林亲笔书写后刻上去的。现在请大家抓紧时间拍照留念。

现在我们来到石峰之下，各位请看："天造奇观""南天砥柱""大气磅礴""万笏朝天""顶天立地""天下第一奇观"等，这些摩崖石刻与四周奇妙的自然景观相辉映，摄魂夺魄，给人美与奇的感受和想象，既是石林的写照，又启迪人们要有"石"的风格和气魄。

千钧一发

各位请驻足，抬头看：在两峰之间夹有一摇摇欲坠的巨石。这里用"千钧一发"来形容最贴切不过了。大家过的时候一定要轻手轻脚，屏住呼吸，不然那巨石就会掉下来。好了，过了千钧一发，各位可以放心了。其实这块巨石在这里"定居"已经300多万年了，经历了无数次地震的考验，是不会掉下来的。沿途走来，石峰如剑，直刺青天。这里是剑状喀斯特地貌最典型的地方，被游人称为刀山火海。

且住为佳

各位朋友，过一石洞，峰回路转，我们来到了一小憩之地——且住为佳。两峰底部凹成室，如厅似屋，仿佛是专门为走累的游客准备的小憩场所。这个石屋的形成其实是水与土共同作用的结果，地质学家称其成因为"土下溶蚀"。我们在此小憩，转过身再看刚才我们所过石洞上方四个大字：无欲则刚。这四个字出自林则徐的堂联"海纳百川，有容乃大；壁立千仞，无欲则刚"。刻在这里，隐喻似谜，给人以联想。

剑峰池

各位请看：一泓碧水深藏于石峰之间，崖峰间有桥相连，池中有一峰突起，像一把宝剑立于水中，此乃剑峰，此池即为剑峰池。这剑峰池是大石林中最幽深的地方，也是石林最神秘之处。剑峰池池水清澈，天光云影、四周群峰秀色尽在池中。池水来自地下，旱季不涸，雨季不涨。在石林深处能保留这样一处天然池水实属难得。池中一石峰酷似宝剑，剑柄投入水中，剑身上书"剑峰"二字，池名由此而来。剑刃在一次地震中不幸落入水中。

石林桃花源

各位游客，进入"石林桃花源"后，让我们展开想象的翅膀，尽情地观赏吧！这里有"仰天俯地"：上可观天，下可察地，身临其境，会有"仰观宇宙之大，俯察秋毫之末"的感觉。有"千年古藤"：古藤同心结，祝您爱情甜蜜，家庭幸福。有"双鸟渡食"：这上天精工雕塑的神品，让您不要忘怀"羊有跪乳之义，鸟有反哺之情"。有"象踞石台"：石峰之顶一头小象在遥望远方，似在等待、在企盼。有"千年龟"：龟是长寿的象征，撒尼人说，见了它"心想事成"，摸摸它"长命百岁"。千年龟是一个倒塌下来的剑状石林，其龟背纹实际上就是风化的斑纹。还有"石钟"：是乐神赠给石林的宝贝。您会惊奇地发现：这石钟能奏出您的心声。

云南石林

石监狱

有朋友问，石林里面有人住过、生活过吗？答案是：有。清朝咸丰年间，石林彝族自治县爆发了由赵发领导的、响应太平天国起义的彝民起义。当年赵发率领起义军就住在石林中，这里就是起义军扎营的地方，这里有石桌、石凳、石床，石床那里有一香炉，这里还有一汪清泉。在这边石壁的底部，有一个可容一人出入的小洞。相传此地为赵发关押战俘的监狱，因此得名"石监狱"。人若钻入洞中便会觉得豁然开朗，天更高、更蓝。看到这个石洞您还会联想到什么？对了，电视剧《西游记》中，压在五行山下的孙大圣。

凤凰梳翅

大家看，那好似凤凰的大石，蹲立石巅，它正回头梳理美丽的羽毛。这就是我们在望峰亭远观过的"凤凰梳翅"。关于这个景点还有一个凄美动人的神话传说：芥秀是石林最美丽的彝族姑娘，毕征是月湖最英俊的撒尼小伙，两个人春节时在长湖举行的节日活动上一见倾心，而土司老爷早就对芥秀垂涎三尺了，他不顾芥秀和毕征已挑水定了亲，还是去追赶双双回家的毕征和芥秀，到了这里，毕征为保护自己心爱的妻子，被土司老爷一剑刺死，芥秀伤心欲绝，乘土司老爷没有防备，猛然把他推下悬崖，自己也撞岩而死。据说这凤凰巨石便是毕征与芥秀的化身。

3. 丹霞地貌景观——福建武夷山

各位游客，今天我们要游览的是素有"奇秀甲东南"美名的武夷山风景名胜区。武夷山风景名胜区位于福建省西北部，总面积79平方公里，是国务院首批公布的国家级重点风景名胜区。1999年12月被联合国教科文组织列入《世界遗产名录》，成为中国4处世界自然与文化双重遗产地之一。

武夷山国家旅游度假区

武夷山风景区为红色沙砾岩构成的丹霞地貌，山峰海拔一般在400米左右，最高峰三仰峰海拔729.2米。武夷山自然风光独树一帜，"三三秀水清如玉"的九曲溪与"六六奇峰翠插天"的三十六峰、九十九岩的绝妙结合，异

于一般自然山水，是以奇秀深幽为特征的巧而精的天然山水园林。武夷山九曲溪景观形象丰富多彩，变化无穷，凭借一张竹筏顺流而下，即可阅尽武夷山秀色与景观的精华，堪称世界一绝。

武夷山素以丰富的自然生态资源、独树一帜的风光美景和灿烂悠久的历史文化、天人合一的和谐环境著称，享有"碧水丹山"之美誉。唐朝时就被朝廷定为天下名山大川。千百年来，无数名儒雅士、政官显要都曾游历武夷山。李商隐、范仲淹、朱熹、陆游、辛弃疾、徐霞客等名家都曾在武夷山留下墨宝。

真山水、纯文化是武夷山最大的特点。真山水真就真在"清水出芙蓉，天然去雕饰"，全无人工斧凿的痕迹，连空气都显得古老而清新。79平方公里的武夷山风景区拥有独特、稀有、绝妙的自然景观，属典型的丹霞地貌和罕见的自然美地带。武夷山不高却有高山的气魄，水不深却集水景之大成。

九曲溪

各位游客，我们第一个到达的景点就是充满诗情画意的九曲溪。首先我要简单地介绍一下九曲溪的概况。世间山水幽奇以武夷山为第一，武夷之魂在九曲溪。这条发源于武夷山脉主峰——黄岗山西南麓的溪流澄澈清莹，经星村镇由西向东穿过武夷山景区，盈盈一水，折为九曲，因此得名。九曲溪面积为8.5平方公里，全长约9.5公里。山挟水转，水绕山行，每一曲都有不同景致的山水画意。大家可以乘坐竹筏顺着九曲溪蜿蜒而下，那碧清的溪水会让您把所有的烦恼都抛到九霄云外。两岸奇峰峭拔、怪石嶙峋，会使您产生种种遐想。我简要介绍一下乘坐竹筏的一些注意事项：第一，每六个人乘坐一张竹筏，大家自由结合；第二，上竹筏请不要争先恐后，注意横踩两根毛竹，以免滑落水中；第三，竹筏行进中，要听从筏工指挥，请不要随意从座椅上站起照相，更不要在竹筏上随意走动。

各位朋友，竹筏驶上浅滩，右边这座山峰名仙岩，请大家注意看，岩上这一块巨石像不像一把芭蕉扇？紧邻仙岩的这三座山峰，中间那座像不像个球？两边山峰犹如两头雄狮，俗称"双狮戏球"。溪右边这块岩石嘴尖腿细，背上布满藤萝、花丛，俗称"孔雀开屏石"。大家请看，前面右边这两座山峰，一座是丹炉岩，另一座是仙迹岩。前者因颇像传说中的太上老君的炼丹炉而得名；后者山岩上有两个圆石窝，相传是武夷仙人跪拜皇太姥留下的膝窝，故又名"仙膝岩"。溪边的这两个岩洞，一个叫米仓，另一个叫盐仓。

再往前走，映入眼帘的这座山峰是天柱峰，俗称"酒坛峰"。

一线天

各位朋友，我们游览的第二个景点就是人间奇景"一线天"。它是武夷山最奇的岩洞，左边这个是灵岩洞，中间这个是风洞，右边这个是伏羲洞。一线天是一座山中间裂开的一条缝，就像利斧劈开一样，间距不满一尺，长100多米，从中漏进天光一线。这就是令人叹为"鬼斧神工之奇"的一线天。一线天最窄的地方只有50厘米，一些身材较胖的游客要多加小心，以免被卡住。现在请随我从伏羲洞探身进入岩洞内，可见一线天光宛若跨空碧虹。一线天内很潮湿，有的地方还有水，请游客小心不要滑倒！请大家抬头看，不时可以看见蝙蝠从头顶掠过，随时可能被落下的蝙蝠粪便打中。游客们一般戏称被沾上蝙蝠粪便的人很有"蝠粪（福分）"，称他们为有蝠（福）之人。

天心景区

各位朋友，现在我们看到的这条小溪叫"章堂涧"。章堂涧是武夷山景区北部最长的一条长山涧，长约7.5公里。请大家顺我手指的方向看，在雄峙如城的丹霞嶂半壁有几个互相毗连的岩洞，洞中有几幢小木楼就崖构架，或藏于洞内，或濒临崖畔，上下悬梯，左右环栏。不知大家有没有发现一个问题，明明是建在悬崖峭壁间的悬楼，为什么又叫天车架呢？这是因为当时施工为节省时间，所用的施工材料都是从岩底直接吊上去的。大家看到没有，悬架在洞外的那几根杉木，便是当时安装天车——一种起重机械的架子，因而当地人称这一景为"天车架"。

各位朋友，请继续前行，过慧苑寺前石桥，左转入流香涧。流香涧原名"倒水坑"，位于天心岩北麓。说来十分奇怪，武夷山风景区的所有溪泉涧水，均是自西向东，奔向峡口，汇入崇阳溪。唯独这条山涧，自三仰峰北谷发源后，流势趋向西北，倒流回山，故名。一路走去，淙淙的流水与飞花相随不舍，一缕缕淡淡的幽香，时时扑鼻而来。明朝诗人徐熥游历此地，不忍离去，遂将涧名改为"流香涧"。涧中有一巷谷，两旁危岩矗立，水流其间，仅容一人往来。夏日处身其间，凉爽无比，因此名为清凉峡。出清凉峡不远，便可看到一座黑乎乎的山峰顶上，耸立着一块向前倾斜的巨石，就像一个农夫斜戴着一顶斗笠。相传这块巨石是从远方飞来，故名飞来峰。绕过飞来峰，大家看到的这座昂然直上、拔地擎天的山峰叫"玉柱峰"。从玉柱峰前行至九龙窠。九龙窠是一个幽奇深邃的峡谷，九座嶙峋的山峰，犹如九

条腾空而起的游龙。从九龙窠向前走一段，大家看到的这座山岩叫天心岩。岩下这座寺庙就是武夷山现存的最大寺院——永乐禅寺。重建后的永乐禅寺南北长170米，东西宽150米，占地面积约26 000平方米。永乐禅寺鼎盛于清朝，有僧徒百余人。改革开放以来，尤其是1990年之后，有关部门已决定修复永乐禅寺。目前大雄宝殿修建工程正在进行，并在通往禅寺的山径旁，依崖新凿了一座弥勒佛岩雕，高19米，宽13米。佛像岩后的巨型"佛"字是清康熙皇帝的亲笔字，字高11米，宽9米，计99平方米，取"九九吉利"之意。

水帘洞

各位朋友，现在我们看到的这个洞就是水帘洞。位于丹霞嶂东面的水帘洞，原名唐曜洞天。因为瑞泉岩峰巅有两道飞泉奔泻而下，随风飘洒，犹如灿烂的水帘，故后人改称为水帘洞。该洞是武夷山景区内最大的洞穴，高、宽各100多米。洞顶斜覆而出，宛如一道飞檐，遮住了半边天。洞门前终年流淌的两面三股清泉，从100多米高的岩顶飞泻而下，微风过处，水珠摇曳分合，随风飘洒，仿佛天女散花，又如悬挂的两幅珠帘。水帘洞内，轩爽敞亮，可容数百人。沿崖的数栋茶室为原奉祀宋朝大儒刘子翚、朱熹、刘珙的三贤祠和奉祀孔子、老子、释迦牟尼的三教堂的遗址。水帘泻入池中，不断溅起水花，随即又荡漾出涟漪，煞是好看，犹如一条龙在戏水。

4. 石英砂岩峰林地貌——湖南武陵源

各位朋友，欢迎大家来到风光如画的世界自然遗产——武陵源。武陵源这个词最早出自唐代山水诗人王维一首名叫《桃源行》的诗。诗中写道："居人共住武陵源，还从物外起田园。"武陵源地处湖南省西北部，与慈利县交界，南与张家界市永定接壤，西北与桑植县毗连，整个景区包括张家界国家森林公园、天子山自然保护区、索溪峪风景区，方圆369平方公里，拥有300多个景点，上千处潭、湖、溪、瀑，上万种珍稀动植物，以雄、奇、幽、野、秀、峻、险的景观，赢得了"风景明珠"的美誉。过去，由于闭塞，武陵源一直是"养在深闺人未识"，不为外人所知晓。直到党的十一届三中全会后，在改革开放春风的吹拂下，武陵源才得以摘下神秘的面纱，展露出美妙的姿容。1998年国务院正式批准，将张家界、天子山、索溪峪组成武陵源地区。1992年武陵源以它"具有特别的和世界的价值"被联合国教科文组织正式列入《世界遗产名录》。从此，武陵源以神奇秀美的自然风光闻名全国，享誉全球。

下面，我们将游览黄龙洞、宝峰湖，从索溪峪出境。在游览过程中，我重点给大家讲解黄狮寨的闺门初开、金鞭岩，天子山的天子峰、御笔峰以及索溪峪景区的黄龙洞、宝峰湖等景点。

闺门初开

各位朋友，我们现在踏上了黄狮寨游览线，当地有句民谣说，不登黄狮寨，枉到张家界。黄狮寨是张家界的制高点，登上黄狮寨，武陵源风光尽收眼底。黄狮寨位于森林公园西部，因为这里山势像雄狮而得名。我们游览的第一个景点名叫"闺门初开"。

张家界风光

现在出现在大家面前的是一座自然与人工相结合的大园门。进了这道门，我们就进入了自然风景区。大家看，这里悬崖峭壁，高耸入云，山势极为狭窄，形成山门，因此被喻为"闺门初开"，意思是说张家界这位美女打开房门向我们展示罕见的大面积石英砂岩峰林地貌。它的特点是沟谷幽深，石壁陡峭。3.8亿年前，这里曾是一片汪洋大海，海底岩层逐步沉积形成积岩，经过复杂而漫长的成岩过程后，形成我们今天看到的总厚达560米的大面积石英砂岩和部分石灰岩。其最大特点是，前者抗溶蚀，后者可溶蚀。我们后面将要游览到的黄狮寨金鞭岩主要就是由石英砂岩构成的，黄龙洞是由石灰岩构成的。

金鞭溪与金鞭岩

各位朋友，我们现在来到了风光如画的金鞭溪。金鞭溪发源于土地垭，全长40多华里，溪水由南向北，在慈利县注入澧水。这里溪水清澈见底，两岸绿树成林，奇峰耸立，一种"人在山峡走，宛在画图中"的意境油然而生。现在矗立在我们面前的这300多米高的山峰就是我们仰慕已久、享誉中外的金鞭岩。大家抬头看，金鞭岩四四方方，有棱有角，无论你从哪个角度看，都像一把倒插在空中的利剑。它被誉为武陵源风景的一顶皇冠、一大奇

观。人们赞美金鞭岩是"名山大川处处有,唯有金鞭奇上奇"。相传这金鞭是秦始皇为了扩大疆域用来赶山镇海的神鞭。金鞭岩到底是怎样形成的呢?大家知道,我们地球上今天的地质构造格局主要形成于中生代的燕山运动和新生代的喜马拉雅山地壳运动。燕山运动使历史上沉积下来的数千米的中、古生代地层产生褶皱,形成今天的武陵源隆起带,武陵源就处于该隆起带的边缘。由于这一带褶皱宽缓舒展的自然运动使景区内大部分地段的沉积岩倾角特别平缓,平缓叠置的岩层使山林石柱重心降低,层与层之间的摩擦系数加大,再加上石英砂岩本身固结力大和抗风化力强的特点,使景区内许多像金鞭岩这样数百米高的大山峰拔地而起。构成金鞭岩的石英砂岩还略带金黄色,在阳光照射下闪闪发光,尤其是夕阳西下之时,金鞭岩的鞭身会反射阳光,构成"夕阳照金鞭"的美丽景观。请大家把目光移向金鞭旁边的这块山石,它的形状很像一只老鹰,钩嘴瞪眼,略展翅膀,好像在守护着金鞭。它又为我们武陵源增添了一个奇特的景观——"神鹰护鞭"。

天子山与天子峰

各位朋友,我们现在前往有"中国峰林之王"美称的天子山。明朝末年,当地土家族领袖向大昆曾率领农民在这座山上起义,自称向王天子,天子山因此而得名。天子山的最大特点是峰多、峰高、峰奇,层层叠叠,峰外有峰。我们现在来到的这座山峰叫天子峰,海拔1200多米。它就像一位运筹帷幄、决胜千里之外的统帅,身披铠甲,右手握箭,好像正要指挥千军万马出征。这个形象就是传说中的向王天子,所以当地人把这座山峰取名为天子峰。

各位游客,现在请大家来看这座山峰,它的形状像一支毛笔,名叫御笔峰。传说这些山峰是由天子的御笔变化而来的,笔架上并排插有四支向王天子曾经用过的"笔"。御笔峰既是天子山的骄傲,也是武陵人的骄傲。画家来到这里铺开画夹,总是画不够;摄影师来到这里,总要多拍一些镜头。据不完全统计,仅国内就有30多家画报曾经以御笔峰的照片作为封面。

5. 流纹岩地貌景观——浙江雁荡山

各位游客,现在我们来到了著名的火山流纹岩地貌景观——浙江温州的雁荡山。它位于浙江省温州乐清市境内,部分位于永嘉县及温岭市。雁荡山距杭州300公里,距温州70公里,总面积450平方公里,500多个景点分布于8个景区,以奇峰怪石、古洞石室、飞瀑流泉称胜。其中,灵峰、灵岩、大龙湫三个景区被称为"雁荡三绝"。特别是"灵峰夜景"和"灵岩飞渡"堪称中国一绝。素有"海上名山""寰中绝胜"之美誉。

雁荡山系绵延数百公里,按地理位置不同可分为北雁荡山、中雁荡山、南雁荡山、西雁荡山(泽雅)、东雁荡山(洞头半屏山),通常所说的雁荡山风景区主要是指乐清市境内的北雁荡山。由于处在古火山频繁活动的地带,山体独具特色,多峰、柱、墩、洞、壁等奇岩怪石,因此,这里被称为"造型地貌博物馆"。

雁荡山奇景形成的主要原因有两个:其一是雁荡山是一座由流纹岩浆喷发而成的大型破火山;其二是雁荡山处于海洋季风气候生态环境。这两大原因满足了雁荡山风光形成的6个条件:①雁荡山火山岩层保护良好;②深厚的流纹岩层成为造景的主"材料";③断裂及沿断裂的溪涧流水成为塑造奇景的神斧;④外力作用雕琢、细刻雁荡山的风光;⑤植被发育与良好保护装扮了雁荡风貌;⑥季节、昼夜、阳光、雨水、风力的变化增添了雁荡风光的变换性。总之,雁荡山火山的形成可从"板块运动说"得到解释:火山常分布在板块边缘,在中生代时期太平洋板块(称古太平洋)向亚洲大陆板块俯冲过程中,挤压摩擦产生热能,使上地壳和下地壳部分熔融形成岩浆。当有断裂通往地表时,岩浆就沿着这一通道上升到地表,火山就喷发了。经历了火山爆发、塌陷、复活、隆起的全过程,在原始地貌改变的基础上,留下了火山遗迹。

灵峰

各位游客,现在我们来到了灵峰。灵峰为雁荡山的东大门景区,总面积约46平方公里。景区内层峦叠嶂,奇峰环拱,千形万状,美不胜收。灵峰夜景,移步换形,变幻多姿,妙不可言。两大奇洞——观音洞、北斗洞为游人所必至。合掌峰是雁荡山的代表景观之一。峰内的观音洞建有九叠危楼,建筑极具匠心,与天然洞穴之美融为一体,为雁荡山第一洞天,深藏玄机,经年香烟缭绕。观音洞隐于合掌峰中,洞高113米,深76米,宽14米,洞中有九层楼阁。太阳正照洞底大殿,每天仅数分钟。

灵岩

各位游客,灵岩位于灵峰与大龙湫之间,以雄壮著称。元代文学家李孝光所说的"峭刻瑰丽,莫若灵峰;雄壮浑庞,莫若灵岩",正道出了"二灵"审美风格上的区别。以灵岩古刹为中心,后有灿若云锦的屏霞嶂,左右天

柱、展旗二崖对峙，壁立千仞。因"浑庞"而生肃穆，人处其中，顿觉万虑俱息。灵峰使人情思飞动，灵岩则使人心境沉静。但人又怕过于沉静，于是又有如杂技表演般的"灵岩飞渡"。其实，灵岩也有许多奇巧的景点，如天窗洞、龙鼻水、小龙湫、玉女峰、双珠瀑等，只是都被藏掖到隐蔽处了。人皆知藏拙，不知藏巧更需智慧，灵岩正因此种智慧，才成其博大之姿。

项目五

水体类导游词的编撰与讲解

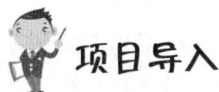 **项目导入**

  我国水体旅游资源极为丰富，江河湖海，流泉飞瀑，类型齐全，各具特色。一个好的导游人员应该学会编撰各种不同水体景观的导游词。基于此，本项目意在通过例文《新疆喀纳斯湖景区导游词》赏析、写作实训，以及"请扫二维码，跟着视频学讲解：《三潭印月》"的模拟讲解训练，在熟悉水体景观导游词的基本内容与结构的基础上，重点掌握水体景观导游词的语言特点，基本学会一则千字文的水体景观导游词的写作与讲解。在此基础上，通过拓展阅读部分了解湖泊、海滨、瀑布、泉水等各种不同水体景观导游词的编撰特点与技巧，为全面掌握此类导游词的编撰与讲解打下坚实基础。

 **任务一：例文呈现**

新疆喀纳斯湖景区导游词

  各位游客，现在我们要去游览的是新疆的喀纳斯湖景区。喀纳斯是蒙古

语，意为"美丽富饶，神秘莫测"。喀纳斯湖位于新疆阿勒泰地区布尔津县境内北部，距县城150公里，是一个坐落在阿尔泰深山密林中的高山湖泊。环湖四周原始森林密布，阳坡被茂密的草丛覆盖。湖水来自奎屯、友谊峰等山的冰川融水和当地降水，从地表或地下泻入喀纳斯湖。湖面海拔1374米，面积约45平方公里，湖水最深处达180多米。现在这里以湖为中心建立了喀纳斯湖自然景观保护区，总面积达5588平方公里，保护区自上而下分别为冰川恒雪带、山地冻雪带、高山草甸带、山地草原带等垂直分布。提到喀纳斯景区，就要提到它的很多唯一：这里是中国唯一和四国接壤的自然保护区，是中国唯一的北冰洋水系——额尔齐斯河最大支流布尔津河的发祥地，喀纳斯湖还是我国唯一的南西伯利亚区系动植物分布区，生长着西伯利亚区系的落叶松、红松、云杉、冷杉等珍贵树种和众多的桦树林，兽类、鸟类、两栖爬行类动物以及鱼类、昆虫类在此繁衍生息，更是生机无限。

喀纳斯湖

各位游客，请看前面那座高山，它叫友谊峰，海拔4374米，终年积雪，是我国与蒙古、俄罗斯、哈萨克斯坦的界山，也是喀纳斯湖湖水的发祥地。喀纳斯湖形成于距今约20万年前的第四纪冰川时期，湖面海拔1374米，四周群山环抱，湖面最宽处约2600米，湖水最深处188米，湖水面积44.78平方公里，自北向南犹如一个长长的豆荚蜿蜒流淌在长约25公里的喀纳斯峡谷里。湖周是苍翠的针阔混交林，与辽阔的山间草原连成一片，春天草原上繁花盛开，芳草萋萋。近处云雾似洁白的飘带，缠绕山间；远处皑皑冰峰，层林苍苍，沟壑滴翠。7月、8月份，登上海拔2030米高的观鱼亭俯瞰喀纳斯湖光山色，你会为湖面多姿多彩的奇景所惊叹，在蓝天白云下，偌大湖面宛如硕大的调色盘，湖水的颜色一块深、一块浅、一块蓝、一块绿，变幻万千，美不胜收，喀纳斯的"宝光"独具魅力。"宝光"即人们俗称的"佛光"，它与天下独秀的喀纳斯湖光，与山舞银蛇的冰川，与绿草如茵的草原，与浩瀚无垠的森林，与轻盈飘荡的山间薄雾融为一体，交相辉映，让你如临仙境。当旭日东升或夜幕降临时，乘船或站在第四道湾平台上探寻湖心秘密，倘若有幸，你可以看到时隐时现像小船一样的神秘"湖怪"。

湖怪

各位游客，喀纳斯湖吸引游客的主要原因就是神秘的"湖怪"。喀纳斯湖的一大奇观就是湖中有巨型"湖怪"。据当地图瓦族民间传说，喀纳斯湖中有巨大的怪兽，能喷雾行云，常常吞食岸边的牛羊马匹。这个传说从古至今，一直流传。近年来，有众多的游客和科考人员从山顶亲眼观察到了长达数十米的黑色物体在湖中漫游，成群结队，兴风作浪，因此，"湖怪"被传得沸沸扬扬，神乎其神，这又为美丽的喀纳斯湖增添了几分神秘色彩。1985年7月下旬，新疆大学动物学教授向礼陔率领的考察队在湖边工作时，突然发现数十条巨型鱼在湖面出现。两天后袁国映带领的新疆环境科学研究所的考察队也在"一览亭"上观察到了湖中的巨型鱼群，并摄得了许多照片和一段录像，从而开始了喀纳斯湖"湖怪"之谜的研究。喀纳斯湖的神秘大概和"湖怪"的传说有关。一些专家经过考察推断，所谓"湖怪"其实是那些喜欢成群结队活动的大红鱼。这是一种生长在深冷湖水中的"长寿鱼"，其寿命最长可达200岁以上，而且行踪诡秘，没有经验的人是很难捕捉到它们的。当地的图瓦人并不相信这种说法，在他们的传说中，湖怪能吃掉整头牛。但湖怪到底长什么样，谁也说不清。图瓦人的前辈还有过两次捕捉湖怪的尝试，但都以失败而告终。所以至今图瓦人不到湖里打鱼，也不在湖边放牧。至于"湖怪"与大红鱼（哲罗鲑）是不是一回事儿，至今还是个谜。喀纳斯湖水中生长着哲罗鲑、细鳞鲑、江鳕、阿尔泰鲟、西伯利亚斜鳊等珍稀鱼类。特别是著名的哲罗鲑，体长可达2~3米，重达几百公斤，因鱼体呈淡红色，俗称为大红鱼。大红鱼是典型的淡水冷水性食肉性鱼类，性情十分凶猛，人们曾在6公斤的鱼腹中发现过两只野鸭。这种鱼可长得很大，人们曾在1984年捕到一条重达38公斤的大红鱼。这样大的鱼出现在高纬度的高山湖泊，在世界上实属罕见。喀纳斯湖中巨型鱼的发现，引起了国内外从事鱼类研究的科学家们的关注，也引起了世人的极大兴趣。

千米枯木长堤

各位游客，看完了"湖怪"，我们现在看一条怪堤。在喀纳斯湖最北端的入湖口，有一条千米枯木长堤，它是喀纳斯湖奇观之一。洪水时枯木长堤会漂起来，按理来说，这些枯木会向下漂游，但是多年来，却奇怪地逆流而上，长长地横列在喀纳斯湖的上游六道湾。据说有人把枯木扔到下游五道湾里，那枯木还是执着地回到老地方，与枯木长堤连为一体。这是为什么呢？每当洪水季节，河水将上游大量的枯木携带漂入湖口，强劲的谷风在遇到喀纳斯湖南面的巨大山体后，风力变向，推动着漂入湖水中的浮木逆流上漂，日积月累逐步在湖口会聚堆叠形成一条百余米宽、两千米长的枯木纵横交错

的"千米枯木长堤"。

云海佛光

各位游客，当你清晨登上山顶的观鱼亭，观赏日出景色，可见喀纳斯上空云海翻腾，雾涛升空，有时可看见如同峨眉山云海佛光那样的奇观。充沛的降水、凉爽的气候，使喀纳斯湖区常常笼罩在朦胧雾霭之中，而高出云雾顶部的山峰，则成了观看佛光的理想位置。8月份，每当雨后的清晨，喀纳斯山区往往会被浓厚的云雾遮盖，只露出那些海拔2000米以上山峰的峰顶。这时，若登上"一览亭"观赏日出景色，你会看到头顶碧蓝的晴空中，斜挂着一轮巨大的朝日，远近的雪峰在朝阳下反射出红红的光芒。脚下的白色云海如浪涛般地随风翻滚，时而露出一块块水平如镜的蓝色湖面，时而又露出一片片绿色的林海。那迎面而来的彩云，带着反射太阳的霞光，千姿百态，变幻无穷，使人目不暇接。上午9~10时，当太阳升到一定角度时，在湖西山谷的云雾中，也就是与太阳的相对方向，便逐渐显现出一个半圆形的巨大的彩色光环，赤橙黄绿青蓝紫，七色俱全，鲜艳夺目，下部则没于云雾中。随着云雾的浓淡变化，光环色泽也时深时浅，时明时暗。这些山峰、亭子以及你的身影，在彩色光环环绕衬托之下，色彩绚丽，光彩夺目，给人以神佛欲显、飘飘欲仙的感觉。佛光大约可以持续一刻钟，随着太阳的升高和光线角度的变化便逐渐隐去，令人终生难忘。

变色湖

各位游客，喀纳斯湖另一奇观是变色，被称为"变色湖"。春夏时节，湖水会随着季节和天气的变化而变换颜色。从每年的4~5月湖面开化到11月冰雪封湖，湖水在不同的季节呈现出不同的色彩。4~5月的湖水，冰雪消融，湖水幽暗，呈青灰色；到了6月，湖水随周围的植物泛绿，呈浅绿或碧蓝色；7月以后为洪水期，上游白湖的白色湖水大量补给，湖水由碧绿色变成微带蓝绿的乳白色；到了8月湖水受降雨的影响，呈墨绿色；进入9~10月，湖水的补给明显减少，周围的植物色彩斑斓，一池翡翠色的湖水光彩夺目。关于变色湖的形成，除了与季节变化所引起上游河水所含矿物成分变化有关外，与周围群山植物随季节变化的不同色彩倒映在湖中，以及阳光角度变化和不同季节的光合作用对湖水的影响也有一定关系。

卧龙湾

各位游客，卧龙湾位于布尔津县到喀纳斯的途中，距县城140公里，距喀纳斯 10 公里。湖四周森林茂密、繁花似锦、绿草如茵，湖中小岛景色秀丽。湖进水处巨石砥柱中流，激浪拍巨石，玉珠飞溅。湖的泄水口有座木桥飞架东西，站在桥上向北是水平如镜的卧龙湾，向南是奔腾咆哮的喀纳斯河。

月亮湾

各位游客，由卧龙湾前行 1 公里就到了月亮湾，喀纳斯河水流经这里形成了一个长达 4 公里的"之"字形，河湾静谧得好似一弯月牙，河水随着一日之间光照的不同，变幻着不同的色彩。最绝妙的是河中心的两个河心洲，酷似两只仙人的大脚印，运气好的话，还能看到 5 个大脚指头。传说中，这两个大脚印是当年成吉思汗率军西征在此涉水过河时留下的痕迹，现在还经常看到转场路过此地的牧民下马匍匐在地顶礼膜拜。

神仙湾

各位游客，由月亮湾前行 3 公里就到了神仙湾，这里是一片宽阔的水域，河水将河心洲分成若干个小岛，岛上郁郁葱葱地生长着稀有的云杉、白桦和落叶松。河水流经这里时变得异常平缓，微风吹来，碧波荡漾，河水在阳光的照射下闪闪发光，好似撒下一片珍珠，犹如仙界一般。

各位游客，神秘的喀纳斯湖景区就游览到这里。来过新疆的人都会有这样的感觉：只有到过新疆的人，才能真切体会到祖国疆域的辽阔与无垠！希望各位再来新疆旅游！

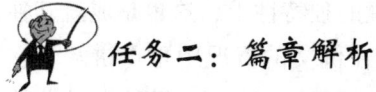

任务二：篇章解析

请几位同学以模拟导游讲解的方式朗读一遍后，教师以提问方式让学生从此例文中总结出水体类景观导游词的篇章结构、主要内容与语言特色。

1. 结构—内容

开头——以十分简洁的欢迎词引入喀纳斯湖景区的讲解。

正文——分成两大部分：一是喀纳斯湖景区的概况；二是喀纳斯湖的重要景点讲解。

在第一部分，首先介绍了喀纳斯湖湖名的蒙古语含义、喀纳斯湖景区的地理位置、喀纳斯湖的面积与水深，以及喀纳斯湖无与伦比的湖光山色，最

后列举了喀纳斯湖景区的"三个唯一",以此来说明景区独特的自然风光与神秘色彩。

在第二部分,依次介绍了喀纳斯湖景区几个主要景点:喀纳斯湖的形成原因与风光特色、喀纳斯湖湖怪的猜想及对大红鱼的科学解释、喀纳斯湖入湖口"千米枯木长堤"奇观的成因、喀纳斯湖云海佛光和变色湖的形成以及变幻莫测的神秘风光,最后介绍了喀纳斯湖附近的卧龙湾、月亮湾和神仙湾三个景点。

结尾:用自己的感悟来作为致谢词。

2. 语言特色

我国水体景观资源极为丰富。就审美类型而言,有阴柔之美的西湖、泸沽湖、千岛湖,有阳刚之美的钱江潮、黄果树瀑布和诺若朗大瀑布,有浩瀚无垠的太湖、鄱阳湖、洞庭湖、青海湖,还有神秘莫测的天池、喀纳斯湖和五大连池等。面对如此丰富多彩的水体景观,导游人员必须学会用不同的语言方式来表现与讲解不同水体景观的美感特点。譬如在讲解喀纳斯湖景区时,运用了一般表现水体景观的词语、句子,诸如:"在蓝天白云下,偌大湖面宛如硕大的调色盘,湖水的颜色一块深、一块浅、一块蓝、一块绿,变幻万千,美不胜收。"整体描绘了喀纳斯湖的变化之美。在描写卧龙湾水流时用"巨石砥柱中流,激浪拍巨石,玉珠飞溅"和"奔腾咆哮"等极具动感色彩的词语写出了它的阳刚之气。

当然,喀纳斯湖的独特性主要表现在神秘性上,例文就紧扣这点来讲解。首先,喀纳斯湖的神秘性表现在地理环境的独特性上,这也是成就其独特而又神秘的边地风光的主要原因。所以,在例文的概况中重点讲解了它的"四个唯一":"是中国唯一和四国接壤的自然保护区,是中国唯一的北冰洋水系——额尔齐斯河最大支流布尔津河的发祥地,喀纳斯湖还是我国唯一的南西伯利亚区系动植物分布区,生长着西伯利亚区系的落叶松、红松、云杉、冷杉等珍贵树种和众多的桦树林,兽类、鸟类、两栖爬行类动物以及鱼类、昆虫类在此繁衍生息,更是生趣无限。"其次,喀纳斯湖的神秘性还表现在它的变幻性上,如喀纳斯湖上空的云海佛光"千姿百态,变幻无穷";一会儿"显现出一个半圆形的巨大的彩色光环,赤橙黄绿青蓝紫,七色俱全,鲜艳夺目……随着云雾的浓淡变化,光环色泽也时深时浅,时明时暗"。而"这些山峰、亭子以及你的身影,在彩色光环环绕衬托之下,色彩绚丽,光彩夺目,给人以神佛欲显、飘飘欲仙的感觉"。喀纳斯湖的湖水也会随季节的变化而呈现出不同的色彩,所以又称它是"变色湖":4~5月湖水幽暗,呈青灰色;6月呈浅绿或碧蓝色;7月由碧绿色变成微带蓝绿的乳白色;到了8月湖水呈墨绿色;进入9~10月湖水是翡翠色。喀纳斯湖上空佛光云海的变化,湖面色彩的季节性转换,已经为喀纳斯湖蒙上了一层迷离恍惚、变幻无穷的神秘色彩,但更令人神往并产生探奇欲望的是喀纳斯湖中的神秘之物"湖怪"。这"湖怪"不仅体形巨大,常能吞食湖边的牛羊,而且神出鬼没,当地图瓦人从不到湖中打鱼。后经科学考察分析,此"湖怪"可能是湖中的"大红鱼"。但此"大红鱼"并没有传说中的"湖怪"那样巨大,本身就不如牛羊大怎么能吞食它们呢?所以,"湖怪"与大红鱼是不是一回事儿,谁也没有看到过,也说不清楚,至今还是个谜。总之,这篇例文围绕喀纳斯湖的神秘性,从其独特性与变幻性两方面,从空中到湖面再到湖中,由远及近,从上到下,层层深入,细致描绘,把喀纳斯湖的神秘之美表现得淋漓尽致,令人神往。

任务三:写作实训

1. 根据下列材料所提供的信息和要求撰写一则规范的水体类导游词

某湿地公园位于县城北面的边缘,面积约20平方公里,平均水深2米,最深处5米。其中一处水面面积达5平方公里的淡水湖是该公园最大的湖。公园中还有众多林木、湖泊、湿地和泉眼。公园三面环山,最高峰海拔1500多米,山腰有一高达百米的瀑布。公园内还建有一些现代建筑,如腾飞塔、过山车、旱冰场、游泳池和一座古色古香的茶楼等,是县城居民休闲和外地游客必游之地。

撰写要求与评分参考(本题共20分):

①请根据以上提供的景观信息,撰写一篇在语言、形式上符合要求的导游词(3分);

②请将字数控制在800~1200字(2分);

③要求按照题目中提到的概念、信息和景观意象,进行准确、恰当的解释、扩充与想象,不能照搬某一景点现成的导游词(10分);

④在选材、角度、结构、表达等方面要有一定的创新性（5分）。

2.教师列出类似景区让学生进行模拟性写作，如太湖、千岛湖景区概况、南湖景区概况、东钱湖景区概况等，也可以由学生自选相关景区进行写作练习，可在课堂上完成，也可在课后完成。

任务四：讲解交流与修改考评

导游词视频

1.第二次上课时选择一个组（5个学生）中写好的两篇导游词进行讲解交流，由全班学生（被选中的小组同学除外）和教师进行评议打分后，提出修改意见，当堂修改好并上交，最后由教师打分，并加上学生打分给出本次作品的最终成绩。本项目共5分，分为三个等次：A.5分；B.4分；C.3分及以下。

2.请扫二维码，跟着视频学讲解：《三潭印月》。

三潭印月

各位游客朋友，随着游船的慢慢行驶，请大家看我们右前方的这座岛屿，这就是杭州西湖十景的精华之处——三潭印月。按照中国古代传说中"蓬莱三岛"的说法，我们也把这座岛叫作小瀛洲，它和湖心亭、阮公墩合称为湖中三岛。从空中俯瞰，"堤横一线，岛隐三点"，因为分隔了湖面，借着天光、云影，造就了"大珠小珠落玉盘"的意境。清朝康熙皇帝游西湖题写西湖十景时，把原来南宋西湖十景中三潭映月日字旁的"映"，改成了现在心心相印的"印"，虽然只改了一字，却立意深远，清新脱俗，给人"此景只应天上有，人间哪得几回见"的感受，为三潭印月定下了清新雅致的格调。

那么，为什么说三潭印月是西湖十景的精华呢？我想主要有三个原因，这也是三潭印月的三大主要看点。

第一，在于小瀛洲岛的营造之妙。小瀛洲是西湖三岛中面积最大的一个人工岛，从吴越时期的水心保宁寺，历经明清两代，苦心营建而成。它东西连柳堤，南北建曲桥，呈"田"字形布局，岛上的水域面积占了2/3，是西湖十景中唯一一处"湖中有岛，岛中有湖"的独特景观，更是我国江南水上园林的经典之作。因此，它也是清代西湖十八景之一"鱼沼秋蓉"的所在地。

第二，在于这座岛南面亭亭玉立的三个石塔，也就是"三潭"，诗中曾有"三塔亭亭引碧流"的说法。我敢说，各位游客一生中都曾无数次见到过它。在哪里？就在第五套人民币一元纸币的背面，大家可以看一看，是不是有三座石塔？如果说西湖是杭州的象征，三潭印月可以说是西湖的标志，而三座石塔就是三潭印月的代表。更为主要的是，这里还是赏月的绝佳之处，也是自古以来杭州的三大赏月胜地之一。每逢月夜，特别是到了中秋佳节，皓月当空，人们在塔内点上蜡烛，洞口蒙上薄纸，随着水波荡漾，仿佛有无数个月亮在水中晃动，可谓是"片月生沧海，三潭处处明。夜船歌舞处，人在镜中行"。这时"塔影、云影、月影"融成一片，"烛光、月光、湖光"交相辉映，呈现出"天上月一轮，湖中影成三"的绮丽景色，真是"一湖金水欲溶秋"，有说不尽的诗情画意。

第三，在于月光下的西湖最有意境。杭州有一句俗话：晴湖不如雨湖，雨湖不如雾湖，雾湖不如雪湖，雪湖不如月湖！明代著名文学家袁宏道在他的《晚游六桥待月记》中，更是一开篇就说道："西湖最盛，为春为月。"当夜阑人静，月出天幕，小舟停泊在三潭印月，当您用您的心去静静地欣赏西湖、品味西湖的时候，您才能真正感受到西湖的内在美和意境美。这也就告诉我们，欣赏三潭印月，最好是在宁静的月夜，才能得到其中的真意！

各位游客，我们都说天下西湖三十六，就中最好是杭州。这西湖的好，好就好在西湖的水，不深不浅刚刚好；西湖的山，不高不矮刚刚好；西湖的城，不闹不静刚刚好；西湖的夜，不明不暗刚刚好。好就好在它雅俗共赏的天生丽质，好在它不偏不倚的精神哲学。下面，就请各位好好感受一番西湖的好吧！谢谢！（徐慧慧）

任务五：拓展学习——各类水体景观导游词撷英

1. 淳安县千岛湖风景区导游词

各位游客，首先非常欢迎大家到风景秀丽的千岛湖来游览观光。千岛湖是一个非常年轻的湖泊，是在1959年为了修建我国第一座自行设计、自行建造的大型水利水电站——新安江水电站的时候形成的一个水库，以前都称它

导游词编撰与讲解实务

为新安江水库，直到1982年之后才正式更名为千岛湖。2007年成为首批国家5A级旅游景区。

千岛湖兼有大海的壮美和湖泊的秀美。我们说海纳百川，有容乃大，千岛湖有着573平方公里的水域面积和178亿立方米的库区水容量，就是说一个千岛湖的水域面积就接近于新加坡的国土面积，千岛湖库区的水容量相当于杭州西湖水容量的3184倍，所以在1963年郭沫若陪同当时的尼泊尔议长来游览千岛湖时就写下了"西子三千个，群山已失高。峰峦成岛屿，平地卷波涛"的诗篇。我们说千岛湖有着大海的壮美，不光是因为它的水域面积如此之宽广，还在于湖中那些星罗棋布的岛屿。千岛湖，顾名思义有1000个岛屿才叫千岛湖，但是在湖中并不是露出水面就能成为岛屿的，在千岛湖能称为岛屿的必须符合两个条件，首先要水位达到108米的高程水位，其次露出湖面的陆地面积要在3.75亩以上，只有符合这两个标准才能被称为岛屿，我们的千岛湖符合这样标准的岛屿就有1078个，如果要把露出水面的土地全都叫作岛屿的话，那千岛湖只好改名为万岛湖喽！

说完千岛湖的壮美，现在我们再来继续讲一讲千岛湖的秀美。千岛湖被新华社原社长穆青赞誉为"天下第一秀水"。大家坐在船上放眼望去，看到最多的是什么？就是绿色，是大面积的色块，大面积的渲染。山是绿的，水也是绿的，山的绿色是立体的，一座座山高高低低、错落有致地展现在您的眼前；水的绿色则是平面的，宁静而安详地平铺在您的脚下。由于整个千岛湖都是绿色的，怕您把岛屿和湖水看混淆了，所以咱们的千岛湖又善解人意地在岛屿和湖面交界的地方画上了一条黄丝带，您看现在咱们眼前的千岛湖，真可谓是"大珠小珠落玉盘，青山绿水黄丝带"。

除了刚才我们所说的壮美和秀美之外，千岛湖还有一种美，这种美是要靠大家来感受的，那就是凄美。刚才和大家说过，千岛湖是一个年轻的湖，是在1959年为了配合我国的第一个五年计划，在新安江的铜官峡修建我国第一座自行设计、建造的大型水电站而形成的一个水库。水库的形成使淳安县和遂安县的两个县49个乡镇1377个村庄以及30万亩良田全部都淹没在千岛湖水下，29万原淳遂两县的居民全都迁移到了安徽、江西和浙江本省各地，致使我们淳安县由原先的富裕城镇变成了浙西山区最贫困的县。想一想，这秀水是我们的先辈们抛家弃舍换来的，中国人讲究落叶归根，而我们淳安人民的根就在这一湖秀水之下啊！

各位游客,千岛湖景区的景点很多,主要集中在两大湖区:中心湖区有梅峰岛、鸵鸟岛、猴岛、三潭岛、神龙岛、龙山岛、五龙岛等;东南湖区有黄山尖、天池、密山岛、桂花岛等。我在这里向大家介绍梅峰岛、猴岛、桂花岛和两个民俗旅游项目:巨网捕鱼和九姓渔民婚俗。

梅峰岛

各位游客,现在我们来到了千岛湖海拔最高的岛屿——梅峰岛。此岛位于千岛湖中心湖区西端的状元半岛上,距千岛湖镇12公里。它以群岛星罗棋布、港湾纵横交错、生态优美绝佳而被确定为千岛湖的一级景点。登上梅峰观景台,可以纵览300余座大小岛屿,是目前千岛湖登高览胜的最佳处。"不上梅峰观群岛,不识千岛真面目",这是到过梅峰的中外游客对群岛风光的一致赞誉。梅峰景区目前开发有"登高观岛""水上泛舟荡漾""逛果园""森林野趣游""缆车观光""梅峰滑草""梅开五福"等特色旅游项目,景区内拥有丰富的特色景观:带香归、连理松、芸香园、兰花潭、双凤桥、紫沙坡、万枝梅海等,其中尤以"金龟背负一青松,雪压水沁她从容"的"迎客松"堪称千岛湖一绝。

猴岛

各位游客,现在我们游览的是猴岛。猴岛是千岛湖云蒙列岛猴子王国中的一个主要岛屿,由十余个岛屿组成,距千岛湖镇9公里,海拔141米,面积20公顷。1985年中国科学院上海生物研究所和千岛湖林场合作,在风景秀丽的千岛湖云蒙列岛利用水困法,采用天然放养和人工喂养相结合的饲养方法,繁殖猴群,获得成功。到目前为止,猴岛已陆续放养了95只广西恒河猴、34只红面短尾猴,还有长尾猴、食蟹猴、熊猴、平顶猴等品种,已繁殖350余只小猴,遍布云蒙列岛大小岛屿。猴岛1991年对外开放,主要有短尾猴、恒河猴两大猴群。短尾猴又名红面猴,体形较大,平易近人,内部较少争斗,猴王德高望重,有长者风范,母猴相夫教子,猴群家庭祥和;恒河猴又名广西猴,属比较聪明的猴,其内部有复杂的社会势力与等级地位。

桂花岛

各位游客,现在我们来到了千岛湖最早开发的旅游景点——桂花岛。桂花岛因岛上野桂丛生而得名。桂花岛又叫龙羊山,面积约0.2平方公里,主要由松林、桂花和石岩3个自然景区组成。这里的野生桂花树与众不同,大多夹生在嶙峋多姿的怪石缝隙中,主要品种有金桂、银桂、丹桂和四季桂等，且年代久远，故有"桂枝别样情意浓"的美誉。桂花岛属石灰质岩溶地貌，在自然演变的过程中，造化成各种奇妙景观，有乌龙出水、蟾宫仙坞、犀牛啸天、清波映月、通天石门、群羊洞、望湖台、万水千山等天然岩景。桂花岛的主景——通天石门，沿壁而凿的"通天"二字，系我国著名书法家、美学家黄苗子的手迹。当年他为桂花岛美景所倾倒，留下了"雨里重阳一振衣，我来不待桂花迟。何当更上蟾宫去，小石疏林总是诗"（《重九登桂花山》）的佳句。近年来，桂花岛还借助岛上的资源优势，开发了桂花酒、桂花糕、桂花茶等一系列桂花产品供游客选购。

巨网捕鱼

各位朋友，现在我们去看一看千岛湖一个独特的旅游项目——巨网捕鱼。千岛湖巨网捕鱼原来是杭州千岛湖开发总公司水上捕捞队的一种捕鱼方式，也是几代科研人员智慧的结晶，曾获1978年中国科技大会重大成果奖。一网捕捞最高产量是34万公斤，捕捞最大的鱼是一条重达75.5公斤的青鱼，它也是目前为止捕获的最大的淡水鱼。

千岛湖巨网捕鱼主要采用三种网具：第一种是拦网（长4000米，高65米），主要是用来包围湖中的鱼群；第二种是丝网，它的主要功能是驱赶鱼群进入埋伏圈；第三种是张网，俗称畚斗网，也就是我们所说的埋伏圈，它的长度100余米，高度35米，形状像畚斗或口袋，主要是用于集鱼和取鱼，张网内前后装置两个八字网衣，鱼儿从八字网口进入，进得去出不来，由此达到捕鱼的目的。

千岛湖巨网捕鱼还需要捕捞师傅们有一项独门绝活儿——寻找渔场。根据鱼儿在凌晨、傍晚跳上水面透气的特性，因鱼的种类、体形、大小不同，跳出水面发出的声响也不同来判断鱼群及其种类，甚至可以根据水面上漂来的淡淡的鱼腥味来判断水中鱼群的数量，这是高难度的绝活儿。有了巨网和绝活儿才能有巨大的收获。

九姓渔民婚俗

各位游客，现在我们去看一看湖区一个独特的民俗旅游项目——九姓渔民婚俗。据考证，在明朝初期洪武年间，陈友谅兵败于鄱阳湖，幸存的部下及家眷1000余人虽免于一死，但被朱元璋贬为贱民，赶入新安江流域一带，同时颁布八项禁令："不准上岸，不准穿鞋，不准上岸定居，不准私塾应试，不准与岸上人通婚，不准置办产业，不准逃避应征，不准聚众闹事。"所谓

"九姓",除陈姓之外,还有钱、林、袁、孙、叶、许、李、何。由于九姓渔民的社会地位极其低下,加上他们世居水上,浮家泛宅,过着与世隔绝的水上生活。在漫长的历史岁月中,逐步形成了自己独特的生活风俗习惯,其中九姓渔民之间的婚配别具一格,神秘而浪漫。

九姓渔民的子女到了一定的年龄,一般是指女方在15岁以上,男方在18岁左右,由双方父母做主,指定婚配;或由利市婆做媒,指点姻缘;或由男女对歌好上,再由媒婆出面做亲,牵线搭桥等。

九姓渔民的水上婚礼大致是这样进行的:女儿出嫁前,要行"洗浴"习俗,采摘山野的鲜花,或以自制的干花瓣,用来泡浴。这种习俗,主要是为了驱赶姑娘家因长久捕鱼而遗留在身上的鱼腥味,以及洗白因长久风吹雨淋而导致的黝黑皮肤。其自制浸泡药材非常独特,浸泡时间一般是在七七四十九个小时。"洗浴"后的姑娘皮肤嫩白红润,犹如桃花般嫣然。这种特制的"洗浴"药方,已经无从考证了。

出嫁前的晚上,女方家人渔船会聚一起,唱戏、开锣、喝酒至三更,然后各自回船歇息。待五更鸡叫,天未蒙蒙亮,凭着天上的余亮及水面的反光出发,驶向与男方家商定的七里湾、八里凹。女方家渔船驶前,护船驶后,一前一后,有风借风,无风手橹。女方有伴娘两名、好手四名及娘舅等主要长辈若干个,一同前往。好手指的是抬"轿",而且酒量上好之人。

女方家的渔船到了指定地点,渔船靠岸泊好,马上升空亮"响"一炮,告知男方家女方船已经到了预定位置,请做好迎接准备,等候天亮,吉时一到正式开始。随后,女方长辈会同女方父母一起,把烧好的莲子鸡蛋汤煲盛给女儿吃,并分发给伴娘及好手等人享用。这是娘家最后一餐,女儿很难吃得下去,但必须得吃。

女方家一大早,就会在船上帮出嫁女洗漱装扮,仔细清点陪嫁的嫁妆。桅杆上升起一盏红灯笼,灯笼上写有女方姓氏,桅杆一人高处扎上一朵大大的红绸花。等这些全部安排妥当,就静下心来,等待男方的迎亲信号。此时,女方家有专人通过利市婆,及时把女方家的情况传给男方家,又把男方家的所有进展情况及时传递回来,彼此间配合得相当完美,几乎不出任何纰漏。

吉时一到,男方高炮一响通知女方,男方迎亲船已经做好了迎娶准备,女方可以过来了。女方船上人手执铜锣"咚"地一下,以作回应。利市婆也

随着高炮一响,已乘一叶小彩舟,快速驶向女方船,陪出嫁女一起过门。利市婆还索取利市包、红布鞋一双。女方送亲船只回应后,马上起锚,一路燃放鞭炮,敲锣打鼓,摇橹撑船过来。划向男方船到只有三尺距离时,有水手用竹篙撑着对方船沿,渐渐停下不使靠拢相碰,否则视为"不吉利"。男方迎亲船家眼见女方船只出现时,燃放百子鞭炮,敲锣打鼓,一路迎候到女方船只停下为止。

迎亲码头边停泊着一艘披红挂彩的新的乌篷船,船舱前篷上横拉一块利市布,上绣有大红"囍"字;高高的桅杆顶飘着一面金黄色的、蓝色镶边的三角旗;下桅中间处挂有一盏红灯笼,灯笼上标有船主人的姓氏。船头站着新郎官和一群身着新衣、喜气洋洋的迎亲人。新郎官身披缎带红花,身着麻绣大褂,光脚迎候。

待女方船只停稳后,主婚人(利市婆)宣布婚礼开始。简短有趣、别开生面的"训女婿"仪式首先登场。只见岳母大人走出船舱,面向男方站立船头,高声呼唤女婿的小名,谆谆告诫他婚后不得欺侮妻子,夫妻之间要和睦相处。女婿听到岳母的训诫,必须迅速跳过船去,在岳母跟前双膝跪下,回答说:"听岳母吩咐,一定记住!"说完返身跳回。

第二项是"发嫁妆",或称"称嫁妆"。由利市婆主持,手拿一杆钩秤,将嫁妆一件一件传递到男方船上,有棉被、绣枕、"子孙桶"(大、小脚盆,马桶)等生活用品。利市婆称一件嫁妆,便高唱一句利市话,男方利市公接过嫁妆也唱一句,众人齐声回应"好啊!"来喝彩助兴。他们的一唱一和都是吉利话:"称一斤,长千斤。称二斤,长万斤。称三斤,过三江。称四斤,四季春。称五斤,保吾身。称六斤,六六顺。称七斤,镇江龙。称八斤,有子孙。称九斤,九子一回生。同贺!"

称完嫁妆,"新娘出舱",在两位伴娘的挽扶下,慢慢俯身坐落"木盆花轿"。利市婆手捧一碗大米饭,上有大排猪肉、鸡头、鸡腿,交给新娘妈妈。利市婆唱起"喂离娘饭",即"吃块肉,到婆家,养只猪,牛样高,马样大;吃鸡头,到婆家,做事体,有头脑,有首尾;吃鸡腿,到婆家,脚勤手勤口要勤……"一碗饭,喂得新娘泣嘘难咽。

等离娘饭吃好,两好手抬起新娘坐的木盆花轿,转递给跳入江中的另两位好手,由女方船边浮到男方船边,再用肩膀顶牢,新娘慢慢站起,被扶上男方船,这叫"过新娘"。后演变为"抛新娘",由四名船家汉子将新娘连盆一起抬过肩，在自家船上围桅杆绕三圈，来到船边，由女方船高抬过男方船上。对方也有同样的四名好手接过，把喜盆和新娘围桅杆绕三圈，意为"落地生根"，此间，鼓乐齐鸣，烟花、爆竹响成一片，把婚礼推向高潮。

男方舱内立马抬出案几，在船头"设香案"，上置香烛两支，中间放上四季果品。舱内走出公婆，立于香案两旁，乐队奏"小过场"。随后，新郎走近案几，男方伴娘把新娘从"木盆花轿"中扶出，交给利市婆。利市婆用秤杆挑起新娘的红头巾，并高呼："看新娘子哦！"众人应："好啊！"利市婆接着唱起"挑方巾歌"："王母娘娘叫我挑方巾，看这新娘子貌美、齐又整……"新娘在铺着袋子的船头与新郎并排站立，手牵红绸带，在"利市人"的引导下，一拜"九姓灵王"，二拜公婆，三是夫妻对拜。锣鼓鞭炮声又顷刻大作。伴娘扶着新娘沿着麻布铺成的毡道，意为一代传一代步入舱房，即"送入洞房"。男船、女船上的人同时向岸上的观礼人群抛撒柏子、花生、红枣和糖果，以示对观众热忱的感谢。

新娘步入舱内，伴娘转身阻挡新郎官在舱外，不许进入，这叫"戏新郎"。在众人的起哄声中，新郎官攀上篷顶，从后舱门进入洞房，牵出新娘来带至船尾，跨入早已候在大篷船旁的小彩舟，向岸上的众人撒喜糖、喜果致礼，表示谢意。岸上众人抢食，喜庆一片……水上婚礼结束。新郎新娘再回大船上，立于船头拜谢双方父母。

新娘过船后，女方船便拔篙离开片刻，向江中撑去，行至江心抛下铁锚，待婚礼将要结束时，撑回男方船边。两条船紧紧靠在一起，这便是真正结亲了。

当夜幕降临时，这对新人即下到小彩舟上，劈开水波划向一个幽静的去处，欢度他们的新婚之夜。

2. 保定市安新白洋淀景区

各位游客，大家好！首先我代表白洋淀人民欢迎你们的到来！我国有句古话"十年修得同船渡"，现在我们就将同乘一船去饱览白洋淀的美丽风光，看来这是我们千年修来的缘分啊，所以大家一定要珍惜哟！在这里我还要提醒一下各位，一定要保护好自己的手机、照相机等，否则不小心掉到白洋淀里可就变成"落汤机"了。预祝大家度过一个愉快、难忘的白洋淀之旅！

白洋淀赏荷

我们的游船已经荡漾在美丽的淀区了,现在我把白洋淀的历史渊源给大家简要介绍一下。白洋淀位于河北省中部,总面积有366平方公里,是华北平原最大的淡水湖泊。传说很久以前,一个中秋之夜,天上的嫦娥偷吃了仙药,朦胧中飘然离开月宫,就在她即将落入凡间的时候,突然惊醒,随身的宝镜跌落下来,摔成了143块碎片,最终演变成了这大小不等的143个淀泊。您若不信,就请在中秋之夜到白洋淀来,一定能看到美丽的嫦娥对着白洋淀梳妆打扮。当然,这只是一个美丽的传说。其实白洋淀是在太行山前的永定河和滹沱河冲积扇交汇处的扇缘洼地上汇水形成的。白洋淀143个淀泊各有其名,或根据它的物产命名,如荷花淀、菱角淀;或根据它的形状命名,如葫芦淀、羊角淀;或根据它的历史传说而得名,如捞王淀、烧车淀等。其中白洋淀的面积最大,景区也因此而得名。白洋淀有堤防围护,淀内壕沟纵横,河淀相通,田园交错,水村掩映;淀上波光荡漾,水鸟啁啾,芦苇婆娑,荷香暗送,构成了一幅生态美景,素有"华北明珠"之称。

红色之淀

白洋淀人民具有光荣的革命传统。1923年加入共产党的辛璞田受省委的派遣到家乡马家寨开展农民运动。1927年夏,共产党人刘亦瑜受中共保定地委的派遣到淀区北冯村与王家骥等人建立起淀区第一个党支部。辛璞田、刘亦瑜、李之光、侯卓夫等革命先烈为寻求救国救民之路,舍家弃业,投身革命,坚持真理,宁死不屈,成为共产党员学习的榜样。抗日战争时期,活动在白洋淀的抗日武装"雁翎队"，在中国共产党的领导下，利用淀区芦荡遍布、沟河交错的有利地形，开展机动灵活的游击战，以弱胜强，痛击日本侵略军，大长我中华民族之威风，显示出燕赵儿女的聪慧勇敢。作家徐光耀的《小兵张嘎》就取材于"雁翎队"。著名作家孙犁的《荷花淀》，孙厥、袁静的《新儿女英雄传》均以淀区为题材背景。白洋淀儿女那飒爽英姿，时至今日仍被全国人民传扬歌颂。

乾隆水围

好大喜功的乾隆皇帝，向来以效法圣祖康熙自诩。康熙六次南巡，他也六下江南；康熙两次举行千叟宴，他同样举办两次；康熙在白洋淀大举水围，他也仿效康熙，举行过五次。其中，乾隆十三年（1748）和十八年（1753）两次都是陪皇太后检阅在茫茫水淀围猎的壮观阵势，让皇太后开开眼界；乾隆二十六年（1761）和三十二年（1767）均为顺道游览，规模不大；最具有代表性的是乾隆十五年（1750）的白洋淀水围，这是他专程前往的一次。这次水围准备充分，规模也大，虽然不能与康熙水围的盛况相比，然而毕竟处在鼎盛时期，记载下来的依然是盛况空前。

乾隆十五年（1750），当乾隆率领臣属来到水淀之滨，开始围猎之时，停顿了近30年的水围，再次揭开了壮观的一幕。为了有充分的准备时间，早在此前一年，乾隆即下达了来年水围的旨令，并令有关人员开始部署。他先是指示直隶河道总督察看水情，继而派出向导前往霸州一带，详细勘察路程。据臣下奏报，康熙行围水域有21处，均在西淀。为了歇息和驻跸，乾隆还决定对赵北口、圈头、端村和郭里口4处行宫略为整修，并要求将修葺之处绘图填注，进呈御览。与此同时，乾隆还下令将水淀附近的7处古迹也略加修整，以便在水围之余游幸观览。这年春二月二十四日，乾隆一行抵达新安县端村行宫。第二天从端村发船，开始在水势连天的湖淀进行水围。每场水围都是由直隶总督方观承率领地方官员，先从四面八方乘舟围合。抬头只见千百水鸟飞舞盘旋，似黑云骤至，布满围船空际。一声令下，枪炮齐鸣，羽箭飞空，枪声鸟鸣，连成一片，毛羽纷扬飘如飞雪，呈现出一幅动人的水围景观。乾隆兴致勃勃，第一天水围即连续在前潭淀、后潭淀、虎皮淀和东西白洋淀围猎5场。当晚驻跸任丘县（今任丘市）圈头行宫。二月二十六日，乾隆又在落网淀、龙王淀、光淀和河洛淀一连打了4围；兴致未尽，紧接着，乾隆又在劳家淀、莲花淀以及高家港至赵北口之间连打3围。一天之内乾隆

竟水围7场之多，可谓是畅快淋漓。

3.厦门市鼓浪屿风景名胜区

各位游客，渡船时间约为6分钟，下面我向大家简单介绍一下鼓浪屿景区的概况。请看，对面的小岛就是鼓浪屿，这条江叫鹭江，也叫厦鼓海峡，宽600米。鼓浪屿面积1.78平方公里，人口1.9万，宋元时期称"圆沙州"，明代始称鼓浪屿。因岛的西南海边有一块大岩石，长年累月被海浪冲出一个大洞，每逢涨潮，海浪扑打岩洞，发出如擂鼓的声音，所以人们叫它为"鼓浪石"，小岛也就叫鼓浪屿了。鼓浪屿现为国家重点风景名胜区，位居福建旅游景区"十佳"之首。

码头

各位游客，码头到了，这个码头是1976年新建的，以前的码头很小，是1938年建的。这里原来是西方列强贩卖中国劳工出洋乘船的地方，大家看过《海囚》这部电影吧，那"海囚"就是从这个码头乘船出发的。为解决乘船拥挤的问题，建了这个"钢琴码头"。因为鼓浪屿是"音乐之岛"，要使游人一跳上鼓浪屿就接触到音乐的氛围，大家看这是不是有点儿像张开的三角钢琴！鼓浪屿除了少量观光电瓶车外，没有其他车辆，在岛上步行别有情趣。现在我们一边走一边观赏鼓浪屿欧陆建筑的风采吧！

英国领事馆

各位游客，这是英国领事馆。该馆建于1844年和1870年，已经有150多年历史了。1840年，英国发动鸦片战争，它的远征军开到厦门海面，与厦门守军发生激战，结果英军战败退去。1841年8月，英国30艘军舰3500余人再次进犯厦门，激战后厦门和鼓浪屿陷落，厦门被占领10天，英军撤退时留下军舰3艘、军队500人强占鼓浪屿达5年之久。中英《南京条约》允许英国人在鼓浪屿"暂居"。1843年，英国首先在鼓浪屿设立领事馆，首任领事就是攻打厦门的海军舰长。1844年第二任领事建了这幢领事楼。领事虽住在这里，却强占厦门的最高行政机关"兴泉水海防备道"道署办公，前后达20年。这是1870年建的新办公楼，落地门窗，是典型的英国风格，内部装饰相当豪华，但有6间囚室。楼前的一座狮狗墓是领事爱犬死后特意建造的，1957年被砸毁。

日光岩

各位游客，现在我们来到了鼓浪屿最有名的景区日光岩。这是日光岩寺新修的山门，让我们先看前方巨石上的3幅石刻，看似是一个人写的，其实是3人所书。"鼓浪洞天"是明万历年间（1573—1620）泉州同知丁一中所写，已经400多年了，是日光岩上最早的题刻；"鹭江第一"是清代道光进士林缄所写，也有100多年了；"天风海涛"是民国四年（1915）福建巡抚许世英写的。在如此高大的石头上凌空崖刻，气魄很大。

日光岩寺原名莲花庵，是厦门四大名庵之一，实际是一石洞，以石为顶，故又叫"一片瓦"，始建于明代正德年间，万历十四年（1586）重建。因为每天凌晨朝阳从厦门五老峰后升起，莲花庵最先沐浴在阳光里，因此得名"日光寺"。又传说当年郑成功来到晃岩（日光岩的别称），看到这里景色远胜过日本的日光山，便把"晃"字拆开，称为日光岩。日光寺屡毁屡建，清同治年间，建圆明殿，祀弥勒，1917年建大雄宝殿，中华人民共和国成立后圆明殿改成念佛堂。改革开放后，落实宗教政策，日光寺得到政府的扶持，接受海内外十方善信的捐赠，大兴土木，翻修了大雄宝殿，新建了山门、钟鼓楼、旅游平台、法堂、僧舍、小卖部和膳堂，寺庙焕然一新。日光寺是一座精巧玲珑袖珍式的寺庙，大雄殿、弥陀殿对合而设，是全国唯一的。由于环境优越，历代高僧纷至沓来，著名的弘一法师1936年曾在这里闭关8个月。

日光山又称龙头山，与厦门的虎头山隔海相望，一龙一虎把守厦门港，叫"龙虎守江"。这里原有一亭名"旭亭"，早已毁坏。我国台湾文人石国球写了一篇《旭亭记》，描写日光岩："山罗海绕，极目东南第一津，水光接天，洪波浴日，皆为梵刹呈奇。"

毓园

各位朋友，现在我们来到了毓园。毓园是林巧稚大夫的纪念园。林巧稚1901年出生在鼓浪屿，1929年毕业于北京协和医科大学，由于成绩优异，被留在协和工作。1983年4月22日在北京逝世，终年82岁。这里展示了林大夫平凡而又伟大的一生。这些实物都是她生前用过的，这些照片是她学习、工作、生活和参加社会活动的记录，这些是她的著作、论文和各种证书。从这些实物、照片、资料中我们可以看到林大夫对工作极端认真负责的态度，林大夫对他人特别是对婴儿、母亲的赤诚热爱，值得我们后人学习。

各位游客，游览鼓浪屿到此全部结束了。各位如还有兴趣，可以挤出时间，到环岛路走走，欣赏一下大海的风韵和欧陆建筑的风采，也可深入小巷，听别墅里流出的钢琴奏鸣曲。谢谢各位的合作。

4.辽宁大连金石滩景区

各位游客，大家好！欢迎来到大连的后花园——金石滩度假旅游。有人说金石滩很美丽，这里有沙软水清的海滩和葱郁静谧的山林；也有人说金石滩很神奇，9.3亿年的星移斗转、地壳变迁在这里留下了数不尽的奇珍异宝，就像许多难以破译的符号，深藏着远古的气息，吸引人们去探索发现。金石滩以62平方公里的陆地、58平方公里的海域及30公里绵长的海岸线构成了一幅多姿多彩的美丽画卷；三面环海的地理区位，为金石滩创造了独具特色的气候优势和旅游环境。金石滩是一座自然与人文景观融为一体的旅游度假区，景区内的自然景观有金石园、凉水湾、大连海滨国家地质公园、龟裂石、十里黄金海岸和狩猎场等，人文景观有中华武馆、金石发现王国、马术基地、金石蜡像馆和赏石馆等。金石滩景区2011年被国家旅游局评为5A级景区。今天，我们游览的主要是自然景观。

大连金石滩国家旅游度假区

金石园

各位游客，我们现在来到了今天游览的第一个自然景观——金石园。大家可能会认为赏石馆的石头高雅瑰丽有余，神奇壮观不足，没有关系，既然金石滩以石为名，就一定会让您一睹石头的万种风情。金石园占地面积13万平方米，其中海石景观区占地2.4万平方米，因为岩石呈金黄色，所以称"金石园"。园内岩石千奇百怪，形态各异，如龟似象，如鹿似犬，宛若凝固的动物世界，被人们称为"海蚀动物园"。大家可能远远就看到在这片金色的石园里，海马奔腾，群鲸戏宝，雏鹰出击，巨鳄吞螺，雄狮过涧，一夫当关，天狗回头，福地洞天，玉兔下凡……置身园中，曲径通幽，别有洞天。或许有人会大发感慨：这是真正的"金石滩"呀！那么它是怎样形成的呢？这片金色的石头孕育于距今9亿~3亿年的震旦纪，与金石滩闻名于世的龟裂石属同一时期，主要成分为石英砂岩，属海进体系中典型的滨外碎屑堡岛系统的沉积层序。由于地壳下降，海底沉积，基本一致的速度，沉积了现今园内造型万千，以碳酸盐石为主的沉积岩层。早奥陶纪末，由于一次重要的构造运动——太康运动，地壳整体上升，历经数亿年的地质发展深化，形成了今天的金石园。公园不仅再现了数亿年前大自然气势磅礴的壮丽景观，更为地质界深入了解古地理环境、地质地貌形成的年代、地质变化、地壳运动等提供了科学依据。金石园极具观赏与科考价值。

凉水湾

各位游客，现在我们来到了凉水湾。它是金石滩的原始地。大家可能回忆起来了，我刚才介绍金石滩的缘起时曾经提到过金石滩原名就叫凉水湾。如今凉水湾是金石滩海鲜的集散地。在这里，来自深海区的各类生猛海鲜汇集在大型的批发市场。由于金石滩的海水清洁度高，污染度低，这里的海鲜堪称绿色食品，且由于其低廉的价位，深受各地游客的喜爱。尤其是周末、节假日，许多周边乃至大连市的居民都前来购买刚刚出海的海鲜产品。

关于凉水湾名称的由来，民间流传着一个优美的故事。相传，在很久以前，凉水湾不在海边，而在山尖，不叫凉水湾，而叫热水湾。那时候这里还没有海，湾在山尖上冒热气。在热水湾山根的一个屯子，住着一个叫满子的孤儿，因为奇丑无比，常遭人耍笑。一天，满子砍柴回来，刚一进村，一群年轻人就耻笑他说："厚嘴唇，舌头短，罗锅腰，大俊人儿。"满子一听气极了，扔下柴，转身奔向深山，决心再不回村。他走了三七二十一天，走到了山尖。一看山尖上面有个大湾，冒着白烟，如同仙境一般。满子一看心里乐了，决心住下。一天夜里，满子睡得正香，突然觉得一只天鹅飞进了马架，他起身发现天鹅刚刚下了一只蛋，天鹅泪汪汪地对满子说："求求你，老狼来撵我，我不能在热水湾住了，请你帮我把女儿孵出来吧。"善良的满子收留了天鹅，并保护、照顾它直到把小天鹅孵出来。小天鹅渐渐长大，而白天鹅却对满子说："小天鹅的爸爸叫老狼害了，为了小天鹅我才活到今天，如今小天鹅长大了，我得找它爸爸去了。等我死后，你拔下我身上九九八十一根羽毛，揣在怀里往北走，走一天，扔一根，扔完羽毛回头走，就能逢凶化吉。"说完便咽气了。白天鹅死后，满子按照嘱托，扔完了羽毛，突然发觉头上天发黑，地上亮闪闪，空中隆隆响，脚下地发颤。满子害怕极了，突然听到白天鹅的声音："满子，别害怕，往回走，便是家。"满子转身往回走，等走到家时，发现山没了，变成了平地；湾没了，变成了大海。满子拣来石头砌了小房，打鱼摸虾填肚子。有一天，满子在海边看到了一个漂亮的姑娘朝他笑，满子害羞地低下头，心想：天塌了，地陷了，人兽都不见了，哪儿来的姑娘？满子满是疑问地回到家中，推门一看，那个姑娘已经准备了一桌的饭菜。姑娘告诉满子，她就是那只被救的小天鹅，按照妈妈的嘱咐，今天找他成亲。满子连忙摇头：我丑，我笨，不般配。姑娘说，这儿有个凉水湾，你去洗上十八天，脸不丑，腰不弯，心眼灵，舌不短。十八天之后，满子变成了英俊威武、心灵手巧的小伙子，他与天鹅姑娘成了亲，繁衍了后代，于是凉水湾又叫作满家滩。金石滩现在所在的小镇就叫作满家滩镇。

龟裂石

各位游客，现在我们看到的是金石滩的"镇滩之宝"——龟裂石。金石滩的龟裂石形成于6亿年前的震旦纪，是目前世界上发现的块体最大、断面结构显露最清晰的沉积岩标本。因此它不仅是金石滩一宝，也是世界地质学界的极品。据考证，类似的石头目前在地球上仅有两块，另一块在加拿大，但块体面积比这块小。世界地质学权威——美国的柯劳德教授来此参观后，曾多次在世界地质学论坛上宣布"世界上最大、最美的龟裂石在中国大连的金石滩，它不但是中国一绝，也是世界一绝"。关于龟裂石的形成过程，北京大学地质系教授郑辙曾有过这样一段叙述：6亿年前的震旦纪是生命诞生的新纪元，是我们这颗年轻的星球的青春期，那时的太阳比现在炽热，以致那时的地球也如同燃烧的火、涌动的血，处处充满着躁动。我们脚下这片沉积岩原本是一大片沼泽地，正是在那个时期被暴晒成几米深的裂缝。后来经过地壳变迁，这片沼泽下沉到海底，裂缝被夹杂着生命残体的沙石填满，形成了沉积岩。经过无数的岁月，沧海变桑田，这片岩层露出了地表，逐渐变成现在这个样子。如今，在世界各地所能看到的震旦纪地层都已失去了往日颜色，唯有在这里，您才能看到那个火红纪元的真实本色。各位朋友，如果您摸一下这块宝石的话，您一定会长命百岁的。

十里黄金海岸

各位朋友，从美学的角度来讲，人们将美分为优美和壮美两大类，我们刚刚领略了东部海岸景区的崇高与壮阔之美，岸边的礁石在海浪亿万年的拍打之下，没有被摧毁，反而被雕琢成了奇异的海石造像，让我们不禁感慨自然的伟力与造化的神奇！接下来我们要沿海岸线向西行进，这条滨海观光路——东起金石高尔夫俱乐部，西至金石国际会议中心，全长12.8公里。一路上我们可以发现岸与海原本陡峭的关系变得温婉而缠绵，峭壁陡崖被碎石浅滩取代。如果说东部的海岸景区是观海的绝佳地点，那么西部的十里黄金海岸就是嬉海的不二之选；如果说东部的审美体验是崇高，那西部就应该是优美。在壮美之时，领悟淡泊宁静的真谛；在优美之地，享受高大伟岸的乐趣，应该是我们这次金石之旅的一大收获。金石滩十里黄金海岸度假区绵延4.5公里，宽100~200米，为北方最大的天然海水灯光浴场，可同时容纳10万人。十里海岸沙质金黄，颗粒均匀，浴场水质属一类海域，海面波平浪稳，无暗礁和潜流，海水清洁度达国家一级标准，优于大连市中心地区的海水浴场。它是国内第一个全部使用防紫外线设施的健康型海滨浴场，拥有国宾级旅游接待设施。岸边千余个沙滩凉亭、帐篷、遮阳伞或是用无污染的蒲草做顶棚，或用防太阳黑子的材料制成，使这里成为金石滩中心海域最亮丽的一道沙滩奇观。游乐项目除了传统的海水浴外，还有动力伞、垂钓、趣味沙雕比赛、沙滩摩托、沙滩排球、沙滩足球等，堪称"海上运动的大本营"。夜晚，这里还举行海滩篝火、烧烤晚会等活动，特别是每年7月举办的大连国际沙滩文化节，更是点燃了这里狂欢的引线，为夏日的海滩增添了不少浪漫的气氛。

各位朋友，今天大家随我一起游览了美丽而神奇的金石滩，想必您一定感触很深。有人说，金石滩像一个蒙着神秘面纱的天真烂漫的少女，它一定会给您留下很深的印象。来过金石滩的人不愿离去，离去的人还想再来。金石滩的山情有独钟，金石滩的海敞开它那博大的胸怀，期待朋友的再度光临。也希望大家能够将金石滩介绍给亲朋好友，让更多的人感受金石滩的瑰丽与神奇！

5. 浙江天台山石梁飞瀑

各位游客，大家好！我们眼前所见的是"天台八景"之一的石梁飞瀑，我们现在所站的位置是近观瀑布的最佳位置，大家一抬头就可以看到瀑布飞

流直下，声如响雷，大有银河落九天之势。站在瀑布近处四周雨雾扑面而来，整个人犹如在云雾中穿行，就像身处仙境一般。过不了多久，这头上脸上就全数湿遍了，大家就权当做了一个天然的SPA（水疗）吧，皮肤会滋润很多哦。

石梁飞瀑成景的历史非常悠久，早在元代就已是著名景点，元代诗人曹文晦有诗云："山北山南尽白云，云中有水接天津。两龙争壑那知夜，一石横空不度人。"明代地理学家、大旅行家徐霞客曾三次游历天台山，《徐霞客游记》的开篇之作就是《游天台山记》。他在游记中写道："梁阔尺余，长三丈，架两山坳间。两飞瀑从亭左来，至桥乃合流下坠，雷轰河隤（tuí），百丈不止。余从梁上行，下瞰深潭，毛骨俱悚。"可见石梁桥是何等险峻。虽然走过石梁桥能证明你的胆量，但今天为了安全起见，景区管理处在桥的两头都用护栏给围了起来，这桥上是不可以再走人了。

石梁瀑布落差不是很高，约30米，但米芾却说它是"第一奇观"。很多游客会问，这第一奇观"奇"在哪里呢？请大家往上方看，这个瀑布奇就奇在瀑布的上方有一石桥，也叫石梁。这座石梁桥不是人工雕琢出来的，而是一座天生桥，并且是一座花岗岩的天生桥。可能世界各地的天生桥很多，但大多都是石灰岩或沙砾岩地貌，像石梁这样的花岗岩天生桥，据中国工程院考证，在世界上尚属首次发现。著名文学家郁达夫的《南游日记》是这样写石梁桥形成的："河向西流，冲上了一块天然直在那里有点像闸门的大石。不知过了几千万年，这一块石壁的闸门，终于被上流之水冲成一个弓形的大窟窿……水经此空，一直沿石捣下去，就形成了一条数十丈高的瀑布。"郁达夫的观察十分深入细致，的确，这座石桥最初的时候是跟下面连在一起的，它是金潭潭底整块花岗岩石中的一部分，原先水是从梁面流下形成瀑布的。但是在这块岩石的中间有竖直和水平的裂缝。可能很多游客都知道，花岗岩是竖向节理发育，而唯独石梁这块花岗岩却是横向节理发育的。大约在7000万年前白垩纪的时候，一次轻微的地壳运动使这块岩石中间出现了竖直和水平的裂缝，起初是少量的水渗入竖直裂缝，再经水平裂缝流出岩壁。又经过几千万年水与石的较量，终于石头败下阵来，中间的两组裂缝被水冲开，而且慢慢增大，于是就形成了今天我们所看到的这么一座高出瀑面2米、长度约7米的天生桥，而梁面最窄处还不到1尺。这就是石梁飞瀑的奇特之处。有胆量的游客不妨到桥上去体验一番！

6. 贵州安顺黄果树大瀑布景区

各位游客，今天我们将要游览的景区是安顺市黄果树大瀑布景区。黄果树大瀑布是中国第一大瀑布，也是世界上闻名的大瀑布之一。黄果树瀑布以其雄奇壮阔的大瀑布、连环密布的瀑布群而闻名于海内外，享有"中华第一瀑"之盛誉。景区内以黄果树大瀑布为中心，采用全球卫星定位系统（GPS）等科学手段，测得亚洲最大的瀑布——黄果树大瀑布的实际高度为77.8米，其中主瀑高67米；瀑布宽101米，其中主瀑顶宽83.3米，分布着雄、奇、险、秀风格各异的大小18个瀑布，形成一个庞大的瀑布"家族"，被世界吉尼斯总部评为世界上最大的瀑布群，列入吉尼斯世界纪录。黄果树大瀑布是黄果树瀑布群中最为壮观的瀑布，是世界上唯一可以从上、下、前、后、左、右6个方位观赏的瀑布，也是世界上有水帘洞自然贯通且能从洞内外听、观、摸的瀑布。明代伟大的旅行家徐霞客考察大瀑布时赞叹道："捣珠崩玉，飞沫反涌，如烟雾腾空，势甚雄伟；所谓'珠帘钩不卷，匹练挂遥峰'，俱不足以拟其壮也，高峻数倍者有之，而从无此阔而大者。"黄果树风景名胜区以黄果树大瀑布景区为中心，有石头寨景区、天星桥景区、滴水滩瀑布景区、霸陵河峡谷三国古驿道景区、陡坡塘景区、郎宫景区等几大独立景区，是全国第一批国家重点风景名胜区和首批获得国家评定的5A级旅游区。2005年，被中国国家地理杂志社评为"中国最美丽的地方"，被人民日报社评为"中国风景名胜区顾客十大满意品牌"，荣获"欧洲游客最喜爱的中国十大景区"等荣誉称号。

贵州黄果树瀑布

导游词编撰与讲解实务

黄果树大瀑布

各位游客，黄果树大瀑布已经到了，你们看，这就是早已闻名遐迩的中国第一大瀑布。夏秋洪水暴涨，瀑布如黄河倒倾，峭壁震颤，谷底轰雷，十里开外也能听到它的咆哮；由于水流的强大冲击力，溅起的水雾可弥漫数百米以上，使坐落在瀑布左侧崖顶上的寨子和街市常常被溅起的水雾所笼罩，游人谓之"银雨洒金街"。冬春水小，瀑布便分成三五绺从岸顶上挂下来，远远望去，那洁白的水帘飘然而下，洋洋洒洒，如绸缎飘舞，如仙袂飘举，如淑女浣纱……数百年来，黄果树瀑布的雄姿一直为许多文人学者所惊叹。清代贵州著名书法家、"颐和园"三字的题额者严寅亮在"望水亭"题写的对联"白水如棉，不用弓弹花自散；红霞似锦，何需梭织天生成"，更是形象而生动地概括了黄果树瀑布的壮丽景色。

犀牛潭

各位朋友，现在我们来到了瀑布跌落处——犀牛潭。此潭因传说有神犀潜藏水底而得名。有没有神犀，谁也没有见过，但潭水至今依然神秘幽深，任何人驻足潭边，都会浮想联翩。若是晴天的上午10时或下午4时左右，由于阳光的折射，你还可以透过瀑布冲击时溅起的雨雾，看到从深潭中升起的七色彩虹，令人顿生雄姿盖世、艳丽昭天之感。

有游客问：这个瀑布为什么起名叫黄果树瀑布呢？据民间传说，是因为瀑布边上有棵高大的黄桷树，按当地的口音，"桷"与"果"读音相同，所以人们就习惯称之为黄果树，这是一种说法。还有一种说法，传说很久以前瀑布附近的农民都喜欢种黄果，瀑布边上就有一大片黄果园，因此就把这个瀑布称为黄果树瀑布。与世界上其他著名的大瀑布相比，黄果树大瀑布虽然没有非洲维多利亚大瀑布、北美洲尼亚加拉大瀑布、委内瑞拉安赫尔大瀑布那般宽阔、高深和雄伟，但是，黄果树大瀑布自有它的奇特之处，它是世界上处在喀斯特地区最壮观的瀑布。这个大瀑布就像是一块奇异的磁石，在它的地面、地下、水上、水中还吸附着一连串风姿绰约的景致。其中最神奇的一处，就是隐藏在大瀑布半腰的崖廊洞穴，由于洞外藤萝攀附，水挂珠帘，故曰"水帘洞"。这是世界上其他大瀑布所没有的奇特景观。

水帘洞

各位游客，"水帘洞"已经到了。这个水帘洞全长134米，它由6个洞窗、3股洞泉和6个通道组成。大型电视连续剧《西游记》中水帘洞那场

— 104 —

戏,就是在这里拍摄的。这是第一洞窗,它的位置最低,离犀牛潭水面仅40米,但洞窗则最宽大,有十几米宽,位置在第一、二个瀑布中间,大水时两个瀑布就连成水帘,将洞窗全部封住;水小时则次第拉开,从几米到十几米不等,好像可以随意开合的窗帘。这是第二洞窗,它离第一洞窗仅4米左右。这是一个静谧的世界,号称水晶宫,是水帘洞的心脏部分,长11米,高9米,宽3米。路旁有一股泉水,清澈明净,水常年保持在一个水位。洞顶悬挂着许多钟乳石,在麦秆状钟乳石上还有名贵的卷曲石,洞壁上还悬着数不清的石幔、石帘。这是第三洞窗,它向外突出,很像阳台。这个洞窗有1米高,3米长,外面围有护栏,游人站在护栏后面可以伸手摸到瀑布,所以人们把这里称为"摸瀑台"。

7. 黑龙江五大连池之药泉山和温泊

药泉山

各位游客,药泉山是五大连池14座火山中最小的,也是海拔最低的一座,位于五大连池火山群南部,海拔355米,高出地面60米,火口底部平坦。药泉山以矿泉远近闻名,用泉水治病的历史已达百年之久,被称为"圣水",治疗价值很高,可饮可浴。山中心的药泉山公园建有药泉湖、黑龙亭、仿古长廊、金鹿桥、长寿园等景点和饮泉、浴泉场所,是风景优美的矿泉疗养公园。其中的药泉湖是火山喷发的岩浆堰塞湖,东西宽300多米,南北长近千米,平均水深3米。湖底有多处碳酸气泉眼并有暗河流动,再加上二龙眼矿泉水系的注入,使这个湖成为一个罕见的由多股矿泉水组成的流动的活水湖。湖水排入药泉河向西南流进了肥沃的火山土地,在那里生长的稻米是举世无双的纯绿色的矿泉水稻,营养价值很高,销往全国。湖上的景色更是令人流连忘返,清晨朝霞满天,映得湖上波光粼粼。傍晚落日的余晖给湖面涂上一层金黄,海鸥在湖面与矿泉鱼儿嬉戏,岸边乐声悠悠,沁人心脾,轻风拂柳,微波月影,人们三三两两,结伴游园,灯火阑珊时仍意犹未尽,真是一幅迷人的湖滨夏夜图,有诗赞曰:"湖光如水月如霜,晚风飘送芦花香。钓丝拉破水中月,鱼跃惊醒睡鸳鸯。"药泉湖还是摄影家采风的景点。

温泊飞花

各位游客,现在我们看到的是五大连池独具特色的景观——温泊。在这附近有一个温泊群,其中较大的一个是我们面前的水面,它长200余米,宽50余米,深约2米,是一个常年积水的清池。在北疆滴水成冰的寒冬,当气温下降至零下40℃至零下30℃时，人们头上戴着皮帽子，身上穿着棉大衣，脖子围着毛巾，还觉得冷，随口吐出的唾沫，着地便冻结成冰块儿。但是，这个温泊却恰恰相反，水面波光粼粼，过冬的野鸭嬉戏于水中，悠然自得，这些均可称之为北疆的奇中之奇。温泊终年不冻，在最冷的"三九"天里，它的一般水温为8℃~11℃，南部水温偏低，为4℃~5℃，北部则高达14℃，在这咫尺之地，气温之差竟达50℃左右，似乎是一个难解的谜，不能不使人感到惊奇。科学研究已经证实，地球是一个庞大的热库，它蕴藏着大量的热能，即地下热水和地热蒸汽。地层一有空隙，它们就冲出地表。据地质水文工作者推测，在温泊北部方向的石龙熔岩台地下有个地热出口，热水从此冒出后，与玄武岩中冷水混合，然后又潜入温泊，使这里的水温常保持在0℃以上，四季不结冰。

项目六

动植物类导游词的编撰与讲解

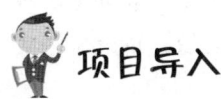 **项目导入**

　　动植物不仅可以单独成景,还可与山地、水体、建筑和现代技术组合成各种大型景观与景区。我国的动植物资源极其丰富,以动植物景观为主体的旅游景区遍布全国各地,几乎每个中心城市或其周边地区都有各种各样的野生动物园和植物园,成为城市居民节假日观光、旅游与休闲的主要去处。因此,学习动植物景观导游词的写作大有用处。本项目主要通过对相关例文的解析,让学生熟悉此类导游词的结构、内容和语言特点,通过写作实训和拓展阅读材料的自学,以及"请扫二维码,跟着视频学讲解:《大连森林动物园导游词》"环节的模拟讲解训练,基本学会此类导游词的写作方法与语言表述,为未来的导游职业生涯打下良好的写作基础。

 **任务一:例文呈现**

1. 广州香江野生动物世界导游词(节选)

　　各位游客,你们见过白虎和澳大利亚的"国宝"考拉吗?这些动物在其

他动物园是很难见到的，要一次全都观赏到，那就更难了。然而，只要到了广州长隆旅游度假区的香江野生动物世界，我们就可以一睹它们的风采啦！

香江野生动物世界是亚洲最大的野生动物园，以大规模的野生动物种群放养和自驾车游览观赏而享誉中外。整个园区占地面积2000多亩，汇集了来自世界各地的460多种2万多只珍禽猛兽。其中有许多是世界珍稀濒危动物，如大熊猫12只、白虎150多只、亚洲象24头，以及黑犀牛、倭河马、大食蚁兽等，大多数动物都是在园内成功繁殖与驯养的。香江野生动物世界还是国内唯一拥有澳大利亚"国宝"考拉的动物园，有澳大利亚引进的三公三母六只考拉，它们把香江野生动物世界当成了"幸福家园"，迅速进入"蜜月"，三只母考拉先后当上了"妈妈"，其中一只还生下了双胞胎，这是50年来全球唯一一只成功繁育双胞胎的考拉。

各位游客，动物世界分为乘车游览区和步行游览区两个部分。在乘车游览区，游客可以开着自己的车，自由穿行于野生动物身边，享受与动物近距离接触的乐趣；而没有开车的游客则可乘坐园内的森林小火车来游览。现在，请大家跟我一起去乘坐小火车，因为是与动物近距离接触，请大家一定要注意安全。

各位游客，小火车前方要经过消毒池，为我们的车辆进行消毒，避免将有害细菌带入园区，危害动物朋友的健康。所以也请各位游客朋友来到园区时，不要随意丢掷垃圾杂物，也不要随意向动物抛投食物。好啦！现在请大家坐好扶稳，让我们放松心情，放飞想象，从最近的亚洲莽原出发，到遥远的东非草原去，领略最最纯粹的大自然吧！

熊

各位游客，接下来，我们马上要拜访的是一位傻呵呵的动物明星，现在请大家一起来猜猜看，那憨态十足的究竟是什么动物呢？各位请看我们的左前方，这就是我们的国宝"大熊猫"。我们现在看到的是棕熊，棕熊体重可达800公斤，走起路来一摇一晃，憨态可掬，所以人们叫它"大笨熊"。然而，凡事可不能光看外表，其实它一点儿都不笨，爬树、摘果、游泳、捕鱼样样都行，可算是动物界中的全能冠军哦！虽然它上树的本领很高，但下树的动作实在不敢恭维，它通常采取的办法就是：抱着脑袋，扑通一下掉下来！棕熊还善于游泳和在湍急的河水中捕鱼，别看它平时动作慢条斯理，走路的时候总是同一侧的前后两腿一起并进，但奔跑时的速度却相当快，有时可以轻而易举地追赶上猎物。棕熊是熊家族中的大个子，其中阿拉斯加棕熊是熊家族中体形最大、最凶猛、最珍贵的一种。虽然棕熊视力不好，但嗅觉灵敏，行动敏捷。小熊特别喜欢直立行走，就像小孩学习走路一样，活泼可爱，互相之间常常嬉戏，打闹时就像两个相扑手比赛一样。棕熊的体形大，力气也非常大，常常一巴掌就可以把大型猎物打出几米以外，所以连老虎都不敢惹它。（不相信吗？请看我们送给它的"玩具车"就知道了！）

各位游客，现在大家看到的是黑熊。黑熊的体形中等，长得肥胖而敦实，也就是我们常说的狗熊，它的颈下胸前有一条明显的白色月牙状斑纹，是其体表的一个重要标志，由于视力很差，我们也叫它黑瞎子。它的视力虽然不好，但嗅觉和听觉却较灵敏，行动谨慎而缓慢，如果发现可疑的情况，会立即停下来，用后足站起，环视四周，一旦发现有危险，便迅速地逃入密林之中。黑熊平时性情比较温驯，不善争斗，从不主动伤害人和牲畜。它很好奇又好学，爬树、游泳样样都行。你们看，在这次动物运动会上，黑熊不仅参加了它所擅长的短池自由泳比赛，还参加了跳绳、自由体操等项目的比赛，能不能取得好的成绩我们只好拭目以待了。

各位游客，熊是杂食性动物，它们除吃肉以外，还以蘑菇、苔藓和植物的根、茎、嫩芽、果实、种子等为食，并且能咬掉树皮吸吮树汁。它们特别喜欢吃蜂蜜，常去捅毁野蜂的窝，因此被野蜂追逐，被蜇得鼻青脸肿，一边跑一边用前掌乱抓头部，并且痛得直叫。熊有冬眠的习惯，但由于南方的气候四季不分，再加上园内春夏秋冬有吃有住，所以就改掉了冬眠的习惯。

2. 沈阳市植物园导游词（节选）

各位游客，你们好！欢迎大家到沈阳市植物园来观光游览！沈阳植物园位于沈阳市的东郊，在辉山风景区和东陵之间，距市区1公里，有公路、铁路相通，交通十分方便。植物园建于1959年，至今已有60多年的历史了。提起建园，我们不得不提到当时市委第一书记焦若愚同志，是他亲自倡导并筹建了沈阳植物园。在植物园的正门（西门）上还镌刻着他老人家亲手题写的苍劲有力的五个大字——沈阳植物园。植物园担负着科研、科普和供游人参观游览的任务，是对人们进行科普教育的现代化科普基地。植物园总占地面积200万平方米，1993年正式对外开放。全园以翠湖为中心，到目前为止已建成各类植物专类观赏园20个，已收集多类植物1200余种，其中露地木本植物500余种，草本植物300余种，温室花卉植物400余种，是东北地

区收集植物品种最多的地方。除此之外，园中还建有儿童活动区、水上活动区、游艺区、动物展览区和餐饮区。目前，植物园已吸引了各地游人纷纷前来参观，每年累计接待游客100万人次。

牡丹芍药园

各位游客，跨入正门，首先映入眼帘的是一个半圆形广场，主路从广场中央穿过，在圆形台阶上布满了多色鲜花，像张开热情的双臂在欢迎大家的到来。广场上还设有全园导游图，引导大家尽兴游览。走过广场，在主道的左侧是牡丹芍药园。此园占地2.8万平方米，于1995年建成。全园按中国传统自然式布置，园中建有假山、廊亭，大有诗情画意之感。牡丹、芍药同是牡丹科花卉，牡丹更是我国特产的名贵花卉和药用植物，因其花品多、花姿美，雍容华贵，艳冠群芳，而素有"花中之王""国色天香"的美誉，被历代名人所钟爱，为我国十大名花之一。唐代大诗人刘禹锡曾写诗赞道"唯有牡丹真国色，花开时节动京城"，由此可见牡丹花开之魅力！该园已从山东菏泽、河南洛阳、甘肃等地引种牡丹100余个品种2000多株，如大富贵、状元红、红辉、粉蛾、大胡红、赵粉、宏图、种生紫等。芍药原产于我国，有"花相"之称，也是我国传统十大名花之一。其花形多变、花色艳丽、株形丰满，初夏开花，在全国各地都有栽培，是优良的绿化、美化材料。芍药品种非常丰富，现在这里已引种芍药150余个品种2万余株，如红色系的东方红、艳红、英雄花等；粉色系的鲁粉、少女粉、种生粉、赵国粉等；蓝色系的兰菊、晴空万里等；黄色系的巧玲、黄金轮等；白色系的朱砂点玉、冰晴等；复色系的胭脂点玉、银龙含珠等。每年"六一"前后这里举办牡丹芍药花会，雍容华贵的牡丹、娇艳妩媚的芍药竞相开放，吸引各地游客前来观赏。

特别是1998年11月百岁牡丹喜迁此园，可谓锦上添花。这株牡丹的主人姓栗，名万发，字作霖，辽阳县刘二堡人氏，1889年他到洛阳会诗访友，因慕牡丹"花中君子、品格高洁"，又为庆贺长子出生，欣然带回此株牡丹植于小园，殷勤培育，枝繁叶茂。1977年迁到苏家屯，至今已过百年，相传五代，年年花开百余朵，国色仙姿、雍容华贵。因为植物园是植物荟萃之地，更适宜这株名花生长，所以栗家第四代子孙把这株百年牡丹献给植物园与全市人民共睹芳华。据记载，百年牡丹在国内罕见，沈阳地区也仅此一株。

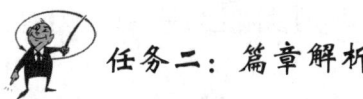 任务二：篇章解析

请几位同学以模拟导游讲解的方式朗读一遍后，教师以提问方式让学生从例文中总结出动植物类景观导游词的篇章结构、主要内容与语言特色。

1. 结构—内容

开头——以上两则例文均以十分简洁的欢迎词引入野生动物或植物园景点的讲解。

正文——以上两则例文，分别节选自广州长隆旅游度假区的香江野生动物世界和沈阳植物园的导游词，结构上均由两大部分组成：一是景区概况；二是两景区的一个重要动植物景观的讲解。

在第一则例文的第一部分概况中，首先介绍了广州香江野生动物世界的整体特色：亚洲最大、种群放养和自驾车游览观赏。然后对这三个关键词进行了具体介绍：面积2000多亩、动物种类460多种、动物数量20000多只，还有熊、白虎、亚洲象等世界珍稀动物，特别是来自澳大利亚的考拉更是该园的最大吸引物，导游在欢迎词和概况结尾两处做了重点讲解，起到了画龙点睛的作用。

在第一则例文的第二部分重点讲解了熊类。这则例文是我们学习动物类导游词写作的模板。例文先让游客猜一猜接下来会看到什么动物，然后分别介绍了棕熊和黑熊的体重体形、行动姿态和特殊本领，最后介绍熊的习性——特别爱吃蜂蜜。因为动物是一种"动态"景观，描写它的行动与姿态，展现它的动态美就显得非常重要，这或许就是这类导游词写作的难点所在。

第二则例文是介绍植物园景观的，结构上与第一则是一样的，由概况和重点景观讲解两部分构成。概况主要介绍了沈阳植物园的地理位置、历史起源和功能特征，然后介绍植物园的面积、开放时间、专业植物园和植物种类，最后介绍植物园的其他功能区块和每年游客接待量，以显示其巨大的吸引力。

第二则例文的后面部分重点介绍了国宝级花卉——牡丹与芍药。导游首先介绍了牡丹芍药园入口处大门形状、园区的总面积、建成时间、布局方式

和科类归属,然后分别介绍了牡丹与芍药两种名花的姿态、色彩与特性,同时引名人诗句加以赞美。最后,重点介绍了本园的镇园之宝——百岁牡丹,更增添了此园的深厚文化底蕴。

结尾:由于以上例文均为节选所以没有致谢词。

2. 语言特色

动物与植物虽都属于生物,都可以作为人们的审美对象,但两者的区别却是显而易见的:动物呈现的主要是动态美,而植物所呈现的主要是静态美。所以,在导游词写作与讲解中就应按照其不同特点配置不同的语言色彩。例如,在第一则例文的第二部分中,就有不少对熊的行动与姿态的描写:"(棕熊)走起路来一摇一晃,憨态可掬""爬树、摘果、游泳、捕鱼样样都行,可算是动物界中的全能冠军哦!""它上树的本领很高,但下树的动作实在不敢恭维,它通常采取的办法就是:抱着脑袋,扑通一下掉下来了!""(棕熊)还善于游泳和在湍急的河水中捕鱼,别看它平时动作慢条斯理,走路的时候总是同一侧的前后两腿一起并进,但奔跑时的速度却相当快,有时可以轻而易举地追赶上猎物。"这些动作与姿态的描写,就把棕熊那种既笨拙而又身手敏捷的特点生动形象地表现出来了,会引来游客特别是青少年游客的喜爱。在描写黑熊的时候,与棕熊类似的特点一笔带过,重点介绍它与棕熊的不同之处,如它的体形体重不如棕熊;"颈下胸前有一条明显的白色月牙状斑纹";它的视力虽然很差,"但嗅觉和听觉却较灵敏,行动谨慎而缓慢,如果发现可疑的情况,会立即停下来,用后足站起,环视四周,一旦发现有危险,便迅速地逃入密林之中"。这样的动作性语言,就把"熊瞎子"的谨慎而又异常警觉的神态描写得活灵活现,大大增加了导游讲解的趣味性与吸引力。当然,无论是棕熊还是黑熊,它们都是熊,它们都有共同的嗜好——爱吃蜂蜜:"常去捅毁野蜂的窝,因此被野蜂追逐,被蜇得鼻青脸肿,一边跑一边用前掌乱抓头部,并且痛得直叫。"总之,动物的动态美必须用动态的描写性语言讲解,才能获得淋漓尽致的表现,才能引起游客的兴趣,也只有这样的导游词和导游讲解才能赢得广大游客的好评!

与动物不同的是,植物给我们呈现的主要是静态美,所以我们在导游词写作与讲解中,也必须按此要求来配置相应的语言色彩,应多用形象感、色彩感强的语言来凸显植物的形态美。譬如例文在对牡丹的介绍中除了用一些美誉度很高的定性词汇——"花中之王""国色天香"之外,还用了一些具体、感性的描写:牡丹因其"花品多、花姿美,雍容华贵,艳冠群芳"和色、姿、香、韵俱佳而被历代名人所钟爱,为我国十大名花之一。唐代大诗人刘禹锡曾写诗赞道"唯有牡丹真国色,花开时节动京城"。由此可见牡丹花开之魅力!再如在描写芍药时用了"其花形多变、花色艳丽、株形丰满"等词语。特别是在介绍芍药丰富的品种时用了大量的色彩词语:"如红色系的东方红、艳红、英雄花等;粉色系的鲁粉、少女粉、种生粉、赵国粉等;蓝色系的兰菊、晴空万里等;黄色系的巧玲、黄金轮等;白色系的朱砂点玉、冰晴等;复色系的胭脂点玉、银龙含珠等",都是色彩感、具象感极强的语言。正是这些具体、生动、形象的语言,再加上名人诗句的渲染,充分地展现了牡丹与芍药的姿态、色彩和品质之美,极大地引起了游客的兴趣,导游讲解的效果也会随之增色不少!

 任务三:写作实训

1. 根据下列材料所提供的信息和要求撰写一则规范的动植物景观导游词

某草原位于西北高原,面积 25 万亩,其中可用于旅游的 5000 余亩,周围居民大都为维吾尔族人。该草原多为坡度较缓的山坡地,夏秋时节,地面上长满了各种野花野草,计 160 余种,草高齐膝,其中不乏野生药材,还有不少动物,如牦牛、野马和藏羚羊等。山坡下有河沟与湿地,河沟旁是块状的树林。该草原位于风口地带,常刮 5~7 级大风,因此,进入该草原,映入眼帘的是沿着起伏的山坡上耸立的许多风力发电塔,甚为壮观。

撰写要求与评分参考(本题共 20 分):

①请根据以上提供的景观信息,撰写一篇在语言、形式上符合要求的导游词(3 分);

②请将字数控制在 800~1200 字(2 分);

③要求按照题目中提到的概念、信息和景观意象,进行准确、恰当的解释、扩充与想象,不能照搬某一景点现成的导游词(10 分);

④在选材、角度、结构、表达等方面要有一定的创新性(5 分)。

2. 教师列出类似景区让学生进行模拟性写作,如选择杭州野生动物园中几种有名的动物,或杭州植物园中的名贵花卉(如杭州的市花桂花)进行

实训练习，也可以由学生自选相关动植物景观进行写作练习，可在课堂上完成，也可在课后完成。

任务四：讲解交流与修改考评

导游词视频

1. 第二次上课时选择一个组（5个学生）中写好的两篇导游词进行讲解交流，由全班学生（被选中的小组同学除外）和教师进行评议打分后，提出修改意见，当堂修改好并上交，最后由教师打分，并加上学生打分给出本次作品的最后成绩。本项目共5分，分为三个等次：A. 5分；B. 4分；C. 3分及以下。

2. 请扫二维码，跟着视频学讲解：《大连森林动物园导游词》。

大连森林动物园导游词

各位游客朋友，大家好！欢迎大家来大连森林动物园参观游览。大连森林动物园位于辽宁省大连市南部海滨白云山景区内，是国家首批4A级景区，也是目前中国最大的城市动物园。大连森林动物园占地面积7.2平方公里，园内有各种动物200余种、3000多只，在圈养区内建有百鸟园、恐龙园、虎山、熊狮山、综合动物展区、灵长类展区、草食动物区等多个动物展区。在散养区内有非洲区、高山区、猎狗区、亚洲区和猛兽区，共有50余种2000多只动物放养于此，人们可在车内凭窗而望，感受动物世界的各种奇妙，非常有趣。

各位游客朋友，现在我们来到了森林公园的入口处，大家请看，从这里到中心广场是一处占地面积20公顷、具有东方造园特色的园外园。现在我们先到海拔近260米的西山览胜，在山上可以饱览全市风光，俯瞰满园景色：全长1000米的高架观览车纵贯东西，布局独特的落差式十二生肖绿色植物图装点着音乐广场，跌水瀑布一步三叠，雁水湖内天鹅游弋、鸳鸯戏水，鸟园、孔雀园、鸵鸟园、杏花园、银河广场绿地葱郁、鲜花织锦、流泉鸣弦、鹤鸣幽谷，园内亭台小榭、草庐茅舍无不师法自然、意趣盎然。

各位朋友，动物园在游览线路和观赏方式的设计上遵循自然的原则。一条长长的木质栈道顺着山势或隐或现，蜿蜒曲折在山林之中。游人可以怀着

一种郊游的心情，沿栈道慢慢行走，一边观山景，一边看动物。在这里可以看到非洲野狗在草地上互相追逐，黑熊在山坡上踱步，老虎在路旁懒洋洋地伸懒腰，长臂猴抓着树枝不停地从一棵树荡到另一棵树上。走累了，便可坐在山石上和路边的椅子上休息，很是惬意。大连森林动物园里不仅有猛兽，还有很多温驯的动物，如骆驼、斑马、大耳羊、小兔子、小熊猫、松鼠猴、火烈鸟等，为游客提供亲密接触动物的机会，充分发挥动物园的科普功能。动物园里还专门建了一个小动物村，供小朋友和小动物共同游玩。

各位朋友，现在我们来到了动物园里最聚人气的地方大熊猫馆。馆内住着3只大熊猫，一雄两雌。这3只大熊猫在森林动物园里享受的完全是国宝级待遇，不但独居2000多平方米的住房，还配有1200平方米的室外活动场。房内常年保持10℃~23℃，展区四周翠竹环绕，小溪潺潺，还有游泳池供大熊猫享受。大熊猫对竹子的质量非常挑剔，动物园每周都要从南方空运千斤新鲜竹子供其食用。这样的派头，恐怕只有唐代的"一骑红尘妃子笑"可以与之相比了。乍一看，大熊猫好像"笨乎乎"，其实非常灵活。它们非常喜欢泡澡，泡完浑身湿淋淋地从水里钻出来，然后迅速地爬上木制的栖架，身手之敏捷得令人惊讶。与其他动物园的熊猫相比，这3只熊猫比较年轻，活泼好动，经常会把脸贴在玻璃幕墙上与游客近距离接触。

各位朋友，现在我们来到了热带雨林爬虫馆。这个爬虫馆是北方最大的，有入口综合区、人与自然区、沙漠景观区、热带果园区、热带雨林区。置身其中仿佛走进风情万种的热带植物王国，给人回归自然之感。其中的热带雨林爬虫馆内分蟒蛇展区、陆龟象龟展区、蛙类展区、蜥蜴展区和鳄鱼展区，共展出暹罗鳄、黄金蟒、网纹蟒、亚达博拉象龟、变色龙等两栖爬行类动物30多种近百只。这些动物个个都是同类中的"重量级"明星，个头儿特别大，可谓是珍品中的珍品。

各位朋友，现在我们来到了金丝猴馆。这里是动物园行业内第一座集动物饲养、展示、保护、教育于一体的金丝猴主题展馆。饲养展示区挑选自然树木搭配原有拟木栖架，为金丝猴营造出置身野外、模拟原生境的氛围。里面的科普长廊让游客在游览的同时，还能了解有关金丝猴的知识，普及保护环境的理念。目前，动物园共饲养金丝猴32只，其种群规模、数量均位居国内同行业前列。它们在馆中尽情地享受着暖暖的阳光和优美的音乐，并在各自的"私家府邸"美美地享用新鲜的水果。

各位朋友，现在我们来到了鹤类展区。这个展区分为室外活动场地及室内饲养笼舍和室内观赏走廊两部分。森林动物园原有丹顶鹤、白枕鹤、蓑羽鹤、灰鹤、灰冠鹤、黑颈鹤、白鹤、白头鹤8种鹤类，为丰富展出效果，又从国外引进了肉垂鹤、沙丘鹤、蓝鹤、黑冠鹤、赤颈鹤5种鹤类，使展区展出的鹤类达13种近百只，其中有6种属濒危鹤类。据说，目前全世界仅存15种鹤，而这里展出的鹤类就达13种，可见大连森林动物园在鹤类保护和展示方面的重要地位和影响。

各位游客朋友，我们今天的旅程就要结束了，相信大家一定收获满满、快乐多多，欢迎大家再来。（汪亚明）

任务五：拓展学习——各类动植物景观导游词撷英

1. 广州香江动物世界导游词

各位游客，大家好！欢迎您来到香江野生动物世界，同时也欢迎您乘坐我们的小火车。我是你们的导游××。我园于1997年开园，是国家首批5A级旅游景区之一。园区分为乘车游览区和步行游览区两部分，步行游览区里的考拉园是我园精心打造的一个新项目，在那里，大家可以观赏到世界上最可爱的动物——考拉。但是，古老的小火车首先带我们进入的将是乘车游览区。

（1）亚洲莽原区

各位游客，现在我们进入的是亚洲莽原区。在这里，我们不但可以看到宽阔的原野、高大稀疏的乔木和点缀在原野中的湖泊，还可以看到自由自在地生活在这里的野生动物，它们当中有许多都是大家所熟悉的动物明星呢！

孔雀

各位朋友，现在我们最先看到的是来自云南的蓝孔雀，拖着长长而又美丽尾巴的是孔雀先生。孔雀开屏是爱情的象征，孔雀先生只有遇到它心爱的孔雀小姐才会展现它美丽、华贵的羽毛。孔雀不但美丽，而且高贵。据说，古时三品官的官服上绣的就是孔雀的图案。孔雀每年12月到次年1月会长出新的羽毛，4~5月份是孔雀求偶的高峰期，也是孔雀先生展示它最漂亮的羽毛的季节。在这个时候，我们经常可以看到孔雀先生用力摇晃身体，竖起美丽的尾屏，以博得心仪的孔雀小姐的青睐。当然，也可以将开屏看成在欢迎游客的到来。

牦牛

各位朋友，请看我们的左前方，那是一群来自雪域高原的牦牛。牦牛是高原上特有的牛种，主要分布在喜马拉雅山脉和青藏高原，栖息于海拔3000~4000米的高山草甸地带，夏季甚至可以到达海拔5000~6000米的地方。牦牛全身都是宝，藏族人民衣食住行都离不开它。人们喝牦牛奶，吃牦牛肉，烧牦牛粪。它的毛可做衣服或帐篷，皮是制革的好材料。牦牛耐苦、耐寒、耐饥、耐渴，素有"高原之舟"的美称。它既可用于农耕，又可在高原作为运输工具。牦牛还有识途的本领，善走险路和沼泽地，并能避开陷阱择路而行，可做旅游者的向导。它们初来时，全身披着很厚的"皮毛大衣"，为了适应广东炎热的气候，它们已经脱掉了一件又一件的毛衣，现在只剩下薄薄的一件衬衫了。

骆驼

各位游客，在这里最显眼的应该数这群有"沙漠之舟"之称的双峰骆驼了。骆驼是沙漠地区的交通运输工具。骆驼的胃里有水囊，能储存很多的水。骆驼两座高高的驼峰可储存100多公斤的脂肪，必要时可以转化为需要的能量和水分，所以在沙漠里面，骆驼可以三四十天不吃不喝，遇到充足的水源的时候，在10分钟之内能够喝下100多升的水（在古埃及，驼驼是一种神奇力量的象征）。驼峰越高就表示它们的营养状况越好。但现在动物园里面，我们的骆驼一日三餐很有规律，不需要储存能量，驼峰储存能量的功能慢慢弱化，所以我们现在看到的骆驼的驼峰有点儿坍塌了。现在我提两个问题：

①为什么骆驼有"沙漠之舟"的称号？
②大家知道骆驼的驼峰储存的是什么吗？

岩羊

各位游客，大家注意到了吗？在我们右边山坡上这些体毛颜色与岩石相似，头上长着倒八字角的动物，那就是岩羊。岩羊是动物界的攀岩健将，这与其生活的环境有关，岩羊生活在海拔2100~6300米的高山裸岩地带，群居、耐寒，常攀上陡峭险峻的山崖活动，能在乱石间迅速跳跃，以草类、树叶、嫩枝为食，岩羊宝宝出生10天后，就能在岩石上攀登、跳跃。岩羊受惊时

能在乱石间迅速跳跃，并攀上险峻陡峭的山崖，但它也有一个致命的弱点，那就是逃到山脊上以后，总要回过头来看一看，再飞奔而逃，而它往往就在这个时候丧生。岩羊经常出没于喜马拉雅山以及克什米尔高原等岩崖崇岭地带，所以又被称为青羊或者崖羊。那么，怎样来区分岩羊的雌雄呢？头上的角粗壮的是雄性，羊角细小的是雌性。

鹤

各位游客，现在我们看到的是鹤群。世界上有五大鹤种，我们园里只有白枕鹤与黑颈鹤两种。白枕鹤也称红面鹤，体形与丹顶鹤相似，因面颊呈赤红色，故又有红面鹤之称。白枕鹤呈灰褐色或肉绿色，性情机敏而谨慎，喜欢生活于芦苇及杂草丛生的沼泽湿地中。黑颈鹤属高原鹤类，与大熊猫、朱鹮齐名，是我国一级重点保护野生动物，属世界濒危物种。黑颈鹤因其前颈及上颈腹部披着黑羽而得名。黑颈鹤举止端庄，踱步悠闲，十分优雅。雄鸟异常活跃，时常跑到雌鸟身边，展开双翅，踏着有节奏的轻盈步子，翩翩跳跃起舞，并发出低沉的求偶鸣声，雌鸟会意后，也会兴致勃勃地跳起来，并一齐引吭高歌，共庆美满姻缘。黑颈鹤主要分布在中国，印度、不丹和尼泊尔等国境内也有少量分布。

蒙古野驴

各位游客，蒙古野驴也叫亚洲野驴、饿驴子、野驴等，属国家一级保护动物。其外形似骡，四肢刚劲有力，蹄比马小但略大于家驴。属典型的荒漠动物，生活于海拔3800米左右的高原开阔草甸和半荒漠、荒漠地带。冬季主要吃积雪解渴，叫声像家驴，但短促而嘶哑。这种动物的性情特别暴躁，会攻击其他的小动物，所以人们常用驴脾气来形容一个人的脾气倔强，因此我们也不要有意去挑逗它们哦！

丹顶鹤

各位朋友，我们现在看到的是丹顶鹤。它头戴一顶小红帽，身穿白袍子（身体羽毛呈白色），顶部的朱红色赐给了它"丹顶鹤"的美名。由于丹顶鹤体态优美，行动文雅且有节奏，鸣声不凡，所以自古以来我国有不少诗、词、歌、画把它作为颂扬的对象。在民间传说中，仙人、老寿星常与丹顶鹤为伴，含有"长寿"的意思，它的寿命可长达50~60岁，算是动物界的老寿星了，因此得名"仙鹤"。仙鹤是我国特有的鸟类，主要分布在东北的嫩江、松花江、乌苏里江一带，每年秋末会南下长江中下游一带越冬，是我国一级重点保护野生动物，为国际贸易公约限制贸易物种。世界上现存丹顶鹤的数量只有1000多只，为了更好地保护野生动物，我国在黑龙江的扎龙地区专门建立了丹顶鹤自然保护区，所以现在我国的丹顶鹤数量已有700多只，占世界数量的一半以上。丹顶鹤在我园也受到特别的照顾和保护，这里饲养的丹顶鹤不但繁殖了后代，而且经过驯养后，已由候鸟变为留鸟。提问：都说"龟鹤延年"，游客朋友你知道仙鹤能活多少岁吗？

黄鼽鹿、白鼽鹿

各位游客，现在我们看到的是两种鹿：黄鼽鹿与白鼽鹿。鹿角长得像手掌一样的是黄鼽鹿，原产于欧洲，它是鹿科动物中比较珍贵的一种，栖息于开阔树林地带，喜欢在早上和傍晚活动，是典型的食草动物。黄鼽鹿身上也有斑点，容易和梅花鹿混淆，因其鹿角长得宽大，多交叉，又称"扁角鹿"。黄鼽鹿是传说中圣诞老人的坐骑。白色动物在大自然中都是比较珍贵的，白鼽鹿就是其中的一种，它是黄鼽鹿的毛色基因变种而成的，是鹿科动物中最珍贵的一种。

（2）亚洲森林区

各位游客，下一站我们将要进入的是一片翠绿的森林，这里有高低不一、利于藏身的杂草，有可供饮用和洗浴的山溪水池，它已成为亚洲各种鹿科动物生存的天堂。

疣鼻天鹅

各位游客，在小火车右边池塘里悠闲戏水的就是疣鼻天鹅。疣鼻天鹅是天鹅中体形最大的一种，又叫哑声天鹅、瘤鼻天鹅、赤嘴天鹅，因其姿态优美、羽毛洁白，赢得了无数赞誉。疣鼻天鹅主要以水生植物的叶、根、茎、芽和果实为食，也吃水藻和小型水生动物，是典型的候鸟，秋天的时候会迁徙到温暖的南方过冬。它可以在9000米的高空飞翔，但我们这里的几只天鹅吃得好，睡得好，已经把这里当成了自己的家，再也不走了。

亚洲象

各位游客，现在我们看到的就是亚洲象。大家知道，大象是陆地上现存的最大、最重的动物，也是人类驯养的动物中最聪明的动物。一般身高约3.2米，体重最重可达7500公斤（非常有分量哦！），是动物界名副其实的大力士，所以每次动物运动会，大象是肯定会参加的，且不会空手而归。大象的力气主要体现在灵活的鼻子和强壮的四肢上。大象腿的力气惊人，连老虎、

狮子面对大象腿都要畏惧几分。据美国生态博物馆专家称，大象那软软的鼻子居然能够举起将近300公斤的重物。它们可以摇撼树木，甚至可以将树连根拔起，简直就是动物世界中的"鲁智深"。大象不仅力气大，还是动物足球世界杯的霸主。在泰国，每年11月都要举行一次全国性的"大象足球赛"，在步行游览区的大象表演节目中，大象明星们还会为我们上演射门绝技。

说到大象，最奇特的应该是它的鼻子，不但能卷起一根草，而且能卷起一根绣花针哦！原因在于它鼻子末端有一个像手指一般的肉块，使它的鼻子相当灵巧！大家可以观察一下。

母象怀孕期大约为22个月，这是哺乳动物中最长的。小象一直由母乳喂养，直至3~4年后另一只小象出生。刚出生的小象一般重100公斤，出生后由母象和象群中其他成员一同照顾。亚洲象在野外最多可以活60年。象群由"女家长"年长雌象带领，一个象群一般由20只到30只象构成，最多也不会超过100只。雄象性成熟后会离开象群自己独居。

各位游客，亚洲象主要分布于我国云南西双版纳、东南亚部分地区。亚洲象是我国一级野生保护动物，我国境内现仅存300余头。亚洲象的象鼻是鼻子的延伸，非常灵敏。大象使用象鼻呼吸、闻味、喝水（吸水后放入口中）以及携握物品。亚洲象智商很高，容易驯化，记忆力好，人类一直以来都用其驮负重物、在马戏团表演，甚至用于战争。亚洲象生活在潮湿的热带、亚热带森林和草原，但是它常常在密林里穿行。亚洲象的食量很大，每天要吃掉约300斤的新鲜饲料，所以大象经常集群搬家，以获得食物来源。为了生存，象群每天要奔走18小时到20小时，只睡2小时到4小时。

梅花鹿

各位游客，现在大家看到的就是梅花鹿。梅花鹿是大家都非常熟悉的动物，它们生活于森林边缘和山地草原地区。大家请看梅花鹿身上的斑点，它是会随着季节的变换而改变的，冬天它们会披上厚厚的一层冬毛，白色斑点就被遮住了，而夏天才是它们最漂亮的时候。每年3月，梅花鹿的鹿角会脱落，慢慢长出鹿茸。到了7月，鹿茸开始骨化，成为9月雄鹿争雌的尖锐武器。大家不妨猜猜看，旁边的梅花鹿到底有几岁。

白唇鹿

各位朋友，在我们左前方的嘴唇白色的就是最珍贵的白唇鹿，它的嘴巴就好像喝了牛奶没擦嘴一样。白唇鹿身上长有针状长毛，是典型的高山食草动物。它是我国的特产，产于青藏高原一带。白唇鹿生活在海拔3500~5000米的高山草甸、灌丛和森林地带，是栖息海拔最高的鹿类；同时，它的尾巴是大型鹿类中最短的，仅有10~15厘米。

麋鹿

各位游客，麋鹿因其角似鹿非鹿、头似马非马、蹄似牛非牛、尾似驴非驴，故称"四不像"，为世界珍稀物种。麋鹿原是我国特产，据科学家考证，早在3000多年前，我国黄河、长江中下游地区就有麋鹿，汉朝以后逐渐减少，在明清时期竟销声匿迹。直到1865年，法国传教士阿尔基德·大卫神父首先在北京南郊的御猎场"南海子猎苑"发现了麋鹿，并撰文向全世界介绍，引起了轰动，所以麋鹿在国外又被称为"大卫鹿"。1900年八国联军入侵北京的时候，把北京皇家猎苑仅存的麋鹿偷运到了欧洲各国，现存世界上的麋鹿都是这些麋鹿的后代。1986年8月，世界野生生物基金会赠送给我国39头麋鹿，目前麋鹿在我国的数量已恢复到数百只，是我国一级重点保护野生动物。它就是传说中姜子牙的坐骑。

水鹿

各位游客，在我们的右前方毛色较深的就是水鹿。水鹿特别喜欢有水的环境，水性极好，可以游过2~3公里宽的河流、水库等，有时还在水泉中洗浴，滚上一身泥巴，民间有"虎蹲草山，鹿伴溪泉"的说法，所以得名水鹿。水鹿角的主干只有一次分叉，全角共三叉。水鹿从额至尾沿背脊有一条宽窄不等的深棕色背纹，臀周毛呈锈棕色，颈部是深褐色鬃毛，体侧栗棕色，尾毛黑色，面部稍长，耳朵大而直立，生活在热带和亚热带林区、草原以及高原地区。水鹿白天隐于林间休息，黄昏开始活动，喜欢在水边觅食、浸泡，善游泳。水鹿在全世界的亚种超过10个，在我国有4个，海南亚种仅分布于海南，在当地又被叫作"山马"，体形较小，毛色多为栗褐色，而且被毛短而稀；台湾亚种仅分布于我国台湾地区，西南亚种分布于云南和广西，此外，分布于其他地区的是四川亚种。因为水鹿是游泳高手，每次的动物运动会它都参加，但每次都与金牌失之交臂，只能屈居第二。今年的运动会即将开幕，水鹿现在正加紧训练，准备再次向金牌发起冲击，打破老二的宿命。

马鹿

各位游客，现在我们看到的叫马鹿，因为其体形酷似骏马而得名（我国

古代"指鹿为马"的典故也可能受它的影响哦)。马鹿是鹿科动物中体形最大的动物,体重约为200公斤,最大可达250公斤。夏毛较短,没有绒毛,一般为赤褐色,故有"赤鹿"之称;冬毛厚密,有灰棕绒毛。马鹿在世界上分布很广,野外种群已经在21世纪初灭绝。马鹿性情机警,奔跑迅速,听觉和嗅觉灵敏,而且体大力强,又有巨角作为武器,能与捕食者进行搏斗。马鹿一般在2~4月脱角,5~7月为茸角生长旺盛的季节,9月以后开始骨化。它的茸角叫"青茸",品质优于白唇鹿的岩茸和水鹿的春茸,仅次于梅花鹿的黄茸。头上没角的马鹿就是打架打掉的。

白鹳

各位游客,在我们右前方体形修长、外形有点儿像丹顶鹤的就是东方白鹳。白鹳虽然其貌不扬,但是来头不小,西方的白鹳可是德国的国鸟,在欧洲被视为送子鸟。传说谁家房顶上的烟囱边有白鹳筑巢,谁家就会喜得贵子。白鹳栖息于开阔的沼泽和潮湿草地,步行时举步缓慢,休息时一足站立,飞行比较慢。主要觅食鱼类、蛙类、蜥蜴和昆虫,偶尔也吃小型鼠类。白鹳站得高,看得远,在一览无余的河滩中见到远处有人畜走来时,就机警地远走高飞,逃之夭夭了。严冬寒夜,它们飞到树上休息,但整个冬季都不筑巢。目前,白鹳的自然种群已很稀少,我国已于1988年将它列为一级重点保护动物。白鹳也是动物界追求性别平等运动的代表,公的和母的共同产卵,但以母的为主,这在动物界是少有的。白鹳6月开始繁殖,每窝产蛋3~5枚,孵化期32天左右。

(3)虎、狮区

各位游客,接下来请大家打起十二分精神,我们马上进入"猛兽地带"(恐怖声)。大家注意了,右边山势险峻的地方就是"山大王"老虎的地盘。大家知不知道,亚洲的森林百兽之王老虎和非洲的万兽之尊狮子,谁更加凶猛呢?它们能否同居呢?我们还是眼见为实吧……听说虎的粪便和尿是祛风湿的,不知道是不是真的,不过它们的气味却是可以吓退狗、马、狼等很多动物的。

狮子与老虎

各位朋友,首先我们看到的是狮子、老虎共处一室。狮子是非洲大陆的万兽之尊,老虎是亚洲森林百兽之王,在自然界,大家可是没机会看到它们走在一起的噢。现在我们看到的狮子、老虎是同年同月生,经过我园技术人员的精心饲养和调教，如今两个势不两立的百兽之王也能和睦相处了，看来，我们人类也是能和动物朋友和平共处的。

各位朋友，在这里生活的主要是孟加拉虎。孟加拉虎与东北虎相比，毛色比较深，个头儿比较小。多数孟加拉虎生活在印度，估计野生的孟加拉虎的数量为3159~4715头，还有333头被笼养，主要是在印度的动物园。老虎的食量相当惊人，能一口气吃下30~35公斤的肉。老虎的性格孤僻而凶猛，是独居的动物，具有灵敏的听觉、尖锐的牙齿和可伸缩的利爪，加上身上的条纹有隐蔽的效果，使它成为森林里顶尖的捕猎高手。老虎走路时会将虎爪缩进皮肤的皱褶里，避免被地面磨损变钝，捕捉猎物或爬树时，才将虎爪伸出，嵌入物体中。大家知道，一般猫科动物大都不习水性，但老虎例外，它不怕水，且善于游泳，为了躲避酷热，会跳入水中保持清凉。

各位朋友，大家也许都知道"虎毒不食子"的典故，但有机会看到老虎妈妈产子、带子的游客可能就不多了。刚生下宝宝的虎妈妈性情特别凶猛，可对不足两斤重的宝宝却呵护有加，它用舌头不断地舔宝宝，以增加母子间的感情；同时虎妈妈每天都要舔几次虎宝宝的屁股，小虎才能顺利排便。（与游客互动：大家都说人是高等动物，我们是不是应该表现得比老虎更有爱心啊？）我国还有许多与虎相关的成语和典故，如"山中无老虎，猴子称大王""虎毒不食子"和"狐假虎威"等。

白虎

各位游客，现在大家将要看到的是我园的镇园之宝，也是香江野生动物园最具特色的动物。猜猜看，是什么？对了，是白虎。大家可别小看白虎生活的印度森林展区，它可是世界上最大的白虎种群放养地。白虎是由孟加拉虎毛色基因变异而成。全世界白虎数量不到300头，自1997年至今，香江野生动物园的白虎数量由最初的9只发展到现在的140多只，占全世界白虎数量的1/2左右，成为世界上最大的白虎繁育基地，被国际野生动物专家们称为"白虎繁育工厂"。为丰富孟加拉虎的基因库、保护孟加拉虎作出巨大贡献的是一只叫"凯丽"的雌性白虎。这只英雄母亲白虎繁育了14胎60多只小白虎。其中，它第二胎就生下了6只小白虎，创下了白虎单胎繁殖的世界纪录。提问：白虎为什么是白色的呢？前面我们已讲过，白虎都是孟加拉虎的变种，仅是颜色上的改变，只有当雌雄孟加拉虎双方都带有白色毛皮这一隐性基因的情况下，它们的幼仔才有可能成为白虎。

（4）南非高原区

各位朋友，现在我们看到的起伏不平的高原、稀疏的树木、点缀其间的湖泊、茂密的蒿草，是来自非洲的动物朋友们的乐土。在这片乐土上，我们可以看到羚羊、犀牛、河马等食草动物。如果说猛兽地带是一个凶残暴戾的世界，那么南非高原则是一片散布温柔的沃土，因为在这里，我们看到的都是些温性食草动物，带给人一种天苍苍，野茫茫，风吹草低见牛羊的感觉。

白犀

各位游客，请看我的右手方，可千万不要错过了非洲的厚皮兽白犀牛哦！白犀体大威武，是体形最大的犀牛。白犀最显著的特征是唇部比较方，头向下，唇部贴近地面，便于食草。白犀生活在非洲丛林以及草原地带，性情温和，喜欢群居，每群3~5只或10~20只。它们在一处埋头吃草，7~8小时也移动不了1公里，吃过的草地，如剪草机剪过一样整齐。白犀分布于非洲南部和东北部灌丛、草地，早晨和傍晚活动，炎热时，它们在泥水中打滚，这样不仅能降低体温，还可以预防寄生虫藏在皮肤的褶皱里。白犀的寿命可达50岁，初生宝宝就有50公斤。

大羚羊

各位游客，现在我们看到的体形长得像黄牛一样的是伊兰羚，也叫大羚羊，它们是羚羊中最大的一种。一只成年的伊兰羚体重最重可达700公斤。在水源处，它们会经常饮水，但缺水时，可以长期不饮水而从树叶、根茎等食物中获得足够的水分。领头的公羚羊在走路时肩关节会发出咔吧咔吧的声响，作为让大家集中的信号。

剑羚

各位朋友，请看，那两只角长得像两把利剑、脸长得像京剧里面的小生一样的是剑羚，它们是羚羊中最漂亮的，而且以雄性居多，又被称为羚羊中的"帅哥"。（那大家说，它们帅吗？）剑羚生活在沙漠、干旱的地带。虽然长得比较帅，但并不娇生惯养，对环境的适应能力很强，在很多大型的哺乳动物都不能栖息的地方它们也能适应，在高高的沙丘和山上都能生存。剑羚既吃草又吃树叶，因此在青草干枯的时候也能生存。如有可能，剑羚会经常饮水，但也能仅依赖水果和蔬菜中的水分而生活。剑羚既是昼行性的又是夜行性的，在干旱的情况下，剑羚避免在白天活动，仅在晚上或清早进食。

项目六 动植物类导游词的编撰与讲解

水羚

各位朋友，屁股上有一个大白圈的羚羊叫水羚，它们比较喜欢吃水中的植物，擅长游泳。它们身体的油性分泌可减少水分流失，屁股上的白圈在猛兽追捕时，可以起到迷惑对方的作用。（屁股上的白圈就像一个随身携带的救生圈一样，随时准备从水里面逃跑。）

河马

各位朋友，小火车就要下坡转弯了，请大家坐稳扶好，接下来我们要拜访的就是动物界中的游泳天才河马先生。河马虽然身体庞大，但却是游泳的好手，不仅游泳的速度快，姿势也十分地优美，因此希腊人在3000年前就将它取名为"水中骏马"。河马可以暂时停止呼吸长达5分钟。当它们潜水时，它们的鼻孔与耳朵会自动关闭，让水不会灌入。所以在动物运动会上，河马囊括了所有游泳项目的金牌。这也是没办法的事，一天24小时，河马有23小时是在水里面的。河马分布于尼罗河流域，这种平均重量2722公斤的庞大素食动物，是体形仅次于大象的陆地哺乳动物。河马肥胖的身躯没有一根毛，也没有汗腺，却会分泌出一种红色的黏性液体，保护皮肤免受脱水龟裂。成年河马热爱夜生活，一头公河马的素食晚餐平均重量约45公斤。有些河马的吼声能达115分贝，在1.6公里外便能听见。各位请看，在池中我们还可以看到有一个非常惹人喜爱的河马宝宝哦！它出生不久就跟着妈妈去学游泳了，非常乖巧，整天都在河马妈妈身旁打转哦！它可是2008年8月8日出生的奥运宝宝。在我们动物园出生的奥运宝宝还有4只小白狮等小动物。河马在陆地上奔跑的速度也很快，根据记录，它们短跑时速可以达到48公里。另外，告诉大家一个小秘密，河马群中只有公河马领袖可以与母河马交配。

白鹈鹕

各位朋友，现在我们看到的是白鹈鹕，它是鹈鹕中体形较大的一种。除翅膀上有些黑色羽毛外，全身布满洁白的羽毛，所以叫白鹈鹕。繁殖期间，白鹈鹕父母共同负责小鹈鹕的安全和成长。无论哪一个外出捕食，家中总是有一个看护小鹈鹕，直到小鹈鹕长大为止。在孵化小鹈鹕的过程中，雌鸟非常辛苦。它们美丽的羽毛逐渐失去光泽，多数雌鸟的胸部都会有一块褪毛后留下的皮肤，雌鹈鹕就是用这块皮肤孵蛋，使鸟蛋保持一定的温度。白鹈鹕在水中游泳时，经常弯曲成"S"形，并不时发出粗哑的叫声。它以鱼类为

食，觅食时从高空直插入水中。

非洲猎豹

各位游客，你们知道陆地上跑得最快的动物是什么吗？没错，就是现在我们看到的这些猎豹。在古埃及，猎豹是名门望族的宠物，它们的四肢特别长，胸阔腰细，是动物界著名的魔鬼身材；它们的爪子像钉鞋一样，腿肌结实有力，体形矫健，尾巴扁平，跑起来呈很好的流线型，在非洲草原上是仅次于狮子的第二大猎手。有人测算过，猎豹在追捕猎物时，最高时速达120公里，也就是说，100米的距离只需要3秒就可以完成了。但是猎豹的体力只能维持1分钟左右（400~500米）的高速奔跑，所以它们捕猎时都是速战速决的，是名副其实的短跑冠军。猎豹最兴盛的时期在全世界超过10万只，而现在只有1.2万~1.5万只，在南非猎豹仅有400~700只，这个数字每年还在下降。所以我们应该更好地保护我们的动物朋友，要不然，以后大家只能在教科书里看到它们了。在人工饲养条件下，猎豹很难繁殖，存活率很低，16世纪曾经有一位印度国王饲养了几千只猎豹，但也只繁殖了一胎，所以我们人类应该珍惜、爱护这些野生动物。猎豹消化系统不是很好，所以吃东西的时候总是细嚼慢咽，如果车上的女士们想有猎豹的身材，可要学猎豹吃饭时慢慢地吃哦！

非洲狮子

各位游客，接下来就让我们去领略一下狮子王的风采。狮子是非洲高原上体形最大的猫科动物，体重可达400多斤，有"万兽之尊"的美誉，主要分布于非洲南部和西部。它们的吼声洪亮而有节奏，能传几公里远。狮子也是猫科动物中唯一的群居性动物，狮子区生活着一个家族，家族中有一只狮子王，狮子王的名号是打出来的。大家可以看到，脖子上有着长长鬃毛的是雄狮，而没有鬃毛的是雌狮。它们既是传统的帝王象征，又是现代的尊贵标志。在狮子家族，它们是重男轻女的。公狮子看起来威风凛凛，它们的主要任务是保护自己的家园，而母狮子担任外出捕猎、照顾小狮子等家务活儿，往往捕回的猎物都要让雄狮子先吃，再到小狮子，最后才轮到自己，所以在动物界中，母狮子又被称为"贤妻良母"。大家请看旁边在嬉戏的小狮子，可千万不要误会它们只知道玩耍偷懒，它们可是在学习如何捕猎和自立的本领，在竞争恶劣的环境里，狮子从小就要学会如何在大自然中生存的本领。雄性的小狮子一旦成年就会被逐出家门。狮子又被称为草原之王，它们捕猎时都要相互配合和分工，采取设伏、攻击、合围和冲散的方式。你们知道狮子和老虎谁更厉害吗？我没看过它们打架，所以也不知道。

（5）东非草原

各位游客，不知不觉，我们就要进入本园的最后一站——东非草原了。这是最后一站，也是最精彩的一站。因为在这里，我们可以看到许许多多的动物明星，这是一个动物明星会聚的场所！我们马上前去，一睹它们的风采吧！宽阔的草原、稀疏的树木、茂密的蒿草、点缀其间的湖泊，是长颈鹿和非洲羚羊的理想家园。

长颈鹿

各位游客，你们看，那里就是世界上最高的动物——长颈鹿。长颈鹿是一种生长在非洲的反刍偶蹄动物，是世界上最高的陆生动物。雄性个体高达4.8米到5.5米，重达900公斤。雌性个体一般要小一些。长颈鹿主要分布在非洲的热带、亚热带广阔的草原上，如埃塞俄比亚、苏丹、肯尼亚、坦桑尼亚和赞比亚等国。但是，据古生物学家研究认为，长颈鹿起源于亚洲。

各位请看，长颈鹿通常生一对角，终生不会脱掉，皮肤上的花斑网纹则为一种天然的保护色。长颈鹿喜欢群居，一般十多头生活在一起，有时多到几十头一大群。长颈鹿是胆小善良的动物，每当遇到天敌时，立即逃跑。它能以每小时50公里的速度奔跑，当跑不掉时，它那铁锤似的巨蹄就是有力的武器。长颈鹿除了一对大眼睛是监视敌人天生的"瞭望哨"外，还会不停地转动耳朵寻找声源，直到断定平安无事，才继续吃食。长颈鹿喜欢采食大乔木上的树叶，还吃一些含水分的植物嫩叶。它的舌头伸长时可达50厘米以上，取食树叶极为灵巧、方便。长颈鹿有长长的脖子，可以吃到高达6米的树上面的叶子。它还有一对视力极好、视野广达360度的大眼睛，对方圆几千米的情况一目了然。长颈鹿不会发声，被称为动物界的"哑巴"。看，长颈鹿走路的姿势是否与众不同？它走动时，是同侧的前后腿同时走动，正是老百姓所说的"同手同脚"。

各位游客，长颈鹿的睡眠时间比大象还要少，一个晚上一般只睡两小时。对于长颈鹿来说，睡眠实在是一件非常棘手的事，甚至会使它们面临危险。长颈鹿大部分时间都是站着睡，尤其是在短睡阶段。由于脖子太长，长颈鹿睡觉时常常将脑袋靠在树枝上，以免脖子过于疲劳。当长颈鹿进入睡梦阶段时，它们与大象一样，也需要躺下休息，这一阶段大约持续20分钟。但

是，长颈鹿从地上站起来要花费整整1分钟，这使得它们在睡眠时的逃生能力大打折扣。所以，长颈鹿躺下睡觉是一件十分危险的事情，它们更多的时候是站着睡觉。当长颈鹿趴着睡觉时，它的两条前腿和一条后腿弯曲在肚子下，另一条后腿伸展在一边，长长的脖子呈弓形弯向后面，把带茸角的脑袋送到伸展着的那条后腿旁，下颌贴着小腿。长颈鹿胆子非常小，这种科学的睡姿，既能缩小目标，又可在紧急情况下一跃而起，逃之夭夭。

各位游客，长颈鹿不仅身体高，它的血压也高得惊人。由于它的身材特别高，所以要求它拥有比普通动物更高的血压，因为只有这样，心脏才能把血液输送到"远在天边"的大脑。长颈鹿的血压大约是成年人的3倍。各位游客，你的血压再高也高不过长颈鹿吧！

斑马

各位游客，现在我们看到的就是斑马。斑马因身上有起保护作用的斑纹而得名，斑马为非洲特产。南部非洲产山斑马，除腹部外，全身密布较宽的黑条纹，雄体喉部有垂肉。非洲东部、中部和南部产普通斑马，由腿至蹄均有条纹或腿部无条纹。非洲南部奥兰治和开普敦平原地区产拟斑马，成年拟斑马身长约2.7米，鸣声似雁叫，仅头部、肩部和颈背有条纹，腿和尾白色，有深色背脊线。东非还产一种格氏斑马，体格最大，耳长（约20厘米）而宽，全身条纹窄而密，因而又名细纹斑马。

各位游客，在所有斑马中，细斑马长得最大最美。成年细斑马的肩高140~160厘米，耳朵又圆又大，条纹细密且多。斑马常与草原上的牛羚、旋角大羚羊、瞪羚及鸵鸟等共处，以抵御天敌。人类将斑马条纹应用到军事上是一个很成功的仿生学例子。那么，斑马身上的条纹和间隔是怎样形成的呢？原来，在雌兽的妊娠早期，一个固定的、间隔相同的条纹形式就已经确定在胚胎之中了。在胚胎发育的过程中，由于身体各部位发育的情况不同，所以幼仔出生后，各部位所形成的条纹也就不一样了，有的宽阔，有的狭窄。例如斑马颈部的条纹较宽，所以颈部的最早条纹形式必须在胚胎发育的第七个星期颈部伸长之前确定；近鼻孔处的条纹很细，所以这个部位最早的条纹形式必须在胚胎发育的第五个星期，即鼻子扩大之前确定；臀部的条纹最宽，说明臀部的条纹是与身体的其余部分成比例发展的。

各位游客，斑马身上的条纹漂亮而雅致，那么它有什么用处呢？首先是同类之间相互识别的主要标记之一，更重要的则是形成适应环境的保护色，作为保障其生存的一个重要防卫手段。在开阔的草原和沙漠地带，这种黑褐色与白色相间的条纹，在阳光或月光照射下，反射光线各不相同，起着模糊或分散其体形轮廓的作用，放眼望去，很难与周围环境分辨开来。这种不易暴露目标的保护作用，对动物本身是十分有利的。近年来的研究还认为，斑马身上的条纹可以分散和削弱草原上的刺蝇的注意力，是防止它们叮咬的一种手段，这种昆虫是传播睡眠病的媒介，它们经常咬马、羚羊和其他单色动物，却很少威胁到斑马的生活。这种保护色是长期适应环境和自然选择而逐渐形成的，因为历史上也曾出现过一些条纹不明显的斑马，由于目标明显，易于暴露在天敌面前，所以遭到捕杀，最后灭绝，在漫长的生物演化过程中逐渐被淘汰了。只有那些条纹分明、十分显眼的种类还能生存到现在。人类从这种现象中得到了启示，将条纹保护色的原理应用到海上作战方面，在军舰上涂上类似于斑马条纹的色彩，以此来模糊对方的视线，达到隐蔽自己、迷惑敌人的目的。

各位游客，你们说，斑马到底是长着黑条纹的白马还是长着白条纹的黑马呢？其实这个问题一直争论不休，因为人们往往把颜色最多的颜色作为底色，而斑马的黑白条纹面积却不相上下。后来终于有科学家得出了答案，科学家把斑马的毛全部剃掉，发现剃掉后的皮是黑色的，所以得出斑马是长着白条纹的黑马的结论。

大弯角羚

各位游客，现在我们看到的身体上有白色条纹的是大弯角羚（雄性头上的角呈螺旋状），它是我国近年引进的。大弯角羚是羚羊中的跳高冠军，可以跳3米多高。栖息于有灌木且有良好隐蔽条件的原野，主要在夜间活动，以多种植物的叶、茎和豆荚及野果为食。

2. 沈阳市植物园

各位游客，你们好！欢迎大家到沈阳市植物园观光游览！

丁香园

丁香园位于植物园的西部，占地2.4公顷，于1997年建成，主要栽植丁香属的观赏树木。本属植物的主要特点是：大型圆锥花序，花紫色和白色，为著名的观赏芳香类树种。本属植物也是我市街道绿化的主要树种之一。目前该专类园已收集了20余个品种，其中有中国科学院引种的香雪丁香、波峰丁香；小乔木状的北京丁香、暴马丁香；耐寒性强的紫丁香、白丁香、红丁香等。每年春季到秋季，不同品种的丁香花相继开放，花色纯艳，香气馥郁，成群的蜜蜂在花丛中翩翩起舞，景色十分迷人。

草坪植物区

各位游客，现在我们来到了草坪植物区。此区位于停车场北侧，占地1.6公顷，于1994年用草坪植生带一次铺成，主要草种为冷季型草坪草、草地早熟禾和紫羊茅。草地早熟禾质地细软、颜色光亮鲜绿、绿期长、耐阴性差，但其根茎繁殖力强、再生性好、耐践踏、耐寒，是公园、学校等公共绿地的常用草种；紫羊茅有色质美、春季返青早、绿期较长、适应性强、抗寒、抗旱、耐践踏、耐阴等特点，是优良观赏性草坪草。此区同时展出20余种品种草，如优异、公阳、交战、依克利、午夜等，供游人认识草坪特性。草坪植物区于1998年又增设了自动喷灌设备，基本已达到机械修剪和养护。

杜鹃园

各位朋友，现在我们来到了杜鹃园。此园位于中心区的西北部，占地1.8公顷，于1994年建成。现已栽植杜鹃花科植物4个品种，兴安杜鹃、迎红杜鹃、大字杜鹃、照自杜鹃共计2000余株，每年春季杜鹃花争相报春、花红似火。这里还是郁金香花展的展区，我园现有郁金香品种30余种，大多株形低矮、叶形长圆、花色非常艳丽，红、橙、黄、蓝、紫等应有尽有，特别是有镶边、斑斓条纹和华丽色彩的郁金香，花形优美，姿态高雅，变幻莫测。这些品种既耐旱又耐湿，适当进行防寒就可以露地越冬。每年"五一"前后10万余株郁金香花盛开，有怒放的风铃、火红的查尔斯、高雅的金帝、纯朴的天使、高贵的夜皇后、充满活力的橙王、如雪如玉的白帝、迷人幽香的情人等，一片浓郁的异国风情。这里的拟木叠水、假山源头、江南水车更是别有情趣。

观果园

各位游客，现在我们来到了观果园。此园地处中心区的西侧，占地5.8公顷，于1997年建成，以栽植具有观赏价值的观果树木为主，现栽植观果树木已达50余种。有乔木状的花楸、山楂、大果山楂、桑树、山荆子、梨、栾树、胡颓子、桃叶卫矛等，灌木状的栓枝卫矛、欧李、金银忍冬、接骨木、雪果、省沽油等，每到秋季就硕果累累。同时该园还是"十一"地被菊花的展区，5万株地被菊随道种植，花色丰富、艳丽，在碧绿的草坪映衬下显得十分壮观、迷人。那三十多米长的旋梯观景塔更是鸟瞰全园的好去处。

阴生植物区

各位游客，阴生植物区占地1公顷，建筑设计上仿照天然古石洞的形式，让人入内感到阴凉爽快。植物区内现已收集适宜沈阳地区生长且观赏效果好的蕨类植物14种2400余株。这些植物均引自辽宁省山区的野生苗，经过人工栽培生长旺盛，从而丰富了阴湿条件下的绿化景观及园林绿化中地被植物的种类。

宿根花卉园

各位游客，宿根花卉园位于中心区的西北部，占地1.2公顷，于1995年建成。该园现已种植东北地区能露地生长的宿根花卉100余种，以观花植物为主，从而确保春、夏、秋三季有花。春有郁金香、荷花、牡丹、报春花等，夏有芍药、黑心菊、萱草、百合等，秋有锦葵、菊花、晚香玉等。该园将成为东北地区宿根花卉种类最多的专类观赏园。这里还有神农尝百草雕塑，传说神农（炎帝）踏遍三山五岳，尝遍千草百卉，终于选出了可食用的麻、黍、稷、麦、豆。在尝百草定五谷过程中，他又总结出了药性，传说炎帝一天就中毒达70余次，终于摸清了千草万木的药性，制成方剂，传给后人，使人们减轻了病痛的折磨。神农不仅是农业之神，还是一位医药之神。

结缕草草坪区

各位朋友，我们现在看到的是结缕草草坪区。该草坪于1994年用暖季型结缕草——日本结缕草草种一次性播种而成。日本结缕草茎叶密集、株低矮，属深根性植物，具有坚韧的地下根状茎及地上葡匐茎，适应性强，病毒较少，是园林、体育运动场常用草种。大家看到的红色雕塑是后羿射日，传说古代天神后羿和天女嫦娥结婚之后，因为10个太阳同时出现，妖怪横行，人间充满苦难，后羿同情人间遭遇与嫦娥一起来到人间，他不顾自己的死活射杀了妖魔，射落了天帝的9个太阳儿子，使人民又过上了风调雨顺的好日子。传说那9块带有箭的石头就是射落人间的9个太阳变成的。

木兰园

各位游客，木兰园位于植物园西部，占地2.6公顷，于1996年建成，主要栽种适宜北方气候的木兰科树木，现已栽植木兰属植物5种，有天女木兰、白玉兰、紫玉兰、望春木兰、二乔木兰共计3000余株。白玉兰花期5~6月，花白色，钟状，芳花先于叶开放；紫玉兰花期6月，花大，钟形，花蕾被黄绿色长毛，花外紫内白，花与叶同时开放；天女木兰花期6月，花白色，花蕾稍带淡粉红色，花香，花后叶开放，它们都是良好的庭园绿化树种。

松杉园

各位游客，松杉园位于植物园东北部，占地1.8公顷，于1988年建成。该园现已栽植东北地区常见的针叶树30余种，园内的红松林、冷杉林树龄都在40年以上，已形成了壮丽的森林景观。该园有二针一束的油松、樟子松、北美短叶松、长白美人松等；三针一束的白皮松、刚松等；五针一束的红松、华山松、北美乔松、五针松等；还有水杉落叶松、云杉等。根据该园的地势、地形，还建有板桥、独木桥等一系列平桥，供游人玩乐。大家请看这一精卫填海雕塑，传说炎帝的小女儿在东海游玩，被汹涌的波涛夺去了生命，她死后变成了一只精卫鸟栖息在发鸠山上，望着咆哮的波涛，心中充满了悲愤。她每天不停地从山上衔石子和树枝投到东海去，决心把大海填平。

药草园

各位朋友，药草园位于植物园的南部，占地2.8公顷，于1998年建成。该园利用地势差形成溪流、叠水，沿水布置亭、桥、廊等园艺小品，建筑完全采用拟本式手法。利用原有高大乔木及茂密灌木丛形成良好的药用植物生长环境，结合地形栽植不同生态环境的药用植物300余种。其中有全草和地上部分入药的冰凉花、白屈菜、野薄荷等；根及地下部分入药的天南星、玉竹、百合、桔梗、龙胆等；花及花粉入药的金银花、红花、松花粉等；果实及种子入药的银杏、牛蒡子、蓖麻等；树皮入药的黄梁、秦皮、五加等。

蔷薇园

各位游客，现在我们看到的蔷薇园位于中心区翠湖南部，占地0.6公顷，于1995年建成。现已栽植蔷薇属植物10余种2000多株，有苦水玫瑰、黄刺玫、野蔷薇、粉团蔷薇、白玉棠等，花色十分丰富，每年5~6月开花，其中丰华月季、微型月季的花期长达3个月之久。蔷薇花香味很浓，从花瓣中可提取芳香油，其价值高于黄金，具有很高的药用价值与食用价值。

松塔种子

各位游客，现在我们来到了桥头，大家顺着路轴线往前看，那个雕塑是植物园园标——松塔种子，于1996年用锻铜制成。因为松树比较耐贫瘠、干旱，在恶劣环境中仍能生机勃勃地生长。我们的植物园夹于棋盘山与东陵之间，"古，古不过东陵；大，大不过棋盘山"，因此植物园只能在此夹缝中求得生存、求得发展，用此雕塑寓意植物园的事业像松塔种子一样具有坚强

的生命力和时代的竞争力。各位请看,这是嫦娥奔月雕塑。传说西王母给了后羿长生不老的药,后羿回家后把药交给嫦娥,准备择日服用。嫦娥想升天成神,思前想后,趁后羿不在家的晚上,服了长生不老药,向着缀满了星星的蓝天飘升而去。各位请看,这是夸父逐日雕塑。传说夸父为了让太阳永远照亮大地,便想追逐并捉住太阳。当他就要捉住太阳之时,因口渴而去喝黄河、渭河的水,喝干了两条河的水,还没解渴,当他想去喝另一处大泽里的水的时候,却因口渴死在了半路上。死后他的巨大身躯变成了大山,在山脚下他的拐杖变成了一片桃林,夸父生前没有实现追日的夙愿,死后把自己的身体化作甘美多汁的果子,奉献给追求光明的人。

树木标本园

各位朋友,树木标本园位于中心区,建于1984年,于1991年又进行扩建,占地1.1公顷。现已栽植观赏树木200余种,其中乔木110种,如常绿乔木有红皮云杉、白扦、红松、刚松、油松、北美短叶松等,阔叶乔木有毛脉黄栌、皂角、木豆树、火炬树、假色槭、百花花楸、稠李、色赤杨等。花灌木80余种,常绿灌木有矮紫杉、北美红豆杉、朝鲜黄杨、小叶黄杨、鹿角桧、胶东卫等,阔叶灌木有山茱萸、短梗五加、棣棠、鸢枝、迎红杜鹃、照白杜鹃、山梅花、茶镳子等。不同形式的绿篱修剪树木达10余种,有茅篱、侧柏篱、云杉篱、枫杨篱、丹桧篱、绣线菊篱、金老梅篱、榆树篱、稠李篱等。该园一年三季花开不断,春有京桃、山樱、稠李、丁香、榆叶梅、连翘等,夏有玫瑰、蔷薇、锦带、猥实、栾树、糖槭、紫椴等,秋有大花圆锥绣球、国槐、胡枝子及观叶树种假色槭、青楷槭、五角枫、火炬树等。同时该园的每株树木都设置了树木标牌,以便于游人认识树木,最终达到科普的目的。

星星乐园

各位朋友,星星乐园占地12 000平方米,园内建有木质结构、适合儿童玩乐的秋千、跷跷板、拟木及动物造型滑梯、迷宫等项目;独具特色的童话故事城,能使儿童在游戏中增长知识;别具风格的江南水车、乡下水车、石磨、碾子等项目,使儿童能亲自体验乡村生活。

水生植物园区

各位游客,水生植物园区位于植物园中部,与西门主道相对,占地1.8公顷,于1996年建成。主要栽植水生及沼生植物,现已栽植荷花、荇菜、芡

菜、芡实等水生植物10余种。该区的百米长廊内设置有14块大理石科普宣传牌、20块似树叶形的科普知识牌，为宣传科普知识创造了良好的条件。

樱花园

各位游客，现在我们来到了樱花园。此园位于植物园西部，占地3.9公顷，于1999年建成。园内建筑采用日式风格，各式小桥、石灯、石塔及造型奇异的洗手钵及源头瀑布，像颗颗明珠点缀在园中。这座采用日本礼仪方式的茶厅，用来展示源远流长的茶文化，游人在此既可品茶，又可观赏该园园貌。该园主要植物以大山樱、日本山樱、黑樱为主。

岩生植物区

各位朋友，岩生植物区位于植物园西部高地，占地3公顷，于1997年建成。园内以岩石与岩生植物、高山植物相配合，建筑小品力求新颖，种植形式力求模拟高山与岩生植物的生态环境，再现高山及深山自然景观。主要植物有长药景天、德景天、紫叶小檗、爬地柏等。

百合园

各位朋友，现在我们来到了本园最后一个园中园——百合园。该园位于西门入口右侧，占地4.6公顷，于1998年建成。该园采取欧式风格建筑，中心广场立足于喷泉之上的雕塑是百合仙子。该园的植物也完全采用模拟式培植方法，已栽植百合20余个品种10万余株。每年"七一"在此举办百合花展，10万株百合花争奇斗艳，竞相开放，有红似火的山丹、金翠，白如雪的雪皇后、白狐狸，黄似金的新中心、罗马诺等，同时也种植了近万株的鸢尾、唐菖蒲、风信子等名贵花卉。

各位朋友，今天就为大家介绍到这里，欢迎各位再来植物园参观游览！

项目七
古代园林类导游词的编撰与讲解

 项目导入

古人认为:"偌大景致,若干亭榭,无字标题,任是花柳山水,也断不能生色。"就是说任何一个景致优美、山水秀丽的地方,如果没有文化内容包含其中,这些景致也会顿时没了生气,只是一堆死物。所以如何传播这些文化精髓,使得游客在游览景点的时候能够真正领略到景区的魅力,是古代园林类导游词编撰与讲解的关键所在。因此,本项目的主要任务是:通过对古典园林导游词的编撰与讲解,学生能够理解古典园林导游的基本要点,通过"请扫二维码,跟着视频学讲解:《清晖园导游词》"环节的模拟讲解训练,培养其导游词编撰与讲解的能力,学会写作一则千字左右的园林导游词。在此基础上,通过拓展阅读部分了解北方园林、江南园林、岭南园林等中国典型园林导游词的编撰特点与技巧,为全面掌握此类导游词的编撰与讲解打下坚实基础。

任务一：例文欣赏

与谁同坐轩（苏州拙政园）导游词

各位游客，穿过别有洞天厚厚的月洞门，眼前豁然开朗，一湾碧水绕园而过，在这曲水的转角处，倚水石驳岸而建的临水建筑，造型独特，像不像古代折扇的扇面呢？这就是扇亭，扇亭的屋顶、门、窗洞、匾额、石桌等都是扇面状，可谓名副其实。扇亭后面的假山上还有一座小亭，因其坡度平缓，形似斗笠，所以得名笠亭。请您从这个角度看，这后面笠亭的顶像不像折扇的扇柄，笠亭的锥形屋顶则形似扇骨，它们恰好配成了一个倒悬着的折扇，真可谓别出心裁啊！

拙政园

您别看扇亭不大，它可是西部花园美景之一。它背倚土石假山，地处池岸水涧，后面树木葱郁，异常静谧。人在亭中，倚栏斜眺，对面的水廊犹如长虹卧波，左右门洞则框出宜人风光，闲坐于此，无论是倚门而立，还是临窗静观，都可以观赏池中鱼、水中月、风中荷，四季美景如画，正好印证了这副对联："江山如有待，花柳更无私。"而扇亭的别具一格不止于此，大家看，纵向上，背山而建的扇亭，位于土石假山的底部，依山势而上，又筑有笠亭、浮翠阁；横向上，随着扇面向两端舒展，倒影楼和卅六鸳鸯馆也能引入画面，小小的扇亭将高低错落、大小各异、形态不同的多个建筑巧妙地串联起来，使这部分远景丰富多彩，开合有致，极富情趣，苏州园林的精巧可见一斑。

那么园主人为什么要把这亭子设计成扇形呢？又为何对扇子情有独钟呢？这就要说到西部花园的第一代主人富商张履谦了。1877年，张履谦购得此园，按明代画家文徵明《拙政园记》中的记载，他修补了园中的景观，使园子重新生动起来。由于园中大部分景观是补出来的，张履谦便将这座精美的宅院定名为补园。因为张履谦的祖上是做扇子的，以制扇起家，张履谦便造了这座扇亭来告诉张氏后代不要忘本，应牢记祖先恩情。其实，这扇子负载的不只有张氏祖先，更有园主所热爱的传统文化——昆曲。您瞧，那打开的扇面上正写着"与谁同坐，明月、清风、我"。园主人用大文豪苏东坡的词句，表达着自己与谁同坐的清高之情、对知己知音的渴求，或许憧憬着与他的知己同坐，共品园林，共赏昆曲吧。您会是他的知音吗？

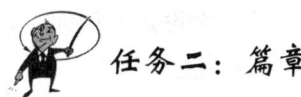任务二：篇章解析

请一位同学以导游讲解的方式朗读一遍后，教师以提问方式让学生从此案例中总结出古代园林导游词的篇章结构、主要内容与语言特色。

1. 结构—内容

开头——因为本导游词是苏州园林导游词的中间一段，所以并没有专门的欢迎词，但用一个简单的过渡语句引入与谁同坐轩（苏州拙政园）的讲解。

正文——大致可以分为两个部分：一是与谁同坐轩的景点介绍；二是与谁同坐轩历史的讲解。

在第一部分，首先介绍了与谁同坐轩中扇亭和笠亭两座亭的造型特点、名字的由来、景点特色。扇亭因为造型像古代折扇而得名，而且扇亭的屋顶、门、窗洞、匾额、石桌等都是扇面状；同样笠亭也是因为造型形似斗笠而得名，两者的位置正好配成了一个倒悬着的折扇。

在第二部分，主要讲解的是与谁同坐轩的历史典故，富商张履谦以制扇

起家,为了不忘本,在修补园中的景观时,补建了扇亭。

结尾——因为园主喜爱昆曲,因此在最后巧妙地将园主不忘祖恩之情引申到园主欲寻觅知音之意,并用疑问结尾,引起游客的共鸣。

2. 语言特色

首先要注重导游词的针对性。这是苏州职业院校导游类技能大赛的一篇导游词。作为导游大赛的导游词,它与实地导游讲解词既有联系,也有较大的区别。与实地讲解词相比较,技能大赛导游词的现场感较弱。其次技能大赛导游词的听众是行业专家。游客前来旅游,可能对于景点的了解很少,甚至一点儿都不了解,因此在讲解的时候,导游讲什么,大多数游客会有恍然大悟的感觉;而技能大赛导游词的评委是导游行业的专家,对景点了如指掌。最后技能大赛导游词的讲解更具有表演性。实地导游讲解时注重语言的通俗易懂,平缓讲解景点讲透即可,更多的是平铺直叙,实地讲解导游词撰写时应注重转变为口头语言。技能大赛的讲解,不仅要像现场导游那样去讲透景点,还要带着抒情、朗诵成分,要有现场表现力,像是在表演。所以上文的导游词较多地使用了抒情语句,诸如:"人在亭中,倚栏斜眺,对面的水廊犹如长虹卧波,左右门洞则框出宜人风光,闲坐于此,无论是倚门而立,还是临窗静观,都可以观赏池中鱼、水中月、风中荷,四季美景如画,正好印证了这副对联:'江山如有待,花柳更无私'。"

这段导游词,分四个层次讲明了扇亭的形状、欣赏扇亭的地点及如何欣赏扇亭、扇亭与周边建筑物的关系和扇亭的建造者为何建造扇亭四个问题,讲解时间在两分钟左右。由点到面,由表及里,逐层深入,分层次将实物本身讲清楚、讲透。

对古代园林的讲解要提升讲解的文化内涵。以苏州园林为例,苏州园林的主人往往从造园开始,就将人生的进退得失、荣辱喜悲通过园林的各种建筑符号曲折地表现出来。例文中,创作者不仅用自己独特的眼光去发现景物固有的内在美:扇亭造型独特,像"古代折扇的扇面",而且体会其精神,展开想象,在导游词中融入独特的感受和情感。例文中结尾部分"园主人用大文豪苏东坡的词句,表达着自己与谁同坐的清高之情、对知己知音的渴求,或许憧憬着与他的知己同坐,共品园林,共赏昆曲吧。您会是他的知音吗?"运用苏东坡的词句,引申出了吴文化的代表昆曲以及园主欲觅知音共品园林、共赏昆曲的心境。总之,这篇导游词语言简洁明了,通俗易懂,讲解者在讲解时还极富表现力，声情并茂，结尾起到画龙点睛的作用，点到为止，留给人们无尽的思考和遐想，不失为一篇优秀的导游词。

 任务三：写作实训

1. 根据下列材料所提供的信息和要求撰写一篇南湖勺园的导游词

"面积虽然不大，却到处楼台亭榭，假山峭削，青松苍翠，秋枫红醉；池中荷花，岸边杨柳，面对滮湖，北背城壕，烟雨楼台，近在咫尺，园楼相对，形成了一个由湖面为中心的建筑群体，环境相当幽雅。"（《烟雨楼史话》）。

历史学家陈寅恪在《柳如是别传》中指出，勺园其实是"钱柳姻缘得以成就之枢纽"。钱谦益是明末清初的著名诗人、文学家，当年的文坛盟主。柳如是则是"秦淮八艳"之一。钱、柳两人均与勺园主人吴昌时熟识，那年柳如是因病回故乡嘉兴养病住在勺园，钱谦益恰来勺园会友。钱、柳于是因勺园定情，成就了一段才子佳人的风流佳话。

明末清初大诗人、大画家吴梅村创作过传世的一首《鸳湖曲》和一幅《南湖春雨图》，成为后人对当年南湖勺园的盛景及气韵可历历追溯之源。《南湖春雨图》现藏于上海博物馆。尤为难得的是，吴梅村在画幅的上方手录《鸳湖曲》全诗。《鸳湖曲》中写道"鸳鸯湖畔草粘天，二月春深好放船。柳叶乱飘千尺雨，桃花斜带一溪烟"。

撰写要求与评分参考（本题共20分）：

①请根据以上提供的园林信息，撰写一篇在语言、形式上符合要求的导游词（3分）；

②请将字数控制在1500~2000字（2分）；

③要求按照材料中提到的信息和景观意象，进行恰当的解释、扩充与想象，不能照抄"勺园"现成的导游词（10分）；

④在选材、角度、结构、表达等方面要有一定的创新性（5分）。

2. 教师列出类似景区让学生进行模拟性写作，如扬州个园、绍兴沈园、上海豫园等，也可以由学生自选相关园林进行写作练习，可在课堂上完成，也可在课后完成

任务四：讲解交流与修改考评

导游词视频

1. 第二次上课时选择一个组（5个学生）中写好的两篇导游词进行讲解交流，由全班学生（被选中的小组同学除外）和教师进行评议打分后，提出修改意见，当堂修改好并上交，最后由教师打分，并加上学生打分给出本次作品的最终成绩。本项目共5分，分为三个等次：A. 5分；B. 4分；C. 3分及以下。

2. 请扫二维码，跟着视频学讲解：《清晖园导游词》。

清晖园导游词

各位游客朋友，大家好。欢迎来到顺德做客！清晖园位于广东省佛山市顺德区大良镇华盖里，为我国南方古典园林艺术的杰作，素有岭南四大名园之一的盛誉。其布局既能吸取苏州园林艺术之精华，又能因地制宜，环境以清幽自然、秀丽典雅见称。

清晖园位于广东省顺德区大良镇清晖路，地处市中心，故址原为明末状元黄士俊所建的黄氏花园，现存建筑主要建于清嘉庆年间。园取名"清晖"，意为和煦普照之日光，喻父母之恩德。园林经龙氏龙应时、龙廷槐、龙元任、龙景灿、龙渚惠等五代人多次修建，逐渐形成了格局完整而又富有特色的岭南园林。清晖园与佛山梁园、番禺余荫山房（或称余荫园）、东莞可园并称为广东四大名园，也是岭南园林的代表作，为省级文物保护单位。

清晖园全园构筑精巧，布局紧凑。建筑艺术水平颇高，蔚为壮观。建筑物形式轻巧灵活，雅致朴素。庭院空间主次分明，结构清晰。整个园林以尽显岭南庭院风雅古朴的风格而著称，园中有园，景外有景，步移景换，并且兼具岭南建筑与江南园林的特色。现有的清晖园集明清文化、岭南古园林建筑、江南园林艺术、珠江三角洲水乡特色于一身，是一个如诗如画、如梦幻似仙境的迷人园区。

各位团友，我们眼前看到的是清晖园的最特别的主体建筑物，大家觉得它的形状像什么？对了，像一艘船，我们称为船厅。它的设计别出心裁，是整个清晖园的建筑精华所在。它是模仿苏州寄畅园的船厅式样，又参照珠江

的紫洞艇而建成的一座两层楼舫，又叫作"小姐楼"。为什么叫小姐楼呢？这里有段传说：当年园主人有一千金小姐，聪颖秀丽，深得父母亲的宠爱，所以父母特地为她建造了这座阁楼。你看，船厅临水，恍如建在水面一般。最妙的是船头右边有一株沙柳树，像稳固船头的竹竿，而缚在沙柳树身上的紫藤又像一条缆绳，这是主人特地栽种的。整座船厅就像一艘停泊在珠江畔蕉林丛中的"紫洞艇"。这座建筑物是华南建筑难得的孤例，充分反映出顺德劳动人民的聪明才智。

请大家回到荷花池边，这里有六角亭、碧溪草堂、澄漪亭。碧溪草堂是当年园主人的起居室。在这里我要告诉大家，碧溪草堂藏有一件宝贝，大家可以找一找，因为你如果找到了，一定会健康长寿！对了，游客朋友们非常聪明，都看见了这两扇门的下方的四十八个"寿"字，称之为"百寿图"。那各位有没有想过，这里明明只有九十六个寿字，何以称为"百寿图"呢？欲知详情，待会儿上车我会向大家慢慢道来。

其实，清晖园内的宝贝非常多，这里有160年历史的银杏树、读云轩里的形态各异的奇石、清代石湾陶瓷"八仙法器图"、目前仅存的清代旧羊城八景玻璃制品等，下面就请大家随我继续清晖园的寻宝之旅吧！（陈艳莹）

任务五：拓展学习——不同类型园林景区导游词撷英

1. 皇家园林

皇家园林占地面积较大，规模宏大，金碧辉煌，尽显帝王气派，常将有代表性的宅第、寺庙、名胜集中并在园林中再现出来。一般以主体建筑作为构图中心统率全园，主体建筑常居于支配地位，尺度较大，较为庄重，色彩富丽堂皇。由于时间的限制，不可能游览皇家园林的所有景点，因此皇家园林导游词应该着重突出主体建筑和主要景点。

北京颐和园导游词

各位游客，现在我们要去游览的景点是颐和园，那是一座世界上现存规模最大的皇家园林。颐和园始建于辽金时代，那时的皇帝就在今天的万寿山、昆明湖一带修建了金山行宫，将这里称为金山、金山泊。元朝改名为翁山、瓮山泊。明代初期则改称西湖并修建了园静寺，命名为好山园。到了万历十六年（1588），这里已经是一座具有一定规模的园林了，享有"十里青山行画里，双飞白鸟似江南"的美誉。让这里真正成为一处皇家园林的是清代。乾隆即位以前，在北京西郊一带，已建起了四座大型皇家园林，从海淀到香山，这四座园林自成体系，相互间缺乏有机的联系，中间的"瓮山泊"成了一片空旷地带。乾隆十五年（1750），乾隆皇帝为孝敬其母孝圣皇后动用448万两白银将这里改建为清漪园，以此为中心把两边的四个园子连成一体，形成了从现在的清华园到香山长达20公里的皇家园林区，也就是当时著名的三山五园（三山是指万寿山、香山和玉泉山。三座山上分别建有三园，即静明园、静宜园、清漪园，此外还有附近的畅春园和圆明园，统称五园）。咸丰十年（1860），清漪园被英法联军焚毁。光绪十四年（1888），慈禧太后以筹措海军经费的名义动用500万~600万两白银重建清漪园，并改称颐和园，做消夏游乐之地。光绪二十六年（1900），颐和园又遭"八国联军"的破坏，许多珍宝被劫掠一空。光绪二十九年（1903）修复。1912年，依照清室的优待条件，颐和园仍掌握在逊帝溥仪手中。1924年溥仪被逐出颐和园后，北洋政府将这里正式改为对外开放的公园。1949年之后，政府不断拨款修缮。1961年3月4日，颐和园被公布为第一批全国重点文物保护单位，1998年11月被列入《世界遗产名录》。2007年5月8日，颐和园经国家旅游局正式批准为国家5A级旅游景区。

颐和园

颐和园占地面积290公顷，景区主要由昆明湖和万寿山两大部分组成，其中水域面积占全园的3/4。整个园林分为三个功能不同的区域，这就是以仁寿殿为中心的政治区，以玉澜堂、宜芸馆和乐寿堂为中心的生活区，以长廊、昆明湖、苏州街等为主体的游览区。颐和园将全国的美景和著名建筑融为一体，集南北造园之大成。

仁寿殿

我们现在看到的这座大殿就是仁寿殿，是皇帝夏天来这里避暑时临时处理政事的地方。在清代的每一处园林内，都设有一座处理朝政的大殿，以示皇帝在休息娱乐的时候也不会疏于国事。殿内值得一提的有两处陈设，首先请大家看一看对面的大水银镜，上面共有226个不同字体的"寿"字。在镜子左侧的一幅画卷上有一个很大的"寿"字，背景里有100只蝙蝠，这100只蝙蝠与镜子上的226个"寿"字寓意为"多福多寿"。

玉澜堂

各位游客，请跟我来，现在我们要参观的是颐和园中生活区的一组建筑。前面一组建筑叫玉澜堂，是当年光绪皇帝居住和被软禁的地方。因玉澜堂紧邻昆明湖，故以"湖水似玉，波澜起伏"为意境取名为玉澜堂。玉澜堂为这个院落的正殿，两侧有配殿，东为霞芬室，西为藕香榭。玉澜堂的后面是通向宜芸馆的穿堂门。各位如果到两侧配殿门口，您会惊奇地发现，哎呀！怎么开门后不是屋子而是一堵墙呢？其实不仅是两侧配殿，就连通向宜芸馆的后门也被封死，这就是当年光绪皇帝被软禁的地方。光绪皇帝虽不用戴手铐、脚镣，但每日如坐井观天，好不凄惨！就这样，自戊戌变法失败后，光绪皇帝当了十年的囚徒皇帝，于1908年含恨而死。要说慈禧太后与光绪真是一对冤家，在光绪皇帝死的第二天，老佛爷也驾鹤西去了，据说是老佛爷不放心，怕光绪在阴间造她的反，所以就紧跟着光绪去了。

宜芸馆

各位游客，我们现在来到了宜芸馆，这里是皇后在颐和园居住的地方，宜芸为藏书之意，乾隆皇帝曾在这里读书。现在门内的廊壁上镶嵌有10块乾隆皇帝临摹的书法真迹，殿内物品也都是按当年隆裕皇后在此居住时的原状陈列的。请各位在此参观5分钟，我们的下一站到慈禧老佛爷在颐和园中的住处——乐寿堂。

乐寿堂

各位游客，现在我们来到了颐和园的主人、慈禧太后的住处——乐寿堂。"乐寿"二字取自《论语》"智者乐，仁者寿"之意，就是说有学问的人很快乐，讲仁义的人能长寿，之所以取"乐寿"二字，是慈禧希望自己能够快乐长寿。乐寿堂内的陈设保持着昔日的原状，正厅是慈禧日常起居活动之地，堂内有宝座、御案、掌扇等，除此之外还有青花大瓷盘，瓷盘是装水果用的，但不是为吃，而是专为闻香味而设。堂内的东外间是茶点室，东内间是更衣室，西外间是处理日常政事的地方，西内间是卧室。

长廊

各位游客，我们现在来到了长廊景区。颐和园长廊是世界上最长的画廊兼游廊，建成于1750年。长廊东起邀月门，西至石丈亭，全长728米，分为273间。站在万寿山上看长廊，它像一只展翅飞入昆明湖的大蝙蝠，昆明湖又象征着东海，这只蝙蝠飞入东海的设计就是"福如东海"的象征，够巧妙吧！乾隆下江南时，对江南的山水风光非常留恋，于是派画师们到江南去写生，回来后，将江南的山水景色画在长廊之上，同时又将中国古典文学中的人物、故事也汇集在长廊之上，于是形成了一条世界著名的融山水风光和人文逸事为一体的艺术长廊。长廊上共有各式图画13 000多幅，在1990年被评为全球画廊之冠，被列入吉尼斯世界纪录。

苏州街

大家现在看到的这条街就是苏州街，它也叫作买卖街，位于颐和园后湖中心，建筑形式为一水两街。大家也许会问，为什么乾隆要在自己的皇家园林内修建这样一条带有江南水乡特色的街市呢？他曾有两个考虑：一是他六下江南，在第四次回銮时，大臣们就进谏说，皇太后年事已高，不适应几千里的奔波劳累，何不在皇家园林内修建一条水街呢？二是后妃们久居深宫，不能和外界接触，在皇家宫苑内建造这样一条既有南方水乡特色，又有京都韵味的商业街，他可以经常率领后妃们来此游玩解闷。苏州街始建于乾隆年间，1860年英法联军入侵北京火烧"三山五园"时，这条水街也未能幸免。光绪年间重修颐和园时正值国库空虚、内忧外患时期，所以只恢复了前山的大部分景点，后山的许多景点没有资力恢复。直到1986年，恢复苏州街的工程才全面展开。该工程根据档案、历史资料和专家的评定，遵照复建工作"不增不减，不扩不缩，不改不移"的12字方针，历经4年修复，于1990年

9月正式对外开放。新建后的苏州街东起寅辉城关、西至通云城关,蜿蜒曲折300余米,设有多处店铺。街中有酒楼、茶馆、钱庄、当铺等,一应俱全。街内使用清代货币进行交易。大家可以使用人民币兑换成元宝和铜钱。店铺的招牌、幌子皆为旧时模样,再现了18世纪中叶的商业文化。苏州街我就为大家介绍到这里,下面就让我们乘船游览一下颐和园的湖光山色吧。

昆明湖

颐和园的水域以西堤及一条短堤为界,分割为三个水域:昆明湖(内湖)、西湖(外湖)与后湖(后河)。我们现在所在的位置是昆明湖内湖的西侧。大家请往西看,那就是西堤。大家可以数一下,西堤上共有六座桥。界湖桥是西堤六桥中最北边的一座桥,位于昆明湖、西湖与后湖的分界处,故名"界湖桥"。请大家下船。现在我们已经来到昆明湖中的南湖岛,南湖岛是昆明湖中最大的岛屿,通过十七孔桥与东堤相连。南湖岛北面的这座建筑叫涵虚堂,是乾隆年间仿湖北武昌黄鹤楼建造的,原名为望蟾堂,是三层建筑。后来因为南湖岛基础逐渐下沉,嘉庆皇帝便下令将3层的涵虚堂改建为1层的涵虚堂。光绪年间,慈禧太后效仿乾隆皇帝在昆明湖中检阅水操战船,曾亲自在涵虚堂大殿内检阅水师学堂的官兵进行战船阵法演习。

好了,颐和园的讲解到此结束,请各位自由参观,20分钟以后我们在东宫门外广场集合。谢谢大家的合作!

2. 江南私家园林

江南私家园林规模较小,一般只有几亩至十几亩,小者仅一亩半亩。造园家的主要构思是"小中见大",即在有限的范围内运用含蓄、扬抑、曲折、暗示等手法来启动人的主观再创造,曲折有致,造成一种似乎深邃不尽的景境,扩大人们对于实际空间的感受;布局上一般以水面为中心,四周散布建筑,构成一个个景点,几个景点围合而成景区;园主多是文人学士出身,能诗会画,善于品评,园林风格以清高风雅、淡素脱俗为最高追求,充溢着浓郁的书卷气。因此江南私家园林导游词要重点突出其构景手法,着重讲解景点名称的来历,楹联、匾额等所蕴含的文化韵味,使游客感受到江南私家园林的文化气息和韵味。

苏州留园导游词

各位游客,我们现在已经来到了苏州四大园林之一的留园。留园属于私

留园

家园林，始建于明万历年间，距今已经有400多年历史。最初是万历年间太仆寺少卿徐泰时所建的东园。徐泰时曾任工部营缮郎中，参与营造万历帝的寿宫，即十三陵中的定陵。他为人耿直，终因得罪权贵，被弹劾回乡。由于长期在朝为官，他深感身心疲惫，因此回到苏州后，便不问政事，每天在自己的园中赏花弄草，吟风诵月，在自然的空间中尽情地修复其受伤的心灵。到了明清之际，东园已逐渐荒废。清乾隆年间，该园归吴县人刘蓉峰所有。他非常喜爱此园，得手后重新整修并加以扩建，同时取"竹色清寒，波光澄碧"之意，将园名改为寒碧庄。但由于园主姓刘，所以民间称为"刘园"。咸丰年间，苏州阊门外遭兵燹，园子周围街巷宅屋几乎毁尽，唯独该园幸存下来。同治年间盛旭人（其儿子即盛宣怀，清著名实业家、政治家，南洋公学创始人）购得此园，重加扩建，修葺一新，取留与刘的谐音，始称留园。清道光三十年进士俞樾作《留园记》称其为吴中名园之冠。留园内建筑的数量在苏州诸园中居冠，厅堂、走廊、粉墙、洞门等建筑与假山、水池、花木等组合成数十个大小不等的庭园小品。其在空间上的处理，充分体现了古代造园家的高超技艺、卓越智慧和江南园林建筑的艺术风格和特色。

黑漆大门

各位游客，请大家回头看一下刚刚进来的这扇黑漆大门，很不起眼。大家是否会想留园的主人为什么有钱造如此精美的园林，却不把大门装修得豪华、气派一点儿呢？难道是买得起马，置不起马鞍吗？答案当然是否定的。刚才已经讲过，苏州的园林很多都是辞官引退后回乡的官僚所建的私家花园。他们都是怀着"久在樊笼里，复得返自然"的心态，不爱人来客往的世俗应酬，喜欢闭门谢客，独自在自己的园中玩石赏月，经营花草，倾心自然，寄情山水，追求一种古代隐士的生活情趣。因此，苏州的私家园林均无气派显眼的高大门楼，其正门都力求淡化、简单，以求接近普通民居。

再请大家看这门厅正中屏门上嵌的一幅缀玉留园全景图。这是1986年，为纪念苏州古城建城2500周年，由扬州工匠用2500枚各类玉石薄片镶缀而成的。在全景图的上方高悬着一方匾额，上面写着"吴中名园"四个大字，点出了留园在苏州园林中的地位。这是由当代著名版本目录学家，前上海图书馆馆长顾延龙先生所题写的。在全景图屏门背面刻有清代朴学大师俞樾先生所作，吴进贤所书的《留园记》。

蟹眼天井→南院→空窗→长廊→花窗→青石花坛

各位游客，这两方小小的露天空间，苏州人称为天井。由于它们面积太小，所以人们称为"蟹眼天井"。这两方蟹眼天井在这里主要是为了采光而设计的。为了避免造景上的单调，在其下方各置一棕竹盆栽，丰富了此处的景观内容。

各位游客，请看这个长方形的小院，名叫南院。由于庭院面积有限，不能大范围地造景，所以造园者就充分利用南面这堵高高的粉墙，为游人设计了一幅立体的"国画"。这里布置了湖石，种上了金桂和玉兰。除了寓意"金玉满堂"外，还是一幅以粉墙为纸、花石为绘的立体国画的画境。

各位游客，请看这扇窗。这是一扇没有任何图案设计的单纯的长方形漏窗，这种特殊的漏窗也叫空窗。此处如果没有这扇空窗的话，那么这里的采光就不足，就会显得昏暗。所以说，这扇空窗设计的主要目的是采光，和前面讲过的蟹眼天井一样。园林建筑哪怕是一扇门、一扇窗，在建筑设计时，一定要考虑其造景功能。所以为了避免空窗的单调，就利用了植物盆栽来映衬它，使它在具有采光的同时，形成了一幅生动的立体画面，可谓一举两得。

各位游客，我们已经在不知不觉中走过了一条长长的走廊，这条长廊虽有数十米长，然而造园者巧妙地使廊、屋相接，并且在比较封闭的暗处设计了"蟹眼天井"来采光，用富于变化的建筑技巧使廊在空间上产生出了明与暗、大与小的对比，使游人在不断变化的空间中，欣赏着各种布置独到的园林小品，在不知不觉中走完这段长廊。另外，从园林审美方面来看，这段长廊相对于秀美的中部远景来说，大有一种"欲扬先抑"的审美效果。因此，这段长廊不仅被园林专家评定为"留园三大名廊"之首，而且在整个苏州古典园林的廊形建筑中是一处佳例。

穿过了"长留天地间"门洞，我们看到前面的粉墙上有六扇窗图案，因此漏窗也俗称"花窗"。在便于通风和采光的同时，可使窗外的景色，若隐

若现地透过来,因此,花窗在园林建筑中常作为透景,或者叫漏景之用。此处六扇花窗将中部景色半遮半掩地透了出来,使人隐约可见,从而激发起游人的游兴,催人急于进园去领略窗外那片胜景。同时,从花窗中透出的园景,随着游人脚步的移动而不断地发生变化,这就是古典园林欣赏中的所谓"移步换景"之妙。当然,在通风、采光和透景的同时,花窗本身的花格图案在园林造景中,也起到了很好的丰富墙面审美内容的效果。另外,在不同的光影照射下,花窗的花格会呈现出多姿多彩的落影,为古朴的园林平添了几分活泼的生气。

各位游客,请大家看南面的这堵白墙,墙根处有一明式青石花坛,上面有山茶,旁边植有翠柳,花开之时,红点缀缀,生机勃勃。花坛上方白墙上嵌有"古木交柯"砖额一方。花坛上原有古柏、女贞两棵古树,枝节交错,苍劲虬曲,给人以高洁坚毅之感。"古木交柯"就是指古柏、女贞交柯连理之意。

绿荫轩

各位游客,这里是赏留园春景最佳的地点——绿荫轩。这是一个小巧雅致的临水敞轩。它的西面原有一棵三百多年的青枫树,而东面又有榉树遮日,因此以"绿荫"为轩名。轩内匾额上"绿荫"两字,是著名书画篆刻大师吴昌硕先生的弟子、当代书画家王个簃所书。轩南墙壁上嵌有"华步小筑"石额一方。"华",即"花";"步"通"埠"。留园北面有山塘河通向"吴中第一名胜"——虎丘。虎丘自明清以来就以出产茉莉花、代代花等名贵花木而闻名。以前,留园附近有装卸花木的河埠,所以这一带旧名花步里,而留园主人将自己的园子称为"华步小筑",无疑是一种自谦。它也反映出中国传统文人尚隐逸、求中庸的处世哲学。这里的"华步小筑"四个字是清代学者钱大昕所书。其下方倚墙根所筑的湖石花坛中置石笋、种天竺,巧妙地构成了一幅立体国画的构图,而这"华步小筑"四字恰好是其点睛题跋。

明瑟楼

各位游客,请看左前方,那里有一座体量高大的两层楼建筑,这就是取《水经注》中"目对鱼鸟,水目明瑟"之意来命名的明瑟楼。这里面临清澈明净的池水,楼边又有青枫庇荫,环境清雅明净。明瑟楼底层因建筑外形像古代画舫前舱,所以取唐代杜甫《南邻》诗中"秋水才深四五尺,野航恰受两三人"之意,命名为"怡杭"。这里的"杭"通"航"。在明瑟楼南有一湖石假山，登临二楼的石阶就隐在其中。这里的一峰湖石上刻有"一梯云"三个字，取"上楼僧蹋一梯云"之意。"梯云"，即以云为梯。古人以为云是触石而生，因此称石为云根。游人若在这云根盘旋之间拾级登临，一定会有步云成仙之感吧。

荷花台

各位游客，绕过明瑟楼，我们来到了留园中部宽敞的露台上。这里濒临水池，每当盛夏时节，池内荷花盛开，是赏荷的绝佳之处。因此，这里也被称为荷花台。荷花台南面是紧靠明瑟楼而建的涵碧山房。这是中部花园的主厅，是取宋代理学家朱熹"一水方涵碧，千林已变红"的诗意来命名的。该厅几无装修，南北两面都不设墙，显得朴素大方，通畅明洁。厅内"涵碧山房"匾额上的篆书是旧时园主盛康请香禅居士潘中瑞所书。

厅南院中有一湖石牡丹花坛，旁边还种有玉兰、石榴、绣球等花木，春秋时节，繁花吐妍，美不胜收。我们站在荷花台上还可以欣赏到布置独到的留园中部山水。湖石与黄石参差而筑的中部假山上，山石嶙峋，古树参天，灵秀中透着一股阳刚之气。尤其是几棵荫可蔽日的古银杏、古樟树，与假山浑然一体，登临其间，会令人产生一种犹如进入深山幽谷的感觉，在苏州各古典园林中，也称得上是一处"城市山林"的佳例。由于山体直逼水池，古树、假山与水面之间所呈现的高与低的视觉差得到了充分的体现。这就是古典园林造景中"以低衬高"的造景手法。另外，从山水布局来看，这里水虽居中，山居其侧，但在审美上，山的气势却远在水的生机之上，水在这里只是衬托山体气势的一个"配角"。与此相反，同为苏州园林代表作的拙政园，其中部的主体假山虽以"一池三岛"的规制筑于水池的中央，但夺人眼目的仍然是那片富于变化的水面。在那里，山是造成水面掩、隔、破审美效果的一种道具。山成了水的陪衬，水的灵秀往往超过了山的敦厚。

爬山廊

各位游客，在涵碧山房西侧，可见一条长廊曲折逶迤于中部假山上。我们一般把这种依山高下起伏的长廊称为爬山廊。这条爬山廊不仅有上山廊和下山廊之分，而且有倚墙的实廊与离墙的空廊相互呼应，整个廊始终处于高、下，明、暗等不同的光线和地势的变化过程中，令人感到妙趣盎然。同时，这条爬山廊在实用功能上还有以下几方面的作用：①夏天遮阳，雨日挡雨；②联系景点之间的纽带，是一条天然的游览路线；③平缓而巧妙地将游

人在不知不觉中引到中部假山之上的"闻木樨香轩"。在爬山廊中部的西墙上，嵌有明代吴江松陵勒石名家董汉策所刻的"二王法帖"。"二王"是指晋代大书法家王羲之、王献之父子。其中王羲之擅写草、隶、正、行诸体，且分别自成一家，素有"书圣"之誉。这里的"二王法帖"中，主要有《奉橘帖》《快雪时晴帖》《送梨帖》等著名法帖。留园的"二王法帖"只集"二王"书法，历代名家所写的题跋均被省略。"二王法帖"始刻于明嘉靖年间，刻成于万历年间，历时两朝二十五年。据说以前留园的主人刘蓉峰爱石如痴，并且喜欢将古人的美诗篆刻在青石上嵌入墙壁。因此，这种长约100厘米、宽约40厘米，石面上刻着文章诗词或名家书法的书条石就成了留园的一大文化特色，极大地丰富了留园作为古典园林的文化内涵。至今，留园共保存370多方书条石，堪称留园一绝。

闻木樨香轩

各位游客，循着爬山廊，我们来到中部花园中最高建筑——闻木樨香轩。从建筑形式上看，这实际上是一个依廊而建的半亭，因四周遍植桂花而得名。轩前是一副对联："奇石尽含千古秀，桂花香动万山秋。"这是一副状景联：此处千姿百态的湖石在桂花树的掩映下，显得玲珑而古朴，而每到秋风送爽时，则满山荡漾着桂花的香气。这里的"动"字用得极妙，将"香味"这一园林中的虚景写活了。不仅如此，"闻木樨香"还颇富禅意，它似乎在暗示人们，佛理就像这桂花香气一样，虽然我们看不见、摸不着，但它却无时不在、无处不在，只要用心参禅，人人都是可以顿悟得道的。

银杏→可亭→花街铺地

各位游客，出了闻木樨香轩往东行，跨过山涧上的小石桥，沿石径曲折前行，可看到几棵有着一两百年树龄的古银杏挺拔于奇峰异石之间。银杏又称白果，是我国特有的珍稀物种之一，因从种植到结果的时间很长，所以又被称为"公孙树"。银杏树是雌雄异株的落叶乔木，果仁即白果，可以食用，也可入药；木材致密，可供雕刻之用。

在古银杏之间，可见一六角飞檐攒尖顶的小亭，这就是可亭。其意是可以供游人停留小憩之亭。亭中有一小石桌，是用出产于安徽灵璧县的灵璧石制成的。灵璧石历来被视为石中上品。

从可亭往南看，可与南面的明瑟楼、涵碧山房隔水相望。每当清风徐来，吹皱一池清水之时，对面的明瑟楼和涵碧山房便宛如一艘徐徐出航的画舫，随波动了起来。这里造园者用了写意的手法，使静止的建筑在审美上平添了一分动感，堪称苏州园林造景之一绝。同时，可亭与涵碧山房、居水池南北相对而立，无论从建筑体量的大小、地理位置的高低，还是从建筑形态的轻巧与敦实等诸多方面来看，都堪称一种绝佳的对景。可亭四周植有梅花，且宜观赏雪景，因此，可亭也被称为留园中部欣赏冬景之佳处。

在可亭北面的假山后有一段长50余米的花街铺地，用鹅卵石和碎瓷、石片、瓦片等各种材料筑成海棠花纹，犹如织锦铺地一般给人以美感。在这段花街铺地的北面有一条沿粉墙曲折而建的长廊，是中部假山上爬山廊的延续。它除了有前面讲过的联结景点、遮雨蔽日等廊的功能外，还巧妙地遮挡了作为留园中部和北部分界的粉墙，从而淡化了北部与中部的分隔之感。

小蓬莱

各位游客，通过平栏曲桥，我们来到了中部水池的小岛"小蓬莱"。传说渤海中有蓬莱、方丈、瀛洲三座仙山，秦始皇曾经派徐福前往求长生不死之仙丹，同时又在自己的宫院中仿造了三座仙山。此后，在水池中构筑三座"仙山"，即所谓"一池三岛"就成了古典园林造园的常用造景手法。留园中部的水池略呈方形，比较规整，桥岛在划分水面的同时，使水面造成了旷、幽不同的两种水面效果。另外，在构筑中部假山时，特意在水池西部造成一条狭窄的山涧，令人产生池水源源不尽之感，使池水活了起来。

濠濮亭

各位游客，过小蓬莱东侧小桥，我们来到了一个小方亭，这就是濠濮亭，濠、濮都是古代河流的名字。据说，庄子曾在濮水上垂钓，也曾与惠子在濠梁上观鱼，这里以古人的观鱼和垂钓来唤起一种超然世间烦恼的自由感，表现出归隐江湖、归情自然的超然情趣。这也本是苏州古典园林造园的一个主题思想，表现在造园的方方面面。

各位游客，留园的游览讲解到此结束，欢迎大家再来苏州！

3. 岭南园林

岭南是我国南方五岭之南的概称，其境域主要涉及福建南部、广东全部、广西东部及南部，这一区域具有优良的气候条件，山清水秀，植物繁茂，一年四季郁郁葱葱，呈现出一派典型的亚热带和热带自然景观。由自然景观所形成的自然园林和适合于岭南人生活习惯的私家园林，与北方和江南私家园林有着不同的地方特色。

— 151 —

广东顺德清晖园导游词（北门入）

各位游客，大家好，欢迎到广东四大名园之一的清晖园参观游览。我们现在来到的是清晖园的正门。在进园之前，我先简单给大家介绍一下清晖园的建造历史。

清晖园坐落在顺德大良新路，它和佛山的十二石斋（梁园）、番禺的余荫山房、东莞的可园并称广东四大名园。清晖园所占的这块地原是明代万历状元、礼部尚书黄士俊的"天奉阁"和"灵阿之阁"的旧址，算来距今已有360多年的历史了，后来归清代乾隆进士龙廷槐所有。他重新修建清晖园，是为了报答母亲的养育之恩，在他的母亲生日时作为礼物送给她居住，并且请同榜进士、江苏武进的书法家李兆洛题写园名"清晖"，意取"谁言寸草心，报得三春晖"。清晖园现存建筑主要建于清嘉庆年间，经龙氏数代人多次修建，逐渐形成了格局完整而又富有特色的岭南园林。整个园林以尽显岭南庭院雅致古朴的风格而著称，园中有园，景外有景，步移景换，并且兼具岭南建筑与江南园林的特色。现有的清晖园集明清文化、岭南古园林建筑、江南园林艺术、珠江三角洲水乡特色于一身，是一个如诗如画、如梦幻似仙境的迷人胜地。

新园大门

我们现在看到的清晖园大门是扩建后的新园大门，门楼的建筑式样是参照原清晖园正门而放大两倍，门楼上的金漆木精雕是由潮汕工匠所造。潮汕一带的木雕、灰塑工艺是广东省内最有名气的，整个清晖园所有的木雕、灰塑均是出自潮汕工匠之手。门楼后按中国古典园林"欲扬先抑"的手法，设置了"暗八仙堂"，入门第一眼看到的是不太起眼的起屏风作用的蓝色陶瓷制品，它是清晖园珍藏已久的清代石湾陶瓷"八仙法器图"，大家能够分辨出八仙的法器吗？此物现已被列为文物，因此这个堂也就称为"暗八仙堂"。

红蕖书屋

穿过门堂，前面是一座晶莹剔透，没有砖墙，只用满洲窗装饰的玻璃屋建筑，叫"红蕖书屋"，其装饰用色鲜亮，给人清新脱俗之感，是突破中国传统园林色泽风格的杰作。因为通透光亮，宜于读书作画，所以以"书屋"名之。"蕖"指"芙蕖"，是莲花的别称，象征品格高洁，中国文人常以之自喻。屋前一泓碧水，遍植红莲，更与书屋的名字相映。这座建筑台基呈"T"

字形,没有砖墙,十多根赭红石石柱收嵌于立面之中,内部空间开阔大气,整体晶莹剔透,五彩缤纷。由于四面均是彩色玻璃门窗,所以又称"玻璃屋"。书屋前边一池碧水,水畔用黄石和本地的龙江石堆砌出五百罗汉群石,其间遍种各类植物,奇伟勃郁,禅意与野趣共融一体。

在整个清代,龙家都是当时有名的书香门第。清晖园主龙廷槐少而好学,聪颖过人,而且质朴无奢,能诗善文。在38岁高中进士,授翰林院编修,历官左春坊赞善、监察御史。后见奸臣和珅弄权,朝政黑暗恶浊,便决意隐居终老。龙廷槐之父龙应时也是位博学之士,在龙廷槐两岁时,便考中进士,聘任山西灵石知县。龙廷槐的儿子龙元任在父亲的言传身教下,年纪轻轻便中进士。古语说:积财万千,无过读书。龙家子孙三人都为进士,在当时的顺德传为美谈。

沐英涧

由红蕖书屋出来往西走,我们将进入一个充满自然气息的景点"沐英涧"。入上门,我们看到的是一套清朝乾隆年间评定的"羊城八景"玻璃制品,分别被命名为"白云晚望""大通烟雨""蒲涧谦泉""扶胥浴日""珠江夜月""金山古寺""景泰僧归""石门返照",这八块彩绘蚀花金片玻璃是一套目前仅存于世的旧"羊城八景"玻璃制品。清晖园整个新景区,装饰门窗的彩绘玻璃都是清代套色玻璃制品,是当年岭南玻璃业的工匠利用从意大利、法国进口的套色玻璃为原料,运用我国古代的蚀刻、车磨、手绘工艺制成,这些玻璃制品只用于当年岭南达官显贵、富户商贾所建的豪宅里。据说这门手艺已失传,园内装嵌在窗上的套色彩绘玻璃,是在广州西关豪宅清拆时,经过13年的苦心收集,大规模地应用在同一个庭院里,可谓"后无来者"。每一个分园的地砖都是用手工制成的泥砖,选用这种材质可以彰显整个新园的历史感。

"沐英"有蒙受鲜花润泽的意思,而涧是指山间溪流。这里虽然有水池,但并非山野活水。为了模拟自然,池中放养了无数锦鲤,锦鲤活泼游动,便使水面保持浪花溅涌,本来静止的池水也游动起来,汩汩(gǔ)如溪涧。沐英涧主要是游廊、小桥、花径、假山、荷塘、水榭结合,中央的这座玲珑榭是整个景点中最具特色的建筑,它呈八角形,坐落在八角环流的池水中央,室外混种各种名花异木,而室内八面全是木制装饰的玻璃窗格,大部分镶以无色透明的玻璃,所以整体通透,人在榭中,可细览外面荷塘的景色。窗门

上有八块红片玻璃,是原清晖园留下的清代玻璃制品。玲珑榭的周围有四座按坐落方位分别以"春、夏、秋、冬"命名的石山。坐落在西面的是秋石,它用黄石所造,秋石有灰雕彩绘"沐英涧"三字,旁边种有枫树、乌桕、桂花、紫藤等植物,渲染秋天的气息。坐落在北面背阴处的是"冬石",石料取自浙江湖州的太湖石,石面泛白,有雪景之意。构图选用元代袁江的"富贵玲珑石",做屏风关。东南面置于晨光可照之处的是"春石",以英德石所造,配以松皮石笋,种植竹子和灌木,让我们感受到初春大地复苏时草木的纤细和清秀。"春石"的后面就是"夏石",也是本园的主峰——凤来峰。

从沐英涧出来,步过"半月亭",往前来到塘边,这个塘也是有名堂的。它是以苏州沧浪亭之叠石法、用顺德的龙江石配以黄石堆砌的一百罗汉石。石间遍种野芋头、野蕨(jué)、水蓑、千日红、龟背竹、美人蕉、石榴等植物,野趣横生。旁边的墙上有几个大扇窗,每扇窗都用铁花、金箔、陶瓷装饰,是设计者为清晖园专门构思的,每个扇窗从不同方位望去都有一番景色,好似一幅幅扇画,达到了步移景换的设计效果。

凤来峰

穿过小拱桥,来到另一个景点凤来峰。凤来峰是以古代经典的"风云际会"石山构图,整体形态如九狮嬉舞,以宋代被列为贡品的山东花石岗石砌成,共用了近三千吨石,全高12.8米,是广东省内最大、最高的花石岗石山。大良镇中部有山状如凤凰,所以大良又称"凤城"。凤,历来就是顺德人最心仪的吉祥之物,此石山也因此而得名。石山上有小径,一棵小榕树穿山破石而立,还有人工瀑布凌空飞泻而下,全景静中有动,动中有静,气势不凡,虽由人造,却宛自天开。峰下水池几块"汀(tīng)步"踏石,引导游人进入山洞,探究细水长流的古井。

观瀑亭上有两幅灰塑作品。靠门口的那一幅是按唐代大诗人李白的著名七律《望庐山瀑布》"日照香炉生紫烟,遥看瀑布挂前川。飞流直下三千尺,疑是银河落九天"为意境的观瀑图。另一面灰塑为题为"秦时明月,汉国山河,高山流水,琴瑟长鸣",描写晋代大诗人、"竹林七贤"之嵇康、刘伶洒脱生活的奏乐进酒图。图中嵇康手挥五弦,正弹奏《广陵散》,琴音慷慨激昂,寄托怀古之思,而旁边的刘伶持酒聆听,若有所悟。两幅作品一动一静,都抒发了思古之幽情,为这座奇山秀水的凤来峰增添了文化的灵气。

读云轩

穿过塑有"读云"二字的门口，就来到了读云轩。古语有说"读者品石，石乃云根"，意思是山间云霭都是从山石上袅袅升起的。而"读"有品味、鉴赏的意思，这大概就是读云轩名字的由来。"读云轩"是依照佛山"十二石斋"所造，而"十二石斋"的出处在国内资料并无记载，在加拿大温哥华市立图书馆英国学者有《东方石学》一书，认为"十二石斋"应是古时东方传统庭院的布石形制，和佛教有十分密切的关系。读云轩瓦面构造层层叠叠，融合了中国亭台楼阁"明标暗拱"的特点，每逢下雨时节，雨打瓦面，雨声清脆，恍如奏乐。

读云轩园中满布形状各异的石头，有出自安徽灵璧县的"灵辟"，这种石头坚硬如钢，色泽丰富，形态怪异；还有产自沂蒙的龟纹石、广东英德的英石和广西的钟乳石，每块石头均有相当丰富的观赏价值。还有珠江三角洲难得一见的奇树"情人伞"。园中的居室内摆设了古老家私，在古雅的门窗、屏门、门帘上，全是以花、鸟、松、鱼、果为题材的潮流木雕。沿走廊迎面可见的是一副康有为真迹拓版的对联，上书"风静带兰气，日长娱竹阴"。前面是以古代岭南豪宅建筑特点兴建的仿古居室，再现了当时富户家居的气派。走廊边凉亭上有一副黎简手迹的对联"白菡萏开含露重，红蜻蜓去带香飞"。黎简字二樵，是清代著名的诗人、书法家和画家，一生不羡功名，人称"狂简"。当年江南名士袁枚专程求见，被黎简拒于门外，并说不想结识"大嫖客"，袁枚怀恨在心，在其著名的《随园诗话》中绝口不提黎简。

往前走，你会看到清晖园保存最古老的门，它建于清嘉庆年间，上面"清晖园"三字是李兆洛真迹拓版。门旁有一幅"白木棉九鱼图"壁画，画面上九尾大金鱼活灵活现。据本地长者讲，清晖园有三宝：大金鱼、白木棉、百寿图，但时过境迁，现今留存的只有百寿图。

留芬阁

"云集小筑"旁边，与之相邻的是园内最高建筑物留芬阁，这种建筑很适合广东地气潮湿的特点，但在古代只有富户人家才有能力兴建。据说，当年园主状元黄士俊于明代历任礼部、户部尚书，后明覆灭，黄士俊将旧的奏章和著作全部烧毁，蛰（zhé）于楼上，不下地面，以示尽忠明室，不踏清朝土地。留芬阁分三层，首层窗上镶有六块蓝片玻璃蚀刻画，分别刻了神话传说"八仙过海"中的六位道教仙人，名叫"八仙图"，可惜只有部分传世，

— 155 —

有两块已经无法找到了，这六块具有很高的文物收藏价值。

留芬阁还有一绝，那就是东面墙上装置的陶瓷出水筒。出水筒从三层阳台直通到地面，又粗又笔直，呈毛竹形状。翠绿的"竹叶"贴着青砖墙身而"生长"，顶端有一燕巢，两只金黄色的大鸟护卫着一圈小鸟。虽然这些都是陶瓷烧制的，但栩栩如生。出水筒的燕巢部分为明代文物。

园内每一株植物都以泥砖围上，仿佛一盘盘的盆景。坐落在东北面的是"连理树"，这种树是小叶榕，树长大后才连在一起，雌雄异株同处。留芬阁前面是一个兰台，拾级而上，是一座以风化石所造的吸水石山，石山的叠法取自古山水画之"披麻皴"，以适合吸水石的机理特性，石头长时间吸水后，容易长出表苔，使整座石山变绿，有"绿云"之别称。

碧溪草堂、澄漪亭、六角亭

穿过分隔新旧园的小门，池塘边分别是碧溪草堂、澄漪亭、六角亭。六角亭位于池塘中间，坐在这里看池，水景显得最为深远。亭两边栽种的两株水松，树干由水中挺立而出，苍劲挺拔，生机勃勃。

碧溪草堂始建于清代道光年间，是现今园内最古老的建筑，是当年园主人主要的起居室。草堂正门是一幅精美的木雕，镂空成一弯翠竹，形成圆形门洞，这种圆门在古建筑上叫作"圆光罩"。门框镂成两束叠翠禾状，两扇门的下方各刻有四十八个"寿"字，字字形态不同，共九十六字，都出自名家手笔，号称《百寿图》。有关《百寿图》的制造还有一段掌故。话说乾隆年间，顺德有个十分聪明的工匠，当年清晖园园主就是请他来雕刻《百寿图》的。工匠一时疏忽，设计错误，每边只排下四十八个"寿"字。完工验收时，园主怎么也数不出一百个"寿"字出来，于是勃然大怒，工匠急中生智道："老爷你有所不知，之所以这样安排，内中是大有玄机的。我们中国人讲究寿不能满，满招损。'九'就是'久'，'六'就是'禄'，'九十六'也就是'福禄长久'的意思。大吉大利呀！"园主人想了想，脸色开始多云转晴，但依然有些不甘心："你说得倒也有道理，但当初我要的是《百寿图》，现只有九十六个'寿'字那还算是《百寿图》吗？"工匠一听，又心生一计："当然算了，九十六个'寿'字那是明摆着能看见的，还有四个是藏起来的。常言说得好，藏寿长寿嘛。"园主人忙问："藏在哪儿呀？"工匠道："您看这左边四十八个寿字，合起来就是一个大寿字；右边四十八个寿字，也暗藏着一个大寿字。"园主人又问："那还有两个呢？"工匠道："老爷您做这《百寿图》，目的不就是想长寿吗？所以有一个寿字就藏在您身上；而我为您刻《百寿图》也想长寿，不能把'寿'字用尽了，所以有一个寿字便藏在我身上。这合起来不就是一幅完完整整的《百寿图》吗？"园主人听后顿时笑逐颜开，加倍付了工钱。机灵的工匠也松了一口气，欢欢喜喜地回家去了。

碧溪草堂曾经是县政府招待所。1962年，著名诗人郭沫若游清晖园时曾写下这样一首诗："弹指经过廿五年，人来重到凤凰园。蔷薇郁郁红逾火，杧果森森碧入天。千顷鱼塘千顷蔗，万家桑土万家弦。缘何黄竹犹垂泪，为喜乾坤已转旋。"此诗虽写于20世纪60年代，但他当时已兴奋地唱出"为喜乾坤已转旋"。我想如果今天他看到顺德的经济发展，其感受定然会更为深刻。

草堂前面有两根由文武石柱支撑起的宽大门廊，贴水边有固定长椅。因椅背呈流线型，方便赏湖人屈身倚坐，所以长椅有一个别致的名称："美人靠。"闲坐门前，或俯或仰，皆是可堪入画的景致：下面是田田莲叶，碧波游鱼；对岸是船厅和惜阴书屋，掩映在浓浓的绿荫之中；左前方有亭翼然，与它相映成趣；右边有更秀丽的澄漪亭倒映湖中。

澄漪亭位于方池西边，是一座伸向池中的水榭。亭两边檐角比较开扬，似有展翅欲飞之态。澄漪亭伸向池中部分位于方池中央，在此观池，景象最为开阔，满眼是莲翻碧浪，风荷婀娜，森林树木和密集屋舍退至远处，天光云色交汇，是中部景区最明朗、最亮丽的去处。

在澄漪亭内，如果不是别人提醒，你肯定不会注意到那一扇扇窗户上面安的不是玻璃而是经过精工打磨而成的贝壳！做窗户的人们将收集到的贝壳集中起来，挑选大块可成形的进行加工。他们首先将贝壳清洁干净，然后将它们细细地磨成极薄的贝壳片，再将它们切成长方形的一块块薄片，既美观又经济，体现了顺德人物尽其用、巧思迭出的特性。在澄漪亭的门窗上、天花板上的贝壳，都是明朝后期一直保留到今天的古物，它们已有几百年的历史，可算得上清晖园内最有发言权的见证人。

船厅

船厅位于方池东北角，是全园建筑精华之一。它并没有船的外形，其实是依照粤中地区古代"紫洞艇"的船楼部分的式样建造的。据传说，当年清晖园主人有一位女儿，视若掌上明珠，特建此楼作为闺阁，又别称"小姐楼"。船厅尾部相近的一座叫"丫鬟楼"。从丫鬟楼到小姐楼，虽近在咫尺，却要通过架空的走道，几经曲折才能到达船厅。站在船头左右有两口池塘，组成绿树碧水的景观,人好像站在船上,而船仿佛停在水乡岸边。船头左边栽有一棵古杨,仿佛稳住大船的一根竹竿,古杨边还栽有百年紫藤一株,好像缚在竿柱上的一条固定船只的缆绳。踏进船厅,前舱和内舱之间,以镂空成芭蕉双面图案的木刻落地挂作间隔,芭蕉树下的石上各刻有两只蜗牛,栩栩如生。厅内窗户的格子以竹树图案的木雕装饰,人在厅内仿佛可以感受到珠江三角洲的田园气息。

惜阴书屋

船舷左前边伸出一条游廊,与惜阴书屋相连。惜阴书屋和真砚斋是一组相连的园林小筑,此庭院式书斋为昔日园主供族中子弟读书及接待到访文人墨客之所,始建于清代嘉庆年间。园主龙家历代不乏学业有成之人,"惜阴书屋"寓勉励子弟珍惜光阴、发奋攻读之意。"绿云深处"匾额为乾隆帝十一子、书法家成亲王所书,形象描绘出四周绿树掩映之清幽景致。

"真砚斋"的匾额是由清代浙江书法家何绍基所题。真砚斋外檐廊用两根石柱支撑,石柱和木横梁之间有一幅以蝙蝠为题材的镂空木雕作为装配,蝙蝠的"蝠"与"福"谐音,是传统的吉利动物。这里的庭院与惜阴书屋门前的庭院风格迥异,后者空旷,这里却浓荫蔽日,景点很多。透过树叶缝隙,隔着一道灰白花岗岩栏杆,可以隐约看见左前方稍高处的会议室,这是邓小平同志1984年莅临清晖园,与顺德领导亲切会面的地方,极具纪念价值。

在惜阴书屋左面地势较高处,建有"花巅"四角亭,花巅亭原来叫凤台,后来被大风刮倒,龙渚惠于清光绪十四年(1888)重建改此名。亭内上方还挂着当年由李文田所书的"风台"二字牌匾。

亭旁是一座惟妙惟肖的"狮山",有一大二小三只狮子蹲伏棕禾丛中,相互偎依,呼之欲出。狮山用料为广东英德出产的英石,其石质坚硬而润泽,色灰黑,表面嶙峋起伏,纹理丰富,褶皱繁密。因为英石体量较小,一般很少有太湖石那样伟峭的独体石峰,所以用较小石块堆叠造型,就成了岭南英石假山建造的主流。这座石山与东莞可园的"狮子上楼台"并称为岭南园林掇(duō)山杰作。

在狮山的周围遍植各种岭南奇花异木,有一株是玉棠春,又名木兰,是龙元任之侄耀衢于清光绪二十九年(1903)赴开封应顺天乡试,落第后取道北京游颐和园之时,经花匠介绍,到苏州购得的,共两棵,但只存活了一棵。在封建时代，这种树一般在皇家的御花园里和豪门贵族的官邸才可看见，必须是获取了功名的人承蒙皇帝赐种，是一种特殊的荣耀，可不是普通百姓能随意栽种的，故此树又有"富贵树"和"功名树"之称，所以关于此树又有另一说法。说此树是昔日园主人龙廷槐官至记名御史时，皇帝赐种的。玉棠春下面长着一棵超过百年的白茶花，主干虽死，但每逢冬春之间仍保持着树叶茂盛。狮山后面还有一株百岁龙眼树，1962年被强台风吹断，只剩下一米多的树干，经过园艺师的精心处理，已重新发芽，现在每年都开花结果，被人们誉为"枯木逢春"。经过磨难与风雨洗礼的龙眼树，如今结的果虽不多，但比以前更香甜，或许它是以如此的方式来报答园中花匠给予它的再生之德吧。

竹苑

顺着真砚斋的廊道，转入竹苑小径，门口塑有"风过有声留竹韵，月夜无处不花香"的对联。过洞门回望，门上方塑有"紫苑"二字，两旁装饰着灰塑绿色芭蕉叶，叶上也刻有"时泛花香溢，日高叶影重"的对联。竹苑位于中部景区的西北部，是一个长方形庭院。清晖园常运用"园中有园"的设计理念，它就是一个很成功的例子。庭院的前半段右实左虚，实的是归寄庐的侧墙，虚的是衬垫西北景区的一块空阔地和游廊。往前走数步，原本空旷的左边出现房舍，空间变实了，右边侧出现一座石山，石山再靠右是连接归寄庐与小蓬瀛的短廊，石孔和廊柱多少露出一些空疏来，又变为虚了。再往里走，左边是笔生花馆的正门，右边是小蓬瀛的侧墙，又是一变。这个长不足10丈的庭院，虚实相间相生，布景灵巧多变，正应了"步移景换""引人入胜"这些老话，十分耐看。

竹苑通道的尽头左面是笔生花馆，馆内的诗作出自"梦笔生花"的典故（李白儿时，曾梦见自己的笔头开出奇花，后来长大，果然诗才横溢，名闻天下），寓学业有成、文采出众之意。在笔生花馆西窗墙上，灰塑着一幅《苏武牧羊》的壁画，这是清晖园上百年的古物。苏武是西汉官员，奉命出使匈奴，被扣十九年，抵制多方威胁利诱，坚贞不屈。画上苏武手执节杖牧放羊群，须发皆白，东望长安，思乡之情跃然壁上。

竹苑庭院内那座石山很是一绝，它形状狭长，起伏有致，玲珑紧凑。石山下栽种了龙眼、九里香、修竹、棕竹等，野趣盎然。在这样狭窄的空间，能布置如此规模的假石山，既丰富了庭院的观赏内容，又无挤逼局促之感，

的确妙不可言。初看之下，庭院只有我们走过的门口，再无出处。但细看就会发现，原来假山有一个洞，洞上镌"斗洞"二字，侧身过去，竟来到另一景区，那就是由小蓬瀛与雪寄庐等组成的院落。设计者的奇巧构思，给了我们"柳暗花明又一村"的美感。

"斗洞"得名，一说是言其狭窄；另一说是因为它的整体造型酷似北斗星座。古人说过"既有狮山，必有斗洞"。这斗洞与花（觚）亭边的"三狮戏球图"石山应该是呼应的。设计者构思之严谨，可见一斑。

小蓬瀛

穿过斗洞，有两座建筑，左边是"小蓬瀛"，蓬瀛为蓬莱、瀛洲的合称，是传说中的海上仙岛名，寄寓着园主人清高脱俗的心迹。该牌匾出自乾隆年间著名诗人、书法家宋湘的手笔。右边是"归寄庐"，庐匾为李文田所题，厅名"归寄庐"，一方面意为"辞官归里，寄迹庭院"，纪念龙廷槐当年不做京官，返回家乡，从而筹建清晖园的事；另一方面似有寄居园林的意思。"寄"字似含暂时之意，不是永久性居此，如果有机会，还是会东山再起的。"归""寄"二字，表达了一种既留恋家园，又不甘心永远蛰居于此的矛盾心态。后来，这里成为园主人款待宾客、会聚朋友的地方。

小蓬瀛旁边有一木楼，是两层的仿古砖木结构楼房，装饰精致华丽，古色古香，镶嵌着图案华美的木格彩色玻璃窗户。底层厅堂装饰着一幅大型彩绘木雕作品《百寿桃》，上刻仙桃一株，枝繁叶茂，硕大的"仙桃"熟透的红晕衬出满堂喜气，是一幅民间色彩很浓的佳作。（画中的仙桃有一百个，但其中有一个做得非常隐蔽，粗略数来便只有九十九个。因为"百"是个满数，民间讲究"寿"不能满，所谓"人生不满百"，寿满便是寿尽，阎王听了要来索命。又因"藏"与"长"谐音，桃子又是寿命的象征，"藏寿"也暗示了"长寿"，再加上九十九又切合了长长久久之意，因此"蟠桃树上有九十九只仙桃"自然深得人心，并长久流传下来了。）这里还曾用作主人的卧房。通过右侧的木楼梯，走进二楼，这里设有鸦片烟室，置身其中，依稀之间似有袅袅烟味飘逸鼻际。

在出口有一个"八角壁裂池"，整个水池是以石头砌成，没有用水泥、石灰连接，但水不往外泄漏。还有一株高大的有"活化石"之称的老白果树（银杏树），据考证，在地球第四纪冰川之前不少国家和地区均有此树生长，但冰川期之后，它们唯独在中国的大山大岭中才能存活下来，目前，树龄最大的是山东莒县定林寺的一棵银杏树，已有3000多年的历史。这种树一般要大面积种植，并雌雄异株间种才能结果，但清晖园这棵树却能在二十多年内，持续单株结果（每年9~10月挂果），是一棵"双性树"，可谓奇特。

近门口的土坡上建有一座"大会议室"，此建筑物建于1959年。1984年我国改革开放的总设计师邓小平同志南行视察途经顺德时曾在此会见当时县委、县政府的领导人。

清晖园，是集明清文化、岭南古园林建筑、江南园林艺术、珠江三角洲水乡特色于一身的迷人胜地。

项目八

古代建筑类导游词的编撰与讲解

 **项目导入**

古建筑是用砖、石、木书写的史书。古代建筑中所蕴含的深厚中华文化、精湛的技术工艺以及世代传承的建筑理念使其成为重要的旅游精品资源,因此,带领游客游览古代建筑类景区也成为导游员的经常性工作。本项目的主要任务是:通过对不同类型中国古代建筑景观导游词的撰写练习,学生能够熟悉并掌握不同类型中国古代建筑景观导游词的主要内容、结构形式以及具体的编撰方法;学会写作一则千字左右的古代建筑景观导游词。在此基础上,通过"请扫二维码,跟着视频学讲解:《开平碉楼导游词》"环节的模拟讲解训练以及拓展阅读部分的学习,了解古代宫殿、楼阁、城墙、古镇等不同建筑景观导游词的编撰特点与技巧,为全面掌握古代建筑类导游词的编撰与讲解打下坚实基础。

任务一：例文呈现

白云黄鹤　千古名楼——武汉黄鹤楼导游词

各位游客，大家好！欢迎您来"白云黄鹤"的故乡——武汉观光游览。现在我们来到了武汉的标志性建筑——黄鹤楼。它与江西的滕王阁、湖南的岳阳楼并称江南三大名楼。黄鹤楼始建于三国时期，距今已有1700多年的历史。现在的黄鹤楼是1981年以清代的黄鹤楼为蓝本，历时4年多重建的。

这是一座混凝土仿古建筑，造型雄伟壮观，巍峨挺拔，确有名楼之风范。黄鹤楼高51.4米，各大小层顶，交错重叠，翘角飞举，黄色的琉璃瓦在阳光的照耀下，使整个建筑显得金碧辉煌。

大家请随我来。首先我要向大家介绍的是大厅的这副楹联，它是由我国著名书法家吴作人先生撰写的。上联是：爽气西来，云雾扫开天地憾；下联是：大江东去，波涛洗净古今愁。短短22个字概括出了登上黄鹤楼后宠辱皆忘的心境，被誉为黄鹤楼的两绝之一。

现在让我们一起进去看一看。一楼大厅内最引人注目的就是这幅《白云黄鹤图》了，它高9米，宽6米，取材于"驾鹤登仙"的古神话，兼取了唐诗"昔人已乘黄鹤去"之意。大家也许就要问了：驾鹤登仙到底讲的是什么呢？传说中，这里并没有黄鹤楼，只有一家辛氏酒楼，因为位置较偏僻，所以生意并不兴隆，但店主为人乐善好施。有一个衣衫破旧的老道在这里饮酒，店主见他很穷，不向他索要酒钱，天天如此，一年过去了，老道要离开这里，临别之前，为表感谢之情，取橘皮在墙上画了一只仙鹤，告诉店主只要一拍手，仙鹤便会翩翩起舞，店主一试，果真如此。从此，凭着这只会从墙上飞舞下来的仙鹤，酒楼名声大振。10年后，道士又回来了，他问店主这只鹤是否已偿还了自己所欠的酒钱？店主连声答是。道士取出所佩的铁笛吹奏，不一会儿，白云自空中飘来，仙鹤也闻声而下，道士驾鹤而去。这就是"驾鹤登仙"的古代神话，传说这个道士就是八仙之一的吕洞宾。店主为纪念吕洞宾，于是捐资修建了一座楼，因所画之鹤用橘皮，自然为黄鹤了，遂取名为黄鹤楼。优美的传说故事，给黄鹤楼蒙上了一层神秘的色彩。

大家请随我来，现在我们来到了二楼。二楼正中的这篇《黄鹤记》虽不足300字，但写明了黄鹤楼的地理位置、建筑形式、传说故事，以及人们在黄鹤楼上活动的情景。二楼大厅中还陈列着唐、宋、元、明、清及现代黄鹤楼的模型，风格迥异。宋楼雄浑，元楼堂皇，明楼玲珑秀丽。最为奇特的是清楼造型，它的主要建筑数据应合了"八卦五行"。楼以五顶以应五行，除楼的主顶之外，四边各加上一个小骑楼，合成五顶；楼形为应四面八方，则在楼的正四方平面上各削成十二角，构成八方；楼层则以三层以应天、地、人之意。

无数文人墨客登临黄鹤楼有感而发，留下千古佳句。三楼大厅内这幅题为"文人荟萃"的陶瓷画，再现了他们前往黄鹤楼吟诗作赋的情景，崔颢所作的《黄鹤楼》："昔人已乘黄鹤去，此地空余黄鹤楼。黄鹤一去不复返，白云千载空悠悠。"称武汉为白云黄鹤的故乡，就出此诗意。崔颢的诗作令所有关于黄鹤楼的诗作都黯然失色，就连诗仙李白登临此楼时，也无奈地发出感叹："眼前有景道不得，崔颢题诗在上头。"

现在我们来到了四楼。这里陈列的都是当代书画家游览黄鹤楼时的即兴作品，大家可以慢慢欣赏。这里还备有文房四宝，书法爱好者也可以即兴挥毫。稍后，让我们去五楼看一看。

五楼是黄鹤楼的顶楼，步入大厅，大家立刻会被这组"江天浩瀚"的壁画所吸引，它是全楼中规模最大的壁画。由10幅金碧重彩画组成，再现了长江流域的自然景观和文明史迹的渊源，从大禹治水时期的彩陶文化，到巴人时期的青铜文化，直至屈原行吟泽畔时期的楚文化，依次为：长江源流、上流瀑布、三峡风光、流逝、浪淘沙、华年、庐山奇景、太湖风光、江流入海和沧海横流。

无限风光在顶楼，让我们凭栏眺望。浩浩荡荡的万里长江自西向东奔腾而去，江面上百舸争流，淡淡的雾气弥漫四周，楚天风物，尽收眼底。这奔流而去的长江，是否洗尽了你的烦恼？清新的空气，是否涤清了你烦杂的思绪？是否让你拥有了除去利欲的超然？

各位游客，黄鹤楼到底美在哪儿？是美在建筑形式，美在传说故事，美在文化内涵，还是美在登高远眺？好，现在我们自由活动，1小时后在门口集合，到时再告诉我您的答案，好吗？

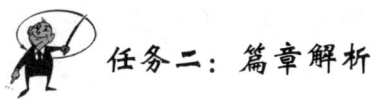

请一位同学以导游讲解的方式朗读一遍后,教师以提问方式让学生从此案例中总结出楼阁类古代建筑导游词的篇章结构、主要内容与语言特色。

1. 结构—内容

开头——以十分简洁的欢迎词引入黄鹤楼景区的讲解。

正文——分成两大部分。

一是概况。首先对所游览的目的地黄鹤楼用精练的词句做整体介绍,主要是三点,分别是:江南三大名楼之一、历史沿革、整体造型,让游客对黄鹤楼有初步了解,知道如何游览。

二是黄鹤楼的重要景点讲解。对于楼阁的游览,一般有固定的路线,也不太需要推陈出新。因此例文导游词就是按照行进路线,对黄鹤楼大厅、一楼、二楼、三楼、四楼、五楼依次做介绍,不能漏掉精品景点和景物。

结尾——用设问的方式使游客在导游结束后还能继续回味整个行程,留下无穷的悬念,并交代了自由活动时间和集合地点。

2. 语言特色

这是某杂志社为迎接香港回归祖国举行的导游词征文大赛特等奖获奖导游词。导游词征文大赛的作品属于书面导游词,它与口头导游讲解词既有联系,也有较大的区别。

书面导游词由于没有特定的具体的游客对象,所以在编写上要照顾到大多数人的习惯和爱好,因此例文在游览路线的安排上就是黄鹤楼常规的游览路线,即从楼底开始,依次向上登楼,直到最高层,并给游客1小时的时间,登高远眺,自由活动。这种线路安排没有创新之处,但符合大多数游客的习惯。

书面导游词会以文字的形式呈现在游客面前,除了多用口语词汇和浅显易懂的书面语词汇,可以适当使用一些华丽的书面文学辞藻。例如,在例文的概况部分,介绍黄鹤楼"大小层顶,交错重叠,翘角飞举",结尾部分"无限风光在顶楼,让我们凭栏眺望。浩浩荡荡的万里长江自西向东奔腾而去,江面上百舸争流,淡淡的雾气弥漫四周,楚天风物,尽收眼底。这奔

流而去的长江,是否洗尽了你的烦恼?清新的空气,是否涤清了你烦杂的思绪?是否让你拥有了除去利欲的超然?"这些比较华丽的书面文学辞藻,能提高导游词的档次、水准。

黄鹤楼的名气,除了建筑本身外,更多的是其蕴含的文化内涵。因此,例文导游词重点介绍了与黄鹤楼有关的文化人物和作品。比如大厅的著名书法家吴作人的对联、一楼的《白云黄鹤图》、二楼的《黄鹤记》、三楼崔颢的《黄鹤楼》诗和李白的诗、五楼的"江天浩瀚"壁画。例文除了传统的讲故事(黄鹤归来的故事),在二楼讲解黄鹤楼历代模型的风格时,还涉及了八卦五行。结尾处的设问"黄鹤楼到底美在哪儿? 是美在建筑形式,美在传说故事,美在文化内涵,还是美在登高远眺?"都使例文有很深的文学品位。

本篇导游词不仅结构、层次清晰,而且非常注重拉近游客与游览客体(旅游资源)之间的心理距离。在参观第四层的时候,利用吴作人先生的书法和楹联、崔颢和李白的诗句做铺垫,结合游客的即兴书画作品,运用引导游客参与法,巧妙地把握住游客的微妙心理,真真假假,假假真真,把游客与被游览客体直接巧妙地联系在一起,使二者水乳交融,浑然一体,营造出一种十分轻松愉快的气氛,从而极大地激起游客的兴趣。

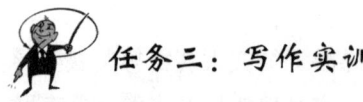

任务三:写作实训

1. 根据下列材料所提供的信息和要求,撰写一则建筑的导游词

某古镇背靠海拔千米、方圆几百公里的群山,山泉流经古镇的多数居户。古镇的南面有一形似月亮的湖水,面积约3000平方米,中有一堤横跨湖面,堤上有古桥和凉亭。古镇口有一牌坊,为清代乾隆年间一位二品胡姓高官所立。古镇内青石板与鹅卵石小街纵横交错,其中最著名的古建筑有赵姓宗祠、富商汪氏府第。

撰写要求与评分参考(本题共20分):

①请根据以上提供的景观信息,撰写一篇在语言、形式上符合要求的导游词(3分);

②请将字数控制在1500~2000字(2分);

③要求按照题目中提到的概念、信息和景观意象,进行准确、恰当的解

释、扩充与想象，不能照搬某一景点现成的导游词（10分）；

④在选材、角度、结构、表达等方面要有一定的创新性（5分）。

2. 教师列出类似景区让学生进行模拟性写作，如杭州西湖雷峰塔、温州玉海楼、湖州飞英塔等，也可以由学生自选相关景区进行写作练习，可在课堂上完成，也可在课后完成

任务四：讲解交流与修改考评

导游词视频

1. 第二次上课时选择一个组（5个学生）中写好的两篇导游词进行讲解交流，由全班学生（被选中的小组同学除外）和教师进行评议打分后，提出修改意见，当堂修改好并上交，最后由教师打分，并加上学生打分给出本次作品的最终成绩。本项目共5分，分为三个等次：A. 5分；B. 4分；C. 3分及以下。

2. 请扫二维码，跟着视频学讲解：《开平碉楼导游词》。

开平碉楼导游词

各位游客，大家好！开平市是著名的华侨之乡、建筑之乡和艺术之乡，更是闻名遐迩的碉楼之乡。在开平市内，碉楼可以说是星罗棋布，举目皆是。这一座座碉楼，从旧中国迈向新中国，见证了侨乡人民艰苦奋斗、保家卫国的一段历史，同时也是活生生的近代建筑博物馆，一条别具特色的艺术长廊。行走在开平的田野上，映入你眼帘的碉楼顿时让人有时空错位的感觉，仿佛回到20世纪二三十年代，又好像到了欧美的乡村。

中国人历来具有强烈的思乡情结，很多华侨将自己辛苦劳作换来的积蓄寄回家乡，或亲自回国买田、建房、娶妻。可在兵荒马乱的年代，华侨及侨眷们富裕的生活很快引来杀身之祸，为了保住这些来之不易的生活和财富，他们创造性地建起了居守兼备、易守难攻的碉楼。

开平碉楼可以说是我国最年轻的世界遗产，它之所以能够入选世界遗产，是因为开平碉楼是广东侨乡特有的民居建筑，与中国传统的五大民居建筑明显不同，有古希腊、古罗马、伊斯兰、巴洛克、拜占庭等多种西式风格，它是中国乡村主动接受外来文化的历史见证，也是民间主动融合不同文

化的典范。这在中国乡村建筑史上堪称奇迹,被誉为"令人震撼的建筑艺术长廊"。碉楼分布在上百个乡村,最具有代表性的集中在4个村,我们即将游览的自力村就是其中的一个。

在自力村,保存最完好的就是眼前的这座铭石楼。铭石楼建于1925年,属钢筋混凝土结构。楼高近20米,共5层,外观呈四方形,每层的窗口窄小,远看酷似北方的碉堡。大家注意到没有,碉楼第五层外墙的四角儿是凸出的,就像四个圆筒。猜一猜,那是做什么用的呢?就让我们一起进去探个究竟吧。

穿过厚重的铁门,进到大厅,看到这里陈设豪华,生活设施一应俱全,楼内所有的家具都是按照主人当年的生活原貌摆放的。大厅内的墙上挂有4幅画像,中间穿西装的便是楼主方润文先生,他在美国开餐馆,一直非常爱国爱乡。抗日战争爆发,他不但自己捐款,还积极发动华侨捐款。

我们继续上楼参观,到了二楼您会发现这里二楼到四楼都有客厅、卧室、厨房,就连布局也是一样的,奇怪吗?其实呀,这是楼主的三位太太分层居住、分灶吃饭的缘故。

来到五楼,这里是供奉祖先的地方,有摆放着祖先牌位的神龛,这个神龛的造型与传统造型不同,前面两根立柱采用的是罗马柱式!看,那就是我们刚才看到的"圆筒状"建筑物。它叫"角堡",俗称"燕子窝"。墙上开有许多倒T形洞口,猜到它的用处了吗?对了!那是枪眼儿,用于防匪自卫。

开平碉楼历经百年风雨的洗礼,至今还保留得这么完好,堪称奇迹,这得归功于国家对华侨权益的维护和当地村民对它的爱护。正是这种和谐共处、共生发展的理念保住了人类这一段珍贵的历史。(梁秀莹)

 **任务五:拓展学习——不同类型古代建筑导游词撷英**

1. 大型古代宫殿建筑——故宫博物院导游词

各位朋友,今天我们将要游览的是一处独具特色的旅游景点,它位于北京城的中心,殿宇千门万户,楼阁巍峨庄严,红墙黄瓦,金碧辉煌,素有金色宫殿之海的美称。您一定猜到了,这就是驰名中外的故宫博物院。

故宫是明、清两代的皇宫,也叫紫禁城,这个名字是怎么来的呢?现

现在我来告诉大家。我国古代天文学家把天上的主要恒星分为三垣、四象和二十八星宿。三垣指的是太微垣、紫微垣和天市垣。其中紫微垣居中，是天上皇帝所居住的地方，称为紫宫。封建帝王自称是天帝的儿子，所以他们也把自己居住的皇宫象征为天上的紫宫。而且皇帝居住的地方戒备森严，不许平民百姓接近，是绝对的禁地，又称为禁宫。所以我们眼前的这座皇宫就被叫作紫禁城。

在这里有明、清两代24个帝王登基坐殿，统治中国长达500多年。故宫像一颗璀璨的明珠镶嵌在北京城的中心，是全城最美的一处景观。故宫的西北面有湖光塔影的北海公园；西面是碧波粼粼的中南海；东面有著名的商业街王府井；北面的景山为故宫的屏障，站在景山万春亭上，可以俯瞰故宫的全貌；南面是具有特殊意义的国门，即天安门，它是新中国的象征，第一面五星红旗就是在天安门广场升起的。

故宫南北长960米，东西宽750米，面积72万平方米，其中建筑面积15万平方米，有房屋9000余间。很多人都听说过故宫有房9999间半的传说，这是因为按《易经》中讲九是阳极之数，以九为尊，故宫是皇帝的住处自然要做到头了。故宫四周有高10米的城墙。城有四门，南面是正门午门，北为神武门，东有东华门，西有西华门。四角各有一座结构精巧、别致的被称作"九梁18柱72条脊"的角楼，城外有长3800米、宽52米的护城河，使故宫自成防御体系，有城中之城的美称，其护城河长度，也被列入世界之最！

故宫虽然从明代开始作为统治中心，但它的初建者却不是明朝开国皇帝朱元璋，而是他的四儿子明成祖朱棣。故宫建在北京城南起永定门、北至鼓楼、长16华里的中轴线上，南北为主，左右对称，建造遵循《周礼·考工记》中"前朝后寝，左祖右社"的原则。故宫在建造手法上突出皇权，其基本做法是突出以前三殿和后三宫为主的中轴线，其他建筑拱卫中央。故宫的建造可以说是集全国的人力、物力，木材、砖瓦均取自全国各地，耗费巨大。宫殿内墁地的砖被称作"金砖"，制作工艺极为复杂，从取土到成泥就要经过6道工序，到成砖则需经过17道工序，最后还要把砖放到桐油里浸泡处理。这种砖铺在地上越磨越亮，由于制作复杂，价格昂贵，在当时一块砖合一石米，所以有"金砖"之称。故宫的每一座宫殿都浸透着人民的血汗，也集中体现了我国劳动人民的高度智慧和创造能力。故宫是我国保存到现在最完整、最辉煌的一组皇家建筑群，如今已成为著名的旅游景点。

午门

现在展现在我们眼前的这座红墙黄瓦、飞檐翘角的建筑就是故宫的正门——午门。它平面呈"凹"字形，上有崇楼五座，正楼是9开间的重檐庑殿顶大殿，东西是四座重檐四角攒尖顶方形亭楼，各以廊庑相连，辅翼正楼。整个建筑气势巍峨，充分体现了皇帝的威严。午门全部建筑，高低错落，左右映衬，势若朱鸟展翅，翱翔天空，故又常被人称作五凤楼。正楼设有宝座，左右设有钟鼓楼，过去皇帝在太和殿举行大典时，钟鼓齐鸣，肃穆庄严。

一提起午门，常令人想起"推出午门斩首示众"这句话。其实午门前并未斩过人。因为明朝行刑在西市（今西四），清代在菜市口，但这里却打死过人。明代有一种刑罚——廷杖，就在午门举行。如果大臣触怒皇帝就要被批"逆鳞"。被批"逆鳞"的大臣被摘掉乌纱帽，穿上囚衣推出午门，行刑就在这御路东侧。起初只是象征性地打，主要是出于对大臣的羞辱，但到后来则打人致死。正德十四年（1519），正德皇帝朱厚照要到江南选美，群臣阻谏。荒淫无道的正德皇帝不但不听，还将舒芬、黄巩等130位大臣廷杖，打死11人。这听起来确实非常残忍，不过到了传统佳节元宵节，这里却是另一番景象，张灯结彩赐宴百官，喜气洋洋。

金水河

进入午门就开始了宫内的游览，前面的河叫金水河，上面五座汉白玉石桥叫内金水桥，五座桥各有用处：正中的叫御路桥，供皇帝走，望柱栏板上装饰的是龙凤图案；左右是王公桥，供皇室王公走；再外面是品级桥，供文武大臣走。引金水河流经此处，除美观外还有防火作用。一方面故宫内多是木建筑，一旦失火可以用河水扑救；另一方面与我国的五行说相关，南方属火，故以水克之。这种例子很多，讲解中将随时介绍给大家。由此可见，故宫不仅集建筑艺术之大成，也集中国传统文化之大成。前面这座门叫太和门，你能猜出门前这一对铜狮的雌雄吗？你猜得不错，东面的是雄狮，前脚踩一绣球，象征权力，也象征统一寰宇；西面是雌狮，前脚抚弄一小乳狮，象征子嗣昌盛。门旁所立的图是故宫平面图。大家请看，故宫是由前朝和内廷两部分组成的，前朝以三大殿为主，是皇帝发布政令和举行大典的地方。三大殿后是内廷，有乾清宫、交泰殿、坤宁宫、御花园及东西六宫等，这里是皇帝处理政务、居住享乐的地方。现在故宫的陈列体系分宫廷历史遗迹陈列和中国古代文化艺术陈列。前三殿、后三宫、养心殿及西六宫为宫廷历史遗迹陈列，东六宫、外东路及三大殿两庑等为中国古代文化艺术陈列。在故宫这座艺术宝库中收藏近百万件珍贵文物，占全国700座博物馆藏品总数的1/6，成为驰名中外最大的博物馆，闪烁着中华民族5000年文化艺术的光辉。

三大殿

现在展现在我们面前的就是规模宏大、气宇轩昂的三大殿。大殿坐落在三层汉白玉台基上。中国建筑主体是木结构的，受材料限制，本身不可能很高，聪明的古代人民采用高大的石台基将大殿托起以增强气势。大家是否注意到如此大的广场前没有一棵树，其也是为烘托三大殿的高大，故意制造一片开阔的空间；另一原因就是五行相克的体现，金木水火土五行学说中，土居中，树为木，而木克土。如果种树恐怕不利于中央统治。古人在建造故宫时可谓用心良苦。殿前三层汉白玉台阶上有铜鼎18个，露台上分列两旁的铜龟铜鹤寓意龟鹤延年。东面的日晷是古代的计时器，西面的嘉量是我国古代的标准量器，放在这里是象征皇帝公正平允。殿前左右各有一对镏金铜缸，是清乾隆年间铸造的，每缸重约2吨，也称门海，放在这里用于防火，取意缸置于土上，土生金，缸中储水，金生水，而以水克火。正中的大殿是太和殿，就是人们常说的金銮宝殿。明朝叫奉天殿、皇极殿，清顺治二年（1645）改叫太和殿。大殿面宽11间约64米，进深5间约38米，高26.92米，加上台基高度，通高35.03米，面积2377平方米，是我国现存最大的木结构建筑物。殿内宝座四周的6根大柱为蟠龙金漆大柱，金光灿灿。因为这里是宫内最神圣的地方，所以殿顶、彩绘等都采用官式建筑中的最高等级。殿内金漆大柱当中就是皇帝的宝座，设在地平床（也叫三才紫宸台）上。宝座左右有对称的宝象、甪（lù）端、仙鹤、香筒等陈设，这些都是铜胎嵌丝珐琅制品。甪端是神话中的独角神兽，日行18 000里，通四夷。各位请抬头看，宝座上方是金漆蟠龙藻井，藻井为覆斗式，井中有蟠龙，龙头下的圆球叫轩辕镜。相传轩辕镜为轩辕氏黄帝所造，将它悬于宝座上象征江山正统，但现在宝座与轩辕镜并不上下相对，据说是复辟皇帝袁世凯登上宝座，抬头见轩辕镜悬在头顶，怕球掉下来将他砸死，于是将宝座后移。轩辕镜下紫宸台上就是楠木金漆雕龙宝座，它是皇权的象征。太和殿内外装饰壮丽豪华，但皇帝并不是天天在这里，只是元旦、冬至、万寿节（皇帝生日）及重大庆典如册立皇后、派大将出征等日子，才来此登临宝座以示威严。

转过太和殿，眼前这座单檐四角攒尖镏金宝顶的方形殿宇叫中和殿，明朝叫华盖殿、中极殿，顺治二年（1645）改名中和殿。大殿深、广均为5间，长、宽均为24.15米。皇帝到太和殿举行大典前，先在此小憩，接受内阁大臣等官员朝拜，然后再去太和殿。皇帝到天坛、地坛、日坛、月坛祭祀的前一天要来此看祭文，到先农坛亲耕前要先来此阅视种子、农具。清朝皇帝每10年修一次玉牒（就是家谱），要在此举行隆重的仪式。殿内陈列着乾隆年间的两顶肩舆，舆就是轿，也就是人们俗称的八抬大轿。中和殿后是保和殿，面宽9间，进深5间。它的功用有很多，其中最值得一提的就是殿试。这是封建科举制度中最高一级考试。被录取的是进士，前三名称鼎甲三元，即状元、榜眼、探花，其他称"进士出身"或"同进士出身"。能参加殿试是很不容易的，要经过童试、乡试、会试三级考试录取后才是殿试。如果一个文人在各级考试中都是第一名叫连中三元，那是很不得了的事情。我国自隋代开始的科举制度一直延续到20世纪，最后一次科举在光绪三十年（1904）举行，最后一位状元刘春霖，自称第一人中最后人。保和殿后位于丹陛御路上的大云龙石雕，是故宫内乃至全国最大的一块石雕，长16.57米，宽3.07米，厚1.7米，重约250吨，产自北京郊区房山。如此大的石板在当时没有现代机械设备的情况下运输极为困难，当时人们采用在路上泼水冻冰、在石板下铺滚木等方法进行运输。

故宫太和殿

乾清宫

现在我们所在的这个东西横向的广场叫乾清门广场,它是前朝与内廷的分界带。内廷是皇宫的居住区,这座门叫乾清门,清朝康熙皇帝曾在此御门听政。乾清门内就是总称后三宫的乾清宫、交泰殿、坤宁宫。乾清、坤宁象征天地乾坤。乾清宫东西两面的日精门、月华门象征日月。围墙外东西六宫象征十二星辰。后面众多建筑象征众星。这些象征日月星辰的建筑均拱卫皇帝居住的象征天的乾清宫,以显示天子受命于天的威严。后宫就是民间所说的三宫六院七十二妃三千佳丽所居住的皇宫内院,现在我们到里面细看。

乾清门内的第一座大殿就是乾清宫,面宽9间,是皇帝的寝宫和日常活动的地方,一直到雍正皇帝以后才将寝宫移到养心殿。这里是皇帝的寝宫,也是权力斗争最激烈的地方,明代的"壬寅宫变""红丸案""移宫案"等宫闱大案都发生在此。各位抬头看宫内高悬的"正大光明"匾,当年匾后曾是藏秘密立储匣的地方。有人说正大光明匾一点儿也不正大光明,雍正皇帝继位就有传闻说他是串通隆科多等人篡改遗诏当皇帝的。此事真假在这里我们不去评说,不过秘密立储确是由雍正朝开始。雍正上台后深感其父康熙皇帝在立储问题上几废几立,造成诸皇子明争暗斗,朝臣互相倾轧,对中央统治不利,于是改为秘密方式立储。方法是事先写两份遗诏,一份带在皇帝身上,另一份藏于"正大光明"匾后,皇帝驾崩后,将两份遗诏校对后再宣布继位者。乾隆等皇帝都是这样继位的。

交泰殿

乾清宫后是交泰殿,它的形制与中和殿相同。这里是皇后在冬至、元旦、千秋节受贺的地方。现在这里存有玉玺25块,放置25块的寓意是从《周易》"天数二十有五"之说而来,而且1、3、5、7、9这五个阳数之和也是25。殿内高悬的"无为"二字是康熙亲笔所写,取意"无为而治"。殿内的"内宫不可干政"的铁牌也是康熙皇帝鉴于明亡的教训而立的,只可惜到清末依然出了安德海、李莲英等太监弄权误国。

坤宁宫

各位朋友,皇后在交泰殿接受朝贺后就要回宫了,回哪个宫呢?就是后面的这座坤宁宫。坤宁宫坐北面南,面阔连廊9间,进深3间,黄琉璃瓦重檐庑殿顶。明代是皇后的寝宫。清顺治十二年(1655)改建后,为萨满教祭神的主要场所,仿盛京清宁宫,改原明间开门为东次间开门,原槅扇门改为

双扇板门，其余各间的棂花槅扇窗均改为直棂吊搭式窗。室内东侧两间隔出为暖阁，作为居住的寝室；门的西侧四间设南、北、西三面炕，作为祭神的场所。与门相对后檐设锅灶，做杀牲煮肉之用。由于是皇家所用，灶间设棂花扇门、浑金毗卢罩，装饰考究华丽。

坤宁宫是皇后在紫禁城内居住的地方。"坤"是地的意思，"宁"是宁静、安宁的意思，坤宁即像大地一样宁静、安忍不动。意思是说，皇后是后宫之主，母仪天下，应该有大地一样安忍不动的胸怀。明代的皇后都住在这里，自清朝雍正皇帝开始，皇帝从乾清宫搬到养心殿居住，皇后也从坤宁宫搬到了体顺堂伴驾。坤宁宫的作用因此发生了变化，西部被改成了萨满教的祭祀场所，东部改为皇帝大婚的洞房。在清朝，凡是在未成年就即位的皇帝，在结婚时要与皇后在此度过3天，然后再迁往各自的居处。清朝在这里结婚的有康熙、同治、光绪三位皇帝，每位皇帝的婚礼都极为隆重、奢华。同治皇帝的婚礼耗银1100万两，根据当时的物价计算，这1100万两银子如果按照奢侈无度的慈禧太后的膳食标准来计算，那么即使5个慈禧太后一齐花，100年都花不完。现在室内的物品是按清朝光绪皇帝结婚时的情景陈设的，各位可以参观一下，沾沾皇家的喜气。

御花园

出坤宁门我们现在来到了御花园，这是皇帝皇后休息游玩的地方。当中的大殿叫钦安殿，这是宫内唯一的道教建筑。道教认为北方属水，所以这个殿内供奉的是道教北方之神玄武大帝。这座御花园面积1.2万平方米，东西130米，南北90米，以主建筑钦安殿为中心，左右对称，前后呼应，分布着10余座亭台楼阁曲池水榭。位于园子四角的是象征春夏秋冬的万春亭、浮碧亭、千秋亭、澄瑞亭，同是亭子但形态各异。还有收藏《四库全书荟要》的摛藻堂、堆秀山上的御景亭等，其间点缀着松翠柏花异石，是皇家园林中的经典之作，规整中见变化，规整是指布局上四平八稳，变化指建筑风格变化多样，在1万多平方米范围内容纳十几种风格不同的建筑，各位徜徉其间才能细细品味。

我们现在走出的这座高大城门叫神武门，是故宫的后门。至此宫门内游览结束了，但是紫禁城的建筑并未结束，您看对面高43米的景山，它是紫禁城的屏障，与前面的金水河遥相呼应，构成中国建筑背山面水的传统格局。让我们一起趁着游兴登上山顶万春亭俯瞰故宫，看看这金碧辉煌的世界奇观吧!

2. 古代楼阁建筑——宁波天一阁导游词

各位游客,俗话说得好:"到宁波不到天一阁,等于没有到过宁波。"欢迎大家来到我国现存历史最悠久的私家藏书楼——天一阁。天一阁博物馆是以藏书文化为特色,融社会历史、艺术为一体的综合性博物馆。它位于宁波城西月湖之滨,占地2.6万平方米,建于明嘉靖四十年至四十五年(1561—1566),是明代兵部侍郎范钦的藏书之处。1982年被国务院列为首批全国重点文物保护单位,成为宁波历史文化名城的重要标志之一,是宁波人最为自豪的一个文明星座。

天一阁是一个饱经风霜的老人,400多年来经受了人间的沧桑变化。它是亚洲现存历史最悠久、最古老的私人藏书楼,也是世界上现存最古老的三个家族图书馆之一。古朴的建筑、幽雅的园林、恬静的环境,真是令人神往。天一阁是一个小型的图书馆,所有的书籍都是主人自己精心收藏的,每个书柜就是一段历史。书籍的排列显得很有条理,按书籍的目录,你可以查找你所需要的图书,颇有现代目录检索的味道。历代的文人墨客到了宁波,没有不想登上天一阁一饱眼福的。但是几百年来,能真正登上天一阁的也只有寥寥十余人。现在的天一阁向社会开放,让更多的专家学者一饱眼福,也使楼阁中的珍贵藏书"古为今用"。

各位游客,我们现在来到了天一阁的西大门,眼前雄踞大门两侧的是一对清代石狮。木结构的大门来自迁移重建的清代建筑。大家顺我的手指看去,"南国书城"这四个字是由中国著名国画大师潘天寿书写的。大门两侧还有一副对联,不知各位能不能把这副对联读一下?还是让我告诉大家吧!这是继甲骨文之后的另一种文字——钟鼎文,读作"天一遗行源长垂远,南雷深意藏久尤难"。这副对联是著名书法家顾廷龙先生所写。上联说的是天一阁藏书楼悠久的历史,下联讲的是第一个外姓族人、清初思想家黄宗羲登上藏书楼后的感慨心情。他当时感慨道:"读书难藏书尤难,藏之久而不散,则难之难矣。"

前庭、东明草堂(照壁)

各位游客,现在请跟随我进入天一阁。我们现在看到的这位老先生,就是天一阁藏书楼的创建人范钦。范钦,字尧卿,号东明,浙江宁波鄞州区人。他幼年时并不聪明,但在祖父和叔父的教诲和熏陶下,自幼苦读四书五经及名家著作，家中没有的书，他就到各藏书家那里去找、去借、去抄。由于他十年如一日孜孜不倦地求学，23岁时首次去杭州参加乡试，就中了举人。27岁进京参加会试，中了贡士，在殿试中入选第二甲，赐进士出身，列三十八名。

范钦中进士后不久就出任湖广隋州知府，属一级地方长官，相当于现在地级市的市长，这在等级制度森严的明朝是较少见的。此后范钦宦游十余省，足迹踏遍了当时的大半个中国，直到明嘉靖三十九年（1560）升兵部右侍郎。兵部右侍郎是个什么职位呢？大致和现在的国防部副部长差不多。同年十月辞官归里。范钦的官宦生涯，为他的藏书打下了坚实的基础。

各位游客，现在映入我们眼帘的这幅照壁是气势宏大的《溪山逸马图》，画面高2米，长4.9米，当年柬埔寨国家元首诺罗敦·西哈努克亲王曾在这里拍照留念。这幅八骏图是"堆塑"，系已故民间老艺人胡善成的力作。八匹骏马在溪边扬鬃踢蹄，形态栩栩如生。画面造型粗看时比例失调，其实是充分运用了中国传统绘画技巧，突出了画面。天一阁的堆塑，绝大部分是胡善成老先生的作品。我们往上看，跳斗上还雕有"三国演义"等戏剧人物。参观完这块照壁后，我们从右边的直门"春随人意"中进去参观。

现在我们看见的这块照壁，也是民间老艺人胡善成的堆塑力作，大家知道它叫什么吗？有人称它为"麒麟"。但仔细一看，这是一个有龙角、牛嘴、狮身、鹰爪、马尾的异兽。这就是传说中象征公平与正义的灵兽——獬豸，据说它能辨曲直，是正义的象征，自古以来被认为是驱害辟邪的吉祥瑞物，也是五禽六兽中的一种。它是法律与正义的化身，古代各朝御史等执法官员所戴的帽子被称为獬豸冠，有些朝代执法官员的衣服上还绣有獬豸的图案。

现在我们转过头来看这所称为"东明草堂"的房子，别称"一吾庐"，是天一阁建成之前范钦的藏书处，范钦号东明，故称东明草堂。1980年重建，现在是接待贵宾的地方。下面我们去参观范氏故居。

范氏故居（展厅）

各位游客，现在我们来到了范氏故居，范氏后代原来居住于此，现在的建筑为清道光九年（1829）重建。范氏故居处于高墙环绕的天一阁藏书楼之外，做到了生活区与藏书区相互隔离，是范钦为保护藏书而精心设计的，现在这里是天一阁发展历史陈列馆，通过图片和文献来反映天一阁的风雨历程。请大家注意了：在这道小黑门和门上有"禁止烟火"几个字，千万不要带火入内。

请看这幅范钦任兵部右侍郎时的画像,旁边这套朝服是他上朝时所穿的复制品,上面绣有一兽——麒麟,表明他是武官,而文官绣的则是禽类。

现在看到的这块牌子就是范氏系氏表。范钦有两个儿子,大儿子叫范大冲,二儿子叫范大潜。范钦一直活到80岁,临终前把大儿子和二媳妇叫到榻前,他把遗产分成两份,一份是白银万两;另一份是全部藏书。大儿子范大冲体察老父心情,继承了全部藏书,并决定"代不分书,书不出阁"。这几位是对天一阁作出贡献的范氏后代,他们对天一阁的藏书制定了许多严格的禁约。例如,烟酒切忌登楼;子孙无故开门入阁者,罚不与祭三次;私领亲友入阁及擅自开橱者,罚不与祭一年。这里我们看到的这些禁牌,当时就悬挂在藏书楼上。"历年二百书无恙,天下储藏独此家"。天一阁能历经400多年保存完好,这与范钦生前做了周密安排、定下严格的规矩是分不开的。

现在我们看到的这间陈列室是范钦藏书楼的一个缩影。明朝郡守王原相立的"宝书楼"匾额挂于后壁。楼上六间通一,以书橱分割。这些都是范家保存下来的明代登科录和地方志等,非常珍贵。大家请看,在书橱中有一个小布袋,里面放的是用来防虫的芸草。

藏书楼

各位游客,我们现在到达的地方就是天一阁的主体建筑——真正的藏书楼了。此楼也叫"宝书楼",是范钦存放书籍的地方。这是一座重檐重楼硬山式建筑,一排六开间的两层木结构楼房,坐北朝南,前后开窗,空气流通。楼下并排六间,合"天一""地六"之意。据说范钦有一天在看书时,偶尔读到《周易》书中"天一生水,地六成之"之语,受启发而设计了这座楼屋,并将东明草堂改称为"天一阁"。天一阁建筑整齐,式样古朴,天花板上藻井图案,皆水纹和古代水兽,象征以水制火。天一阁建筑作为藏书楼的模式,影响深远。清朝乾隆皇帝就指令收藏《四库全书》的故宫文渊阁、圆明园文源阁、承德文津阁、沈阳文溯阁、扬州文汇阁、镇江文宗阁和杭州文澜阁七处书楼,都要仿照天一阁的式样和结构建造。

现在我们看到的这个庭园极具江南园林特色,小巧精致,池水清澈,游鱼可数,与书楼浑然一体。过去藏书楼四周都是花园,以便失火可救。到了清初时,范钦的曾孙范光文请来名匠在池边堆筑假山,环植竹木,垒起玲珑假山"九狮一象""老人牧羊""美女照镜""福禄寿"等。看!假山中许多

项目八 古代建筑类导游词的编撰与讲解

动物的神情惟妙惟肖,大家不妨数一数共有几只?这块石头酷似微微抬头朝着宝书楼看的少女,她就是宁波知府邱铁卿的内侄女钱绣云。据记载,钱绣云是一个酷爱读书的聪明才女,为求得登阁读书的机会,托邱太守为媒与范氏后裔范邦柱秀才结为夫妻,婚后的绣云以为可以如愿以偿上楼看书了,但万万没想到,已成了范家媳妇的她还是不能登楼看书,因为族规不准妇女登阁,竟使她含恨而终。最后就变成了这块石头,日夜守护着天一阁。

那么各位是否好奇,有没有破例登阁看书的呢?不知道大家还记不记得我们刚进门时的那副对联?下联"南雷深意藏久尤难"中所提到的黄宗羲就是第一位破格登楼看书的外姓人。黄宗羲(1610—1695),明清之际思想家、史学家。字太冲,号南雷。他的人格、气节、学问在当时受到各界的钦佩,他于清康熙十二年(1673),在范氏族人的帮助下出乎意料地得到了各房的同意登阁阅览。6年之后,著《天一阁藏书记》,为天一阁藏书整理编目作出了巨大的贡献。

尊经阁、明州碑林、千晋斋

各位游客,现在我们来到藏书楼的北面。1933年9月,天一阁遭台风袭击,受损严重。宁波地方人士发起募捐,成立重修天一阁委员会。维修工程历时三年告成,并将宁波府学尊经阁移建到天一阁后园,又搜集碑碣80余方,罗列尊经阁之北,署称"明州碑林"。

这座古建筑就是尊经阁,中国历代尊崇经学,各省、郡、县学中均建有尊经阁,用以珍藏经籍。这座光绪年间重建的重檐歇山顶建筑,三重飞檐,气势磅礴,许多佛教建筑的尊经阁均不及它庄严、雄伟。

周围的明州碑林,共计有碑173方,其中80余方是1935年从宁波府学、县学等处迁来。把出土的或被废置的古代碑碣集中起来建成碑林,这是保护文物行之有效的一种方法。半个多世纪来,宁波各地的碑石移到这里得到了有效的保护。碑文记载了宁波历代经济、政治、军事、文化和教育等情况,成为"刻在石头上的地方史书",有着重要的历史价值。

各位游客,我们现在进入千晋斋。它有三个展厅,首先看到的这间藏有各式材料和大小不同的晋砖,是由民国时期宁波学人马廉先生在宁波拆除城墙时收集的,共计千余枚,故藏室称"千晋斋"。后捐赠天一阁,特辟一室陈列,仍用其名。这些所谓晋砖其实是东汉晚期至南唐时期的墓砖。

第二展室展示了宁波许多著名的藏书家捐赠给天一阁收藏的部分藏品,

还有冯贞群、张季言等藏书家们的献书辞，表达了他们要把辛勤积累的藏书与天一阁并存以造福后人的心愿。

最后一个展室是历代登上藏书楼的著名学者的事迹介绍。如上面提到的黄宗羲于清代康熙十二年（1673）登上了天一阁。范钦后代为防止藏书失散，议定藏书由子孙共同管理，阁门和书橱钥匙分房掌管，非各房齐集，任何人不得擅开。黄宗羲不仅阅读了天一阁的全部藏书，还为天一阁的藏书编制了目录。以后又有多位学者有幸登上了藏书楼。

东园（明池、百鹅亭）、凝晖堂

各位游客，现在我们来到了东园，东园不属于范家范围，这是政府为适应旅游需要而扩建的。它位于天一阁东南，占地约6000平方米。自1959年开始陆续平整土地，种植竹木，移迁石亭、铁牛、石虎，移来碑石嵌入围墙，移来清末建筑两幢，于1986年竣工并对外开放。因该园位于天一阁东南，故称东园，而且和明池的"明"字相连，含有纪念范钦的意思。

这座明代晚期的石亭，是平顶结构的方亭，亭顶是一个平面，由斗拱承托，比传统亭子缺了屋顶、屋檐，结构精巧。此亭为明万历年间遗物，原是墓前的祭亭，因该亭主人在此以百鹅祭祖，故称百鹅亭。

各位游客，我们现在看到的凝晖堂内陈列收藏的明清帖石，有明代上石的"神龙本"《兰亭集序》，其石刻水平已非常接近临摹本。

范钦遗留下来的明代丛帖刻石有《天一阁帖》等26方，是我们研究明代书法艺术的宝贵资料。

这些金石拓本，是清乾隆三年（1738）史学家全祖望再次登阁时才发现和整理出来的。

麻将馆

各位游客，现在请跟随我去麻将馆参观。麻将最早源于中国古代的叶子戏，由叶子戏发展到后来的"马吊"，到清代中期"马吊"发展成麻雀纸牌，即现代麻将的雏形。

宁波是麻将的发祥地，麻将术语和宁波文化紧密相连。如麻将术语中的"和""碰"等都和宁波方言有关。另外，宁波航海业发达，麻将中的术语也与航海有关："索"——象征船的缆索和渔网；"筒"——象征船上的盛水桶；"万"——象征船家对财富的渴望；"风"——则为出海最为敏感的风，等等。

清早期，宁波人陈鱼门把马氏吊牌改造成了麻将的基本牌张，制成了流

传至今的现代麻将,克服了原先的纸牌抓拿不便的缺点。此种麻将一经问世,便迅速盛行于世,相继传到英国、美国、日本等国家。

在这里看到的三个铜雕,一个美国人、一个日本人正在和陈鱼门打麻将,有趣的是还有一个位置空着,你可以去凑一桌拍照留念。目前,这是国内唯一一家以麻将为主题的专题性陈列馆。陈列馆里保存有世界各地各式的麻将,连院子的地和墙壁也是各式麻将镶嵌而成。柱子上的几副对联也极具特色:"世事沉浮中发白,人情冷暖马牛风";"筒来索去犹半日,黎横月落不曾知",这些都极形象而诙谐地刻画了打麻将者的模样和心态。

花轿厅、秦氏支祠、南园

各位游客,宁波花轿又称万工轿,以做工精细而著称。现在展出的这个金碧辉煌的花轿高3米,长1.5米,宽95厘米,在2006年曾运往北京参加非物质文化展,大获赞誉。

各位游客,我们现在来到的地方是秦氏支祠。它富丽堂皇,飞檐翘角,雕梁画栋,与天一阁的古朴幽静有截然不同的感觉。这里原先是秦氏族人祭祀祖先的地方,建于1923年至1925年,由宁波富商秦君安耗资20余万两白银所建。占地2.6亩,建筑面积2000余平方米。

这座戏台融合了木雕、砖雕、石雕、贴金、拷作等民间工艺,集宁波民间建筑工艺之大成,尤其是朱金木雕更让整座戏台变得金碧辉煌,华丽无比。戏台的穹形藻井由千百块精雕细刻的板榫搭接而成,牢固巧妙,为宁波小木工艺之绝招。屋顶由16个斗拱承托,从里面看盘旋上升,就像个大号的扩音喇叭,能产生余音绕梁的效果,叫你不得不惊叹设计师的独具匠心。

现在秦氏支祠的大堂辟为国内著名藏书楼介绍、展览室,有兴趣的朋友可以进去参观。

各位游客,我们现在来到的是位于天一阁藏书楼之南的南园,该园占地3400平方米,是天一阁扩建一期工程的重要组成部分,于1996年动土,历时二年完工。园以水为主,水岸聚而不分,池岸叠石玲珑。池畔为临水的主体建筑"水北阁",池南面建"抱经厅"。整个园林简洁、清新,给人以闲适、雅逸和平静之感。

各位游客,现在我们看到的是中国地方志珍藏馆,收藏全国各级各类当代地方志6730多册,占全国总数的80%以上。天一阁是收藏明代地方志最多的单位之一,其中有164种在《中国地方志联合目录》中为仅见之本,可称海内孤本。地方志是我国古代特有的地区史地学著作，在我国古代史籍中占有重要的地位。

各位游客，天一阁博物馆游览到此结束了。谢谢大家！

3. 古代城墙建筑——八达岭长城导游词

各位游客，首先祝贺大家将要成为真正的"好汉"了，因为今天我们要登上北京的八达岭长城，去体验与领悟"不到长城非好汉"的境界了。长城是中华民族的象征，也是中国人的骄傲。长城最早建于春秋战国时期，历经两千多年，蜿蜒曲折，气势磅礴。大家都看过电视剧《霍元甲》或听过《霍元甲》的主题歌吧？里面有句歌词唱道："万里长城永不倒"，那么长城真的有万里吗？在中国历史上只出现过一条万里长城吗？

现在我来告诉大家，中国历史上的长城可不止一条，其长度也不一样。最早的长城出现在春秋战国的齐国，称为齐长城，紧接着出现了楚长城，后来的燕、赵、秦也都纷纷建起了长城，用来防御北方的少数民族，但这些长城都不到一万里，所以不能称作"万里长城"。中国历史上真正的万里长城是在秦始皇统一中国之后才出现的。公元前221年，秦灭六国，统一天下，为了能够保住江山万代相传，刚刚登上皇帝宝座的秦始皇就让太子扶苏和大将蒙恬北上，将各国的长城连接、加固，并加以延长，从而形成了中国历史上第一条名副其实的万里长城。后来的汉王朝为了"不教胡马度阴山"，不但加固了原有的秦长城，还在原秦长城以北修筑了一条外长城，使得长城的总长度长达两万里。因此，汉长城是我们历史上最长的长城。在汉朝之后，除了唐朝和元朝由于国力强大没有修过长城之外，其他的朝代都曾修过。我们今天看到的这条万里长城就是在明代修筑的，先后共大修了18次，历时150年，东起山海关，西到嘉峪关，全长6700里。1987年，联合国教科文组织将它列入了《世界遗产名录》。

八达岭长城

各位游客，现在我们要去的是八达岭景区。八达岭长城位于北京市延庆区军都山关沟古道北口，史称天下九塞之一，是万里长城的精华。这段长城地势险峻，居高临下，是明代重要的军事关隘和首都北京的重要屏障。

八达岭地理位置十分重要，自古以来就是通往山西、内蒙古、张家口的交通要道。1998年，八达岭高速公路建成通车，交通十分便利。而且，八达岭的年平均气温比北京低3℃以上，成为"夏都"延庆的旅游龙头。爱国工程师詹天佑先生主持修建的中国第一条干线铁路——京张铁路就经过此地，并在此处设立车站。现有京郊旅游列车经停八达岭火车站。

八达岭长城之晨

八达岭长城关城为东窄西宽的梯形，建于明弘治十八年（1505），嘉靖、万历年间曾修葺。关城有东西二门，东门额题"居庸外镇"，刻于嘉靖十八年（1539）；西门额题"北门锁钥"，刻于万历十年（1582）。两门均为砖石结构，券洞上为平台，台之南北各有通道，连接关城城墙，台上四周砌垛口。

八达岭长城为居庸关的重要前哨，古称"居庸之险不在关而在八达岭"。明长城的八达岭段是长城建筑最精华段，集巍峨险峻、秀丽苍翠于一身，"玉关天堑"为明代居庸关八景之一。1953年修复关城和部分城墙后，辟为游览区。经多次整修，可供游览地段达3741米。1961年3月"万里长城——八达岭"被确定为第一批国家级文物保护单位；1982年被列为国家重点风景名胜区；1986年被评为全国十大风景名胜之首；1995年八达岭长城被中国关心下一代工作委员会命名为"全国爱国主义教育基地"。2000—2009年，共有500余名世界各国的国家元首、政府首脑或执政党领袖登上过八达岭长城。2007年，八达岭长城经国家旅游局正式批准为国家5A级旅游景区。

长城是中华民族的骄傲，是人类建筑史上的奇迹。好！各位现在下车，我们一起去做一回好汉吧！

4. 古镇建筑——嘉兴市乌镇景区导游词

各位游客，乌镇不仅是江南六大古镇之一，也是一代文豪茅盾先生的故乡。乌镇地处浙江省嘉兴桐乡市北端，西临湖州市，北界江苏苏州市吴江区，为二省三府七县交界处。陆上交通有县级公路姚震线贯穿镇区，经姚震公路可与省道盐湖公路、国道320公路、318公路、沪杭、申苏浙皖高速公路相衔接。

乌镇是一个历史悠久、文化氛围浓郁的水乡古镇。春秋时期，乌镇是吴越边境，吴国在此驻兵以防备越国；唐代即为小镇，距今已有1300年的建镇历史。乌镇有古风犹存、呈"十"字交叉的东、西、南、北四条老街，构成双棋盘式河街平行、水陆相邻的古镇格局。2001年，乌镇保护开发东栅工程，东栅景区正式对外开放，一期景区面积约0.46平方公里，保护建筑面积近6万平方米，以其原汁原味的水乡风貌和深厚的文化底蕴，成为中国著名的古镇旅游胜地。东栅景区主要由传统作坊区、传统民居区、传统文化区、传统餐饮区、传统商铺区和水乡风情组成。民居宅屋傍河而筑，街道两旁保存有大量明清建筑，辅以河上石桥，体现了小桥、流水、古宅的江南古镇风韵。镇东的立志书院是茅盾少年时的读书处，现辟为茅盾纪念馆，为国家级重点文物保护单位。此外，还有修真观戏台、双桥风情、梁苑胜迹、唐代银杏等众多景点。

从2003年开始，启动省级重点项目乌镇古镇保护二期工程（西栅景区），投入巨资对乌镇西栅实施保护开发，保护工程实施范围近3平方公里。景区内保存有精美的明清建筑25万平方米，横贯景区东西的西栅老街长度达1.8公里，两岸临河水阁绵延1.8公里余，内有纵横交叉的河道近万米、形态各异的古石桥72座，河流密度和石桥数量均为全国古镇所罕见。

各位游客，乌镇的景点很多，下面我带大家去几个有特色的景点。

江南百床馆

各位游客，现在我们看到的是乌镇有名的江南百床馆，在这里展出的都是从江浙一带收集过来的各式各样的古床。这座老房子是当地姓赵的一个大户人家的七进深的老宅子。为什么要带大家去看这个呢？因为床最能反映当地生活中一些最真实、最细腻的想法。人的生命有1/3是在床上度过的，所以中国人对床的要求一直非常讲究。但据说中国人最初是没有床的概念的，人们白天工作，晚上在地上铺上一张草席就可以了，这叫席地而卧。再往后

就有床了，从战国出土的木漆床可以看出那时候的床比较矮，20厘米左右，而且很宽。

各位游客，我们看到的这第一张床是这个展览馆当中年代最久的一张床：明代马蹄足大笔管式架子床，至少有400年历史了。明式家具简洁大方，用料讲究，整张床都是用黄桦木所做的。我们往里走，里面有一张是百床馆中的镇馆之宝——拔步千工床。为什么叫千工床呢？就是指一个木匠需要一千天，也就是三年才能完工，雕刻之精致由此可见一斑。此床共雕刻了106个人物，古时以108为吉祥数字，此床为新婚床，加上一对新婚夫妻刚巧凑足108，亦是吉祥如意的象征。此床占地面积超6平方米，共有四进深：第一进是换鞋处，第二进是更衣室，第三进是放马桶箱的，在古代称它为子孙桶，就是现在家里的卫生间。最后一进是主人睡觉休息时所用的，设备之齐全相当于现在的套房。在这床上最有特点的地方就是悬挂在空中的那块木牌了，我们可以猜一下这牌子是干什么用的？有人说是"闲人请勿打扰"的意思，您还别说到后来还真有那么点意思。但最主要的作用不是这个，据说最早的时候木匠是不做床的，做床要折寿，行话叫："宁上一根梁，不做一张床。"那么怎么才能不折寿呢？有一个变通的方法，就是在做完床以后我不卖给你，而是当礼物送给你，刻上一块牌子，上面写一些吉祥如意的话，如"百年好合"之类。主人也不给工钱，包个红包，据说这样就不会折寿了。床四周的木板可以抽掉，冬暖夏凉，设计十分精巧。

看完千工床再往里走，可以看到的是三张风格一样的床，是属于中西合璧的。在床两边有两个罗马柱是西式的，在床挂落上有牡丹花，牡丹花在中国的古代是国花，代表富贵。还有葡萄和双喜，葡萄寓意多子多孙，多子多福；双喜是中国人结婚时用的，代表喜庆。也就是说这床是当时结婚时所用的喜床是民国初留下来的，是用红木做成的。

刚才我们看的大部分都是双人床，接下来往里走可以看一下两张小姐床。首先我们看一下，近代的雕花人字匾架子床，它是以前十三四岁的小姑娘睡的，虽然是小姐床，但是这张床上所雕的大部分都是武将的图案，可以说这位小姑娘不爱红装爱武装，属于花木兰这一类的。而且她的志向是非常高，抬头可以看到两行字："双手要捞天边月，一石击破心底天。"在这张床上还雕刻了蝙蝠的图案，蝙蝠代表了多福，威武的狮子起到了避邪的作用。旁边是清代的小姐床，这张小姐床的颜色比较亮丽，是红色。这是一种比较珍贵的银子漆，床上的人物都是镀金的。

现在我们看到的是藤榻，也可以称之为"罗汉床"，它就像现在人们家里的沙发，可以在上面喝茶、下棋、聊天、抽烟等。你看它还配有床几，根据需要可拿下来也可以放上去。在"罗汉床"的对面我们还可以看到这两张姐妹床，它们之所以被称为姐妹床并非指姐妹睡的，而是由于这两张床是我们当地同一个木匠师傅制作的，风格和款式差不多，把它们放在一起展出所以取名为"姐妹"床。你看中间"鸾凤和鸣"四个字不就是代表了夫妻恩爱吗？

蓝印花布作坊

各位游客，前面就是蓝印花布作坊了。走进这扇古老的木门，这儿是一个天井，也是晾布匹的地方。蓝印花布始于后晋，发展于宋元，鼎盛于明清。旧时，我们乌镇一带染坊遍布，最多时有十几家之多。可见当时这个印染业在乌镇是非常兴旺的。由于蓝印花布特殊的原料及工艺，我们也将它俗称为"石灰拷花布"或"药斑布"。走进这个展厅，再看旁边这些橱窗，陈列了不少明清时的衣服、布料、蚊帐、头巾等现代工艺品，如"清明上河图""世纪上海"等。在这里您还能目睹到许多明清及更早的制作蓝印花布的工具。比如在古书《二仪实录》里讲到的夹缬板，就是最古老的印染工具。

看过展厅，让我们到边上这间小屋，参观一下上浆和拷花工艺。这道工序是制作蓝印花布非常重要的步骤。就是用事先刻好的花版，平放在上好浆的白布上，均匀地刷上调和好的石灰粉和黄豆粉。为什么要刷上这两种粉？因为石灰粉可以起防染作用，也就是说拷上石灰粉的地方是染不上颜色的。而黄豆粉有较强的黏性，可以把石灰粉牢牢地固定在布上。上好浆在这里面晾一星期左右，再拿到隔壁的染坊去染色。

一进染坊，一股焦味扑面而来。这味道是大染窑下用暗火烧砻糠发出来的。染料是用板蓝根的叶子制成的。一般蓝印花布的染制要反复七八次之多。最后再把浆刮掉，有浆的地方就是白颜色的，而其他地方是蓝颜色。染窑中央有一根毛竹是空心的，它就是烟囱。在这染坊中，柱子、烟囱上都贴着一张红纸，叫作吉祥如意纸，上面绘着梅葛二仙的画像，相传这蓝印花布是他们发明的。旧时江南，几乎每家染坊都供着葛洪、梅福画像，奉他们为行业的祖师。

姑嫂饼

各位游客，走过仁义桥，现在我们看到的是传统作坊区的一家姑嫂饼作坊。姑嫂饼是乌镇的传统名点，已经有一百多年的历史了。姑嫂饼味道鲜美，油而不腻，酥而不散，又香又糯，甜中带咸，这种充满乡土气息的糕点价廉物美，是馈赠亲友的最佳礼品。那么这种饼为什么叫"姑嫂饼"呢？它又是怎么来的呢？

据说很久以前，乌镇有一家小糕饼店，是一户姓方的人家开的。起先，他们只是从大作坊里批一些糕饼来卖，后来，他们生下一男一女，靠这小本买卖难以糊口了，于是，夫妻俩想学做酥糖来卖。他们仿造酥糖的配料，用炒过的面粉、熬过的白糖、去壳的芝麻、煎熟的猪油等细心地拌匀、蒸熟，然后用模具制成一个个小酥饼。由于用料考究、制作精良，他们的酥饼生意越做越好，财源广进，让镇上的同行十分眼红。为了保住自己的财源，夫妻俩对酥饼的制作方法严格保密，他们亲手配料，自家人动手制作，工具不外借，技术只传儿子、媳妇，不传女儿，因为女儿将来要出嫁，制饼方法就会传出去。眼见嫂嫂得到密传，他家女儿心中不服气。有一次，嫂嫂正在做酥饼，女儿骗嫂嫂说妈妈叫她有事，嫂嫂一走开，她急忙到灶间抓了一把盐，拌在嫂嫂制作的那堆粉料里。她想，这样嫂嫂做的酥饼味道肯定不好，一定卖不出去，出出自己心里那口气。哪里知道，这次嫂嫂配料做出来的小酥饼销路特别好，客人个个赞不绝口。店主人丈二和尚摸不着头脑，等他弄明白是自己女儿捣的鬼后，灵机一动，借题发挥，说这种饼是他家姑娘和阿嫂合作配制而成的，并将甜中带咸、香味独特的小酥饼命名为"姑嫂饼"。这样一来，小酥饼的名气居然传遍了江、浙一带，也成了我们乌镇的传统糕饼。您在这里不仅可以观看其整个制作过程、品尝姑嫂饼的风味，而且可以戴上一次性手套亲手做几个呢！

茅盾故居

各位游客，乌镇之所以有名，与现代大文豪茅盾先生有很大的关系。现在我们来到的就是茅盾故居。茅盾故居由两个部分组成：一个是立志书院；另一个是故居。茅盾是我国现代文学史上杰出的作家、文艺理论家、文学翻译家。他以创造进步文化为己任，辛勤笔耕60余年，为后人留下了1000多万字的不朽作品，为我国现代文学的繁荣作出了卓越贡献。中华人民共和国成立后，他被任命为文化部部长。

茅盾，原名沈德鸿，字雁冰，小名燕昌，1896年7月4日出生在乌镇。少年时期的茅盾是一个勤奋好学的学生，尤善作文，这首先得归功于他的母亲。茅盾5岁时，母亲就开始向他教授当时上海澄衷学堂的《字课图说》和从《正蒙必读》中抄下来的《天文歌略》，还有一本历史读物《史鉴节要》，这些激发了他对文学的热情。茅盾的中学是在湖州、嘉兴、杭州念的。1913年考入北京大学预科，1916年毕业后进入上海商务印书馆工作。在文学创作中，茅盾屡屡发表以乌镇为题材或背景的小说，在《林家铺子》《多角关系》《霜叶红似二月花》《春蚕》《秋收》《残冬》等小说中，我们都可以看到乌镇的影子，读到乌镇的方言，闻到乌镇的气息。

我们首先看到的是立志书院，坐落在茅盾故居的东侧，最初由邑绅严辰于清同治四年（1865）创建。立志书院前起观前街，后至观后街，直落五进。今天的书院基本保持了当时的面貌。大门的门楣上嵌着"立志"二字，两旁的柱联分明是院名的注解："先立乎其大，有志者竟成。"进得门来，穿越过道，就见一个小天井，内植桂花树，隐含"蟾宫折桂"、荣登"桂榜"之意，古代读书人是一看就明白的。过天井是一讲堂，上悬"有志竟成"额，是浙江布政使杨昌濬所题；讲堂后面为当时的教学楼，名"笞云楼"，为山长严辰所题。笞有"钳"义，"笞云"可作"拿云""凌云"解，它与"立志"互为呼应，寓意深刻。立志书院门前河埠上有一幢楼阁，名文昌阁，是立志书院的附属建筑，建于同治十年（1871）。此阁是乌镇读书人心目中的圣地，里面不仅奉祀着主持文运科名的星宿和大成至圣先师孔子，还是文人聚会和科举预考的场所。

接下来去参观茅盾故居，书院跟故居只有一墙之隔。茅盾故居在观前街17号，楼房为四开间两进两层木结构，坐北朝南，总面积450平方米。故居分东西两个单元，是茅盾的曾祖父沈焕分两次购买的，东面的先买，称"老屋"；西面的后买，叫"新屋"。门口高悬着陈云同志题写的"茅盾故居"匾额，穿过天井，便是老屋第二进的两间楼房。东边楼下是客堂间，西边是厨房，老屋前楼靠东一间是茅盾祖父母的卧室，靠西一间是茅盾父母的卧室，茅盾祖父就诞生在这里。新屋第一进楼下两间与老屋格式一样，但是是打通的，是全家用膳的地方。第二进后面是个半亩地大小的院子，有门与老屋相通。茅盾的曾祖父从梧州返乡后，曾在这里建了三间平房以度晚年，他逝世后便一直空着。1933年，茅盾回乡为祖母除灵，决定用刚刚收到的《子夜》

的稿费翻建这三间濒临坍毁的小屋。他亲自画了新房草图，请人督造。1934年秋，新屋告成，茅盾从上海赶来察看，并在小径旁亲手栽植了一棵棕榈和一丛天竹。此后，茅盾多次回乡，都住在自己设计的房子里，从事写作，小说《多角关系》就是他于1935年秋在小屋的书房里写的。到此茅盾故居也就参观完了。

修真观

各位游客，现在我们来到的就是乌镇的中心广场：修真观广场，它是旧时乌镇的文化娱乐中心，是人们迎庙会、看神戏的最好场所。这个戏台是修真观的附属建筑，建于清乾隆十四年（1749），后遭到毁损，现在的戏台是1919年修缮的，一直保存到今天，所以这里的人都称其为古戏台，为市级文物保护单位。戏台占地204平方米，分两层，上层的前部为舞台。戏台为歇山顶式屋面、叠梁式结构，飞檐翘角，是江南水乡典型的古建筑。

现在，戏台前锣鼓声不断，每天上午、下午逢整点都有演出，唱的是当地的地方戏曲：桐乡花鼓戏是用地方方言演唱的。接下来我们回头看一下修真观吧。修真观最早建于北宋咸平元年（998），道士张洞明在此结庐修真得道，所以取名修真观。它是江南的三大道观之一，与苏州玄妙观和濮院翔云观齐名。据有关史料记载，初建时的修真观有三个大殿，后屡毁屡建，至乾隆十四年增设山门和戏台后，修真观的格局基本定型了。现在的修真观，前为山门，中为东岳大殿，后为玉皇阁。

各位游客，乌镇值得一看的景点还有许多，今天我就为大家介绍这些，再见！

项目九

宗教景观类导游词的编撰与讲解

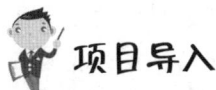 **项目导入**

我国宗教景观数量众多，颇具规模，许多宗教场所为重要的旅游圣地，宗教景观的讲解也成为导游的重要工作内容。因此，本项目的主要任务是：通过不同类型宗教景观导游词的编撰与讲解，学生能够理解宗教景观导游的基本要点，能引导游客正确地认识和理解乃至欣赏宗教文化现象，引导学生对导游服务流程知识的掌握并提高学生的线路设计能力、导游词再加工与讲解能力；学会写作一则千字左右的宗教景观导游词。在此基础上，通过"请扫二维码，跟着视频学讲解：《龙门石窟导游词》"环节的讲解训练和拓展阅读部分的学习，了解四大宗教的建筑、布局、造像、经典、礼仪、节日、人物故事等导游词编撰特点与技巧，为全面掌握宗教景观导游词的编撰与讲解打下坚实基础。

 任务一：例文呈现

大足石刻导游词（节选）

各位朋友，欢迎大家到"石刻之乡"——大足石刻景区游览观光。大足石刻景区位于重庆市大足区境内，共有石刻造像5万余尊，分布于全县近百处地方。造像的年代从初唐至明清前后绵延1200多年，构成了中国文化艺术史上的一大奇观。在这1200多年的创造中，以宝顶、北山、南山、石门山、石篆山五山为代表的石刻造像集中体现了大足石刻艺术的总体特征和文化内涵。大足石刻于1999年12月被联合国教科文组织列入《世界文化遗产名录》，这是继敦煌之后第二个被列入《世界文化遗产名录》的中国石窟。作为一种以佛教内容为主的宗教艺术，作为中国石窟艺术晚期的代表，大足石刻以其丰厚的思想内涵、广泛的造像题材、精美的雕刻工艺、科学的艺术手法、独特的处理方式、浓郁的生活气息和典型的民族艺术风格，成为我国石窟艺术史上一座亮丽的丰碑，也是公元9世纪末至13世纪中叶世界石窟艺术中最为壮丽辉煌的一页。

大足石窟

项目九 宗教景观类导游词的编撰与讲解

各位朋友，现在我们沿着长廊来到北山石刻的北段参观。在北山石刻中观音的造像最具有艺术欣赏价值。请看，这尊被赞誉为"北山石刻之冠"的"数珠手观音"（北段 125 号）俨然是一位妙龄女郎，立身斜依于石壁，头戴花冠，左侧低俯，目光和蔼下视，嘴唇微收，嘴角上翘，流露出一种含颦欲笑、似笑非笑的微妙神态。她身段苗条，肌肤柔和，上体微露，挂着璎珞；肘悬衣带，腰系长裙，侧面迎风，那裙纱衣带在微风中轻轻地摇曳，颇有一种静中寓动、吴带当风之感。同时，观音右手持珠，左手轻轻地握住手腕，两手自然下垂交叉于腹前，给人一种豁达大度、悠闲自然的感觉。这尊造像对观音面部的细腻刻画，更是达到了出神入化的境地。雕刻家们以其炉火纯青的高超技艺，使观音不再是神圣不可亲近的神，而是一位百媚千娇、动人心魄的少女，所以被人们昵称为"媚态观音"。这样的艺术处理，不仅给人一种亲近感，而且缩短了人和神之间的距离。

各位朋友，宋代造像是北山石刻的精华，艺术造诣极高。在艺术造型上更富民族特色，线面并重，装饰味浓，无论是人物还是器物都经过提炼变形，源于生活而高于生活，使之"既像非像"、耐人寻味。现在我们看到的北段第 136 号转经藏窟，是北山规模最大、最为精美的一窟，人称"大足石刻的王牌"。此窟建于南宋绍兴十二年至十六年，即公元 1142 年至 1146 年，至今保存完好，宛然如新。窟室中央屹立八角形转轮经藏，以蟠龙为基，龙于云朵间伸展自如。龙上方为八面形露盘，露盘的边沿上方雕刻出四十余个或坐或立、或爬或卧的嬉戏儿童，天真活泼，十分惹人喜爱。露盘上方立八根龙柱，龙的造型有的向上，有的向下，皆具动势。就此窟所处的岩层看，这样的平顶窟如中间无支撑物，较易坍塌，古代的雕刻家们运用"转轮经藏"这一法器，既可表示法轮与造像内容相吻合，又起到了支撑、采光、装饰的作用。"转轮经藏窟"内的雕像镌刻于东、南、北三面壁上。其布局是东壁刻一佛（释迦牟尼）、二僧（迦叶、阿难陀）、二菩萨（净瓶观音、大势至）；南、北壁对称各凿三组造像；南壁从内而外，为文殊菩萨、玉印观音、如意珠观音；北壁从内而外，为普贤菩萨、日月观音、数珠手观音；窟口左右各刻一金刚力士。全窟左右四组造像对称组合，井然有序，各组造像既可独立成龛，又使全窟浑然一体。

各位朋友，接下来请大家随我一起从内到外欣赏每一尊造像，我们先看这尊普贤菩萨。普贤为佛教四大菩萨之一，以理性和德行第一为特点。她头

戴方形花冠,肩披帛带,胸前缀满璎珞,面庞圆润清秀,体态前倾,目光向下,抿嘴欲笑。古代的匠师们把普贤菩萨的微妙神态雕刻得淋漓尽致,具有古代东方美女的典型特征,被当代美学家王朝闻称誉为"东方维纳斯"。莲座下的白象被象奴所牵引,在前进中回首后顾,象奴体魄健壮,气质粗犷。匠师们正好运用这种反衬手法,使象奴与普贤形成鲜明对比,在气质上一刚一柔,两相比较,更加成功地表现出普贤的清秀文雅,俊逸超尘。

各位请看这尊文殊菩萨。文殊菩萨在佛门中是一位博学广闻、多才善辩、象征智慧的菩萨。我们远远望去,她脸庞方正,双目凝视,嘴唇柔薄,手握经卷,具有学者般的翩翩风度。在这里,古代雕刻家们把文殊博学睿智、精力充沛而又稳笃自负的微妙神态雕刻得细致入微、淋漓尽致。座下的青狮昂头大吼,象征智慧的唤醒和慑服之力,犹如狮子吼声能撼人心灵,解人迷惑。所以佛教义理中常把佛、菩萨的高超智慧和理性无量比喻为狮子吼。由此我们看到,高明的工匠往往善于把深邃的哲理体现在具体的雕像中,可谓高明之至。

各位请看这尊日月观音,她有六只手,上两手托日、月,后两手执长柄龙头斧与长剑,前两手捧钵及持杨柳枝。她面颊丰腴,和蔼可亲,看上去面部肌肉的质感非常强。这尊造像体现了女性皮下脂肪比较丰富、皮肤富有弹性的特点,给人们留下的印象是一位中年发福、雍容华贵、豁达善良的贵妇人形象。

各位朋友请看这尊玉印观音,人们常以玉印观音头顶上戴着的这顶花冠为例子来充分地说明该窟的保存完好度及艺术整体感。这顶花冠历经八百多年而无一颗珠子残缺。我们欣赏此像后不得不感慨:八百年前的工匠们虽然没有罗丹那精辟的艺术语言,但却有如此高超的艺术实践。

由此可见,此窟雕刻工艺也精美绝伦,巧夺天工,刀法准确利落,花簇珠串玲珑别透,难怪国际知名作家韩素音女士赞誉其为"中国石窟艺术上的一颗明珠"。

 任务二:篇章解析

请一位同学以导游讲解的方式朗读一遍后,教师以提问方式让学生从此案例中总结出宗教景观类导游词篇章结构、主要内容与语言特色。

1. 结构—内容

开头——以十分简洁的欢迎词引入景区的讲解。

正文——导游词的主体部分，首先简要介绍了大足石刻景区的概况，接着依次对北山石刻的观音造像、第136号转轮经藏窟及普贤菩萨、文殊菩萨、日月观音、玉印观音等佛教人物造像进行了重点讲解。

结尾——总结了北山石刻佛教造像的艺术因素和地位，加深游客的印象。

2. 语言特色

宗教景观是我国的一项重要旅游资源。宗教景观导游的目的是向游客介绍宗教文化。要达到这个目的，宗教景观导游不仅要正确认识宗教，还需要以丰富的宗教知识和相关历史知识做基础，以灵活的讲解方法做辅助。

人物造像是佛教建筑中最基本的内容，导游人员在讲解中，既应该把握住塑像的宗教内涵，又要阐述其艺术因素。因为旅游者不一定都是佛教信徒，有相当一部分游客纯粹为追求审美而来。所以导游员在对佛像的讲解中，突出其艺术方面的内容是必然的。以"数珠手观音"为例，例文中为了突出佛教建筑中塑像的艺术性，采用了比喻的方法，将"数珠手观音"比作妙龄女郎，重点讲解了其材料、造型、神态、色彩等几个方面："立身斜依于石壁，头戴花冠，左侧低俯，目光和蔼下视，嘴唇微收，嘴角上翘，流露出一种含颦欲笑、似笑非笑的微妙神态。她身段苗条，肌肤柔和，上体微露，挂着璎珞；肘悬衣带，腰系长裙，侧面迎风，那裙纱衣带在微风中轻轻地摇曳，颇有一种静中寓动、吴带当风之感。同时，观音右手持珠，左手轻轻地握住手腕，两手自然下垂交叉于腹前，给人一种豁达大度，悠闲自然的感觉。"

宗教景观导游词还要做到雅俗共赏，兼顾各文化层次的游客需要。到宗教景点旅游的客人，身份、文化背景和旅游需求各不相同，有的希望在游览中领略多姿多彩的宗教艺术形式，感受宗教文化的熏陶，也有的是到宗教场所进香参佛，祈愿祝福。因此，宗教景观导游词应当因时而讲，择机而说，根据不同的游客需求，努力做到雅俗共赏，以满足不同文化层次游客的旅游预期。例文中在介绍"数珠手观音"的神态时用了"颇有一种静中寓动、吴带当风之感"，显然能理解"吴带当风"的含义，必须具有一定的文化基础，

所以在后文的介绍中又有"一位百媚千娇、动人心魄的少女,所以被人们昵称为'媚态观音'"的表述,这个比喻一般的游客都能理解。

本篇导游词结构、层次清晰,准确地将佛教的有关概念结合起来,形成完整的知识,根据游客和景点的特点灵活运用了点面结合、以熟喻生等方法,将佛教文化与现实生活相联系,以启迪心灵,激发灵感。

任务三:写作实训

1. 根据下列材料所提供的信息和要求撰写一则宗教景观的导游词

某寺庙位于繁华市区,闹中取静,古朴幽深,梵宇重楼。其内供奉着一尊释迦牟尼成道像,为镇寺之宝,佛像高 1.95 米,宽 1.34 米。其左胁侍为文殊菩萨,右胁侍为普贤菩萨,合称"释迦三尊"。其中的释迦牟尼造像选取缅甸美玉,由能工巧匠精雕细琢而成,且质地细腻,研磨得圆润光滑;整个佛像和谐匀称,身体略向前倾,呈现出一种宁静、洒脱、柔美的神情,堪称佛教艺术中的瑰宝。

撰写要求与评分参考(本题共 20 分):

①请根据以上提供的景观信息,撰写一篇在语言、形式上符合要求的导游词(3 分);

②请将字数控制在 1500~2000 字(2 分);

③要求按照题目中提到的概念、信息和景观意象,进行准确、恰当的解释、扩充与想象,不能照搬某一景点现成的导游词(10 分);

④在选材、角度、结构、表达等方面要有一定的创新性(5 分)。

2. 教师列出类似宗教景观让学生进行模拟性写作,如杭州飞来峰造像、无锡灵山大佛、宁波奉化弥勒佛造像等,也可以由学生自选相关景观进行写作练习,可在课堂上完成,也可在课后完成

任务四:讲解交流与修改考评

导游词视频

1. 第二次上课时选择一个组(5 个学生)中写好的两篇导游词进行讲解

交流，由全班学生（被选中的小组同学除外）和教师进行评议打分后，提出修改意见，当堂修改好并上交，最后由教师打分，并加上学生打分给出本次作品的最终成绩。本项目共5分，分为三个等次：A. 5分；B. 4分；C. 3分及以下。

2. 请扫二维码，跟着视频学讲解：《龙门石窟导游词》

龙门石窟导游词

游客朋友们，大家早上好！伴随着清晨的第一缕阳光，欢迎走进世界文化遗产——龙门石窟。

龙门石窟位于洛阳城南13公里处，这里两山相对，伊河水从中川流而过，景色宜人，温泉增辉，自古以来便以"龙门山色"被列入洛阳八大景之首。龙门石窟与甘肃敦煌莫高窟、山西大同云冈石窟并称为我国佛教三大石刻艺术宝库，而龙门石窟作为其中浓墨重彩的一笔，成为广大佛教信徒心向神往的游览圣地。

龙门石窟始凿于北魏，之后又历经东魏、西魏、北齐、隋、唐、北宋等朝代，雕凿断断续续有400余年之久，其中尤以北魏和唐代皇室发愿造像最为集中，追溯至北魏时期，史书多有记载，由于当时最高统治者的大力提倡，加之贵族大臣的竞相趋附，使得当时的洛阳"官私寺塔其数甚众"，也使龙门石窟成为佛教造像的圣地天堂，更反映出浓厚的国家宗教色彩。

迁都后的北魏造像因其披上了封建政治汉化的外衣，因而它所展现出的秀骨清像，宽袍大袖，都无一不向我们证明，龙门石窟自开创之日起，便有着世俗化、中国化的发展趋势和形态特征。

朋友们，步移景至，现在我们已经来到了龙门石窟北魏造像的精品——宾阳中洞。宾阳中洞气势恢宏，规模庞大，是一座极具艺术魅力的佛窟圣殿。始凿年代为公元500年，历时24年的辉煌雕刻，这在当时是极为庞大的雕刻工程。

宾阳中洞为穹隆顶，形似蒙古包顶端，马蹄形平面。走入洞内，人们不禁惊叹，似是步入了佛国仙境，又像是来到了一座琳琅满目的琼庭画阁。它那苍穹式的窟顶，使人不觉联想到了北方游牧民族豪放不羁的草原生活。窟顶藻井为一重瓣莲花，四周飘浮着八身伎乐飞天，手持磬、筝、笛、箫等乐器，悠然飘浮于天空之中，"天乐震响，夺万籁之音"的说法场景油然而生，

项目九 宗教景观类导游词的编撰与讲解

静的莲花，动的飞天，动静相生，使整个洞窟生机盎然。

洞窟造像题材为三世佛，即过去佛燃灯，现世佛释迦牟尼，及未来世佛弥勒。本尊释迦牟尼结跏趺坐于方台座上，面容清瘦，体态修长，眉呈弧形，眼大而长，鼻梁高挺，嘴角微翘，是写实的鲜卑人面容，观其神态，庄严中透出慈祥，目光中流露出关注人间的神采，比起云冈石窟中的佛像已迈出了世俗化的步子，带给人一种亲切感。而袈裟服饰也一改云冈的偏袒右肩式变为褒衣博带式，这正是孝文帝拓跋宏推行汉化政策的体现。

值得一提的是分布在洞窟内壁两侧的大型浮雕像：皇帝、皇后礼佛图，画面中，孝文帝头戴冕旒，前有持熏炉者，两侧有持华盖者，文昭皇后身着华丽服饰，两侧侍女手持蒲扇，紧随其后。浮雕精细华美，向我们充分展现了北魏皇室前往礼佛路上的浩大场景。这两幅浮雕后被盗卖至国外，现分别藏于美国纽约市艺术博物馆和堪萨斯市的纳尔逊艺术博物馆。

纵观宾阳中洞，构图完整，雕刻精美，这不仅是佛教信仰与雕凿技术的完美传承，而且见证了千余年来古代劳动人民的智慧，更为今日辉煌的龙门印证了一枚不朽的历史徽章！（李岚、周洁婷）

任务五：拓展学习——不同类型宗教景观导游词撷英

1. 汉传佛教景观导游词

（1）汉传佛教寺院的布局

各位游客，在正式参观前，我给大家介绍下汉传佛教寺院的大致布局。佛教寺院原本是出家僧众礼佛修行的场所，后来逐步发展为具有多种功能的建筑群。寺院的"伽蓝七堂"制形成于宋代。"伽蓝"就是僧园之意。"伽蓝七堂"的布局同我国传统的四合院布局几乎完全一致，逐渐成为我国佛寺建筑的固有标准。佛教每个宗派的"七堂"有所不同，后世大都沿用禅宗的"七堂"之制，即寺院坐北朝南，沿南北向的中轴线上建有山门殿、弥勒佛殿、天王殿、大雄宝殿、本寺主供佛殿、法堂、藏经楼（阁），配殿和附属设施是分布在中轴线东西两侧对称建造的次要建筑，通常由钟楼（东）、鼓楼（西）、伽蓝殿（东）、祖师殿（西）以及客堂、禅房、斋堂、寝堂、浴堂、寮房、西净（卫生间）、放生池等组成。这样，寺院就组成了一组规模宏大而排列有序的建筑群。

　　山门通常是一座有3个门洞的牌楼式建筑，中间有一个大门洞，两旁各有一个稍微小一些的门洞，象征着佛教的"三解脱门"，即空门、无相门、无作门。山门之后建有山门殿，通常是一座通道式的长方形建筑物。其左右两侧各有密迹金刚塑像一尊，塑像造型为手持金刚杵的力士。传说古印度有两位王子皈依佛门，发誓常随佛旁，聆听佛的一切说教和一切秘闻，故称密迹金刚。一些寺庙山门殿中的密迹金刚被《封神演义》中的"哼"（郑伦）、"哈"（陈奇）二将的雕塑所取代，是佛教中国化的具体表现。

　　山门之后是一座长方形的佛殿，供奉着弥勒佛，故称弥勒佛殿。弥勒佛又叫弥勒菩萨，是三世佛中的未来佛。"弥勒"为姓，是梵文音译，意思是慈悲。我国汉传佛教寺院的弥勒佛大多是袒胸露腹、喜笑颜开的形象。古代民众祈求多子多福，因此弥勒佛又有了"送子弥勒"的称号，由此还出现了"五子戏弥勒"的塑像。弥勒龛两旁的柱子上刻有许多哲理高深的对联，常见的有："开口常笑，笑古笑今，凡事付之一笑；大肚能容，容天容地，与己何所不容"，"大肚能容，容天下难容之事；开口常笑，笑世间可笑之人。"

　　弥勒佛殿后面是天王殿，殿内供奉着威武的四大天王。他们分别是：东方持国天王，面白，穿白色铠甲，手中的法器是碧玉琵琶；南方增长天王，面青，穿青色铠甲，手中的法器是青光宝剑；西方广目天王，面红，穿红色甲胄，手上缠着一条龙；北方多闻天王，面绿，身着绿色甲胄，右手持宝幡（混元宝伞），左手握银鼠。佛教认为四大天王担负着护佛、护僧、护法、护国、护众生的职责。老百姓则认为他们代表风、调、雨、顺，保五谷丰登，六畜兴旺，众生平安。

　　各位游客，出了天王殿的后门，迎面正对着的便是寺院的主要建筑——大雄宝殿，又叫主殿、正殿。大雄宝殿通常为重檐歇山式，高大敞亮，金碧辉煌，雄伟壮观，寺庙的主要佛事活动一般都在这里举行。

　　大雄宝殿内供奉的塑像较多，归纳起来可分为三大部分：一是大殿正中设坛，坛上供奉主尊像；二是东西两侧配置十八罗汉或二十诸天，或十二圆觉像；三是主尊佛的背面配置大型海岛观音群像或三大士（文殊、普贤、观音）塑像。大殿正中为主尊像，供奉在须弥坐台或莲花座上，主尊佛为佛祖释迦牟尼。古印度佛教信徒尊称释迦为大雄，意指英勇无畏、法力无边，因此将供奉释迦牟尼的殿堂叫作"大雄宝殿"。主尊塑像的供奉数量，各个寺

项目九　宗教景观类导游词的编撰与讲解

院不尽相同，汉传佛教寺院一般设一尊和三尊。一尊主佛像，有坐、立、卧3种姿势。坐式是释迦牟尼结跏趺坐像，或成道像，或说法像。立式为释迦旃檀像，佛右手下垂做与愿印，表示能满足众生愿望；左手屈臂上升做无畏印，表示能解除众生苦难。卧式为佛祖涅槃像，即佛祖入寂前向众弟子们最后一次说法的佛像。三尊主佛像，横三世佛，正中为释迦牟尼佛，左面是药师佛，右面是阿弥陀佛；竖三世佛，正中是现在世释迦牟尼佛，左为过去世燃灯佛，右为未来世弥勒佛；三身佛，表示释迦牟尼的三种化身，正中是法身佛毗卢遮那，左为报身佛卢舍那佛，右为应身佛释迦牟尼。

因所属宗派不同等种种原因，各寺一般都有本寺的主供佛或菩萨。福建南普陀寺的大雄宝殿后为大悲殿，主供大慈大悲菩萨观世音。洛阳白马寺的大雄宝殿后建有接引殿，主供西方三圣，居中者为阿弥陀佛，左边是观世音菩萨，右边是大势至菩萨，表示由此三圣接引、超度世人到西方极乐世界。五台山文殊菩萨道场，也叫菩萨顶，该寺主供是文殊菩萨，该道场建在天王殿和大雄宝殿之间。浙江普陀山法雨寺主供观音菩萨，其观音殿也是建造在天王殿和大雄宝殿之间。也有许多寺庙只有天王殿和大雄宝殿，而无主供佛及菩萨殿。

各位游客，法堂又称讲堂，是高僧大德们讲经说法的地方，是寺院举行重大佛事活动的场所，如方丈升座、传戒期间设戒坛等。法堂的中央设一座台，安放案桌（讲台）和法座，台下设香案，两侧是听法席。法座背后有一个大的屏风，常常有狮子吼图。因为佛教常将佛说法比喻为狮子吼。规模较小的寺院不专设法堂，而在某一殿堂内开辟一侧，或在藏经楼设有一个法台，供方丈、高僧讲法用。

各种各样的经卷是寺院的重要组成部分，因此在大雄宝殿之后，一般都建有藏经楼（阁），用来存放佛教经典。藏经楼通常宽敞、明亮、洁净，里面摆放着许多高大的藏经柜，柜里存放着各个时期、不同地区、不同版本的经书。佛经的种类很多，通常称为"三藏十二部"。"三藏"是佛教经典的总称，包括"经"藏，是佛所说的教义、理论、思想和方法；"律"藏是佛所说的戒律；"论"藏是菩萨们和佛学大师们对佛所说的经义加以解释、论述或发挥的文论。"十二部"是依据体裁和性质分出的十二类经文。有些寺院的藏经楼用途较多，既可藏经，又可用作僧众学习佛经的场所，还可用作贵宾接待室。

配殿一般由伽蓝殿和祖师殿等建筑物组成。伽蓝殿设在大雄宝殿右侧，殿内正中塑波斯匿王，其左塑祇陀太子，右塑给孤独长者，此三者为父子三人，殿的两侧配塑十八伽蓝。祖师殿设在大雄宝殿的左侧，禅宗祖师殿内正中通常供奉达摩，其左塑六祖慧能或妈祖像等。

各位游客，上面我给大家介绍的是比较完整的"伽蓝七堂"制的丛林格局，由于不同的地理环境、历史变迁、政治经济条件和各宗派的不同，各个寺院亦有所区别。

（2）佛教造像

洛阳龙门石窟奉先寺卢舍那佛导游词

各位朋友，再登几十步台阶就到奉先寺了，"奉先"就是供奉祖先之意。奉先寺是龙门石窟中雕刻规模最大、艺术最精、气势最磅礴、最具有代表性的重要洞窟。龙门石窟景区最大的佛像也在这个寺内。

奉先寺东西深约40米，南北宽约36米。卢舍那佛左侧的《大卢舍那像龛记》记载：大唐高宗天皇大帝之所建也，佛身通光，高85尺，二菩萨高70尺，迦叶、阿难、金刚神王各高50尺。奉先寺的建造时间，据有关资料和专家推测，约始建于武则天被立为皇后的永徽六年，就是公元655年。完工于上元二年，即公元675年12月30日，历时21年左右。

各位请看奉先寺的布局：一佛、二弟子、二菩萨、二天王、二力士，另外还有两个供养人。主佛梵名曰"卢舍那"。按佛教说法，佛有三身：法身是佛的本来之身；报身是佛经过长期修行而获得的"佛果"之身；应身即佛为"超度众生"而显现之身。卢舍那即所谓报身佛，译名"净满"。主尊像为结跏趺坐中央的卢舍那佛，全像通高17.14米，其中头部高4米，两耳高为1.9米，为龙门石窟最大的佛雕。其面容丰腴典雅，眉若新月，双目含情，笑意微露，慈祥外溢，那智慧的双眼稍向下俯视，目光恰好和礼佛朝拜者的仰视目光交会，可引起人们感情上的震撼，由此可见设计者的匠心。两侧侍立的二弟子，老者迦叶形象严谨持重，少者阿难形象丰满圆润、眉清目秀。各侍立菩萨头戴宝冠，身挂璎珞，肩搭帔帛，下衣长裙有出水之势，刻画出一种端庄而又美丽动人的风貌。奉先寺的整个布局，使人感觉像是皇帝在宣召文武百官的场面。一般来说，在佛学的教义里，佛、菩萨均为男性，而在龙门奉先寺内的主佛却是女性化的，这是唐武则天出于政治的需要，破天荒

地将卢舍那大佛塑造成中年妇女特有的形象。传说武则天集上述美德与大卢舍那佛的形象几乎完全吻合。可见卢舍那佛的形象在一定程度上就是武则天形象的真实写照。

各位朋友，从艺术上看，奉先寺造像布局协调匀称，大佛像五官刻画合乎比例，这一巧夺天工的辉煌成就，具有永不磨灭的艺术魅力，是唐代宗教造像艺术的代表之作，是我国雕刻史上的伟大范例之一。

（3）汉传佛教建筑

恒山悬空寺导游词（节选）

各位朋友，我们常说高楼万丈平地起，但悬空寺却一反常态，是一幅"危楼挂绝壁"的险景图，正如民间流传的顺口溜那样："悬空寺，寺悬空，神奇绝妙在天空，神仙指点蜘蛛网，金龙峡口现神宫。"这句顺口溜来自一个传说故事。相传，北魏年间，拓跋氏建都平城，统一了大半个中国，他们一方面借助北岳恒山的自然天堑，作为京师国防的军事要地；另一方面加强北岳的道观规模建设，利用神权来巩固其统治地位。一位皇帝突发奇想，打算在恒山为神仙修建一座上不着天、下不着地的悬空寺。俗话说得好："庙有基，寺有础。"没有基础的寺院，人们从来没听说过，也从来没见过，找这样一位建寺能人更是难上加难。建筑官为推卸责任，在招能榜文中把悬空寺的"悬"改为"玄"字。一字之差，意义迥然不同。"悬"是悬空之意，"玄"则指的是道教的意思。可怜的老百姓却被蒙在鼓里。不久榜文便被恒山脚下一位有名的工匠揭下。一年之后，一座巍峨的"玄空寺"便建成了，皇帝亲临恒山验收悬空寺，不明真相的工匠稀里糊涂犯下了欺君之罪。工匠的徒弟为救师傅挺身而出，要求重建寺院，并以师徒二人的脑袋做担保。从此，师徒二人整日冥思苦想寻找建悬空寺的方案。一个偶然的机会，徒弟看见一只蜘蛛抱着根蛛丝在屋檐下晃来晃去，没多久便织出了一张悬空的蜘蛛网。徒弟从中得到启示，和师傅商议后，来到恒山一带选址，最后看中了翠屏峰。师徒二人带领工匠先把绳子的一端系在山顶上，另一端系在人腰上，将人悬空吊在半山腰进行悬空作业。他们充分利用力学原理，巧借岩石为暗托，在陡崖上凿洞眼，然后插入飞梁为基。飞梁2/3插在坚硬的岩石里，1/3挑出崖外，再在上面铺板立柱，建成殿阁楼台，使得悬空寺上载危岩，下临深谷，成为一座名副其实的悬空寺。就这样，一只小小的蜘蛛救了师徒二人的性命。

各位朋友，一段美丽的传说伴随着我们进入了悬空寺的山门，现在我们来到悬空寺的一处院落中。千百年来，我国古代建筑在长期的发展进程中，逐步形成了东方独特的建筑体系和建筑风格，悬空寺最大限度地发展了我国古老的建筑传统，将古建筑艺术发展到了登峰造极的地步。其建筑特色，可概括为三个字："奇""悬""巧"。

各位朋友，让我们先从悬空寺的"奇"谈起。值得称奇的是，建寺之初在设计与选址上，真可谓别具匠心，因地制宜。悬空寺处于深山峡谷的一个小盆地内，全身飞挂于峡谷西侧的石崖中间，石崖内陷略呈弧形，而悬空寺恰好躲在弧形的凹底。有人曾形象地用一口垂吊的大铁锅来比喻这儿的山势，悬空寺正巧建在锅底中央。请大家抬头看，石崖顶峰突出部分酷似一把伞，或者是一组天然的大屋檐。下雨时，雨水顺崖而下，在寺前形成一道奇妙的雨帘，使古寺免受雨水的冲刷。当暴雨成灾、河水泛滥时，洪水也只能望寺兴叹，从寺前匆匆而过。四周的大山减少了烈日的暴晒，据有关部门测定，悬空寺在盛夏时的日照时间平均只有3小时，而到寒冬腊月时基本上就见不到阳光了。值得一提的是，1989年10月间阳高县—大同县一带发生了6.1级强烈地震，而悬空寺仅轻微一晃，安然无恙。优越的地理位置是悬空寺至今尚存的原因所在。但还有一个原因不容忽视，那就是，中华人民共和国成立后党和政府的高度重视，1957年悬空寺被列为全省重点文物保护单位，1982年又被列为全国重点文物保护单位。一句话，天时、地利、人和是悬空寺保存至今的奥秘所在。

各位朋友，我们再说"悬"字。"悬"是悬空寺建筑特色之二。寺曰悬空，名副其实。整个建筑从选址到修建，处处围绕一个"悬"字，突出一个"悬"字。整个悬空寺共有楼阁殿宇40间，表面看上去，支撑它们的仅是十几根碗口粗的木柱子，其实有的木柱受力，有的却是虚设，根本不受力，只起装饰作用。由于真正的重心撑在坚硬的岩石里，使得悬空寺成为一座似虚而实、似危而安、危中见俏的奇特建筑。不信，大家可站在曲廊或栈道上，触摸一下木柱子，会感觉到它在晃动。尽管受力重心点在岩石里，但下面支上木柱后，则给人以错觉，似乎整个悬空寺都是用那几根纤细的木柱支撑着，加重了悬的气氛。可见，下面支上木柱后，不但没有画蛇添足的意味，反而是恰到好处。难怪人们用"悬空寺，半天高，三根马尾空中吊"来

形容悬空寺，看来一点儿也不为过。不难看出，当年的建造者的用心是何等绝妙！

各位朋友，最后我们讲讲"巧"字。悬空寺的"巧"又是如何体现的呢？巧就巧在悬空寺的建筑没有花费巨大的劳动去改造地形地貌，而是因地制宜，扬长避短，充分利用峭壁的自然状态布置和建造寺庙各部分建筑物，而且彼此联络，相互呼应，每一处建筑都经过深思熟虑，或大或小，显示出各殿阁的主次错落有致和强烈的节奏感。悬空寺虽然悬空，但只是将平面寺院的布局置于绝壁的立体空间之中，因此仍不失一般寺庙的形制和规模，山门、钟鼓二楼、大殿、配殿等应有尽有，正所谓"麻雀虽小，五脏俱全"，小巧玲珑，完整奇巧。

各位朋友，悬空寺以西为正，寺门向南而开，整个寺院的布局为"一院二楼"。一院便是我们现在所站的这个长不及10米、宽不足3米的院落；二楼是指有栈道相连的悬空的南北两楼。

（4）人物故事

韶关南华寺祖殿导游词

各位团友，现在我们就去参观最后一个殿——祖殿。这是供奉慧能真身的殿堂，称为祖殿。"问祖"先要"寻根"，现在先向大家讲一个"拈花一笑"的典故。在一次有近百万人参加的涅槃会上，释迦牟尼拈起一枝金婆罗花示众。当时大众都默然不得领会，唯独大迦叶尊者破颜微笑。于是，释迦牟尼对大迦叶说："我有一种微妙法门，不立文字，教外别传，现嘱托于你，你要好好护持，不得让它断绝无传。"说完之后，释迦牟尼还将一件袈裟赐给迦叶尊者，这就是禅宗的始传。大迦叶受法以后，下传给阿难，经过28代传至达摩，形成直指单传的禅宗。南朝梁武帝时，达摩来到中国，将禅宗传授给慧可，于是达摩就成了开创中国禅宗的初祖。之后是二祖慧可，三祖僧璨，四祖道信，五祖弘忍，六祖慧能。说到这里，可能许多团友心中都有疑问，为什么禅宗自慧能之后不再有"七祖"呢？要回答这个问题，还得从慧能的生平说起。

六祖慧能俗姓卢，是广东新兴县人，祖籍在河北范阳，出生于公元638年的二月初八。慧能3岁丧父，生活十分贫困，小时候就爱到附近的寺院里玩，常听法师们念经，久而久之也能背诵一二。因家境贫寒，慧能少年时无法读书识字，年龄稍大就靠卖柴度日，直至24岁那年，一次偶然的经历改变了他的一生。有一天，他像往常一样到集市去卖柴，听见有人在念《金刚经》，引起了他的共鸣，在念经人的资助下，慧能来到湖北省黄梅东山寺出家，当时我国禅宗的第五代祖师弘忍在那里任住持。

慧能开始只在东山寺做一个行者，在杂役房舂米、劈柴。过了8个月，弘忍要选衣钵传人，要门下弟子每人作一首佛偈，写下自己的学佛心得，以此来观察弟子们学习和领会佛义的深浅。当时，弘忍有个大弟子名叫神秀，他在东山寺学法已有30年，是寺院的首座兼教授师，地位与学问都极高。五祖弘忍曾在正式场合说过："东山之法，尽在秀矣！"所以，东山寺的众僧都以为衣钵非神秀莫属。不过，神秀却感到很为难，写吧，又怕写得不好，令师父失望；不写吧，又恐怕要失掉继承衣钵的良机。思虑再三，神秀终于做出了决定，一天夜里的三更时分，神秀悄悄地来到方丈室外面的走廊，一手拿着点燃的蜡烛，一手在墙壁上写下一首佛偈："身是菩提树，心如明镜台。时时勤拂拭，勿使惹尘埃。"天亮时五祖看到墙上的偈语，派人将神秀唤到禅房，问："这偈语是你作的吗？"神秀说："确是我作的，弟子不敢妄求祖位，只请师父看看弟子的智慧如何。"五祖说："你作的偈语还未见到本性，就好像到了门口，还没有进来。"五祖又告诉神秀，给他一二天，认真地想一想，再作一偈，要是再作的偈语能够明心见性，进到佛法门里来，就将衣钵传给他。过了几天，由于神秀心里老是恍恍惚惚，患得患失，所以佛偈一直没有写出来，但墙上写的偈语已被僧众传诵。

有一日，慧能听到别的和尚诵念神秀的偈语，不由叹道："美则美矣，了则未了。"意思是说，这首偈语作得好是好，可惜还没能真正了解本性。慧能来到方丈室的廊壁前，刚好有位名叫张日用的居士在诵读神秀的偈语，于是上前说，我也有一偈，劳请居士替我写在墙壁上。张居士大吃一惊，用不信任的眼光打量着慧能："你连字都不识，也会作偈，这真太稀有了。"不过，这位张居士也明白"下下人也有上上智，不可轻视初学"的道理，所以就答应了慧能的请求。于是，慧能一边念，张居士一边写出了以下偈语："菩提本无树，明镜亦非台。本来无一物，何处惹尘埃。"慧能念完这首偈后，旁观的和尚、居士们都发出惊讶的声音："奇哉，奇哉，真是人不可貌相，他到这个地方也没有多久，竟然说出这等高深的偈语，莫非他是肉身菩萨？"众人的喧哗声把五祖引了出来，弘忍看了慧能的偈语，真是又惊又喜，他认为慧

项目九 宗教景观类导游词的编撰与讲解

能见性深透，善悟禅机，可以传承自己的衣钵。但五祖见众人如此惊讶，恐怕有人要暗害慧能，于是脱下鞋子，把慧能写的偈语给擦掉，说："这首偈也没有见性，他讲得不对。"众僧听五祖这么一说，都信以为真，因为他们谁也不知道到底是神秀对还是慧能对，一个说菩提有树，另一个说无树；一个说有台，另一个说非台，没有修行到一定功底的人是难以理解的。

就在第二天夜里，五祖弘忍秘密地将衣钵和祖位传授给慧能。慧能成为六祖后，为了避免争夺衣钵之害，听从五祖嘱咐连夜逃离东山寺。慧能南逃回广东后，隐姓埋名长达15年之后才到广州法性寺（光孝寺）落发。说起来这里还有一段小插曲，那年的正月初八，慧能来到法性寺，正遇上印宗法师在开讲涅槃经。讲经时，有风吹着殿中的经幡左右晃动，有一个和尚见到便说："这是风在动。"另一个和尚则说："这是幡在动。"慧能大喝一声："这既不是风在动，也不是幡在动，而是你们的心在动。"意思是说，倘若你们两个专心听经，心不动就会感到风也不动，幡也不动了。当时慧能的说法，可谓语惊四座。印宗法师立即请慧能上座，并请他开示经中奥妙的道理。慧能讲述的禅语既玄妙精深又通俗易懂，使人入耳入心，茅塞顿开。印宗法师非常佩服，探听之下，知道眼前这位竟是禅宗第六代祖师，忙向慧能行叩大礼，并请出示五祖所传的衣钵给大家瞻礼。就这样，六祖慧能在法性寺暂住下来。二月初八，也就是在慧能39岁生日那天，在法性寺的菩提树下正式落发。第二年，近千僧人护送六祖慧能来到韶关的宝林寺（南华寺），大兴土木修寺建宇，很快就使宝林寺香火兴盛。公元713年，慧能回到家乡新兴探望。八月初三那天，慧能在家乡的国寺圆寂，享年76岁。因为六祖慧能认为衣钵相传容易引起是非纷争，所以在生前就决定对弟子只授佛法，不传衣钵。既无衣钵相传，也就没有"七祖""八祖"了。

各位团友，六祖慧能可以说是一位富有传奇色彩的人物。他不识一字，全靠"心"的领悟，成了一代宗师。慧能认为，明心是指修持的方法，见性是修行的目的，顿悟成佛是最终的结果。所以，他提出的"直指人心，见性成佛"的顿悟主张，用不着累世修行，也不用烦琐的宗教仪式。按照六祖慧能的观点，不管男女老少都可成佛，出家修行也行，在家修行也可以，即使是那些有罪孽的人，佛性也仍然存在，只不过是他们肯不肯去反思和顿悟罢了。这种简单的修行方法，既满足了中国古代士大夫、文人学士希望通过简易快捷的途径成佛的愿望，又符合广大劳动者无力反抗现实而追求精神上解脱苦恼的幻想。正因为不同社会层次的人都很容易接受慧能的"顿悟"主张,所以他倡导的南宗禅不仅遍及全国,而且远播海外。从六祖以后,禅宗在中国的面貌就焕然一新,到唐代后期,禅宗几乎取代了中国佛教的其他宗派,甚至禅学成了佛学的同义词。所以,在中国佛教信徒的心目中,六祖慧能是"中国的佛祖",享有极高的地位。据说当时武则天几次下旨请慧能上京,但慧能"竟不奉诏",武则天没有办法,反而派人送来了千佛袈裟以表尊敬。

祖殿主要保存了真身、衣钵、法器、圣旨等文物。我们现在看到殿内正中有3座木制佛龛,正中供奉的就是禅宗六祖慧能大师的真身,左右两边分别是明代憨山德清和尚、丹田和尚两位大师的真身。所谓"真身",是有高尚德行、精深修为的和尚死后,由弟子们按佛教传统方法保留下来的肉身。在我国,供奉有"真身"的寺庙并不多见,当年六祖圆寂后,南华寺与国恩寺都希望供奉慧能真身。据说,最后是靠烧香决定,檀香点燃后升起的袅袅轻烟居然直指曹溪,因此六祖慧能的真身最终还是安放在南华寺。

慧能在南华寺传授南宗禅法达37年,有得法弟子43人。后来他的弟子行恩禅师更将南宗禅法发扬光大,经过几代传播,逐步发展为五家七派。因此,南华寺在佛教界又有"祖庭"之称。五家是指沩仰、曹洞、临济、法眼、云门五宗,其中临济宗在第六代时又分为黄龙派和杨岐派。当年达摩祖师曾作偈语:"一花开五叶,结果自然成",后来人们就把南宗禅法比喻为"花",把五宗比喻为"叶"。在古代汉语中,花和华是假借字,可以相互通用,所以,南宗禅法这枝"花"盛开的地方就叫"南华寺"。

2. 藏传佛教景观导游词

青海塔尔寺导游词(节选)

各位朋友,大家好!现在我们来到了藏传佛教格鲁派六大寺院之一的塔尔寺。塔尔寺占地六百余亩,它的数十座殿塔在幽深的莲花山坳里依山势起伏,交相辉映。雄踞全寺中心的大金瓦殿,金碧辉煌,规模宏伟,富丽堂皇,是塔尔寺的主建筑。它与明柱素洁、气象庄严的大经堂,以及各具特色、错落排列的弥勒佛殿、金刚殿、释迦殿、文殊殿、长寿殿、四大扎仓等,汲取了青海同仁热贡木刻艺术的精华和甘肃河州砖雕艺术的特点,并采用了青海民居建筑布置的方式,及藏族固有的传统风格,成为形式独特、布

青海塔尔寺

局严谨、汉藏相结合的宏大艺术建筑群。寺内宝塔林立,古树参天,景色十分壮丽。塔尔寺所在的这个镇在藏语里称为"鲁沙尔",汉语地名是"湟中",意思是地处湟水的中游。藏传佛教俗称喇嘛教,是发源于古印度的佛教传入西藏地区之后形成的一个佛教支派,由于藏传佛教寺庙中取得佛学学位的僧人在藏语中称为"喇嘛",所以喇嘛教这个称呼就传开了。"格鲁"是藏语译音,意思是"善规"。佛教自7世纪传入西藏到最后形成藏传佛教,经历了几百年风风雨雨的变迁和改革。格鲁派是15世纪才出现的藏传佛教的一个派别,因它的教规对僧人要求十分严格,故得名"善规";又因该派僧人在做法事时戴黄色的帽子,所以更多的人称它为黄教。虽然黄教在藏传佛教中出现最晚,但是由于管理最严,深得信徒崇敬,因此规模越来越大,在藏族地区信徒数量居其他教派之首。黄教寺庙更是随处可见,其中最著名的六座是:西藏的色拉寺、甘丹寺、哲蚌寺、扎什伦布寺,甘肃的拉卜楞寺以及我们现在参观的塔尔寺。塔尔寺的著名完全在于它是黄教创始人宗喀巴的诞生地。宗喀巴的故事我们随后再讲,现在我们来看一看塔尔寺的第一组建筑:八大如意宝塔。

八大如意宝塔

各位朋友请看,塔尔寺的各组建筑因建成的年代不同而有所区别。我们眼前的这一组宝塔建筑年代比较晚,是覆钵式佛塔,建于公元1776年,是根据佛经中记载的佛祖释迦牟尼一生所做的八大业绩而建。从东向西,这第1座塔叫莲聚塔,是为纪念释迦牟尼的诞生而建。传说,佛祖释迦牟尼是从他母亲摩耶夫人的右肋下降生的,下地就会行走,共走了7步,每走一步均现出一朵莲花般的云彩,即所谓"步步生莲花",7朵祥云烘托着刚刚诞生的灵婴——佛祖,故名莲聚塔。第2座塔叫菩提塔,是为了纪念释迦牟尼修行成佛而建。释迦牟尼出身于帝王之家,父亲期望他继承大业,但王子天性聪慧,悟性极高,深感俗世的痛苦,最后终于弃家出走,经过艰难的苦修获得解脱之后，释迦牟尼在一棵菩提树下静坐，经过七七四十九天的思考，在天朗风清之际参悟到六道轮回，终于成佛。有些佛经中常以"菩提"比喻成佛。第3座塔叫初转法轮塔，是为了纪念释迦牟尼大彻大悟成为佛陀以后，去寻找跟从他又中途离开他的五个侍从，找到他们后向他们宣讲皈依佛法、修行解脱，待来生进入极乐世界的初次宣讲佛法活动而建。第4座塔叫降魔塔，佛经中常将不同于佛理的见解称作为"外道邪魔"。在佛教的发展过程中经历了长期的与各种不同思潮的斗争，佛教最终拥有了广泛的信徒，成为世界三大宗教之一，降魔塔就是为纪念这一过程而修建的，并有欢庆佛教获得胜利的寓意。第5座塔叫降凡塔，相传释迦牟尼出生之后3天，其生母即故去，他由姨母抚养长大，因此他成佛后升入天界，为了感激对他有养育之恩的姨母，又一次降临人间，继续弘扬佛法并超度其姨母，这座塔就是为纪念佛祖再次降临人间普度众生而修建。第6座塔叫息诤塔，也叫和平塔。我们前面提到过，佛教在整个发展过程中，教徒内部时常出现有关"正道"的争论，而这座塔正是为了纪念佛祖释迦牟尼以大慈大悲之心平息僧人内部争端的功德而修建的。第7座塔叫祈寿塔，也叫胜利塔，是为纪念佛祖在广严城中测算自己的寿数，而信徒弟子祈愿他长生不老、佛法永存而修建的。

　　各位朋友，最后一座塔叫涅槃塔，是为纪念释迦牟尼涅槃而修建的。释迦牟尼得道后传教45年，于80岁时在拘尸那迦城圆寂。佛祖圆寂前知道自己寿命将尽，泰然处之，告诫弟子们："有生必有死，精进勿懈怠。"万念俱灭，转入涅槃，不生不灭。这8座如意宝塔均属方形底座、圆身、尖顶的典型喇嘛塔，因其形状像瓶，所以也叫"瓶塔"。这种塔普遍见于藏传佛教庙宇的进门部位，通常内部是空的，装进成千上万个小小的泥佛像，但是塔尔寺的这8个塔内埋着该寺历代高僧的衣冠，各地信徒常来这里绕塔参拜，虔诚有加，这也是塔尔寺佛塔具有特色的一个方面。正因如此，这8座宝塔成了塔尔寺最具代表性的建筑之一。大家可以在此留影纪念。

小金瓦寺

　　各位游客，现在大家随我去参观小金瓦寺。小金瓦寺又叫护法神殿，殿宇中供奉的是保护全体僧众和殿堂安宁的护法神。大家请看，殿顶为镏金筒瓦顶，与对面大金瓦殿的金顶相映生辉。进院之后让我们首先看一看二楼回廊上陈列的动物标本。大家请看，有野牛、岩羊，还有狗熊、猴子等，由于是用真的动物皮毛剥制，填充而成，所以形态逼真，它们象征被佛教征服的

外道恶魔。大殿神龛中供奉的是各种护法神像，它们护佑着寺庙的安宁。其中引人注目的是这匹白马标本。相传，九世班禅曾骑着这匹白马从日喀则赶往塔尔寺，近2000公里的路程一天一夜就到了。到了塔尔寺后白马不吃不喝，最后死去。当地信徒为了纪念这匹有灵性的白马，就将它制成标本保存了下来。

各位朋友，小金瓦寺内的壁画在藏传佛教壁画中具有代表性，不仅色泽艳丽，而且形象奇特，外行人往往百思不得其解。其实这些壁画很大一部分描绘了藏传佛教在形成过程中佛教大师降伏恶魔的故事。壁画中的动作常被寺庙僧人在宗教节日中加以模仿。出门之前让我们来看看这些像筒一样的器具，这叫嘛呢经筒，在藏传佛教寺庙里是最常见的。经筒用木头或金属做成，中间是空的，里面装满了经书。筒的侧面雕有文字，均是梵文发音的"唵嘛呢叭咪哞"，即观世音菩萨的6字真言。对这6个字有很多种解释，从字面上来讲并没有什么太深的含义。但藏传佛教教徒普遍认为常念这6个字，平时则可以消灾免祸，死后亦可以升入天堂，免下地狱。信徒和僧众用手按顺时针方向转动经筒，口中默念6字真言，这样念了经书，佛祖就会保佑你。藏族地区的很多牧民信徒从小没有受教育的机会，很难诵读经文，但为了表示对佛的虔诚，诵经念佛又是必需的，所以他们采用了这种一举两得的办法。各位朋友不妨也试着转一转经筒，念一下吉祥的6字真言。但请注意一定要按顺时针方向转，千万不要转错了方向。

祈寿殿

各位朋友，现在我们看到的这座小巧幽静的院落叫祈寿殿，但一般都叫它花寺。进门之前我们先看一看前山墙上的两幅砖雕，左手的这一幅叫"鹿鹤同春"，右手的一幅是"老鼠偷吃葡萄"，都是寓意吉祥的含义。塔尔寺的砖雕艺术历史悠久，而且以做工细腻而闻名，这两幅即是明证。进门后我们看到的这块半人高的石头非常珍贵，传说宗喀巴的母亲生前背水途中常靠着它休息，现在成了信徒朝拜的圣物。朋友们会问，石头上面贴着的钱币是怎么回事儿呢？原来是信徒对佛虔诚的一种表示，实际上是对寺庙的布施，这是信徒和游人的一份心意。据说只有心中有佛的人才能将布施贴在石头上，否则佛是不收你的。有心的人都可以试一下自己的诚意，这里面有个小小的窍门，以后再告诉你们，好吗？大家可以试试。

各位朋友，请大家集中一下，让我们来看一下大殿中供奉的佛像，当中这一位是佛祖释迦牟尼,同我们汉地佛教寺庙中的佛祖形象相去不远。稍前左右两位是佛祖的两位大弟子迦叶和阿难。你们大概还要问最前面的这3尊小佛像是谁?他们是过去、现在、未来三世佛,即燃灯佛、释迦牟尼佛和弥勒佛,是从时间上体现佛的传承关系,表示佛法永存,世代不息。

各位请回过头来看一看这满院的浓荫。这种树在青海并不常见,它叫旃檀树,也叫菩提树。据说这座祈寿殿是为七世达赖喇嘛格桑嘉措祝寿而建。传说达赖喇嘛为该殿开光时撒了一把吉祥米,便化作满天的花雨落下。这也是该殿又名"花寺"的来历。但我认为这个美丽名字的来历更多的是到了夏天,满院的绿树开满了香气袭人的白花,遮天蔽日,香烟缭绕,如入仙界,叫人流连忘返之故。

印经院

各位朋友,现在我们来到这座颇似农家小院的院落,如果说刚才我们还感觉到庙宇的庄严,那么现在一定有种重返世俗的感觉。这就是塔尔寺的印经院。因为寺庙每年都要耗费大量经书,因此负责印经文的僧人便会整日忙个不停。现在,让我们进房间里去看一看他们是怎样工作的。藏传佛教是从古印度和中国两个地区同时传入的,所以藏传佛教经典受到二者的双重影响,藏传佛教的典籍也因此浩如烟海。塔尔寺的印经院至今仍然采用比较古老的雕版印刷法。经书的用纸是这种颜色稍暗、韧性极好的棉质纸张,经书开本都不大,多呈长条状,翻阅方便,颇具古意。我们读不懂的藏族文字规范、整齐、端庄秀丽,像是帧帧艺术作品,有种朴素的美感。

大经堂

各位朋友,从现在开始我们要依次参观一系列最主要的殿堂,它们是塔尔寺的主体建筑群,也是寺中僧人活动的主要场所。请大家先来看一看大经堂。在藏传佛教寺庙中大经堂是必不可少的,这里是僧人诵经学习进修的地方,遇到活佛莅临的日子,更是僧众聆听佛法的场所。进门之前我们先在正门这里看一下这种特殊的工艺品,好像刺绣一样,这种艺术品叫"堆绣",它是在刺绣之前先垫上一层棉花或羊毛,以求立体效果。这两幅"八仙人物"便是塔尔寺的珍藏品,虽为寺中僧人所制作,但很有民间情趣。因为堆绣制作比较复杂,工艺要求又高,现在寺中已很少有人能制作了,这就更显出这些珍品的可贵。

各位朋友,现在我们看到的大经堂曾经过多次重建和扩建,最后一次完

成于民国四年，就是公元1915年，建筑面积2750平方米，是典型的土木结构藏式双层平顶建筑（从侧门进入大经堂内部）。大经堂由这种藏式棱柱分隔成很多小的开间，柱子一共是168根，其中60根为暗柱，建在墙壁内，我们能够看到的只有108根，柱身上包裹着的图案精美的藏毯是蒙古王公的赠品，僧人们就在柱间的这些藏式毯子上（叫作"佛团垫"）打坐念经。大经堂的三面墙壁上都布满了佛龛，这一尊是弥勒佛像，有关他的故事我们等会儿再讲。这一尊是十一面观音。在藏传佛教中很多佛像都造型奇特，这主要是由于受到佛教密宗的影响。由于塔尔寺是班禅活佛的管辖范围，他曾多次驾临该寺居住、讲经，所以大经堂当中最显眼的位置是留给他的。还有这尊镏金像，便是已故的十世班禅。还有黄教创始人宗喀巴大师的塑像，工艺精湛，形象逼真。这尊幼年宗喀巴像在端庄中透出天真，不失儿童的可爱。

各位请看，在大经堂的顶层还供奉着宗喀巴像和大威德法王、多目天王、妙音天女等护法神像，那里是专供僧侣们诵经的地方，所以一般不对外开放。现在我们走出大经堂，顺便看看这个前廊，门楼上面筑有汉式亭阁，亭脊上设置金轮，两侧各有金鹿一只，正在侧耳、注目听经。山门前竖立有两根20米高的经幡杆，杆上挂有九色彩布做成的伞状经幡，这些设置是显示经堂不同于一般活佛院和僧舍的重要标志。

3. 道教景观导游词

武当山紫霄宫导游词

游客朋友们，你们看前面半山云里的山峰是否像一面展开的旗帜？这就是展旗峰，山麓间的千层殿阁就是紫霄宫。紫霄宫是武当山现存唯一的重檐歇山顶结构的建筑，它凭借山势的壮丽，采取欲扬先抑、先疏后密、首尾相顾、遥相呼应的建筑手法，成为我国独具特色的一座道教宫殿。因为这块地方周围的冈峦天然形成了一把二龙戏珠的宝椅，明朝永乐皇帝就将它封为"紫霄福地"。据明代《太和山志》载：唐、宋、元在此处均有建筑，明永乐十一年（1413）重修。建筑范围6平方公里，共建庙宇860余间，透过中轴线往上看，层层崇台之上殿堂楼阁依山迭砌，鳞次栉比。中轴线两边建筑对称，布局巧妙，错落有致，丹墙碧瓦，雕梁画栋，富丽堂皇。大殿重檐之中立一块有"紫霄宫"三个大字的木制彩匾，为明代工匠所制。"紫霄"象征天上紫微星座，居中央为帝君，"紫霄宫"意为天地中央的紫坛。我们现在背朝大门来看，左是青龙背，右为白虎山，遥相呼应，负阴抱阳，前面两个小山凸，一个是小宝珠峰，另一个是大宝珠峰，巧妙地构成了一幅二龙戏珠的图案。对面隐隐看见的是照面山，山下是紫霄涧，构成了一处完美的风水宝地，所以唐贞观年间被封为七十二福地之一。

龙虎殿

各位朋友，现在我们进的第一个殿叫龙虎殿，当中供奉的是王灵官，只见他手持钢鞭，威风凛凛。传说中王灵官有三只眼，能识人间善恶，性情刚直，办事公道，铁面无私，故而专司守门之职。该殿内左有凶煞袭人的青龙神，右有面目狰狞的白虎神，皆为泥塑彩绘，造型生动，形象逼真，其作品出自元代著名雕塑家之手。现在，我们上第一个崇台，可以看见两边东西院下有龟驮御碑亭。说起龟驮御碑，还有个故事，说的是朱棣在靖难之役中，一次败阵到江边，可是江上没有船，正走投无路，突然，水里翻起浪花，现出一个巨龟，那龟竟然向他示意点头，这时朱棣大笑：天助我也。于是他与姚广孝等大臣登上了巨龟，待追兵赶到时，他们已经登上了彼岸。朱棣上马时，巨龟发话了：你登基后，可别忘了给我册封。朱棣会意点头，扬鞭策马而去。以后朱棣果然做了皇帝，一批有功之臣得到册封，在他退朝时，军师姚广孝提醒他：你是否忘了一位功臣，朱棣恍然大悟，毫不犹豫地对那巨龟委以重任，让它专门驮御碑。大家会问，这神秘的巨龟到底是谁呢？它就是龙王的第八子赑屃，它有神力，善于负重，因此，皇帝才封了它这个美差。你看这巨龟神态自若，那巨碑高8米，宽4米，厚2.5米，重98吨，可它驮得毫不费力，这龟的力气可真大。武当山有十座御碑亭，恢复了屋顶的就是这两个，重檐歇山式、旋子彩绘，建筑上非常讲究。

朝拜殿

各位朋友，上了这三道崇台，我们来到朝拜殿。这朝拜殿又是做什么的呢？明朝武当册封为皇室家庙，不仅建筑格调等级森严，而且道教规矩十分严格，所有朝拜紫霄宫的四方信士只能在这里跪拜，只有七品以上达官贵人才能进入四方大院，故名朝拜殿。朝拜殿又称十方堂，主要用来接待游方道人挂单、留住事宜。现堂内供奉有真武、吕洞宾、张三丰神像。在这神龛的四周挂满了二十四孝图。大家可能会问，二十四孝图本是儒家文化，怎么会在道教庙观里呢？在道教史上，全真派创始人王重阳、丘处机，将儒、释、道三教融为一体，形成了新的教派，因此，道教文化中包含浓郁的儒教思想。

紫霄大殿前

各位朋友，穿过十方堂，来到紫霄殿大院，仰望展旗峰，豁然开朗，那耸立在三层崇台之上的紫霄大殿巍然屹立，气势磅礴。1982年，现代著名的世界建筑学家杨庭保先生，观后欣然命笔，写下了"紫霄精神"四个大字，并赞颂武当山古建筑群是中华民族的瑰宝。该殿为重檐歇山式庑殿，丹墙碧瓦，脊饰有龙凤宝瓶、仙人、天马、海马、狮子等大小鸱吻共61个，造型逼真，栩栩如生。按照建筑法式规定，像这样的大木式做法，在明朝代表着皇权的最高等级。殿内面阔进深均为五间，俗称明三暗五式的建筑格调，檐柱间使用四扇三角六弯梭花格心扇门，可开可合，檐下斗拱均用旋子彩绘，又有仙人、荷花木雕艺术陪衬，显得更加绚丽多姿。这些图案描绘了许多道教故事和民间传说。

各位朋友，到了大殿前仰望紫霄殿时，您是否感到自己变得渺小了？请大家注意大殿额枋上的3块巨幅匾额，上面刻着"云外清都""始判六天""协赞中天"等，字体浑然天成，笔画刚劲有力。"云外清都"，意思是说，紫霄宫如在云外之上的三清天，这三清天即玉清元始天尊、上清灵官天尊、太清道德天尊（太上老君）道教三尊神和真武大帝安居之所；"始判六天"是清道光三年（1823）刻制的，意思是说，道教最先辨别断定宇宙为六重天，其后才有三十三天、三十六天之说，称最高为大罗天，最圣为三清天；"协赞中天"，刻制于民国二十八年（1939），其意是道众们同心同德，来赞颂天地中央的道教洞天福地。请看这副对联，上联是："金殿重辉，看鸟草悍飞，气壮山河维社稷。"金殿是指重修后的紫霄宫如同金殿；鸟草形容鸟张开了翅膀，悍指五彩羽毛的金鸡，鸟如悍之飞；维是巩固的意思；社稷指古代土神和谷神，引申为国家的代称。下联是："帝容重整，仰龙章凤姿，光同日月炳乾坤。"帝是指紫霄宫内供奉的玉皇大帝、真武大帝神像，龙章凤姿是指他们身穿的龙袍，炳是指光明的意思，乾坤为天地之说。这副对联的意思是说，明代大修后的紫霄宫如同壮丽辉煌的天宫，它那气壮山河之势将有助国家巩固和国泰民安；修复后的帝容，神光普照，焕然一新，与日月同辉，天地一片光明，普度众生。

紫霄大殿内

下面请大家随我进殿内参观。大殿进深18.59米，面阔26.31米，通高18.69米。整个大殿用36根巨柱排列顶立，如同东海龙王殿内的定海神针，一丝不动。重檐屋顶用数百个斗拱将抬梁卯榫连接，十分坚固，前檐的18根柳筋斗拱是古代大木建筑独特做法，不仅采用了力学知识，而且把檐部装饰得更加壮观。殿内天花藻井及梁枋通体饰有龙凤、日月、云雷、海天、鸟兽、花卉，墙壁上及梁枋间还有道教神仙人物典故和山水壁画58幅，或工笔或写意，气韵生动。正殿神龛中的神位排列有玉皇大帝神像和真武帝君不同时代的神像，两边站立的一位是手持经卷的金童，另一位是手捧玉印的玉女，他们都是玉帝的侍从。传说真武得道成仙后，到了天宫被玉皇大帝封为亚帝，派他坐镇武当，镇守北方，玉皇大帝忍痛割爱将身边的两位侍从派给真武大帝当了侍从，并在武当山金殿内安住。次间两排神像是八大天君，有马天君、赵天君（赵公元帅）、关天君（关羽）、温天君（温天祥）等，均为铜铸镏金，形神兼备，其工艺之精湛，为国内罕见。其他神龛里陈列的神仙各司其职，在这里就不一一介绍了。殿的后侧横放着的一根杉木，叫传音杉，亦叫飞来杉，传说是从四川飞来的，当年修建武当山时，这根杉树本来是想来紫霄大殿做栋梁之材，没想到在它飞到时大殿已经落成，后来真武大帝就让它在这里给善男信女传递福音，故名传音杉。如果您听到这杉树中的声音，您将会得到神仙赐给的福气，这就叫福音。

　　各位朋友，我们踏进大殿，是否仿佛到了玉帝的金宝殿，是否见到玉帝正在临朝、文武群臣正在拜会的景象？这就是历经数百年的道场。在清晨、傍晚、神的生日、喜庆节日，这里都要举行不同形式的法事活动。明朝都御史汪大授描写道："忽闻仙乐从天降，慌觉身游玉帝宫。"如今在武当山依然如初，凡在上殿时间，无论在紫霄宫，还是金顶皇经堂，随着一阵悠然飘忽的仙乐声音，顿时伶鼓箫钹，经声袅袅，回荡云外，犹如飞升仙界。"清丽柔雅仙家乐，伴歌修持玄门功"，道众们就是在这样的环境中寻求修道欲仙的意境。

　　各位朋友，道教的修炼方式通称为"仪范"。道教仪范分为三大类：一是戒律，戒律形式较多，有三戒、五戒、八戒、十戒等。如积功归根五戒：一者不得杀生；二者不得荤酒；三者不得口是心非；四者不得偷盗；五者不得邪淫。二是醮坛威仪和斋。"威仪"是斋法典式。"斋"是戒的建醮之前，也就是举行法事之前要"斋戒沐浴"，素食、清心。"醮"就是作法及做道场。醮的活动种类很多，如罗天大醮、黄醮、万寿醮等。宋代皇帝经常举办罗天大醮，明代皇家最喜建醮。据明史载，明代有万寿醮、安神醮、生辰

项目九　宗教景观类导游词的编撰与讲解

醮、祈年醮等醮法。据《太和山志》载，明代皇帝在武当山建醮大典活动最多。三是章表。"章表"是向神表达恳求的申奏文书。章表的用法也有区分，对道教最高尊神所呈进的叫"上表"，一般神位叫"上疏"。道教仪范将道教尊神、念经，到人们的行、住、坐、卧、吃等所有行为都包罗在内，举凡行为都有章可循。如过堂斋饭就有很多规矩，吃饭时不准大声喧哗，不准东张西望或嬉皮笑脸，不准大口吃饭，不准弄响碗筷，不准将米饭弄掉等，各项制度都十分严密。

父母殿

游客朋友们，请随我到紫霄宫父母殿参观。父母殿始建于明永乐年间，已废。现存殿宇为民国早期重建，硬山砖木结构，复合式顶，杂式木构架，小青瓦屋面，前檐为廊，后封檐，建筑风格与个性特点十分突出。殿内正间神龛内供奉的是真武大帝的父母静乐国国王和善胜皇后。神龛镶嵌一副对联，上联是"父生天，天长地久"，下联是"母长地，地久天长"，意思是说，自古就有将天地、月日、阴阳等比作父母，而真武的父亲也是降生于天，他被封为明真大帝，便与天地同久远。真武的母亲出生于地，被封为琼真上仙，就与天地同长久。殿的左侧供奉的是观世音菩萨，在道教中称慈航道人。这里同样嵌着一副对联，上联是"紫竹林中呈妙像"，下联是"白莲台上现玉容"，横批是"慈航普度"。殿内右边供奉的是三霄娘娘，分别是紫霄、云霄、琼霄。神龛两边对联上写着"三光映瑞群仙殿；霄云起祥百子堂"。三光指日、月、星。霄云指三仙女，其中一位是送子娘娘。意思是说，这父母殿如同日月星辰照光映瑞，是神仙居住的地方；殿内云霄娘娘瑞现吉祥之兆，有求必应，子孙满堂。

好了，紫霄宫的讲解就要结束了，大家如有什么疑问请随时提出来，我尽最大努力向大家解说，谢谢大家！

4.基督教景观导游词

上海佘山天主教堂

各位游客，要想了解佘山天主教堂，首先得了解天主教是如何传播到上海的。据有关文献记载，天主教早在唐朝初期就开始传入我国，并在陕西一带流传，到了元朝曾经一度中断。明清时期，随着西方资本主义的迅速发展，天主教又再度传入我国。天主教传入上海的时间大约在明万历二十三年

（1595），当时上海的著名科学家徐光启在南京接受洗礼加入天主教。此后，徐光启请意大利籍神父郭居静来上海传教。郭居静到上海后，徐光启就为他安排做弥撒和传教的场所，先是借用朋友的住房，后来在他本人住宅的西侧建造了上海第一座天主教堂，但现在已没了踪迹。由于徐光启的影响，他的全家以及亲戚、好友、邻居等都加入了天主教。徐光启的小孙女玛尔第纯（教名）还出资购买一座旧宅，将其改造成一座天主教堂，取名为"敬一堂"（又称老天主教堂）。至此，天主教在上海站稳了脚跟。

到了清朝初期，天主教在上海及江南地区得到了进一步的发展。有关资料统计，在1663年，江南周边地区已有十几座大教堂，约5万名教徒。而上海就有两座规模颇大的教堂，有教徒4万名。清雍正年间，天主教遭到了禁止，教堂被改建成庙宇。随着鸦片战争以及西方殖民者的入侵，天主教再一次得到传播和发展。为了纪念徐光启对天主教的贡献，耶稣会在上海徐家汇建造了一座罗马式教堂。1904年，耶稣会又建造了一座规模更大、气势更宏伟的哥特式建筑的徐家汇天主教堂。久而久之，徐家汇逐渐发展成上海天主教中心。天主教除了在徐家汇、董家渡建造教堂外，法国传教士又看中了上海郊区的佘山。清光绪年间，佘山上的几座寺庙已很破旧，香火不旺，他们就以低价买下了西佘山南侧山地，同治十年（1871）在山巅造了一座圣殿，两年后竣工；光绪二十年（1894）又在半山（原慧日寺旧址）建造了中堂。如今佘山是上海旅游名胜之一，游人参观游览佘山必定要去教堂，因此，近十多年来教堂也向教外人士开放。

各位游客，我们已经来到了佘山天主教堂的山脚下，此时首先看到的是一座大石坊，沿着整齐的石级布置，在半山腰有一排楼房，是修道院和教士的住房。这些建筑较为简朴，门前还有一副对联："小堂筑山腰，且憩片刻，修孝子礼；大殿临峰顶，再登几级，求慈母恩。"门前还设有一宽敞的广场。另外，在半山的峭壁前建有3座亭子，即圣母亭、若瑟亭和圣心亭，亭内有塑像。现在，让我们从半山腰往上走，此时山路变得弯弯曲曲，在转弯处均有一座石亭，里面设有耶稣受难故事的浮雕。教徒登山朝拜圣母，见亭就要跪拜，因此，这条山路又称"拜苦路"。

各位请看，这就是十分著名的佘山天主教堂，又称佘山圣母堂，同法国罗德圣母大殿齐名。该堂始建于1871年，1925年翻造扩建，由葡萄牙籍耶稣会教士兼著名建筑设计师叶肇昌亲自设计并参与施工，到1935年11月6

日竣工,历时10年零6个月,造价为300万银圆。大殿东西长56米,南北宽25米,耳殿部宽35米,建筑平面呈拉丁式十字形。从殿基到十字架尖顶为38米,其中到拱顶为17米,到琉璃瓦为22米。大殿内设3000个座位,但实际能容纳近4000名教徒,是远东地区最大的教堂,1942年被罗马教皇敕封为"圣殿",也成为我国天主教徒朝觐的圣地。

由于天主教源于西方,因此我国的教堂建筑形式皆与西方教堂相似,建筑风格主要有罗马式、拜占庭式和哥特式3种。所不同的是按照我国"坐北朝南为尊"的朝向习惯,大多数天主教堂都是正立面朝南,而外国则是坐西朝东。佘山天主堂是一座哥特式教堂,哥特式建筑的特点是尖塔高耸,在设计中利用十字拱、飞券、修长的立柱以及新的框架结构以增加支撑顶部的力量,使整个建筑以直升线条、雄伟的外观和教堂内空阔的空间取胜,再结合镶着彩色玻璃的长窗,使教堂内产生一种浓厚的宗教气氛。

佘山天主堂的建筑风格颇有特色,素有"四无"之称,即无梁、无钢、无木、无钉,堪称不对称的建筑典范。其建筑造型南长北短,东宽西窄,内石外砖,内圆外尖,五彩花玻璃大小不一,神像各异。大殿集多种建筑风格于一身,其尖顶是哥特式的,廊柱是希腊式的,橄榄形钟楼是以色列式的,拱形、甬道是罗马式的,东端小圆顶是西班牙式的,琉璃瓦是中国宫廷式的,清水壁及斗角地砖是中国民族式的。它确实是一座多种文化相融合的上乘佳作。

各位请看,该教堂建筑气势宏伟,大殿正祭台用大理石砌筑,高耸的钟楼按音符排列着8只大钟,紫铜铸成的圣母像约有1200千克重,8米高。铜像双手托着小耶稣,小耶稣手持十字架,寓意欢迎四面八方的教徒。每年5月24日要举行隆重的瞻礼,届时,成千上万的人纷纷涌向大教堂,但堂内只能容纳4000人,教徒多在堂外,等到主教做完了弥撒出来,一见为幸。

教堂内采光极好,冬暖夏凉。廊柱和斗拱之间的壁槽具有较好的吸潮功能和清洁功能。1989年9月25日,佘山天主教堂被列为上海市文物保护单位和优秀近代建筑。

5. 伊斯兰教景观导游词

西安化觉巷清真大寺导游词

各位朋友,今天我们将要游览的是一处伊斯兰教的旅游景点,它就是位于西安城内鼓楼西侧的化觉巷清真大寺,因其规模比西安其他清真寺大,所以取名为化觉巷清真大寺,是我国建筑雄伟、环境清幽、规模宏大、保存最完整并驰名世界的伊斯兰寺院之一,属于国家级文物保护单位。

各位朋友,在正式参观之前,请允许我再次提醒大家我在车上交代过的一些注意事项,一般情况下清真寺是不允许非穆斯林参观的,不过清真大寺却是例外,这里允许非穆斯林参观。尽管如此,请大家务必遵守伊斯兰教的礼仪和礼节。现在请大家随我进入化觉巷清真大寺参观。

据寺内现存石碑记载,化觉巷清真大寺建于公元742年,距今已有1200多年的历史。经宋、元,特别是明、清几次重修和扩建,逐步形成规模宏大,楼、台、亭、殿布局紧凑和谐,庄严肃穆的建筑群。全寺总平面为一东西狭长的长方形,东西长246米,南北宽48米,总面积1.3万平方米,建筑面积6000平方米,沿东西轴线分为四个进院。前院紧邻照壁的木牌楼,建于17世纪初,距今已有380余年,高约9米,琉璃瓦顶,挑角飞檐,雕梁画栋,与高大的照壁相映衬,极为壮观。南北两边的展室,亦为仿古建筑,玲珑别透,古色古香。南展室陈列有一些明清红木家具等,尤其是紧靠展室背墙陈列有一件清三代皇宫使用的红木雕刻五爪龙床,极其珍贵。在左厢房紧靠背墙摆放有一对西洋沙发,是外国人送给慈禧太后的。在北展室收藏有宋、明书法家的拓片等。

第一进院

各位朋友,进入悬挂有"清真寺"匾额的五间楼便来到第一进院。在五间楼迎面一字排开摆放有4件圆形的器物。可能有些朋友会问,它们是干什么用的?大家可以猜猜。猜不着?这不奇怪,《正大综艺》有一期节目就是让观众猜清真大寺这4件圆形器物的用途。结果没人能猜对。好了,现在让我来告诉大家它们的用途:这4件圆形的器物是灯架,在灯架上沿顺时针方向插有两圈30余个灯座。这些灯架在化觉巷清真大寺的使用有相当长的历史,它主要用来庆祝"盖得尔夜"。盖得尔夜是伊斯兰教对《古兰经》"始将之夜"的敬称。"盖得尔"是阿拉伯语的音译,亦译"大赦之夜",又称"平安之夜",意为"前定""高贵"。"盖得尔夜"是指伊斯兰教历的九月二十七(一说二十五或二十九)日之夜。相传在此夜,真主安拉将世间过去的、现在的、未来的一切事物大体安排好了,所以穆斯林称这一夜为"前定之夜"。这一夜,安拉通过加百利天使开始向穆罕默德圣人颁降《古兰经》,众天使和精灵都奉命降临人间。在这个夜里，做一件善功可获取千月善功的报偿，所以穆斯林称这一夜为"高贵之夜"。《古兰经》第九十七章即以"盖得尔"命名，认为是高贵的夜间，胜过平时一千个月。所以全世界的穆斯林每逢此夜，都要依各个民族的方式举行庆祝活动。这一夜，在穆斯林集中的地方还要张灯结彩，以示庆祝。西安的穆斯林在纪念日这一天，白天人们要在这些灯座上插上这些菜油灯盏子，然后再添上菜油，等到晚上将油灯点亮，直至通宵。化觉巷清真大寺灯架除了在"盖得尔夜"使用之外，在这些灯架阳面，还刻了四个汉字："祈求和平"，常年摆放在五间楼对面。

好了，现在请随我进入第二进院。

第二进院

大家可以看到，二进院内树木成荫，花圃对称排列，石刻牌坊矗立其间。这个石刻牌坊为三间四柱式，中楣镌刻"天监在兹"4个大字，这4个字出自《诗经》，分别在《大雅·大明》和《周颂·敬之》二诗中。《大明》里有"天监在下，有命既集"的诗句，而《敬之》里有"陟降厥士，日监在兹"的诗句。"兹"和"此"这两个字以前通用，意思是"此地"。题额人将两诗中的相关内容化成一句话，意思是上天正在监视着我们在此时此地的行动。两侧分别镌刻"钦翼昭事"和"虔诚省礼"，东西有踏道，约建于明代。石牌坊西踏道南北两侧各竖立冲天雕龙碑两座：一座为明万历年间立的《敕赐重修清真寺碑》，文为冯从吾所撰，碑阴镌刻宋代大书法家米芾（回族）手书"道法参天地"；另一座为1768年立的《敕修清真寺碑》，镌刻了1621—1627年礼部侍郎、大书法家董其昌手书"敕赐礼拜寺"，均为我国书法珍品。

第三进院

各位朋友，现在我们到第三进院参观。这个殿叫敕修殿，在1522—1566年重修时系当时寺院的正门，是这座寺院历史上最早的一座殿。殿内藏有两通石碑。大家看，左边这通碑叫《长安礼拜无相记碑》，为1455年所刻。右边这通碑叫"月碑"，是1732年寺院教长小西宁用阿拉伯文撰写的。"月碑"以穆罕默德《圣训》为理论原则，推出并规定了确定封斋、开斋日期的若干准则。立此碑以方便回民群众计算斋月日期。

在第三进院中央建有一座三层八角形的中国式宣礼楼，又名省心楼，巍然挺立，极为壮观。该楼是"穆安津"（宣礼员）召唤穆斯林来寺礼拜的最高点。宣礼楼两侧各有厢房10余间，南侧正中5间叫南宫殿，上面写有一副对联:"难解网蛛,兵销呼鸽;信传战马,约复放獐。"这副对联是叙述穆罕默德圣人的故事。"难解网蛛"是说穆罕默德圣人遭敌人追杀,逃到骚尔洞避难,蜘蛛随即在洞口结起网。后来敌兵追到,见到洞口有蜘蛛网,认为洞内无人。"兵销呼鸽"的意思是:此时有人怀疑洞内有人,就把石头往洞里扔。这时两只斑鸠从洞里飞出来,于是敌人相信洞内不会有人。"约复放獐"的意思是:以前一个外道人猎得一头活獐,他对圣人说:"你如果能使獐说人话,我就做你的信徒。"圣人把獐招到面前问道:"你怎么落到猎人的手里了?"獐流着泪央求说:"请圣人作保,让他放我。等我给小獐吃了乳我一定回来。"圣人答应担保它,外道人说:"獐是畜类,去了一定不会回来。"后来獐按时回来。南宫殿内迎面陈列一张鱼骨镶嵌床,在床的靠背正中镶嵌着一只贝雕雄鹰,神采奕奕,矗立在岩石之上,所以又名"英雄独立床"。大家看,床的上方悬挂4幅木板书法作品,分别由宋朝大书法家黄庭坚、苏东坡、米芾(回族)和著名爱国将领岳飞书写。该作品是木板竹字,即用竹皮刻成汉字,再将字一个个粘贴在木板上。这样不容易被人拓片复制。楼北侧是讲经堂,里边珍藏有一幅清代的《麦加图》和一套《古兰经》手抄本及其他一些珍贵字画、瓷花瓶等。

第四进院

各位朋友,我们现在去第四进院。这个院中心的亭子叫"一真亭",又名"凤凰亭"。中央主亭呈六角形,飞檐尖顶,形若凤头,两侧亭子为三角形,左右翘翼,三亭相连,貌似凤凰展翅,造型特异,独具风格。亭东檐下悬题有"一真"二字的雕龙小立匾,系1399年兵部尚书铁铉(回族)手书。亭西挂有田中玉所书"包罗宇宙"匾一面。亭南北两侧各有面阔7间的厢房,原为接待朝廷宣谕皇帝圣旨的文武官员所建,故名官殿。南厅迎面有副对联:"熟羊告毒,烹鲤言机;巨蟒道安,羸驼转健。"现在让我们来看看这副对联的意思。"熟羊告毒"是一个典故,出自《天方至圣实录》,说的是,昔日圣人与外道人交战,走在路上,饥饿难忍,一人以熟羊献给圣人,羊就说道:"我的肉有毒,不能吃!"圣人试了试,果然如此。"烹鲤言机"一事见穆罕默德登霄的传说。有一次,穆圣登霄返宫的第二天早上,到礼拜寺里礼拜,礼拜之后,他对众人讲述登天宫的事,其中一个叫诛获歹的人心存怀疑,认为不可相信,自言自语道:"哪有在片刻之间游历几层天空,经历无穷路途,见了无数恩典的人呢?"于是他反身回家,在集市上买了一条鲤鱼,叫妻子

烹调。自己则挑着桶到河边汲水。到河边后，他脱下衣服洗澡。洗完登岸才发现自己已经变为女人。再去找衣服，衣服已经无影无踪，他又羞又悔只得躲到树丛中藏身。不久走来一位男子，心中可怜这位藏身树林的女子就把她带回家，二人结为夫妻，七年中生下两个孩子。她时时想起当年的情景，既感叹又惊讶。于是又回到河边，只见衣服、水桶仍放在原地，她的身体又变成了男子。他急忙换了衣服，挑水回家。回家后，买来的那条鱼还没有烹熟。他因而醒悟，原来穆罕默德说的事是真的，登天宫的经历并非虚构。他又反身回到礼拜寺中，穆罕默德看见他说："你过来，把你的经历讲给大家听听。"于是他把自己下河洗澡变成妇人、七年中生下两个孩子、回家后鱼还没熟等一系列经历讲述一遍，并表示从此忏悔，永远做一个顺从真主的人。

各位游客，参观完了整个清真大寺，不知道大家有没有什么发现？清真大寺的建筑形式、基调呈现出一派明显的中国民族风格。然而，寺院内的一切布置又严格按照伊斯兰教制度，殿内的雕刻藻饰、蔓草花纹装饰都由阿拉伯文套雕组成。可以说中国传统建筑和伊斯兰建筑艺术风格在这里巧夺天工地结合在一起，令人叹为观止，因而它被联合国教科文组织列为世界伊斯兰文物之一。

项目十

主题公园类导游词的编撰与讲解

 项目导入

  随着时代的发展与现代科技的进步,主题公园成了现代旅游中一个极为重要的目的地,也是导游人员必须熟悉的现代旅游景观。一般认为,主题公园(theme park)是根据某个特定的主题,采用现代科学技术和多层次活动设置方式,集诸多娱乐活动、休闲要素和服务接待设施于一身的新的旅游吸引物。其主要特点是大规模、大制作,高科技、高投入,高门票、高消费,以及被动的游憩方式。主题公园虽然更依赖科技要素及设施设备、更注重游客的参与性和体验,但同样需要好的导游词进行介绍、引导和描述,从而凸显主题,强化体验,寓教于乐。本项目的主要任务是:了解各种类型主题公园及其特点;熟悉并掌握主题公园导游词的主要内容、结构形式以及具体的编撰方法;学会写作一则千字左右的主题公园导游词,并通过"请扫二维码,跟着视频学讲解:《长隆旅游度假区导游词》"的模拟训练巩固所学内容。

导游词编撰与讲解实务

 **任务一：例文呈现**

横店影视城导游词

"横空出世，店乃一镇。"各位来宾，上午好！欢迎参加今天的横店影视之旅。我是今天的导游小陈。想必各位已经发现，整个横店影视城规模非常大，它占地近5000亩，涉及的内容也是含古纳今、气势磅礴，所以在参观、游览之前，有必要先给各位做个导引，让大家先了解一下咱们横店最大的看点是什么，您最不可错过的有哪些。

横店最初只是浙江省东阳市境内的一个小镇，与小商品城义乌相邻，但经过8年的精心打造，花费30亿元巨资，如今的横店已是全国乃至全亚洲最大的影视城，下辖13个跨越几千年历史时空、汇聚南北地域特色的影视拍摄基地和两座超大型的现代化摄影棚，至今已拍摄了5000余部影视剧作品，是当之无愧的"东方好莱坞"。

因此，来到横店最大的好处，就是一举多得、如梦如幻，一日之内，游遍千年。在这里，您既能看到历史，也能看到时尚；既能看到民族元素，又能看到国际大腕儿；既能看到最古老的，又能看到最潮流的，当然还有俊男美女、各色人等川流不息。行走在横店影视城内，您将彻底理解近年最常盛不衰的一个词：穿越。而且只有在横店，您才会发现这个词原来可以是真实的。

如果您爱秦王汉武，就先"穿越"到秦王宫吧。1997年，导演陈凯歌为了拍摄《荆轲刺秦王》，精心准备了4年，设计师们花费了4年心血设计出了一幅宏伟的秦王宫蓝图。但是要把图纸变成现实，又成了陈凯歌遇到的一大难题。于是，在中国著名导演谢晋的推荐下，陈凯歌带着图纸来到了横店。短短8个月之后，一座仿造秦咸阳宫的"秦汉第一宫"就奇迹般地出现在了这里。陈凯歌的电影以个人风格浓烈而著称，他建造的景区也是这样，陈凯歌几乎是拍一部电影造一个影视基地，造一个影视基地，火一个影视基地。秦王宫景区也因为浓郁的历史氛围，助《荆轲刺秦王》获得了1999年戛纳电影节的最佳技术奖，横店功不可没。

如果您向往京都风范,就穿越去明清宫苑景区。它是以北京故宫为原型,参照了明清时宫廷建筑手法,以影视城特有的营造方式,仿效了唐、宋、元等时期的礼制,又融入民国年间的建筑风格,荟萃了禁城宫殿、皇家园林、王府衙门、景市庙宇、胡同民宅等各种古建精华,再现了不同历史时期的京都风貌,接待过《大明天子》《明末风云》《金枝欲孽》《满城尽带黄金甲》等一百多部影视剧剧组。

当然,您还可以步入《清明上河图》的画面,穿过北宋京都汴京城的繁华与热闹,体会"一朝步入画中,仿佛梦回千年"。也可以在梦幻谷景区品味江南古镇与老街,可以穿过神秘静谧的热带雨林、洪荒时代的沼泽地,可以感受香格里拉的秘境,体验梦幻、奇异与惊险,或者进入大智禅寺,净化内心,广结善缘……

最后,您一定别忘了要穿越回来,记住一个人的名字:徐文荣。因为这趟梦幻般的旅程全依赖这位农民企业家。正所谓:山不在高,有仙则名;水不在深,有龙则灵;地方不在大小肥瘠,有人则行。横店人把"八面山"变成了"致富山"。

现在的横店,剧组云集,明星璀璨,街市繁华,五光十色,可谓是明星面对面,一日游千年。下面就请各位跟随我一起去穿越吧。谢谢!

 任务二:篇章解析

请一位同学以导游讲解的方式朗读一遍后,教师以提问方式让学生从此案例中总结出主题公园导游词的篇章结构与主要内容。

结构与内容:

开头——首先用一句很有气势的横店广告语开场,接着指出景区游览的主题:"影视城的影视之旅"。本篇导游词的主要内容是景区概况,一般是在正式游览前讲解的。

正文——首先简单概述横店影视城的基本情况,然后总结、提炼出其特征,针对游客有可能喜欢的类别简单介绍了几个最值得看的景区:秦王宫、明清宫苑、清明上河图景区,还介绍了以横店创始人徐文荣为代表的横店人及横店发展的意义。

结尾——概括横店如今的发展情况及主要特征，提示游览开始，致谢词。

待学生大致总结出以上结构与内容后，教师对为什么要这样写以及这样写的好处与不足做出点评性分析。要点如下。

（1）角度的选择。本篇导游词是用于参加浙江省大学生导游大赛的底稿，根据大赛的规定，讲解时间不得超过5分钟，在庞大的横店影视城选择5分钟约千字的讲解内容，不是一件容易的事。一般的方法是：第一，讲景区概况，提炼、总结景区最主要的特征或看点，选择一定的逻辑框架、结构进行写作，希望能增强游客对整个景区的认识与把握，最好能挖掘出让游客印象深刻的角度与亮点；第二，选择其中最能代表景区特征同时又适合运用多种导游词创作手法的某一个小节点，选择独特、新颖的视角进行深入挖掘，以小见大。本篇选择了前一种方式："先给各位做个导引，让大家先了解一下咱们横店最大的看点是什么，您最不可错过的是哪些。"

（2）亮点的提取。确定了写作角度之后，本篇导游词从横店影视城作为东方好莱坞、影视旅游之地的角度，结合其"一举多得、如梦如幻、一日之内，游遍千年"的特点，创造性地提出了景区最大的亮点：体验穿越。这不仅把景区的特点很好地展示了出来，同时也符合最新的影视剧热点和网络用词，尤其符合追求潮流、喜欢影视剧的年轻游客。可以说，"穿越"是整篇导游词的灵魂，也是篇章结构的核心。

（3）谋篇布局。有了角度和亮点，就可以量体裁衣地选择材料了。横店影视城的主题景区很多，本篇导游词围绕"穿越"的时空特点，结合当前影视剧作品最喜欢"穿越"的热点历史时期，以及景点在整个景区中的地位，选择了秦王宫和明清宫苑做稍详细的介绍，而将其他多个景点一笔带过式地提及。同时，通过"穿越回来"这个情境的设置，十分自然又巧妙地将景区创始人及其建设意义做了概括，既介绍了情况又升华了主题。

所以总体来看，本篇导游词定位清晰、主题明确、亮点突出、结构巧妙，同时又有一定的意义升华，是一篇不错的竞赛导游词。当然，不足之处是，结构过于巧妙，就难免显得不够自然通透，雕琢的痕迹过于明显；某些地方用语过于书面，不利于口头表达；导游词的介绍过多，情节性和互动感较少，削弱了导游词的现场感。

**任务三：写作实训**

1. 根据下列材料所提供的信息和要求撰写一则主题公园导游词

某主题公园内设有一个"探险世界"，主要内容是让游客亲身感受一个亚洲及非洲地区原始森林的旅程。在整个旅程中，游客乘船行进，目的地是泰山小树屋，其间将体验惊险的漂流，遭遇各种亚非动物及险情，如大象（会喷水）、鳄鱼（开口）、犀牛、蛇、蜘蛛、喷发的火山等，非常刺激。当然，这一切都是人为虚拟的场景，但是非常逼真。

撰写要求与评分参考（本题共20分）：

①请根据以上提供的主题公园信息，撰写一篇在语言、形式、风格上符合要求的导游词（3分）；

②请将字数控制在800~1200字（2分）；

③要求按照题目中提到的概念、信息和景观意象，进行准确、恰当的解释、扩充与想象，不能照搬某一景点现成的导游词（10分）；

④在选材、角度、结构、表达等方面要有一定的创新性（5分）。

2. 教师列出类似景区让学生进行模拟性写作，如无锡影视基地三国水浒景区、杭州宋城景区、杭州乐园等，也可以由学生自选相关景区进行写作练习，可在课堂上完成，也可在课后完成

任务四：讲解交流与修改考评

导游词视频

1. 第二次上课时选择一个组（5个学生）中写好的两篇导游词进行讲解交流，由全班学生（被选中的小组同学除外）和教师进行评议打分后，提出修改意见，当堂修改好并上交，最后由教师打分，并加上学生打分给出本次作品的最终成绩。本项目共5分，分为三个等次：A. 5分；B. 4分；C. 3分及以下。

2. 请扫二维码，跟着视频学讲解：《长隆旅游度假区导游词》。

长隆旅游度假区导游词

游客朋友们,这个6月你舒畅了吗?你尖叫了吗?你疯狂了吗?哦!没有!都没有吗?!那您今天就来对了,因为我要带大家去的地方就在人们的尖叫声中,就在人们欢乐的海洋中。是哪里呢?没错,就是长隆旅游度假区!广东人说:"要放松,来长隆;想欢乐,到长隆。"长隆旅游度假区可是国家首批5A级景区、广州首席主题景区,是个拥有长隆欢乐世界、长隆国际大马戏、香江野生动物世界、长隆水上乐园、广州鳄鱼公园、长隆酒店、香江酒店、香江酒家、长隆高尔夫练习中心和珠海横琴海洋度假区10家子公司的大型旅游度假区,堪称"世界旅游新名片"。10大旅游板块联动,共同满足游客"巅峰游乐,亲近动物,品味吃住,时尚运动,合家赏乐"的多元化旅游度假需求,是个名副其实的售卖欢乐的王国!

(美丽长隆邀请你,长隆欢迎你,难忘的瞬间,让你留下,留下最美丽;美丽长隆欢迎你,把欢乐送给你,长长久久,快快乐乐,吉祥又如意。)

听到这里,大家是不是想马上进入景区呢?千万别着急,先听我来说说长隆,不然当您进入这个欢乐王国可是会眼花缭乱、无从下手哦!

朋友们,如果您想要舒畅、轻松、解压,那就去玩35℃热浪玩水吧。当前长隆水上乐园配备了全球最先进、规模最大的水上玩乐设备,全面升级了户外温水系统,户外温水几乎扩大到全园区。全球最大的儿童玩水区"宝贝水城"也从国外引进为孩子们量身定做的8个最新儿童游乐设施,还有全球首台蛇形亲子滑道"眼镜蛇"哦!

如果您想要大声尖叫,那就到长隆野生动物世界吧。景区按照世界级标准全新打造的森林实景青龙山、由美国好莱坞专业打造的电影级仿真恐龙,不仅让侏罗纪生物"复活",也让它们赖以生存的侏罗纪森林"复活"了!进入360度玻璃穹顶中,您会发现原来披着神秘外衣的"蛇星人"是那么可爱!

如果您觉得舒畅、尖叫还不够,要更加疯狂,那就接受卡卡虎的欢乐总动员吧。××年五一,长隆欢乐世界"卡卡虎欢乐总动员"汇聚国际奥斯卡精彩演艺绚丽开show,大型青春歌舞剧《炫动奇迹》精彩升级亮相,能歌善舞的"心跳女孩"、具有浓厚南美及土著风味的原生态鼓乐、青春张扬的Hip Hop舞步,更多精彩街头演艺等你去参与。

如果您想要全家齐出动，来一次丛林大冒险，我们还可以走进《爸爸去哪儿》大电影核心拍摄地，重温大电影经典路线，和猩猩交朋友，探访可爱的熊猫宝宝。

除了这些最新鲜、最热辣的新节目，您当然还可以体验长隆的各项经典项目，比如垂直过山车，超级大摆锤，大、小喇叭滑道，"联合国马戏嘉年华"，与珍稀动物亲密接触等。如果玩累了、饿了，您还可以选择与白虎一起进餐哦。总之，长隆就是让你欢乐，就是要让你忘记烦恼，享受人生，享受每一天！

各位朋友，到今年 8 月，长隆就年满××周岁了，它已经成长为"世界级民族旅游品牌"。步入豆蔻年华的时候，即将横空出世的珠海横琴长隆国际海洋度假区将是一份厚重的生日礼物。我们可以自豪地说，长隆肩负的社会担当不仅涵盖"欢乐"两字，更有世界级民族品牌的革新创造与信仰，这是一个完全属于中国的主题乐园！朋友们，长隆用 25 年为我们创造欢乐，那我们还等什么？Let's go！让我们一起尖叫去吧！（杨红霞、陈林静）

任务五：拓展学习——几种常见主题公园导游词

根据旅游体验类型，主题公园可分为四大类，分别是游乐类、情景模拟类、观光类和风情体验类。

游乐类的主题公园亦称游乐园，提供刺激的游乐设施和机动游戏，寻求刺激感觉的游客会乐此不疲，这类景区一般不需要过多的导游词。

情景模拟类主题公园，比较典型的是各种影视城的主题公园。这类景区的导游词既要具有浓郁的主题色彩，即对每个影视城相应的时空特征、历史文化、建筑风格、民俗习惯、生活场景等要有深入的展示和说明，突出历史感和真实性，同时也要兼顾现代影视作品及其拍摄的相关知识和资讯，要有时代感和专业性。如何把这两者结合好，是这类导游词最应把握的。

观光类主题公园则浓缩了一些著名景观或特色景观，让游客在较短的时间内欣赏最特色的景观，各式各样的水族馆和野生动物公园，就是观光型的主题公园。这类景区一般配备专业训练员或养护人员，核心导游词往往由这些人通过表演形式进行讲解或传达，具有一定的专业性。这类导游词的写作

可以参看本书动物、植物景观导游词的创作与讲解部分。

风情体验类主题公园，将不同的民族风俗和民族色彩展现在游客眼前，这类景区往往配备专门的民俗表演和互动游戏，对民俗风情进行形象生动的演绎，因此导游词从用语习惯和叙述色彩等各方面都应具有相应的民俗色彩，同时应注意形象活泼、富有动感，导游词的现场性、交流感和互动性特征应更突出。

1. 上海迪士尼乐园导游词

各位游客朋友，欢迎大家来到中国内地首座迪士尼主题乐园——上海迪士尼乐园休闲游览。上海迪士尼乐园位于上海市浦东新区川沙新镇，于2016年6月16日正式开园。它是世界第6个迪士尼主题公园。乐园拥有7大主题园区：米奇大街、奇想花园、探险岛、宝藏湾、明日世界、梦幻世界、玩具总动园。各位朋友，现在就随我一起去游览乐园的主要景点吧！

米奇大街

各位朋友，现在我们来到了米奇大街。米奇大街是奇思妙想的发祥地，这个街区布满了各式各样的商店和餐馆。从步入这里起将感受到上海迪士尼乐园欢快的氛围，远离尘嚣，进入各个充满探险、梦幻和未来感的主题园区。米奇大街上还有许多美丽的马赛克拼瓷，下面这幅米奇与唐老鸭马赛克拼瓷便是其中之一，描绘了四季中的迪士尼明星。

各位朋友请看：这是大钟塔，其灵感来源于经典的米奇腕表设计。巨大的编排表示乐园的中英文名字，并充满中式设计的元素和色彩。在米奇大街上还有M大街购物廊、米奇好伙伴美味集市、小米大厨烘焙坊、甜心糖果等，都可以满足大家的购物欲和食欲。

奇想花园

各位朋友，现在我们来到了奇想花园。在这里你可以感受到大自然的奇妙和想象力带来的快乐。大家可以将平日生活抛诸脑后，徜徉于7座神奇花园中：时而驾着"幻想曲旋转木马"体验回旋的欢乐，时而乘着"小飞象"在天空中尽情翱翔，时而陶醉于"音悦园"的美景与旋律中。该园区包括7座风格各异的花园：十二朋友园、音悦园、浪漫园、碧林园、妙羽园、幻想曲园和童话城堡园，分别呈现了亲情、友情与欢乐的主题。每座花园都充满了趣味盎然的活动、花繁叶锦的景观设计，以及欢乐的合影机会。接下来就随我一起去游览七园吧！

各位朋友请看，这就是十二朋友园。十二朋友园是上海迪士尼乐园的全球首创。在这座神奇花园里，有12幅大型马赛克壁画，生动描绘出化身中国十二生肖的迪士尼及迪士尼·皮克斯动画的角色。大家还可以找到属于各自的生肖形象，并在这面由中国工匠打造的生肖壁画墙前合影留念。在中国，十二生肖有着举足轻重的地位，迪士尼深谙于此。为了栩栩如生地表现出十二生肖的属相特征，同时又能吻合其各自独特的角色性格，上海迪士尼度假区精挑细选出十二位迪士尼动画明星。十二生肖有鼠、牛、虎、兔、龙、蛇、马、羊、猴、鸡、狗、猪。

各位朋友请看，这是幻想曲旋转木马。幻想曲旋转木马将为大家带来迪士尼传奇影片《幻想曲》中的角色和交响乐，装扮为魔法师学徒的米奇也将前来做伴。这个大型的旋转木马由中国工匠打造，72种绚烂颜色美妙地交织，62匹飞马爸爸、飞马妈妈和飞马宝宝与两辆马车在其中回旋翱翔。不同于其他迪士尼乐园里的传统中世纪风格旋转木马，这将是全球迪士尼乐园中第一座缤纷多彩的旋转木马。

各位朋友请看，这是小飞象。最受大家喜爱的迪士尼角色之一大耳朵小飞象大宝随马戏团来到了花园。在魔法羽毛和老鼠朋友提摩太的帮助下，小飞象学会了飞翔。游客们将有机会乘着16辆象车在空中和他一起遨游，神奇地俯瞰上海迪士尼乐园。

梦幻世界

各位游客朋友，现在我们来到了梦幻世界。受迪士尼动画电影启发而设计的"梦幻世界"是上海迪士尼乐园中最大的主题园区，宏伟壮丽的"奇幻童话城堡"便坐落其中。可以在城堡上俯瞰童话村庄和神奇森林，也可以在各类精彩有趣的景点中沉浸于备受喜爱的迪士尼故事。在这个童话仙境中，大家将乘坐"晶彩奇航"经历熟悉的迪士尼故事。在这里你们可以见证童话的诞生和长存。你们可以乘着"七个小矮人矿山车"在闪耀着宝石光芒的矿洞隧道中穿梭，畅游在"小飞侠天空奇遇"里俯瞰伦敦，和小熊维尼探索"百亩森林"，和爱丽丝一起漫游华丽的"仙境迷宫"。

各位朋友，现在我们坐上了"晶彩奇航"，它将从水上穿越和游览"梦幻世界"。欢快的喷泉和雕塑在水边林立，庆颂神奇和幻想洋溢的经典故事，激发游客的美梦和想象力。在旅程的终点，驶入隐藏在"奇幻童话城堡"下的岩洞中，伴随着摇曳的灯光和池水沉浸在神奇的音乐和色彩中。

各位朋友，现在我们已经坐上了"七个小矮人矿山车"。"七个小矮人矿山车"取材于迪士尼经典动画电影《白雪公主和七个小矮人》，是适合全家人一起乘坐的过山车项目。乘坐矿车穿过蜿蜒连绵的山脉、经过池塘瀑布，在离开宝石矿之后，最后来到七个小矮人的小屋。每辆矿车都安装有支架状枢轴，可在更换轨道时来回摆动。在这里，你们会欣赏到迪士尼经典影片的音乐和动画人物表演，还会遇到乐于助人的森林小动物们。

各位朋友，现在我们看到的是旋转疯蜜罐。旋转疯蜜罐是一处设在百亩森林里的阖家同乐的景点。大家可以坐进旋转疯蜜罐内，体验这个因小熊维尼最爱的食物而得名的游乐项目。维尼喜欢以自己的方式在装满蜂蜜的陶罐上标注"疯蜜"。在捆扎着蜂巢的篷顶下，热情的蜜蜂们在身边哼唱着小熊维尼之歌。通过转动蜜罐中心的方向盘，自由地控制蜜罐的旋转速度。远远看去，每只蜜罐都像装满鲜美欲滴的蜂蜜一样。

各位朋友，现在我们看到的是爱丽丝梦游仙境迷宫。这个仙宫是全球迪士尼乐园中第一个以蒂姆·波顿的真人电影《爱丽丝梦游仙境》为主题的景点。大家在前往疯狂帽子茶会派对时，可以选择自己的道路通过仙境的异想世界。一路上，大家会遇到妙妙猫、白兔以及电影中人物的雕塑，包括专横的红心皇后。在绿篱、石墙、巨花和奇幻雕塑组成的迷宫内，一场全家出动的冒险将带来无穷的乐趣。

各位朋友，现在我们看到的是小飞侠天空奇遇。搭乘"小飞侠天空奇遇"的"飞船"，我们将翱翔在伦敦上空，向着梦幻岛出发。在小飞侠的带领下，我们将经历一系列刺激的冒险，对抗虎克船长和他的海盗船员，体验前所未有的翱翔，同时感受小男孩放飞想象力的勇气。这个经典景点在上海迪士尼乐园得到全新升级，新的迪士尼神奇体验将"飞船"与场景靠得更近，并面对面邂逅迪士尼的经典角色。

各位朋友，现在我们看到的是冰雪奇缘：欢唱盛会。在林间剧场，我们将跟随着《冰雪奇缘》中的朋友们和阿伦黛尔的村民们一同分享故事，欢声歌唱，感受充满欢乐的冰雪互动表演。两位来自阿伦黛尔的节庆导游将主持庆典并介绍音乐剧的每位成员。闻名遐迩的艾莎、安娜和克里斯托夫将加入这场盛会，欢迎我们跟随心爱的《冰雪奇缘》音乐一起欢唱。

奇幻童话城堡

各位游客朋友，现在我们来到了奇幻童话城堡。这座城堡不仅是上海迪

士尼乐园中的最高建筑，也是世界上最高、最大、最具互动性的迪士尼城堡，已经成为乐园中最引人注目的地标。坐落于上海迪士尼乐园的心脏位置，宏伟壮丽的"奇幻童话城堡"将为我们提供各种身临其境的体验：高雅的点餐服务餐厅、深受小朋友喜爱的"缤纷变幻沙龙"及其他购物和娱乐设施。接下来就随我一起去体验一下这个变幻莫测的童话城堡吧！

各位朋友，现在我们看到的是迎宾阁。在这个私密的城堡庭院中，我们将有机会遇见迪士尼公主、皇室友人、米奇和唐老鸭。门关的高雅标牌将说明当天接见访客的公主及皇室友人。宫廷中的装饰包括五颜六色的鲜花和常年生长的藤蔓，以及用玉雕刻而成的"奇幻童话城堡浮雕"。

各位朋友，现在我们看到的是奇幻童话城堡日间舞台秀。这座童话城堡是浪漫、欢乐、探险和圆满的幸福之源。在城堡舞台上演的"金色童话盛典"将演绎白雪公主、安娜和艾莎、茉莉、爱丽儿及梅莉达等迪士尼公主的精彩故事。通过经典角色和歌曲的演绎，这场日间的盛典将绽放迪士尼的神奇魅力，传达坚定的信仰——梦想一定会实现。

各位朋友，现在我们看到的是点亮奇梦：夜光幻影秀。当夜幕低垂时，夜光幻影秀拉开帷幕，上演投影、激光和烟火交相辉映的壮丽表演，将这座全球最大的迪士尼城堡渲染成如梦似幻的魔法世界，城堡外墙映出令人惊叹的、充满色彩和动感的全新世界。在夜光幻影秀中，米奇将发现神奇火花点燃了他的想象，让他可以自由翱翔在空中，这是一次令每个人点亮心中奇梦与想象的旅程。

各位朋友，现在我们看到的是漫游童话时光。在这里，蜿蜒的城堡阶梯将引领我们踏上漫游童话时光之旅，我们将第一次在全球迪士尼乐园中与动画版的白雪公主互动，漫步于她的故事世界。穿过魔镜进入神奇的童话世界，我们还将遇见白雪公主的朋友并见证坏人的恶行，通过现实交互式技术分享白雪公主的梦境。漫游童话时光对于我们中国游客来说有着特殊的意义——《白雪公主》动画电影于1938年2月8日在上海首映，而白雪公主也是首位在中国广为人知的迪士尼公主。

各位朋友，现在我们看到的是皇家宴会厅。从铅玻璃窗户到高耸的拱门，皇家宴会厅的每一处细节都设计独到，在童话场景里奉上故事里的美食，大家都能像王子和公主般尽享以皇室标准提供的丰盛佳肴。一些深受喜爱的迪士尼明星还将为大家亲笔签名。餐厅所有房间都以迪士尼公主为主

题，融入童话故事元素，让大家的每一餐都充满幸福感。房间主题分别为睡美人、灰姑娘、蒂安娜、木兰和白雪公主。这个餐厅采用预约式服务，以提供最佳体验。

探险岛

各位游客朋友，现在我们来到了探险岛。探险岛将带领我们进入新发现的远古部落中。这里四处弥漫着神秘色彩，还有隐秘的宝藏。巍峨的雷鸣山令人一眼就能找到探险岛园区，而它也是一则古老传说的发祥地。神秘爬行巨兽长栖于山中，蛰伏着只待重见天日，据说山里偶尔传来的轰隆声就是它的怒吼。在雷鸣山脚可以去古迹探索营，走出自己的探索之路，证明自己是真正的冒险家；或是在"翱翔·飞越地平线"里穿越时空；更可登上惊险的筏艇历险"雷鸣山漂流"，深入"探险岛"腹地。接下来就随我一起去探险吧！

各位朋友，现在我们要去探险的是雷鸣山漂流项目。惊险刺激的雷鸣山漂流将载着大家深入探险岛腹地。筏艇顺水而下，带领众人穿过未知的惊险，驶入幽暗山洞，一探古老部落传说和神秘爬行巨兽的秘密。只有敢于进山探险的人才能遇见体形如巴士般庞大的神秘爬行巨兽，甚至嗅到它呼吸的特殊气味。

各位朋友，现在我们要去探险的是"人猿泰山：丛林的呼唤"项目。这个项目是上海迪士尼乐园娱乐演出中的一部原创作品，由泰山和他的朋友们共同出演。这部激情洋溢的音乐剧讲述了一个由猩猩养大的人类小男孩最终成为丛林之王的故事。沿用迪士尼长篇动画电影《人猿泰山》经典配乐，该剧融合了戏剧、中国杂技和摇滚乐等元素，将在歌舞艺术中心"故事舞台"上演出。

各位朋友，现在我们要去探险的是古迹探索营项目。上海迪士尼乐园是全球首座拥有此项目的迪士尼乐园。探险家们无论年龄大小、技巧高低，都可一起出发去岛上的瀑布、遗址、考古现场搜寻远古部落的痕迹，也可探索自然景观与古老传说，跋涉穿过瀑布并沿岛上专设的攀爬索道去寻找部落遗址。

各位朋友，现在我们看到的是"翱翔·飞越地平线"探险项目。大家想要鸟瞰世界或翱翔天际，可以在这里美梦成真，展开前所未见的环球飞行之旅。这个项目将带领我们俯瞰世界最具代表性的各处地标，探访、游历每一片大陆。从云雾森林中的天文台古迹出发，我们翱翔于天空，欣赏景观奇迹，包括上海天际线与中国长城美景。这是一个适合全家人的游乐项目，有原创的故事情节、新鲜的游览体验和全新的环球飞行之旅。

宝藏湾

各位游客朋友，现在我们来到了宝藏湾，这是全球迪士尼乐园中第一个以海盗为主题的游乐项目。在这个特别为上海迪士尼乐园打造的宝藏湾里住着一群形形色色、乐天随性的海盗，四处寻找好玩、刺激的冒险。在这里，色彩、视觉和音乐的激烈碰撞，将海盗们浮躁轻狂与颠沛流离的个性融入各种异域文化，呈现出细节刻画和故事讲述。宝藏湾的传说要追溯到17世纪，那时加勒比海一带海盗猖獗。在迪士尼的故事里，这段海盗时代以一群搜寻传奇宝藏的海上流氓而著名，他们制服妖兽，互相争斗，眼神中总带着一丝玩世不恭。宝藏湾从第一处起就让大家完全沉浸在海盗的生活中，并从这里开始游历传奇戏水滩、史洛比希堡、旱鸭子码头和小镇，每一处都各有风情，魅力独特。整个园区融合了多种建筑风格，有两艘巨型海盗船、海盗主题餐厅及一个欢乐的戏水区。接下来就随我一起一探究竟吧！

各位朋友，现在我们将体验的是"加勒比海盗——沉落宝藏之战"项目。这是一趟壮观无比的室内乘船漂流历险。我们将在杰克船长的带领下，在欢乐冒险中偷走戴维·琼斯船长最珍贵的宝藏。我们将畅游海面甚至潜入海底展开一场生动的航海大冒险。安全可控的全新驾乘系统使得海盗船能够完成旋转、侧驶甚至逆行的动作，打造出极具个性化的体验。我们将会遇到勇敢无畏的海盗、美人鱼和北海巨妖。迪士尼获得专利的声音动画技术、机器人科技及最新成果将更加逼真地还原出这些海盗们故事。

各位朋友，现在我们去凡迭戈剧院，观看"风暴来临——杰克船长之惊天特技大冒险"。可容纳1200名观众的凡迭戈剧院将上演精心制作的精彩舞台剧"风暴来临——杰克船长之惊天特技大冒险"。由杰克船长领衔主演的"风暴来临"将上演奇幻特技和激烈打斗，让观众直面壮观场景和惊人的视觉效果。该剧充满了栩栩如生的场景和幽默诙谐的笑料，在狂风暴雨里，杰克船长最终在旋风中击退了英国皇家海军。

各位朋友，现在我们去巴波萨烧烤。这是上海迪士尼乐园中的一家大餐厅，海盗们在此庆祝自由自在的生活。这家生气蓬勃又别有风味的"酒馆"装饰得丰富多彩又古里古怪，展示着老板巴波萨船长的个人风格。这家店的

项目十 主题公园类导游词的编撰与讲解

特色是厨房里爱炫厨技的海盗厨子演示最拿手的美味烧烤,大家有机会在"巴波萨烧烤"选择主题用餐区,也可以体验在惊险刺激的"加勒比海盗——沉落宝藏之战"景点里享用美食。

明日世界

各位游客朋友,现在我们来到了特别为上海迪士尼乐园打造的明日世界园区。这个园区运用富有想象力的设计、尖端的材料和系统化的空间利用,体现了人类、自然与科技的最佳结合。明日世界园区所传达的希望、乐观和未来的无穷潜力,正是迪士尼乐园最初的三大主题,也将在这里与一代又一代的中国游客进行分享。迪士尼运用各类创新技术持续为这个园区带来全新面貌:全新的星际探险射击式项目"巴斯光年星际营救"将带领我们勇往直前、超越无限;"喷气背包飞行器"让我们突破重力束缚;"星球大战远征基地"和"漫威英雄总部"则把我们带入星战和漫威的世界。在"创极速光轮"这个迪士尼全球首发的游乐项目中,我们将乘坐两轮式极速光轮摩托体验全球迪士尼乐园中最紧张、刺激的冒险之一,飞速驶过室内、户外轨道,感受丰富多彩的故事。接下来我们就去明日世界去畅游一番吧!

各位朋友请看,这就是创极速光轮。明日世界园区将向我们展现迪士尼电影《创:战纪》所描绘的未来世界。乘着两轮式极速光轮,我们将在壮丽穹顶下的轨道飞驰而过,高速进入由多彩灯光、投影和音效营造出的虚实莫辨的幻想空间。巨型穹顶呈波浪状起伏,即使在远处眺望也将为之震撼。穹顶采用半透明材料设计,当极速光轮呼啸驶过时,车上的脉冲会从穹顶透射出来。酷炫的蓝绿光条在整座穹顶闪亮、幻化出不同光彩,如龙尾般在"创广场"周围翻转摆动。

各位朋友请看,这就是巴斯光年星际营救。这是源自迪士尼·皮克斯电影《玩具总动员》系列的游乐项目。沉浸式的体验、全新的故事情节及最新的射击系统,使其成为迪士尼乐园中最吸引人的景点之一。该项目模拟外太空场景,采用了动画目标和LED屏幕,以及实时反馈的新型瞄准系统。随着故事步步深入,索克天王威胁要毁灭外星人所居住的星球,巴斯光年需要召集更多的太空骑警并招募乐园游客加入他最新建立的星际总部,搭乘各自的飞船,利用发射个性化彩色激光来射击敌人。

各位朋友请看,这就是喷气背包飞行器。在这个飞行器中我们将变身太空飞行员,搭乘未来的交通工具起飞。飞行员将被固定在独立的喷气背包

上,双腿悬垂,尽享飞行的快感与奇妙体验。随着每个喷气背包的加速旋转,其臂杆会升至空中,我们可以自行控制喷气背包的上升高度,升得越高,前倾幅度就越大。在高空瞭望点,飞行员们将欣赏到"明日世界"以及上海迪士尼乐园令人窒息的壮丽美景。

各位朋友请看,这是星球大战远征基地。在这个以星球大战银河系为主题的体验项目中,我们可以见到这部电影巨作中的英雄与反派,参观标志性的星战场景,欣赏最新电影系列的道具和展品,并且借助新技术亲身体验天行者的故事。

各位朋友,现在我们来到了漫威英雄总部。在这里,我们有机会一睹著名的漫威英雄及其超级装备的风采,更可以通过特别制作的多媒体影片了解漫威世界的精彩之处,近距离接触自己喜爱的漫威英雄,还可以练习绘制不同角色,体验漫画艺术家的工作。

各位朋友请看,这是太空幸会史迪奇。在太空幸会史迪奇中,被称为"626号实验品"的史迪奇会与我们随兴畅谈、玩耍游戏和搞笑逗趣,并带领我们踏上银河系环游之旅。这场实时互动的精彩演出将在"明日世界"两家剧场中的其中一家进行。主演将会是迪士尼动画片《星际宝贝》中淘气的动画外星人史迪奇。

玩具总动园

各位游客朋友,现在我们来到了玩具总动园。2016年11月10日早晨,上海迪士尼乐园宣布新增全新园区"玩具总动园",提供以迪士尼·皮克斯热门电影《玩具总动员》中的角色为主题的全新景点和体验,成为乐园的第7个主题园区。全新的"玩具总动园"园区已于2018年向游客开放。玩具总动园园区将呈现一个五彩缤纷、热闹非凡的世界。在此,游客会感觉自己仿佛缩小至《玩具总动员》影片里备受喜爱的玩具的大小,在主人公安迪家的花园度过充满欢声笑语的时光。园区包括3个全新的游乐项目和1个独特的与迪士尼朋友见面的主题区域。

各位游客朋友,上海迪士尼乐园的神奇之旅不仅包含了激动人心的游乐项目和景点,更充满了精彩纷呈的娱乐演出。从中国的杂技演员,到舞者和音乐主持人,充满活力、多才多艺的表演者们将用迪士尼经典的现场娱乐演出使广大游客在度假区流连忘返。

2. 横店影视城秦王宫景区导游词（节选）

尊敬的朋友们，大家好！欢迎各位来到我们秦王宫参观、游览。我是景区的导游员，姓×，大家可以叫我小×，很高兴下边由我为大家提供导游服务，希望各位在秦王宫玩得开心、愉快！

秦王宫景区是横店影视城继广州街景区之后，第二个建造起来的景区。秦王宫景区以其浓郁的历史氛围，助《荆轲刺秦王》获得了1999年戛纳电影节的最佳技术奖。同时它也吸引了众多的大片来这里拍摄，可以说秦王宫景区是影视大片和历史正剧的摇篮，像我们很熟悉的《英雄》《汉武大帝》《寻秦记》《功夫之王》《画皮》《木乃伊3》等，都将这里作为主要场景。在接下来的行程中，我们会发现很多当年这些剧组留下的痕迹。

很显然，秦王宫景区仿建的原型就是秦咸阳宫。咸阳宫是秦王朝最主要的宫殿，最早主持修建的人就是历史上著名的改革家商鞅，公元前350年，秦孝公迁都咸阳，商鞅主持修建咸阳宫。秦始皇统一六国之后，在渭河南北进行了一次大规模的扩建。而咸阳宫的毁灭是在公元前206年。公元前206年，秦朝灭亡，项羽攻入咸阳，一把火烧了咸阳宫，大火三月不灭。1959年，在陕西的渭河北岸，考古学家勘察发现了咸阳宫遗址。至于"项羽火烧阿房宫"一说，现在历史学家和考古学家并没有找到足够的证据证明，到底有没有阿房宫至今仍是一个谜，项羽烧毁的应该是咸阳宫。秦王宫景区就是北京电影学院的设计师根据秦咸阳宫一号遗址复原图，经过多方考证而建造起来的。但是由于秦朝离我们相去已经有两千多年，很多资料已经遗失或毁坏，很多东西无法考证，我们只能尽最大可能还原了当时的历史原貌。

咸阳宫从公元前350年建成到公元前206年被毁，共经历了144年9位国君、帝王，现在就让我们一起回到那段风起云涌的历史去看看。

....

英雄场景

游览完四海归一殿，接下来我们要去欣赏几个横店影视城经典的演艺节目，通过演员的表演带我们回味一下发生在那个年代的故事。

眼前看到的是覆道行径——天梯，据《史记》记载，秦王宫各殿之间，通过飞廊覆道相连，游廊环绕，曲径通幽。这里也是整个秦王宫的制高点。在这里，我们看到的清明上河图景区，是根据北宋画家张择端的《清明上河图》而建造起来的一个景区，它的风格跟秦王宫很不一样，是两种完全不同的景色，一个是金戈铁马般的恢宏，另一个是市井繁华中的秀气。所以，很多人说横店是一个很奇怪的地方，一天时间可以游历中国五千年，在这里，一堵墙就将中国的历史分为了上下两部。

我们现在进入的就是漏顶棋馆。张艺谋在《英雄》里最得意的那场李连杰与甄子丹的棋亭大战戏，就是在这里完成的。那场武打戏被众多的武侠迷交口称赞，不仅如行云流水而且干净利落。在这里，每天都会上演《英雄比剑》的节目，重现那场精彩的棋亭对决。

这场棋亭对决，运用了很多影视的元素，主要由7组武打动作组成，其中又尤以高空威亚最为精彩漂亮，惊险刺激。我们看电视，经常可以看到古装武打戏时，武林高手们飞来飞去的场面。其实是他们身上绑了威亚，利用外力拉动威亚，同时吊威亚的人利用一定的技巧而发力，就可以做出很多漂亮的动作。但是，吊威亚同时也是一件非常辛苦的事，在后面的行程中，有一项威亚拍照的内容，大家有机会可以去尝试一下。

走出漏顶棋馆请各位往左走。请大家不要害怕，这个躺着的道具尸体就是《英雄》中的无名。他虽然最后被秦王嬴政用乱箭射死了，但是在嬴政心中，无名仍旧是英雄，所以他命人用茅枪扎成铁扛肩抬着他去下葬。2000年前，铁扛肩是对英雄死后的最高待遇。

现在各位所看到的这道门，就是无名被乱箭射死的那道门，这个人形就是李连杰的人形。关于这个人形有个说法，说穿过这个人形，就能够逢凶化吉，置之死地而后生。大家想想，乱箭中都可以穿过去，还有什么地方过不去呢？

梦回秦汉

前面我们看了很多秦汉时期的建筑、文物，了解了很多秦汉时期的历史风云、民生典故，接下来我要带大家去看一个能更直接地反映那个时代风云变幻的节目，叫《梦回秦汉》。在历史上，匈奴这个北方草原上的游牧民族历来都是中原文明的一个巨大威胁，秦始皇以及之前的赵国、燕国都修筑了长城来防范匈奴。《梦回秦汉》的故事题材就是围绕秦、汉两朝讨伐匈奴一事而展开的，通过现代人秦刚阴差阳错回到秦汉时期为导线，探讨秦始皇与汉武帝两位中国历史上杰出的帝王在讨伐匈奴一事上采取的不同对策，从而解开了一个历史谜团。

《梦回秦汉》是秦王宫景区在2006年开发的一个多媒体的梦幻情景剧，

不仅集合了真人表演、影视特技,而且运用很多高科技手段,它的银幕宽度、有限时间内场景切换次数等都刷新了国内同类产品的纪录。制作这台节目,光钢材就用了100多吨,并采用了五台国内最先进的放映机同时放映技术,使得真人表演与影像真假难辨,希望这台节目能给大家带来不一样的瞬间穿梭时空的体验。

无极场景

我们前面说了,秦王宫是影视大片的摇篮,在这里出产的不是历史正剧,就是影视大片。接下来,我们要去看看陈凯歌在横店创造的第二个场景——《无极》魔幻王城,也就是那个著名的"馒头血案"的案发现场。魔幻王城最初建造时是放在景区的主广场——四海归一广场上的,整个建筑由红白金三种颜色组成,融合了亚洲多个古王朝的特点,每一个细节都十分精致,整体氛围让人觉得华丽中带点诡异,奔放中又带有很重的压抑感,这一点我想看过《无极》的观众都有体会。为了确保场景的独一性,耗资300万元建造的这个魔幻王城在影片拍摄完成后就被拆毁了。后来景区在复原场景的时候,将它移到了这里。

整个无极场景分为三大部分,即神庙区、月牙场和无极甬道。《无极》讲述的是三千年前之未来的故事,这个故事发生的时间让人觉得很"无极",不知是未来还是之前,所以《无极》的场景造型也是很"无极"的。据说这些造型都是设计师查阅、参考了很多古书、资料设计的,其中的很多装饰都采用了中国远古时期的纹饰。其中采用的红白金三色,红色象征热情、野蛮和血腥,金色代表权力,白色象征冷静、克制,这三种颜色使得整个宫殿看上去很玄幻,构成了一个无极的世界,包括两个巨大的老人像,就是中国古代最伟大的思想家老子和孔子。在《无极》中出现的东西都很"无极",很难做出符合正常逻辑的解释。大家权且一看。(选自横店影视城内部导游词)

3. 河南清明上河园导游词

各位游客,大家好!我们现在游览的景点是开封大型民俗主题公园——清明上河园。许多熟悉中国历史和艺术的朋友都知道,《清明上河图》是我国宋代著名画家张择端的传世之作,画中描绘了宋代京都的城市生活和景观,是研究我国宋代历史的重要的图文资料。开封清明上河园以《清明上河图》为蓝本,按照图中布局,采用宋代营造法式,结合现代建筑方法,集中再现了原图的购物景观和民俗风情,使您"一朝步入画卷,一日梦回千年"。

每天上午九点，清明上河园都要举行热烈的开园仪式，蔚为壮观。清明上河园是由开封市人民政府与海南置地集团公司合作建设的一座大型宋文化主题公园，坐落在开封市风光秀丽的龙亭湖西岸。它是国家首批4A级旅游景区，2011年1月被国家旅游局评为5A级景区。

清明上河园大门

各位游客，现在我们看到的是清明上河园的开园仪式。整个仪式具有浓厚的地方色彩，隆重而又热烈。首先出场的是马队。骑手们个个身着宋式短装，手擎彩旗，在一片冲天锣鼓声中呼啸而来，分列场地两旁。紧接着奔腾而出的是欢迎盘鼓，盘鼓手也是宋装打扮，大鼓悬在腰间，动作整齐划一，鼓声震天，鼓点欢快豪放。最后出场的是在张龙、赵虎、王朝、马汉簇拥下上场的一代名相包拯包青天，只见他铁面黝黑，双目有神，大步向您走来，欢迎您到清明上河园游览。至此，马队手们手中旌旗挥舞，盘鼓手中大鼓齐震，游客们在包青天的带领下，共同走进清明上河园，游览的序幕由此拉开。

大型浮雕

各位游客，一进大门，迎面就可看到一幅长16米、高3米的大型浮雕。浮雕前是汉白玉巨石人像雕塑《情系东京》。一代名师张择端手捧恢宏历史长卷《清明上河图》欢迎您来到清明上河园。让我们先来认识一下一代名师张择端和他的《清明上河图》吧。

张择端，字正道，号文友，生于北宋，卒于南宋。年轻时游学京师，擅长绘画，曾在翰林图画院任职，擅绘舟车、市肆、桥梁、街道、城郭等都市景观。存世作品除《清明上河图》外，还有《金明池争标图》，均为我国古代的艺术珍品，现珍藏于北京故宫博物院。另有小幅《西湖争标图》，现珍藏于天津博物馆。

各位请看，这就是一代名师张择端的塑像。为纪念张择端，我国著名雕塑艺术家陈修林、庞王宣两位教授，取中华石材之乡山东莱州的白色花岗石塑就了这尊高大塑像。石像后面则为浓缩的《清明上河图》浮雕，栩栩如生地再现了北宋盛世时开封的繁华市景和民俗生活。在这幅长525厘米、宽25.5厘米的画卷上，有各种人物684个，牲畜96头，房屋122座，舟船25艘等，既有巨商富贾，也有街头小贩；既有城楼虹桥，也有行舟路人，就连算卦先生也能看得到。专家们甚至还发现了店铺中的算盘。算盘——这个世

界上最古老的计算器究竟是何时发明,目前我们还无法考证,但是《清明上河图》中出现的算盘却是在目前发现的古代图文资料中第一次出现的算盘。《清明上河图》是我们研究宋代经济、文化、建筑、科学等的珍贵历史资料。

清明上河园景区占地600余亩,其中水面180亩,大小古船50多艘,房屋400余间,景观建筑面积30 000多平方米,形成了中原地区最大的仿宋古建筑群。仿照原图,设驿站、民俗风情、特色食街、宋文化展示、花鸟鱼虫、繁华京城、休闲购物和综合服务八个功能区,并设有校场、虹桥、民俗、宋都四个文化区。游览清明上河园,可以跨虹桥,登上善门,游鸿福寺,浏览文绣院,下榻古驿站,就餐孙羊正店,还可以观赏民间杂耍、木兰织房、吹糖人、剪纸、风筝等民间工艺。

虹桥

各位游客,展阅《清明上河图》时,我们可以看到一座造型优美的木顶拱桥。据专家研究,《清明上河图》的虹桥为中国十大古桥之一,也是著名的木拱桥,始建于1050年,为当时北宋京城的水陆交通运转畅通发挥了巨大的作用,后毁于战火。今天展现在我们面前的这座拱桥,是仿照原图建造的。我们能够重登飞架的虹桥,应归功于张择端真切的视像描绘。这座虹桥1998年重建,桥跨径25米,高5米,跨度比为1∶5。桥的两边设有4根望柱和4根9米高的立柱,顶部有一圆盘,上面泊立白鹤鸟,随风转动,对照下面的十字交仪木就知道白鹤所指的方向,这是古代的风向标。虹桥飞架在汴河之上。据史书记载,汴河始于战国的魏,通于隋,畅于宋,上起河洛,下至淮泗,直通长江,为北宋南北贯通的大动脉。各地所产的粮食、所收的赋税、各种奇珍异果都是沿着这条河运到京城来的。汴河对于当时的北宋可谓至关重要。由于舟船往来,客商众多,于是在河的两边就出现了许多店铺。在当时的京城,汴河两岸是最繁华、热闹的地方,虹桥左右店铺林立,舟船如梭,商贾云集。今天的虹桥下面是东京码头,诸位感兴趣的话,可以荡起宋式木船,饱览北国水城的万顷碧波。

清明上河园是一所集民俗展示和历史风情于一身的主题公园,各种表演展示遍布全园各处。前方有上善门,城楼群内有仿古编钟。再往前是孙羊正店,当时为北宋东京著名酒店,可提供饮食。沿途有许多店铺,您可以选购自己喜爱的工艺美术品。园内还有许多杂耍艺人、饮食店铺。园内一些表演节目有固定时间,如王员外招婿、梁山好汉劫法场等,可以供大家自由观赏。

各位游客，清明上河园的游览到此结束，谢谢各位的合作。

4. 深圳华侨城旅游度假区

各位游客，大家好！欢迎来到深圳华侨城旅游度假区！华侨城位于深圳经济特区的深圳湾畔，面积4.8平方公里，由华侨城集团公司开发、建设和管理。深圳华侨城旅游度假区相继建成了锦绣中华、中国民俗文化村、世界之窗、欢乐谷四大主题公园以及深圳湾大酒店、海景酒店、威尼斯水景主题酒店、何香凝美术馆、暨大中旅学院、华夏艺术中心、欢乐干线高架单轨车、华侨城生态广场、华侨城高尔夫球俱乐部、华侨城雕塑走廊、华侨城燕含山郊野公园等一批旅游文化项目设施，形成了一个集旅游、文化、购物、娱乐、体育、休闲于一身的，面积近5平方公里的文化旅游度假区。深圳华侨城旅游度假区被誉为深圳湾畔的一颗明珠。

锦绣中华

各位游客，今天我要带大家一日游遍中国！大家都知道，我们今天要去锦绣中华"小人国"。这是目前世界上面积最大，反映中国历史、文化、艺术、古代建筑和民族风情最丰富、最生动、最全面的微缩景区，也是目前世界上景点最多的缩微景区之一。

锦绣中华是深圳华侨城的一个旅游区，坐落在风光绮丽的深圳湾畔。景区占地450亩，分为景点区和综合服务区两部分。景点区中的八十多个景点按中国版图位置分布，它集中反映了中国多民族国家风格迥异的建筑、生活习俗和风土人情。"一步迈进历史，一日畅游中国"是锦绣中华微缩景区的生动写照。

锦绣中华的景点都是按实际景点在中国版图上的位置设计的，全园整体犹如一幅巨大的中国地图。微缩景点与实景的比例大部分是1∶15，个别景点为1∶10或1∶8。最大的一个是1∶1，就是敦煌莫高窟的一个洞窟。国际上的微缩景观一般为1∶25。因此我们锦绣中华的景点体量都是比较大的。

世界之窗

各位游客，我们现在去的是世界之窗。该景区占地面积48公顷，集世界著名的文化历史景观、自然风光、民俗风情、民间歌舞和大型演出于一园，分为亚洲区、欧洲区、非洲区、美洲区、大洋洲、世界广场、国际街等9大景区，118个景点，每个景区都有定点的风情表演，节目丰富多彩。同时还

先后推出了科罗拉多大峡谷探险漂流、金字塔幻想馆、阿尔卑斯山室内滑雪场、亚马孙丛林穿梭、富士山环绕数码影院等游客参与性的主题游乐项目。新落成的中国首座全景式环球舞台于2002年春节全新推出大型音乐舞蹈史诗《跨世纪》。每年定期举办"国际啤酒节""日本樱花节""埃及文化周""印度文化周""印第安文化周"等活动。作为景区活动中心的世界广场，可容纳游客万余人，每当夜幕降临，华灯初上，景区内又展现出另一番迷人的异国情调。

中国民俗文化村

各位游客，中国民俗文化村是国内第一个荟萃各民族的民间艺术、民俗风情和民居建筑于一体的大型文化游览区。中国民俗文化村由香港中国旅行社与深圳华侨城经济发展总公司投资建造，坐落在风光秀丽的深圳湾畔，毗邻著名的锦绣中华微缩景区，占地20万平方米。景区以"源于生活，高于生活，汇集精华，有所取舍"作为建村的指导原则，从不同角度反映我国多民族的民俗文化。景区现有21个民族的24个村寨，均按原景观的1∶1比例建造。

大家在村寨里，除可了解各民族的建筑风格外，还可以欣赏和参与各民族的歌舞表演、民族工艺品制作，品尝民族风味食品，观赏民族艺术大游行、专业水平的歌舞晚会、民俗陈列馆等各种场景，让大家领略56个民族多姿多彩的文化艺术。

在中国民俗文化村，大家还可以看到云南石林、海南椰林、南滨古榕、千手千眼观音、徽州牌坊群、镭射民族音乐喷泉等景观。景区内山峦起伏、瀑布跌宕、绿水蜿蜒、舟楫竞渡。

欢乐谷

各位游客，大家好！欢迎来到深圳华侨城欢乐谷游玩。欢乐谷位于深圳华侨城杜鹃山，坐落在深圳华侨城内，是华侨城集团继锦绣中华、中国民俗文化村、世界之窗后的第四个主题公园。欢乐谷占地面积35万平方米，总投资8亿元人民币，为游客营造了一个自然、清新、快乐、刺激、趣味性强的休闲场所。整个景区运用"体验就是生活，生活就是体验"的设计理念，将高新科学技术和全新的休闲理念融入30多个活泼惊奇、可参与的项目之中，是一个融参与性、观赏性、娱乐性、趣味性为一体的中国现代主题乐园，也是国家评定的5A级风景名胜区。相信这里的各有特色的游乐设施和游乐项目会给你带来无穷的妙趣与欢乐，会让你带着信心而来，带着惊喜而离开。

现在欢乐谷每天上演着街舞表演、乐队表演、哑剧表演、极限运动表演、魔术和杂技表演及夜光巡游等十分时尚、十分新奇和十分动感的各类演出60场次。同时，每年还定期举办五大主题活动，如元旦举办的代表国内外流行音乐先锋的流行音乐节；春节举办的新春欢乐节暨国际滑稽节；五一期间举办的极限运动国际精英挑战赛；7月至8月的"玛雅狂欢节"以及国庆节举办的"国际魔术节"等。乐园内现有100多个全国乃至亚洲所独有的游乐项目，如世界最高落差的"激流勇进"；中国第一座悬挂式过山车"雪山飞龙"；中国第一座巷道式"矿山车"；中国第一座"完美风暴"；中国第一列仿古典式的"环园小火车"；亚洲最高、中国第一座惊险之塔"太空梭"；亚洲首座集视觉、听觉、触觉于一身的"四维影院"以及具有国际一流水平、国内第一条无人驾驶高架观光游览车"欢乐干线"等。不同层面的游客在深圳欢乐谷都可找到各自的兴奋点，欢乐谷可以满足不同地区、不同文化、不同年龄和不同层次游客的不同需求。欢乐谷是一座真正意义的快乐大本营！

欢乐谷就是这样，以全新的旅游娱乐观念和高科技带给你非同一般的欢乐和体验。在这里，无论是儿童、青年还是老年人都能很快地从中找到那份属于自己的欢乐！

5.《宋城千古情》剧情介绍与成功因素

大型歌舞《宋城千古情》是杭州宋城旅游发展股份有限公司倾力打造的一台立体全景式大型歌舞，2009年获得国家"五个一工程"奖、舞蹈最高奖荷花奖。该剧以杭州的历史典故、神话传说为基点，融世界歌舞、杂技艺术于一体，运用现代高科技手段营造如梦似幻的意境，给人以强烈的视觉震撼。《宋城千古情》推出至今累计演出12 000场，接待观众2800万人次，每年300万游客争相观看，是目前世界上年演出场次最多和观众接待量最大的剧场演出，被海外媒体誉为与拉斯维加斯"O"秀、法国"红磨坊"并肩的"世界三大名秀"之一。

第一场《良渚之光》

早在8000年到5000年前新石器时代，"断发文身"的先民们就已在吴越大地上创造了无比灿烂的史前文明。《序》中的太阳之祭、原始的献祭舞、采摘舞、插秧舞、狩猎舞，再现了文明演进的足迹，让我们仿佛看到远古先

项目十　主题公园类导游词的编撰与讲解

民正迈着脚步款款走来。

第二场《宋宫宴舞》

"山外青山楼外楼,西湖歌舞几时休",南宋时期的杭州是四方辐辏、万物所聚的著名大都市。这一天,位于凤凰山麓的南宋皇宫内正在举行宋皇寿宴,各种歌舞、杂技此起彼伏,笙歌管弦,热闹非凡,一派国泰民安、歌舞升平的景象。

第三场《金戈铁马》

公元1127年正月,金兵攻入汴京,俘徽钦二帝,史称"靖康之难",宋室被迫南渡。宋徽宗的第九个儿子康王赵构,史称宋高宗,建立南宋王朝,最后定都杭州。宋高宗继位后,推行了屈从金国的投降政策。从此黄河两岸、江淮之间的人民纷纷起兵反抗,掀起了波澜壮阔的民族战争的巨浪。岳飞就是这时出现的民族英雄。岳飞一生奋战沙场,精忠报国,他率领的岳家军身经百战,收复了建康和中原的大片土地,直抵汴京!

第四场《西子传说》

"江南好,风景旧曾谙。日出江花红胜火,春来江水绿如蓝,能不忆江南?"荷花仙子舞翩跹、断桥相会、梁祝化蝶……这是一幅幅流动的画面,这是一首首动人的歌,这是一个个美丽的传说……"欲把西湖比西子,淡妆浓抹总相宜"。忆江南,最忆是杭州!

尾声《魅力杭州》

今天,改革的大潮涌动在钱塘大地,给江南古都带来了勃勃生机。杭州正以精致和谐、大气开放的人文精神和广阔胸襟,迎接来自五湖四海的宾朋。

有关人士认为,《宋城千古情》作为民营企业打造的舞台精品,为人们提供了全新的旅游市场经营理念和文艺改革的思路。主要表现在以下几个方面。

一是扎根民族文化沃土,融会其他艺术精华。没有历史文脉的剧目就没有根,没有人文积淀的剧目就少了魂。《宋城千古情》由《良渚之光》《宋宫宴舞》《金戈铁马》《西子传说》《魅力杭州》几个板块组成,白蛇与许仙、梁山伯与祝英台的爱情传说、悲壮豪迈的岳飞抗金故事等众多杭州典故、传说与西湖的自然人文景观在舞台上相互辉映,这些家喻户晓的题材自然唤起了人们对杭州的神往之情,让游客深切体验到"给我一天,还你千年"的历史厚重。而在表现形式上,《宋城千古情》又借鉴了国外最优秀的歌舞形式来进行包装,融舞蹈、杂技、时装表演等多种表演艺术元素为一体,并采用了当今世界最先进的灯光、音响、舞美、服装等表现手段。比如在服装设计上,《宋城千古情》旨在突出中华民族源远流长的服饰文化;同时,又融入国际上最新的设计理念,大胆想象,夸张表现,使古典的美丽与现代的风韵在每一件演出服里完美融合,别具一格。如在粉红的荷花演出服上配以三朵同色调争奇斗艳的荷花装饰灯,和谐自然,又凸显江南水乡的清新脱俗,令人耳目一新。正是由于内容上扎根于民族文化,形式上融会了其他艺术的精华,《宋城千古情》自然赢得了各阶层、各年龄段游客的欢迎。一位来自内蒙古的游客对记者说:"特别物有所值,别人说来杭州不去西湖岳庙很遗憾,我要说来杭州不看《宋城千古情》才算白来了呢!"世界休闲组织秘书长拉德·凯民思博士动情地说:"为什么那么多像我这样的外国人喜爱《宋城千古情》,看了这台精彩的演出,我终于找到了答案,只有民族性的东西才最具有世界性。"

二是演员能进能出的选人、育人、用人机制。为了把《宋城千古情》打造成一台高水平的文化演出,1996年,宋城成立了宋城艺术团。目前,艺术团已拥有自聘的专业舞蹈、杂技、模特儿演员四百多位,成为目前国内最大的民营剧团。不少艺术院团,尤其是国办艺术院团由于人员只进不出,自身负担越来越重,这也是文化体制改革的难题之一。宋城艺术团在选人、育人、用人上实行优胜劣汰、能进能出的机制。一方面,艺术团每年都要对演员进行考核,考核与奖金挂钩,并实行末位淘汰制。另一方面,为了能留住优秀演员,集团不惜成本,与浙江大学等联合,多方位培训艺术团演员,培养演员艺术素质和修养,提高演员对角色的理解和感悟能力。同时,从演员职业生涯考虑,让他们学习文化知识,多掌握一门技艺,等演员吃完了青春饭,还可以到别的岗位。这样就给演员们吃了一颗"定心丸"。此外,艺术团还给演员做艺术等级评定,与薪酬、待遇挂钩,集团为全体演员都缴纳了"五险一金"。四百多名演员中有10%是一级演员,他们的底薪达到每月5000元以上。由于事业留人、待遇留人、感情留人,极大地激发了演员的积极性。

三是找准市场定位填补"夜游"消费空白。《宋城千古情》赢得市场的重要原因就在于找准了市场定位,把握住了市场脉搏。首先,演出依托宋城景区，采用购票即可看戏的配套营销理念，提高了景区游览的附加值；其次，集团营销中心、艺术团针对目标消费群开展市场调研，细分市场，根据观众群及其审美需求的不同，及时对节目进行适当调整。"白天看庙，晚上睡觉"，尽管杭州是全国著名的旅游城市，但在《宋城千古情》问世之前，夜间旅游消费却非常贫乏。宋城景区看到了"夜游"这一巨大的市场空白，决定在白天演出的基础上，增加夜间演出，使该表演增加到了每天5场左右。于是，来杭州的游客白天在各景点能感受到静态的历史人文积淀，而到了晚上，《宋城千古情》又能以新颖生动的形式如梦似幻地对其加以表现，给人以强烈的艺术视听享受。依托杭州庞大的旅游市场规模，《宋城千古情》彻底改变了杭州夜游市场的格局，带动了300万游客量的杭州夜游市场消费，创造直接经济效益15亿元。

附 录

比赛型导游词及研究论文选

一、近几年全国职业院校导游服务技能大赛获奖导游词选评

1. 泰山导游词

文化圣地，度假天堂，好客山东欢迎您！

朋友们，有一座大山曾使历代帝王顶礼膜拜，让芸芸众生景仰，它峻极于天、发于万物，自认承受天命而为帝王的天子们，更是把它看成天下统一、国泰民安的象征，它就是全球首例世界自然与文化双重遗产、中华国山——泰山。

众所周知，中国多山，南秀北雄；泰山则是我国北方雄峻山脉的代表。它以拔地连天之势、擎天捧日之姿，巍然挺立在广袤的华北大平原的东缘，雄踞于齐鲁丘陵之上，其绝对年龄已经超过了35亿年，是中国最古老的山脉。因此，古人才有"山，莫大于泰山；史，亦莫古于泰山"的说法。

在中国人的原始崇拜里，登泰山就是登天。泰山是神灵之宅，紫气之源，那里天地交泰，万物生发。从平民百姓到帝王将相，有谁不想有朝一日参拜泰山，与天地对话，与神灵交谈呢？于是，从远古的祭天仪式到众多帝

导游词编撰与讲解实务

王的封禅大典，都把泰山推崇到了一个无以复加的地步。泰山安，则四海皆安；泰山安，则天下皆安。在历代帝王们看来，唯有登临泰山，才被视为上天授命、真龙天子，才有可能四海升平、江山永固。据史书记载，上古时期有72位帝王、秦汉以来有12位皇帝或封禅或祭祀过泰山，成就了泰山国山、圣山的崇高地位。历代帝王的百般朝拜加重了泰山作为一座自然山脉对中国历史的深远影响，而他们留在泰山上的诸多石刻，不仅仅记录下了一个个虔心登山、诚惶诚恐的帝王，更记录下了那一段段尘封已久的历史。

"泰山如史可照古今，泰山如书可明是非。"如果把泰山比作一部中华巨著，那么，现在展现在大家面前的大观峰便是其最精彩的一页。这里有康熙和乾隆皇帝共刻一处的"清摩崖"、南宋金石学家赵明诚的亲笔题刻等。

当然大观峰的经典之笔便是我们所看到的这一篇贴金之作，这可是唐玄宗御笔亲书，故也被称为唐摩崖。

公元729年9月，唐玄宗亲笔书写了这篇《纪泰山铭》，以昭告天下，自己封禅泰山是为百姓祈福。全文共分为五个部分，这第一部分描述的是封禅泰山的起因以及封禅队伍的浩大气派；第二部分考证了封禅的来历；第三部分描写了整个封禅大典的全过程，颂扬天下太平，国富民强；在第四部分，玄宗皇帝再一次向昊天上帝表达了永葆天禄的决心；第五部分又以铭文的形式歌颂了上五代皇帝，并进一步表明"至诚动天，福我万姓"的改革精神。《纪泰山铭》也成为唐玄宗有生以来最得意之笔。

泰山凝聚着中国传统文化的魂魄，泰山封禅与泰山石刻只是泰山文化宝库中的一部分。多少年来，泰山精神一直在滋养着四海之内的中华儿女，并被视为华夏民族的精神家园。

巍巍泰山，高而可登，雄而可亲；松石为骨，清泉为心；呼吸宇宙，吐纳风云；海天之怀，华夏之魂！（王新平、王成）

【点评】这篇介绍泰山的导游词读来一气呵成，文字考究，语言工整、华丽，颇具气势，具备较强的审美性。导游词中较多运用对仗工整的四字表达、运用排比句式，使选手的讲解颇具气势，这应是这篇导游词最突出的优点。但同时，语句的过分讲究也成了影响选手获得更好成绩的障碍。通观全文，为了保证表达上的气势，撰写者在介绍中过多地使用书面语导致导游词欠缺通俗性和互动性，讲解因此缺乏现场感。选手在比赛中的表现很容易变成舞台上的朗诵，而不是导游讲解。因此，作为一篇参赛导游词，撰写者与指导教师都必须考虑在艺术性与带团现实性之间找到合适的平衡点，既高于带团讲解，又不能脱离带团现实。全文依次介绍了泰山的地理位置、泰山封禅、泰山石刻代表作《纪泰山铭》，段落层次分明，逻辑脉络较为清晰。但作为一段 4~5 分钟的讲解，撰写者对泰山封禅、《纪泰山铭》下的笔墨比较平均，最后对《纪泰山铭》的介绍亦比较匆忙，中心主题则变得不太鲜明和突出。或许从"泰山封禅"和"泰山石刻"中选取其中之一作为比赛讲解的主题讲深讲透，这段导游词会更容易出彩。（孙旭）

2. 井冈山导游词

"久有凌云志，重上井冈山。千里来寻故地，旧貌变新颜！"亲爱的老年朋友们，大家好，欢迎参加此次"重上井冈之旅"，刚才的那首毛主席的词作不知能否勾起你的回忆，让你想起那激情燃烧的岁月呢！现在就由我带着大家走进井冈山，感受井冈山。

80 多年前井冈山还是个穷乡僻壤的地方，今天的井冈山却是风景这边独好，这个季节满山的红杜鹃、井冈翠竹，会不会让你有种清新脱俗的感觉。红色是历史，绿色是山林！井冈山就有着这么一股"革命与自然"的灵气。现在我们前往的游览点是井冈山五大哨口最险峻的一个，海拔有 1300 多米，也是当年大小五井通往宁冈县（今井冈山市）的唯一通道。大家都猜到了吧，对了，是"黄洋界"！

说到黄洋界，就不得不提发生在这里的保卫战。1928 年 8 月，湘赣国民党军在得悉井冈山红军主力下山之后，立即组织了 7 个团的兵力，采取分进合击的战术，向井冈山进攻，妄图全面摧毁井冈山红色革命根据地。当时，井冈山上兵力极少，组建仅 3 个月的红军第三十一团驻守在山下的宁冈县，这支部队在团长朱云卿、政委何挺颖的指挥下退守井冈山，以一个营的兵力，凭借黄洋界天险之势与敌军决战。

他们在通往黄洋界的两条小道上布下了五道防线：第一道是竹钉阵。第二道挖了壕沟，以此延缓敌军的进攻时间。第三道用上了竹篱笆围栏，把它设在壕沟的上面，敌军想前进就没那么容易了。第四道是滚石檑木，敌军来犯时将木头和石块一起滚下山！最后一道还修建了坚固的掩体，降低敌军火

力的杀伤力。

就这样,与敌军战斗持续了一整天,当天下午4时,红军战士把一门迫击炮抬到黄洋界上,向敌军发射了三发炮弹,前两发因受潮没有响,第三发炮弹正好在敌军的指挥所附近爆炸。敌军原以为红军主力已下山,忽见红军有大炮轰击,便认定红军主力已返回井冈山,吓得魂飞魄散。当夜,在云雾弥漫之下,敌军全部逃之夭夭,不敢再犯井冈山。毛主席在得到胜利的喜讯后欣然写下了脍炙人口的《西江月·井冈山》,其中有这样两句:"黄洋界上炮声隆,报道敌军宵遁。"待会儿我们到了黄洋界就可以看到镌刻这首诗篇的石碑了!

战争虽然已经烟消云散,但当年军民顽强抵抗的井冈山精神却代代相传,参加黄洋界保卫战的红军三十一团,9年后成为平型关大战中表现活跃的抗日八路军。直到1997年7月1日,中国恢复对香港的行使主权,这支井冈山时期组建的革命之师受中央军委指派,成为中国人民解放军驻香港部队步兵旅,从英军手中接管军营,担负起香港特别行政区的防务。他们驻防香港,纪律严明,作风扎实,深受香港民众的好评,亦成为中国人民解放军的骄傲。

讲到这里,黄洋界也快到了,各位随我手指的方向往窗外看,这里的山头被云雾缭绕着,很美吧!云海伴随着井冈山要度过一年中的250多天,妖娆的云雾一眼望去像奔腾的大海,流动的云和静止的山,常让人分不清是山在走,还是云在动!因此人们把黄洋界也叫作"汪洋界"或"望洋界"。

说得再多,井冈山的魅力也不是短短的语言所能概括的,只有亲身体验才能感受。现在我们就下车吧,去看看当年的防御工事,瞻仰一下"黄洋界保卫战胜利纪念碑"!相信此行会给你们带来别样的体验。(冯静)

【点评】这篇导游词作为选手获奖的作品,有很好的可取和借鉴之处。首先,整篇导游词以井冈山的黄洋界为中心,主题鲜明,重点突出。导游词以毛主席的词作导入,开门见山,从一开始就能引起听者的共鸣,吸引听者的注意。而整篇导游词基本都在讲述一个故事,结构清晰,逻辑性强,对中老年观光团比较合适,讲故事的形式能给人以意念上的刺激,会比感官上更加使人印象深刻。其次,语言通俗易懂,没有很多的书面语,比较口语化,讲解起来比较顺畅。中间又适时地加入一点儿与听者的互动,有一定的交流感,运用的指向性词语也让人有身临其境的现场感。总体来说整篇导游词比较顺畅,跟同类的导游词相比有一定的参考、借鉴价值。但是也存在不足的地方:第一,针对性太强,不适合对所有人群使用。且过于故事化,缺乏对于景点的介绍和对于井冈山浓厚历史和文化的体现。第二,属于常规导游词的模式,少了能带动情绪的高潮,缺乏创新和亮点。第三,故事性较强,需要选手有很好的情感操控能力,而这一点不易做到。第四,导游词字数略多,容易导致讲解节奏快,阻碍选手情感释放。(徐慧慧)

3. 新疆天池导游词

各位亲爱的游客,大家好!欢迎大家来到我们美丽而又神秘的新疆,来到道教圣地天山天池。有道言曰:"一切万物人最为贵,人能使形无事、神无体,以清静至无即与道合。"那么今天大家来到天池就是这里最尊贵的客人了,现在呈现在大家眼前的就是我们美丽的天池。在远处博格达峰的照映下和近处苍松翠柏的辉映下,天池就像一个蒙着面纱的少女,美丽而又动人,温柔而又热情。有这样一句话:"西子湖光足为奇,淡妆浓抹总相宜。"的确,天池以其山水之美让人目不暇接。

天池古时又称作"瑶池",传说是西王母宴请周穆王之地。我国先秦时期,《穆天子传》中曾这样记载,3000多年前,周穆王久慕西王母境地,于是便乘八匹骏马前往西域,在瑶池受到西王母的盛情款待,席间,二人赋诗歌唱,宾主极尽欢娱,离别时天子不舍离去,于是相约重游,但随着时间的流逝却不见穆王返回的身影,忧郁的西王母只能望着一潭碧水哀怨叹息,以解相思之苦。不少文人墨客也以此神话作为题材赋诗作文,将这一美丽的神话故事流传至今。唐代著名诗人李商隐曾赋诗道:"瑶池阿母绮窗开,黄竹歌声动地哀。八骏日行三万里,穆王何事不重来。"这个神话故事虽然非常凄美,但我真心祝各位游客阖家幸福,生活美满,愿天下有情人终成眷属。

好了,各位亲爱的游客请随我来湖边参观。我们天池湖面呈半月形,海拔有1900米,南北长3000米,东西最宽1500米,旺水时面积达4.9平方公里,最深处105米,总蓄水量约1.6亿立方米。它是在第四纪冰川运动中形成的高山冰碛湖。此时,我们脚下的就是冰川运动时留下的天然堤坝。

亲爱的游客,大家请随我来,看到湖边那棵被黄木栅栏围起来的古榆树

了吗？它就是被称为定海神针的神树。它是由王母娘娘的玉簪变化而成，王母娘娘曾在蟠桃大会上用它来镇住水怪。它还有三个奇特之处呢。第一，它是大叶榆和小叶榆的共生树。第二，榆树本为平原树种却生长在海拔2000米的天池湖畔，仅此一棵。第三，它可以作为测量天池水位的标杆，无论是丰水期还是枯水期湖水怎么涨落，都不曾淹没过榆树的根部。它至今已经有400年的历史了，在科学史上还是一个谜呢。它还有一首美丽的诗篇："独株古榆立池旁，风雨飘摇经沧桑。铁骨铮铮量湖水，神针定海美名扬。"除此景之外，天池还有七大景观，即石门一线、龙潭碧月、顶天三石、南山望雪、西山观松、海峰晨曦、悬泉飞瀑。稍后我再向大家一一介绍。

毛泽东主席也曾这样描述过天池：有一天我也要上一趟天池，传说瑶池是王母娘娘沐浴的地方，有一天啊，我也要在里面洗个澡。毛泽东的夙愿虽未实现，但足以印证天池的无穷魅力。1971年，郭沫若先生也曾被天池美景所吸引，赋下这样的佳句：一池浓墨沉砚底，万木长毫挺笔端。

到了新疆不到天池等于白来，天池不仅山美、水美，人更美。200年前，11个部落的哈萨克族迁居到这里，这个马背上的民族以其独特的风情民俗与这里的山水完美地融为一体，形成了人与自然的和谐，给我们展示了一幅美丽的生活画卷。可以说它是不逊于"清明上河图"的"天山游牧图"。有道是"智者乐山，仁者乐水"。接下来请大家带着最愉快的心情和我最真挚的祝福尽情地游览天池的美景吧！祝大家旅途愉快。（王婧婧）

【点评】新疆天池作为2013年6月新入选的世界自然遗产，其核心特征应该是在它的自然生态价值。而自然生态景观却又是最难讲好的，因为欣赏自然更仰赖观者自身的审美能力，讲解生态又涉及一定的专业知识。所以本篇导游词干脆避重就轻，选择了主要通过神话传说和大量引用诗词典故的方式来进行讲解。这是一种方法，但恐怕不是最好的方法，因为神话传说毕竟是虚的，导游讲解一般规律是要虚实结合、以实为主，且虚的内容相对更适合普通游客，因此也容易限制其高度和深度。可能正因如此，本篇选择了大量引用诗词典故的方式来充实文化内涵，但在使用过程中，不免存在牵强甚至有误的地方。比如第一段孤零零地引用"西子湖光足为奇，淡妆浓抹总相宜"，没有把天池和西子湖共同的"山水美"特点联系起来，犯了一些选手为辞藻华丽而牵强引用的通病。最后一段的"智者乐山，仁者乐水"则明显有误。当然，作为一篇普通导游词，本篇还是基本符合导游词各方面的特征。但作为一篇参加全国竞赛的比赛导游词，我们认为选手和指导教师应该挑战自我，多做探索，争取把重要但难讲的内容也很好地讲解、展示出来。这也是竞赛的目的，以赛促教，以赛促学。（徐慧慧）

4. 南湖红船导游词

各位团友，大家好！现在我们已经来到了南湖。南湖是浙江三大名湖之一，因位于嘉兴城南而得名，以"烟雨迷蒙"的旖旎风光为历代文人雅士所赞颂。小学课本上那段对南湖的优美描绘一直深深地印在我的脑海中：静静的水面上笼罩着薄烟，刚从云雾中挣扎出来的朝阳喷发出红晕，一只普通的乌篷船荡漾在晨光霞霭中，中国历史上崭新的一页由此掀开……今天我们的红色旅程就是去探寻南湖之上这普通而又神圣的红船。

各位团友，我们的摇橹船正向一艘小船靠近，这就是南湖红船。大家请看，这是一艘典型的江南画舫，全长约16米，宽3米，分为前舱、中舱、房舱和后舱。当时中共一大就是在这画舫的中舱内举行的。现在中舱内摆放有八仙桌，桌上仿照当时的样子放了茶壶和茶杯。画舫后面系的小拖梢船，就是当年接送代表们的小船。

大家知道，中共一大最早是在上海召开的。那么是什么原因让会议中途不得不转移地点呢？又是什么原因让代表们选择在嘉兴南湖继续召开呢？这次会议的成功转移与一位伟大的女性分不开，她就是熟知南湖的乌镇人王会悟、一大代表李达的夫人。

1921年7月23日，中共一大在上海李汉俊的寓所秘密召开，王会悟负责后勤工作。当她在后门口望风时，突然有个年轻人手里托着湿衣服直奔楼上跑去。王会悟觉得事情有些蹊跷，她也赶忙跑上楼，把情况进行了汇报，共产国际代表马林当即宣布休会，大家匆匆收拾文件撤离。显然李汉俊的寓所已经不能继续开会了，到哪里继续把会开完呢？代表们意见不一，有的建议在上海找个旅馆，有的主张到杭州西湖。在这紧急关头，王会悟建议到她的家乡嘉兴南湖，租一条游船，以游湖为掩护在船上开会。她的提议令代表们豁然开朗，大家纷纷投了赞成票。于是会议就秘密转移到了嘉兴南湖之上。

　　转移到南湖画舫上的会议也发生了一个插曲，当会议进行到下午5点左右时，南湖湖面上一艘汽艇向画舫疾驰而来，代表们因为有上海发生的经历而提高了警惕，立即藏起文件，摆上了麻将牌，"七条""八万"地喊着，把麻将搓得噼里啪啦响……后来打听到，这是当地士绅的私人游艇，大家才松了一口气。

　　就这样，在这红船之中会议完成了全部议程，全体代表高举右手紧握拳头，轻声呼出了时代最强音"为共产主义事业奋斗终身"。会议结束后，代表们悄悄下船，当夜离开了嘉兴。他们把革命的火种带向全国各地，中国的历史从此写出了全新的篇章。

　　这是红船94年来牵动着无数共产党人的传奇故事，我想，也是大家来这里一睹它风采的动力。

　　时隔94年，沧海桑田，当年无名的画舫如今已经成为一个国家的传奇；当年积弱积贫的民族早已摆脱"东亚病夫"的病容，以全新的大国风范屹立于世界之林。想到今天的和平、富足都是从这里开始，我坚信在我们面前的这艘"南湖红船"的传奇故事，将继续延续，指引着一切为了信仰而奋斗的年轻一代。（陈萍萍、杨贤达）

　　【点评】本篇导游词以南湖红船作为讲解对象，选择一物——南湖红船，一事——中共一大召开，一人——李达夫人王会悟而展开，内容集中，条理清晰。导游词开篇以小学课文中关于南湖的优美景色描绘引入，勾起游览者的回忆，拉近导游员与游客之间的距离。对于红船的简介简单明了，不拖沓。接下来用一连串的设问，增加悬疑，扣人心弦，即党的一大为什么会在南湖的一艘小船上召开？自然引出当时的当事人——李达夫人王会悟，过渡自然，且另辟蹊径。结尾简洁，铿锵有力，赋予时代感。南湖作为红色旅游景点，可以说家喻户晓，如何写出新意，确实令人费神，本篇导游词紧紧抓住党的一大为什么会在南湖的一艘小船上召开这一命题，设疑解疑，条理清楚，重点突出，具有新意。当然，本篇在结构上还可以更加完整，比如首尾处最好有一个欢迎与致谢的内容。作为对红色旅游景点的导游讲解，也需要在真诚和感染力方面做好恰当的把握。（吴旬初）

5. 内蒙古呼伦贝尔大草原导游词

现在，我们已来到了呼伦贝尔大草原。你我远离了城市，远离了闹市，走进了草原，你看，草原犹如碧绿的地毯，绿茵茵、软绵绵。往远看，草原上盛开着无数种野花，星星点点的蒙古包上升起缕缕炊烟。微风吹来，牧草飘动，马群、牛群、羊群飘来飘去，处处可见"风吹草低见牛羊"的优美景象。

瞧，主人已出来迎接我们了。现在大家就和我一起学一下蒙古族的礼仪吧，迎客时，他们将右手放在胸前，微微躬身施礼，随着"赛、赛白努"（好！您好！）的问候，主人为你斟满美酒，我们应该拿起酒杯，用无名指蘸酒敬天、敬地。而且会为你献上哈达。美酒和歌声在一起，就像蓝天和白云、绿草和鲜花在一起。现在就随着热情好客的蒙古族人民进入蒙古包，当一回蒙古族牧民的客人吧。

大家看，主人为我们端来了奶茶，奶茶是蒙古族的主要饮品。主人把砖茶捣成碎末，加水煎熬，待茶水翻滚着茶末哔哔响起时，倒进鲜牛奶，喝着这样的奶茶，从风雪严寒归来的牧人顿时暖和了身子。一碗奶茶、一把炒米，或几块奶豆腐、几块羊肉，就算一顿美餐了。

来到草原，亲眼见到了蒙古包，你知道蒙古包流传的历史和它的构造吗？

人人都知道的"天似穹庐，笼盖四野"中的"穹庐"就是延续至今的蒙古族毡帐——蒙古包。蒙古包的历史少说也有4000多年了，蒙古包——一个伟大民族浓缩的历史。大家看（幻灯片）牧民用石块垒起圆形房基，把木杆和皮毛绳穿成的"哈纳"立在房基上，上面呈斜坡状，而后在"哈纳"和"乌尼"片的外面包上毛毡或兽皮，一座呈圆形尖顶的蒙古包就落成了。圆形蒙古包对大风雪阻力小，下雨时包顶不存水，门小且连着地，雪不易堆积，网状墙便于搬迁时折叠，适合游牧生活，这也许就是蒙古包的结构几千年不曾改变的原因吧。

喝完热乎乎的奶茶，大家现在到外面看看。看一群一群的骏马，像团团移动的彩云贴地而奔，有的昂首苍穹，萧萧欢鸣；有的养精蓄锐，在湖边觅食青草；有的狂奔乱跑。人们不仅看到了马的俊美，更领略到了马背上的民族叱咤风云的雄风。蒙古民族生活在这样沸腾的生活中，怎不爱赞美与歌

唱。由于蒙古人年年岁岁同马在一起，才锻炼出蒙古民族这种粗犷豪放的性格、敦厚质朴的感情、机敏果敢的气质。

在蓝天白云之下，你看到一望无际的草原上成群的牛羊、奔腾的骏马，有着娴熟骑马技能的牧民手持马杆、挥动马鞭，策马驰骋。想体验一下吗？胆大的不妨骑上蒙古马跑上几圈，逛一逛。如果哪位不敢骑马的话，没关系，坐一坐草原的"勒勒车"，也可找到游牧生活的乐趣。

在大草原的每一分每一秒，我想游客朋友们过得都很开心。夕阳西下的草原是那么寂静，是那么柔和，是那么美丽，我们即将离开大草原，我们在这里享受大自然赐予的阳光和空气、花香和鸟语，体验比较原始的游牧生产方式，大家一定领略和感受到繁华的都市从未有过的情趣。离别之际我教大家一句蒙语"巴耶日太"（再见），就让我们一起挥挥手，大声说一句"巴耶日太"，以表对大家的惜别之情，希望能和大家再一次相会在这片草原上。（申金爱）

【点评】这篇导游词主题鲜明，短短一千余字，在我们面前展现了内蒙古草原的美丽景致。这段介绍较为突出的优点就是语言的运用特色鲜明、精致优美。开篇的引入即让人有亲临草原之感。对内蒙古草原景色的描写，结合蒙古族的表达习惯，运用了多种修辞手法，让听者感觉亲切自然、情趣浓烈、感染力强。通篇语言通俗易懂，贴近生活实际，非常易于听者接受。改变了传统的自言自语式讲解，有互动的环节，强调了游客的体验性，增加了讲解的趣味性。多处引导词设计精当，起到了引领参观的作用。导游词有详有略、内容生动具体，不失为一篇佳作。但这段文字也有可提升的空间。整篇导游词将重点放在了景色的描绘上，而对蒙古族的民族风俗、生活方式等民族内涵、文化的介绍较为欠缺，让听者感觉意犹未尽。创作者关注了如何将民族特色融入讲解中，也需适当考虑民族精神的深层次体现。部分语言内在的逻辑性也需更进一步加强。（徐慧慧）

6. 西江千户苗寨导游词

各位游客，大家好！欢迎来到人类疲惫心灵栖息的最后家园——贵州省黔东南，今天我们将要游览的是位于雷山县东北面的中国苗族文化中心、中国历史文化名镇——西江千户苗寨。

苗族是一个古老而神秘的民族，它曾是澳大利亚人类学家格迪斯笔下的两个苦难深重的民族之一，因为它几千年来被迫不断迁徙，而西江就是苗族第三、四、五次大迁徙的主要集结地。西江已有1800多年的历史。这座千年古寨又叫作千户苗寨，因为现在西江已有1380户人家，接近6000余人，是全国最大的苗寨。西江是苗语"鸡讲"的音译，意味着苗族西氏支系居住的地方。

大家请看，在寨门前穿着华丽的苗家姑娘已经捧着雕纹精致的牛角酒杯欢迎大家的到来，这可是我们苗族同胞接待宾客的独特礼仪，俗称拦门酒，少则三五道，多则十几道。如果您的酒力不胜，那就千万不要用手碰触酒杯，因为接过酒杯就要一饮而尽。

整个寨子坐落于河谷地带，四面环山，源于雷公坪的白水河穿寨而过，将西江苗寨一分为二。生活在这里的苗族居民充分利用这里的地形特点建造了这全木质结构、不用一钉一铆的吊脚楼，大家请看，这走廊上的曲形栏杆被称作"美人靠"，苗家妇女喜欢在此梳妆打扮、刺绣。有句话是这样说的："美人靠上靠美人，不是美人也三分俏。"待会儿大家就去我们的美人靠上感受一下吧。

有人用"会说话就会唱歌，会走路就会跳舞"来称赞能歌善舞的苗家人，现在，我们表演场动听的苗族飞歌已唱响，欢腾的芦笙舞也已跳起，让我们在这"歌舞的海洋"中尽情地释放吧！苗族的舞蹈主要有芦笙舞、锦鸡舞和板凳舞等，表演者手摆动位置不高，幅度不大，而脚却可以任意伸缩。苗族歌曲分为飞歌、敬酒歌等，其中飞歌多在山冈林野和田间地头演唱。大家想，歌声在大山之间唱过来，唱过去，不就像飞一样了吗？

瞧，这是苗家人为大家准备的长桌宴，它可是我们最隆重的待客之道，桌上那独特的酸汤鱼、鸡稀饭等美味佳肴是不是让大家垂涎三尺了呢？在苗家无酒不成席，盛装打扮的苗族姑娘捧起这大碗米酒向你唱起敬酒歌，醇香的酒加上美妙的酒歌，一定会让您无比陶醉。

现在，西江独特的村落景观已经展现在大家眼前，来过的游客都觉得西江的整体轮廓像两座金字塔，但我们苗族人认为是一对牛角，你们看像吗？因为苗族崇拜牛，它是苗族祭祀祖先的吉祥物，而西江自然形成了这种牛角的建筑形式，您是不是觉得很惊奇呢？

著名文学家余秋雨先生曾发出这样的赞叹：西江，用美丽回答一切。它的美是让人感受得到的，我们服饰上的苗绣工艺就被艺术大师刘海粟赞为"镂云裁月"。其实在很久以前我们苗族是有语言和文字的，但迁徙的过程中文字失传了，为了纪念我们的祖先，就把崇拜的蝴蝶、水牛、眷鸟等图案刺绣在衣服上，我们的衣服也就成为一部部"无字史书"。

我们苗族的节日可谓是"大节三六九，小节天天有"。在西江每隔13年才过一次的"鼓藏节"，是苗族最隆重的祭祖大典。它是苗族祖先崇拜与迁徙的文化沉淀，是苗族节日的百科全书。现在我就代表我们热情好客的苗家人，邀请大家鼓藏节时再来西江做客，相信那时的西江一定又是另一番美丽的盛景等待着您！谢谢大家！我的讲解完毕。（韩奥兰）

【点评】本篇导游词几乎全面地介绍了西江千户苗寨最主要的看点，但这也正是它的问题所在。首先，一篇5分钟的导游词，很难胜任如此繁杂的讲解任务。其次，拦门酒、吊脚楼、苗家歌舞、长桌宴、村落景观、苗绣和苗族节日，这些内容不仅繁多，而且凌乱，本篇导游词不仅将其编织到了一起，还常常用时空穿越的方式来编织，这就在讲解的逻辑性和层次感上出现了问题。同时，越多的内容越无法讲解清楚，自然也很难给人留下一个深刻的印象。再加上内容多导致的字数多，必然使表现力也大受影响。当然，本篇语言生动形象，互动体验性强，是值得借鉴的一点。（徐慧慧）

7. 都江堰鱼嘴导游词

在中国古代军队的行军过程中，诞生了一句耳熟能详的俗语：逢山开路，遇水架桥。然而令人不可思议的是，在战国时期的成都平原上，一座最初为军事运输而修建的水利工程居然改变了一条大河的流向，并且在以后的2000多年中，为成都平原赢得了"天府之国"的美誉。这个水利工程就是都江堰。

各位游客，我们现在所处的位置就是都江堰渠首三大工程之一的鱼嘴，因其酷似大鱼的嘴巴而得名。都江堰是公元前256年由蜀郡太守李冰主持修建而成。为什么中国古人因为战争目的而修建的水利工程能够经历2000多年仍然被现代人所使用，工程中的设计有着什么样的奥秘呢？问题的答案集中体现在一个字上，那便是"巧"。

都江堰的第一巧就是巧借形势。整个水利工程的渠首部分位于岷江的出山口，发源于松潘弓杠岭的岷江从海拔3000多米的地方一路咆哮而下，经过2000多米海拔的骤降在这里进入了平缓的地区。都江堰当初修建的目的是将岷江水引入成都平原，解决成都平原的航运问题，而这个位置位于成都平原的最高点，在此引水是最合适不过的。细心的朋友可能已经发现，我们所站立的鱼嘴及背后的分水堤外观呈弧形，位于河床的弯道之上，鱼嘴分水堤立于江中心，将岷江水一分为二，在我们左侧是外江也就是岷江的正流，而右侧就是内江，江水经宝瓶口流入成都平原。由于弯道环流，形成了"凸岸沉沙，凹岸取水"的奇特自然现象，李冰正是利用了这一自然规律将工程选择在弯道上，泥沙多的河水自然被分入外江归于正流，保证了进入成都平原的河水含沙量较少。一个朴实的设计、一个巧妙的运用就解决了让现代水利工程都为之头疼的泥沙问题。

都江堰的第二巧就是工程设计的巧夺天工。整个水利工程由渠首和下游渠道两个部分构成，渠首有三大主体工程：鱼嘴分水堤、宝瓶口和位于分水堤尾部的飞沙堰。这三大工程各自独立又浑然一体，鱼嘴分水堤分沙，宝瓶口引水控水，飞沙堰排洪排沙；宝瓶口引水依赖鱼嘴的分水，飞沙堰的排洪排沙又要依靠宝瓶口对江水的控制，它们自上而下形成了一个有机的统一整体，千百年来发挥着巨大的功效。

各位朋友，2000多年后我们仍然能看到都江堰历经沧桑的朴素外貌和沉着流淌的汩汩清流，这座最初以战略航运为目的修建的水利工程，在完成了当年的统一大业之后，依然发挥着分洪减灾和灌溉兴利的作用。最为可贵的是，相比现代水利工程寿命最多不超过100年而言，都江堰俨然是一位古稀高寿的老人了，并且现代水利工程大坝的修建对整条河流生态的负面影响是巨大的。而我们眼前的岷江依然有一条完整、连贯的河床，河流生态得以保持，两岸山水风光依旧。都江堰向世人展示着它不可思议的水利哲学和灵动悠远的灿烂文明，而这就是它大道天成的自然之巧。（江舸、张文浩）

【点评】本篇导游词最大的特点是结构紧凑、说明性强。首先在结构上一目了然，使用了总分的结构方式。先以提出一个"奇迹"开场，推出"都江堰"的与众不同，继而落脚在"都江堰渠首三大工程之一的鱼嘴"，通过设问将全文重点置于一个"巧"字上,并以此架构下文,从两方面详细说明了都江堰的设计之"巧"。这样的结构使得整篇导游词重点明确、脉络清晰、逻辑性强,既易于选手记忆,更有助于听众接受。在导游词写作中,这种清晰的逻辑思路和明确的内容安排是十分值得肯定和推广的。尤其在像比赛这种场合,由于时间较短来不及面面俱到,不是在景点现场,听众的接受性较差,加之评委往往长时间作战,易于疲劳,因此逻辑清晰、结构紧凑的讲解显得尤为重要。其次在内容方面,本篇也是重点突出、详略得当、紧扣主题,且能一定程度地结合现实,有较强的知识性和一定的文化内涵。本篇的语言也与结构、内容有着一定的统一性,较为理性、严谨。可以说,这是一篇经过精心设计编写的比赛导游词,有其诸多优点值得肯定。但一篇说明性的导游词同时也很容易出现一些问题,在本篇同样没有很好地加以突破。比如对如此复杂巧妙的古代工程,如何采取合适的讲解方式,深入浅出地将其中的原理、方法等说清说透,就是一个最大的问题。如果不能处处考虑听众(游客)的情况,只是一味按部就班地将一些术语和说明文字简单、直接地表述出来,很容易造成听者一知半解的结果。本篇中关于"巧借形势""巧夺天工"方面的讲解就存在一定的理解困难。因此"通俗易懂"依然是一个问题,更别说"角度新颖,生动幽默,富有感染力、亲和力"这类使人喜闻乐见方面的要求了。(徐慧慧)

8. 三峡大坝导游词

游客朋友,大家好,欢迎来到举世瞩目的三峡大坝参观、游览,我是您的导游,今天,将由我带领大家走进这跨越世纪的超级工程,感受激荡人心的三峡大坝,领略高峡平湖的壮丽美景。

治水在中国历史上历来都是彪炳史册的伟业,从三过家门而不入换得九州安定的大禹,到修筑都江堰造就"天府之国"的李冰父子,治水与治国相连,定水与安邦相伴。历史行进至中华民族转折、复兴的时刻,倾注到母亲河长江里的依然是治水的期盼。百年梦想,70年论证,17年建设,今天,三峡工程以傲人之姿屹立于世人面前。三峡工程坐落于长江三峡西陵峡中段,与举世无双的峡谷风光交相辉映,形成了令世人惊叹的独特景观。

现在我们所在的位置正是三峡大坝最佳观景区——坛子岭,朋友们,请随

我登上这制高点,一睹这宏伟的三峡大坝。站在这里,让我们举目四望,巍巍大坝如银色巨龙横卧于滔滔江水之上。游客朋友,它是世界上规模最大的混凝土重力坝。它长2309米,海拔高185米,相当于一座62层的大厦。您看,位于大坝中部的是长483米的溢流坝段,它承担着宣泄洪水和清除泥沙的任务。在左右岸发电厂房共装有32台发电机组,年均发电量一千亿千瓦时。也就是说,如果同时用三峡大坝发的电来点灯,可以照亮大半个中国。

朋友们,快看,大坝正在泄洪,水龙闯江、惊涛澎湃、飞流汹涌、水雾漫天。三峡大坝最大泄洪能力为11.6万立方米每秒。2012年7月24日,三峡大坝遭遇了建库以来最大的洪峰,达到了7.12万立方米每秒,大坝巍然屹立,固若金汤。这意味着什么呢?意味着三峡大坝可以抵御千年一遇的特大洪水。大坝泄洪,是奇观也是壮举,这宣泄的背后,是一去不返的长江水患,这咆哮的背后,是厚积薄发的民族气概。

请您再看大坝之上,好一派含蓄宁静的平湖美景。三峡大坝蓄水后,形成了长660公里、面积达1000平方公里的人工湖。碧水连天,烟波浩渺。那"更立西江石壁,截断巫山云雨"的宏伟蓝图,已成为真真切切的高峡平湖壮丽美景。

您看,巍峨的三峡大坝挡住了滚滚长江东逝水,660公里河道已呈现出绝色金黄,源源不断的电能已从这里输送往祖国大江南北,防洪、发电、航运这三大综合效益得到最佳发挥。孙中山先生的理想、毛泽东主席的心愿,终于从美妙的设想变成了如此生动、如此丰富又如此壮丽的现实。朋友们,我们由衷地为造就了当代大禹的国度而自豪。

也许您还沉浸在泄洪场景的雄浑壮阔中,当您陶醉于平湖美景的无穷魅力时,我们的三峡大坝之旅也要接近尾声了,感谢您一路的支持与配合,衷心祝愿各位的人生就像我们的大坝一样,能够经受住各种各样严峻考验,并在考验中进步,在考验中成长,在考验中实现人生的价值。朋友们,再见!

(刘勤、高晴)

【点评】长江三峡自古以来就是中国最著名的自然景观,无数文人墨客都在这里留下无数的诗文佳作,三峡雄壮险峻、江水一日千里的美景,以及由此带来的"巴东三峡巫峡长,猿鸣三声泪沾裳"的千古悲愁,也深深地刻印在一代代华夏儿女的心中。如今,千年的梦想变成了现实,湍急而又凶险的三峡，已变成了壮阔、美丽的高峡平湖。三峡库区虽然淹没了许多旧景致，却也造就了许多现代新景观。所以，如何在有限的时间里向游客介绍好新景观，就成为这则导游词首先要解决的难题。本篇导游词选择了一个很好的观赏与讲解视点，将游客带到坛子岭这个景区的制高点上，然后以指点江山的方式，向游客逐一介绍三峡大坝的概况、大坝左右的发电房、大坝泄洪的壮观美景、大坝内开阔平静的湖景以及其综合效益。这样的讲解视点既做到了点面结合，又突出了重点；既有充满动感的泄洪场景介绍，又有宁静湖光山色的形象描述，做到了有点有面、动静结合，现场感很强，讲解效果也很好。本篇导游词的第二个优点就是历史与现实交相辉映，第二段文字从大禹、李冰父子治水，写到三峡大坝的建成，引出绵延几千年的中华治水史；第六段文字又略叙了从孙中山到毛泽东治理长江水患的百年梦想。两段文字不仅增强了讲解的历史感，也传达了中华民族生生不息、奋发图强的自豪感，使本则导游词的思想意蕴获得了升华。本篇导游词的第三个优点是结构完整，开首有欢迎词，中间是讲解正文，最后有致谢词。特别值得一提的是最后的致谢词，不仅写出了致谢内容，而且生发开去，由滚滚激流中的三峡大坝，提炼出丰富的人生哲理，使导游讲解获得了言犹尽而意无穷的艺术效果。当然，本篇导游词也有明显不足：一是节奏设置上过于平铺直叙；二是有个别表述不够明确，如第二段中的"历史行进至中华民族转折、复兴的时刻"，到底是指新中国成立？改革开放？还是习近平的中国梦？指代不够明确，影响游客正确理解。（汪亚明）

9. 安阳殷墟导游词

尊敬的评委老师，我是××号选手。我将带您走神州、赏美景，感受华夏历史。今天，我为大家讲解的景点是安阳殷墟。

象形文字反映了古埃及的文明，楔形文字再现了古巴比伦的辉煌，梵文让我们探秘古印度的文化，甲骨文则开创了中华文明的先河，在这世界四大古文字体系中，唯有以殷墟甲骨文为代表的中国古汉字体系，历经千年演变而传承至今，书写出一部博大精深的中华文明史。

游客朋友们，大家好！今天让我们共同走进安阳殷墟博物苑、走进中华文明浩瀚深邃的历史长河。

殷墟是中国历史上第一个有文献可考，并为甲骨文和考古发掘所证实的最早的古代都城遗址，它的发现被列为20世纪中国"100项考古重大发现"之首。今天的殷墟博物苑是全国首批重点文物保护单位、国家5A级旅游景区，是世界文化遗产。

殷墟不仅出土了大量的玉器、宝石等珍贵文物，在此出土的后母戊鼎（曾称司母戊鼎），以其庞大的器型、精美的纹饰、精湛的铸造技法，成为中国青铜文化的瑰宝，更以造字方法成熟、表现内容丰富、传承有序的甲骨文而在世界文明史上独领风骚。接下来，请大家随我走进仿殷大殿来感受中华文明的源远流长。

步入仿殷大殿，我们现在看到的就是著名的YH127甲骨窖穴遗址。"一片甲骨惊世界"，1899年甲骨文的发现不但结束了仓颉造字的神话，也使一个名不见经传的小屯村闻名于世。在殷墟发现的甲骨大约有15万片，单字4500多个，上面记载了商代社会生活的方方面面，为甲骨文和商代历史研究提供了极其宝贵的资料，被称为中国古代乃至人类最早的"档案库"。甲骨文不仅仅是一个文明的符号、文化的标志，更把有记载的中华文明史向前推进了近5个世纪。从甲骨文已识别的约2500个单字来看，它已经具备了"象形、会意、形声、指事、转注、假借"的汉字构造方法，大家请看，这是一个"高"字，从它的字形上，我们推断在商代已有了一种建造在土台上的建筑，它的上部可以看成一栋既有屋顶又有墙身的建筑，下部则可以看作土台中挖有一口地窖，这是私有制萌芽和家庭单体出现后的一种建筑方式。

郭沫若曾说："殷墟的发现，是新史学的开端。"随着商王朝的存在被大量考古发现所证实，中国学术界得以展开对有关文献记载的"夏王朝"的探索。因此，殷墟既对中国历史学研究产生了巨大的推动力，也培养了大批的考古学专家，成为中国考古学的摇篮。

昔日的荒原，今日的都市；今日的残墙，昨日的京都。殷墟走过了以往的辉煌与荒芜，既渗透着王室尊严、气凌万物的高贵气质，也洋溢着对现实社会美好生活的渴望。它既是一个奴隶社会王朝、一个辉煌文明时代的缩影，也是千年历史积淀、独具东方魅力的文化瑰宝，更是书写在人类文明史上辉煌壮美、璀璨绚丽的华美篇章。

谢谢！（刘依依、赵一博）

导游词编撰与讲解实务

【点评】本篇导游词从主题上看，由于所介绍的对象具有浓厚的文化气息，本身就是一个亮点。从结构安排上看，则采用了一般导游词的常用套路，从概况逐渐定格到具体小点，然后对具体小点进行讲解，重点介绍了"YH127甲骨窖穴遗址"，并以"高"字为例展开说明。这一结构安排方式是许多比赛导游词的常用格式，它的优点是既有概况介绍，又有细节描述，整体性和讲述感都比较好，且符合一般人的审美接受习惯。本篇在讲解中，使殷墟厚重的历史和宝贵的价值得到了充分的体现，语言庄重大气，非常适合主题所需要的气场，与讲解内容相辅相成。总体而言，本篇导游词具有文化考古类景点讲解词的一般特点：历史积淀深厚，专家研究成果丰富，可参考资料众多，在导游词的写作上一般不难获得较上乘之作。因此，在演绎此类导游词时，选手风格也比较类似、固定，一般采取规范、严肃的表达方式对景点进行解说，通常以中华民族的光辉历史和丰厚遗产感染听者。所以，这类讲解比较适合形象端庄正气、语言字正腔圆并有一定文化积淀的选手。此外，这类导游词的特点（优点）也会成为一种禁锢：由于这类景点可参考的资料非常之多，大多数现有导游词的风格也是大同小异，四平八稳的模式使得整体作品缺乏个性和激情，选手在赛场上即使倾情演绎，往往也很难成为众多选手中令人印象最深刻的那一个。所以，如何在创作上有所突破，赋予此类导游词以新的信息，融入时代精神可能是选手和指导老师值得思考的一个课题。（钱正英）

10. 曾侯乙编钟导游词

各位游客大家好，今天由我带大家前往中国十大博物馆之一的湖北省博物馆，一起去鉴赏2400年前战国时期的宫廷乐器之王——曾侯乙编钟。

1978年湖北随州擂鼓墩曾侯乙墓中的编钟破土而出，该编钟一经出土便被誉为"世界第八大奇迹"。下面就让我们一起进入曾侯乙墓展厅，去揭开编钟背后的奥秘。

大家请看，编钟共65件，分三层八组悬挂在巨大的曲尺形钟架上，钟架由6名青铜佩剑武士用双手承托，造型精美，气势恢宏，足以占满现代音乐厅的整个舞台。

普通的钟多呈圆形，而曾侯乙编钟却像两块瓦片合在一起，使钟体呈合瓦形状，印证了沈括在《梦溪笔谈》中的描述："古乐钟皆为合瓦。"合瓦连接部形成的两条棱是钟体刚性最强的部分。敲击合瓦钟的不同部位时，因为棱的阻尼作用，震动频率就不一样，发出的声音就有差别，便出现了奇特的"一钟双音"。

一直以来，人们都认为中国古代只有五音——宫、商、角、徵、羽，即1、2、3、5、6五音，难道是4和7隐身了吗？

编钟出土后，音乐学家按照钟体上的标音铭文，敲击同一个钟体的正鼓部和侧鼓部时，他们惊奇地发现，钟体发出了相差3个音程的乐音4和7！这不仅打破了"中国的七声音阶是从欧洲传来"的说法，更是证明了中国七声音乐体系比欧洲早了近6个世纪。

不仅如此，曾侯乙编钟发出的乐音浑厚优雅，余音绕梁！这与它精确的锻造技术是密不可分的。曾侯乙编钟在铸造时只在纯铜内加入1.2%~3%的铅、13%~16%的锡，这样既提高了青铜的硬度和韧性，又使音色达到最佳。

也许有人会问，编钟能演奏中外所有的曲调吗？我们来比照一下"乐器之王"钢琴。编钟的音域虽比钢琴逊色三分，但同样能完美演奏挑战性最大的四声部名曲《欢乐颂》，被音乐学家誉为"古代的钢琴"。

古代每逢征战、朝见、祭祀或宴饮，宫廷里都要演奏编钟。如此大型的编钟怎么演奏？通常需要5人密切配合，其中3人执丁字形木槌分别敲击中上层高音钟，奏响旋律；另外2人持长形木棒面对达官贵人"盲撞"最下层低音钟，营造氛围。

曾侯乙编钟是我国古代铸造最精美、音域最宽广、音色最优美、保存最为完好的一套双音编钟。

"盛世出强音"，1997年香港回归时，由它参与奏响的交响乐《天地人》，宣告了中国百年屈辱史的终结；2008年北京奥运会上以它的原声与玉磬合奏的"金声玉振"展示了当代中国的盛世华章。它浑厚的鸣响犹如厚积薄发、不断发展的中国在历史的长河中激荡回响。（黄丽、周霞）

【点评】这是一篇以湖北省博物馆的镇馆之宝——曾侯乙编钟为讲解主题的导游词。全篇主题明确，行文流畅，最大的亮点在于导游对多钟讲解方法的灵活运用。首先，选手采用分段式讲解法向游客逐一介绍了编钟的构成部件、发音原理、演奏方式等内容，层次比较清晰，游客较易获取信息。其

次，在多个内容的介绍上均运用问答法的方式展开，带客人进入情境，增强了讲解的现场感，成功地拉近了导游与游客的距离。再次，在介绍编钟的演奏功能时，选手采取类比法将编钟与钢琴进行比较，将其喻为"古代的钢琴"，凸显出了我国战国时期的先民们精湛的制造技艺和极高的音乐造诣。最后，该篇导游词还综合运用了突出重点法、引用法等多种讲解方法，为选手的讲解增色不少。但作为全国大赛一等奖获奖选手的讲解内容，该篇导游词尚有提升空间。讲解的主题虽围绕曾侯乙编钟，但不同段落之间内在衔接不够紧凑，逻辑关联需整合加强。导游词语言上较为平淡，给选手的发挥空间不大。（孙旭）

11. 九龙灌浴导游词

游客朋友们，欢迎来到无锡灵山胜境。灵山胜境坐落于无锡马山秦履峰南侧，是文化与艺术、信仰与科技造就的神奇之景。景区因秀美的风光、浓郁的佛教文化，成为中国首批5A级景区，也是世界佛教论坛的永久会址。灵山胜境展现了灵山大佛、灵山梵宫、五印坛城、九龙灌浴的风采，而其中最为精彩的就是描绘佛祖传奇出生经历的大型音乐动态雕塑——九龙灌浴，花开见佛。

大家请看，在九龙灌浴广场，我们可以看到一座含苞待放的巨大莲花铜雕矗立在前方，总高度为27.5米。巨大的莲花由四个威武的大力士托起，莲花中间隐藏着小太子释迦牟尼。小太子全身镏金，高7.2米，重12吨。莲花底部衬托着白色的圆形大理石水池，环绕着巨大水池的是九条昂首的飞龙和八个形态各异的漂亮的供养人。

这组雕塑是根据佛教经典《本行经》中所记载的佛祖降生时的传奇故事设计而成的。传说佛祖释迦牟尼一诞生就能说话会走路，他向东南西北四个方向各走了七步，每走一步，地上就开出一朵莲花。他一手指天，一手指地，说道："天上地下，唯吾独尊"，这时候花园里忽然出现了两方池水，天空中出现了九条巨龙，吐出水柱，为其沐浴净身。这个故事生动神奇，让人浮想联翩。更难得的是，灵山胜境的大型音乐动态群雕"九龙灌浴，花开见佛"再现了故事中的绚丽景象。

九龙灌浴，用音乐喷泉这种现代化高科技的手段再现了2500年前这个古老的故事。当《佛之诞》音乐奏响时，巨大的六片莲花瓣徐徐绽开，金身太子佛像一手指天，一手指地，从莲花中缓缓升起，这时，九龙口中一齐喷射出数十米高的水柱，为太子佛像沐浴。顷刻间，广场四方鼓乐齐鸣，喷泉百态千姿。太子佛像在巨幅水幕中顺时针环绕一周，象征着"花开见佛""佛光普照"。随着乐声渐弱，莲花花瓣包裹着太子佛像缓缓合拢。此时，喷泉周围八组凤凰的口中会流出净水，按照佛教的说法，这是"八功德水"，即佛教"圣水"。

一朵盛开的莲花，傲立挺展，洁身自处，虽然超脱凡俗却不离尘世。游客朋友们，九龙吐水，沐浴的不仅仅是太子之身，更重要的是洗涤我们的内心。抬头仰望天空，眼前豁然开朗，心胸格外开阔。佛法难闻，人生难得，诸位朋友，珍惜珍重。（葛益娟、陆佳盛）

【点评】这是一篇介绍灵山景区"九龙灌浴"雕塑的导游词，也是一篇不可多得的大赛导游词佳作。灵山景区涉及的具体景点较多，选手在开篇简单介绍了灵山景区的大致概况之后，即将笔墨集中于"九龙灌浴"动态雕塑。在有限的5分钟展示时间里，详细介绍了动态雕塑的基本特征、雕塑设计灵感的佛教来源、动态雕塑再现佛教故事的形式和景象，主题鲜明，逻辑清晰，层次分明，重点突出。全文语言亦简洁明快、庄重大气、凝练自然，符合讲解的佛教主题，也易于被旅游者接受。整篇导游词运用的核心讲解方法就是虚实结合法。"实"为"九龙灌浴"动态雕塑，"虚"为释迦牟尼降生时的传奇故事。选手在讲解中很好地贯彻了虚实结合法以"实"为主、以"虚"为辅的要点，运用凝练的语言说明"九龙灌浴"的来历，使雕塑的动态展示有了文化依托。讲解的最后，选手点出"佛法难闻，人生难得"，人生在世、珍惜珍重的人生感悟，自然、不说教，引导旅游者对人生进行一些思考，确是一段不俗的讲解。唯一不足的是，就5分钟讲解来说，这篇导游词篇幅偏短，选手必须注意语速的把握才能获得好的成绩。（孙旭）

12. 溪口导游词

带你走溪口，跟我走溪口，一生来一次，一次看不够。

各位团友，欢迎大家来到奉化溪口。有道是山以名声，人以景齐，自古

以来，人杰和地灵总是相辅相成。所以来到溪口，一定不能错过一条水，一座山，一个凡人，还有一位和尚。

所谓一条水，指的是溪口镇上穿镇而过的剡溪水。

所谓一座山，则是佛教五大名山之一的雪窦山。

至于这个凡人，想必我不说，在座各位已经心中有数了吧，正是著名的民国风云人物蒋介石，他是我们后面旅程的主角，暂且按下不表。

现在我们要去拜访的是那一位和尚，大家请看，他正笑呵呵地坐着，出现在我们眼前——没错，就是这尊袒胸露怀、笑容可掬的露天弥勒铜像。它于2008年11月8日建成，是世界上最大的坐姿弥勒铜像，高56.74米。其实，在早期的西域佛教当中，弥勒并不是这样的形象，而是深目高鼻，一副西方化的面孔。那么在中国，他又是怎么变成现在的形象的呢？相传，在距今一千多年的五代时期，雪窦寺门口来了一位奇怪的和尚，只见他肥头大耳，满脸笑容，却又大大咧咧，不修边幅。这个胖和尚原是奉化长汀村人，在岳林寺出了家，法号契此，因为他经常背个布袋化缘，所以人们都叫他布袋和尚。关于布袋和尚的传说不胜枚举。比如他穿着高齿木屐跑到桥上，竖膝而卧，则必定天气晴朗，而当他穿着湿草鞋，急急忙忙地走来走去时，就表示快要下雨了，每一次都很灵验。布袋和尚就这么神秘而又疯癫地过了许多年，直到公元917年的三月初三，他圆寂了。而在圆寂之前，布袋和尚端坐在磐石之上，说了一首偈语：弥勒真弥勒，分身千百亿。时时示世人，世人自不识。人们这才理解他往日的种种奇怪言行——原来他是弥勒的化身。由于这一传说影响深远，中国多数佛教寺院里所供奉的弥勒，就成了布袋和尚的形象。

大佛的建造者们这样来诠释这尊铜佛像的寓意：宽大的头颅，表示智慧无量；慈眉善目，表示慈悲为怀；双耳垂肩，表示福慧双全，长命百岁；笑容可掬，表示施乐人间，欢喜无量；敞胸露怀，表示真诚包容，胸怀博大；右手握佛珠，表示把握乾坤，左手握布袋，表示放下去的是烦恼，提起来的是责任。

关于大肚弥勒，后人还有一副著名的对联：大肚能容，容天下难容之事；开口便笑，笑世间可笑之人。其实弥勒文化的精髓，就是要大家放下包袱，以一种乐观的心态，去品味人生。所谓"行也布袋，坐也布袋，放下布袋，多少自在"，这是一种思想，也是一种心态，更是这传承千年的大肚弥勒为我们带来的一份哲理和禅机。

是啊,当面对大佛的微笑和大肚,各位团友,您是否什么烦恼都付诸一笑,抛却脑后了呢!怀着这样一种心情,让我们继续往前走吧!

谢谢大家。(傅远柏、章灵洁)

【点评】众所周知,在所有导游讲解中宗教景观的讲解是最难的,然而在无寺不成景的中国,做导游想避开寺院讲解几乎是不可能的。所以,在导游专业教学中,无论是中文还是外语讲解,宗教讲解都是一个绕不过去的难题。那么如何讲好这一题材,这则"溪口导游词"就是一个不错的范例。首先在讲解内容的取舍上,本篇导游词是值得借鉴与学习的。大家知道,溪口雪窦山是国家5A级旅游景区,景观内容非常丰富,仅一个蒋介石和雪窦寺就够你讲一阵子了。而本篇导游词将其他内容一笔带过,迅速转换到2008年落成的弥勒佛坐像上,然后细致地讲解弥勒坐像的历史渊源,特别是对弥勒坐像的形象、弥勒佛形象的演变、弥勒佛坐像各部位的象征寓意,都进行了极为细致的讲解与阐发,给人留下极为深刻的印象。这可以说是本篇导游词在讲解内容取舍上最值得珍视的优点。其次是本篇导游词在处理专业与通俗的关系上获得了平衡。宗教对象的神圣性与玄妙性,决定了其讲解、阐释的专业性与难度系数,而导游讲解的受众并不都是受过宗教教育的人,所以要把深奥的宗教哲学传达给不同层次的游客,并不是一件轻而易举的事,需要讲解者本人对宗教哲学有相当深入的理解,并能用通俗生动的语言表达出来,才能让游客朋友接受。譬如,本篇导游词在讲解弥勒坐像的象征寓意时,从头、眼、耳、手、笑容、敞胸等各部位着手,用通俗形象的语言进行细致的描述与阐释,最后用"大肚能容,容天下难容之事;开口便笑,笑世间可笑之人"这副大家耳熟能详的名联来提升其佛理与禅机,收到了深入浅出、通俗易懂的传达效果。本篇导游词的唯一不足是,在某些段落的连接上不够自然,显得生硬,如第七自然段转到第八自然段上就显得有点突兀,有拼接之感。(汪亚明)

13. 艾提尕尔清真寺导游词

今天我和大家一起来到"丝路明珠"喀什。喀什是祖国西部的一座边陲

城市，它经历了 2000 多年的风风雨雨，见证了丝路的辉煌。人们都说"不到喀什不算到新疆"，而喀什古城的象征就是我们今天要去游览的艾提尕尔清真寺。

艾提尕尔清真寺位于喀什市中心解放路，这里不仅是重要的宗教活动场所，也是喀什市重要的旅游观光点。首先我为大家介绍一下它的建立过程。大家都知道，清真寺的建立基础是麻扎，麻扎即穆斯林的坟墓，艾提尕尔清真寺也不例外。650 多年前这里最早是一位伊斯兰传教士的麻扎，它是如何从麻扎发展成为今天新疆最大的清真寺的呢？我来为大家简要介绍一下：1436 年，喀什噶尔的统治者死后埋葬于此，他的侄子在旁边修建了清真寺用来祈祷。16 世纪上半叶，喀什噶尔的总督在小清真寺的基础上将它扩建成可在"居玛日"做聚礼的清真寺。1787—1798 年先后有女穆斯林去麦加朝圣途中，由于战争和疾病，将旅费赠予清真寺，为清真寺购置了土地，修建了门前的广场。1798 年这座清真寺被命名为"艾提尕尔清真寺"，译为"节日的广场"。1809 年，时任喀什阿奇木伯克的伊斯坎达尔修建了巩拜孜形的大门，并在院内修建了人工湖和水渠。1872 年，浩罕入侵者阿古柏，在喀什地区为笼络人心而扩建此寺，形成了该寺今天的规模，也成为新疆穆斯林心目中的又一圣地。1955 年，新疆维吾尔自治区成立后多次拨专款进行维修，使它成为全国重点文物保护单位。

接下来，我为大家介绍一下该寺的建筑特色。艾提尕尔清真寺是一座典型的阿拉伯式清真寺，占地面积约 25 亩，主要建筑有门楼、礼拜大殿、池塘、浴室、邦克楼等。艾提尕尔清真寺有三座门：东门、北门、南门。根据新疆清真寺的要求，礼拜的方向要面向西方麦加圣地，所以东门雄伟壮丽，在造型艺术上居整个建筑群之首。大门高约 4.7 米，宽约 4.3 米，整个门楼高约 12 米，是米黄色，表面勾勒有全白色的砖缝和花纹。巩拜孜形的大门上挂着一块牌匾，上面用古阿拉伯文书写着 7 句有关伊斯兰智慧的名句格言，周围衬托着具有维吾尔艺术风格的精美图案和花纹。

如此雄伟壮丽的清真寺有哪些作用呢？艾提尕尔清真寺是南疆乃至中亚地区较大的一座宗教学府，为新疆培养了大量的宗教人才，他们毕业后奔赴各地，主持一方的宗教事务，为新疆的民族团结、和平稳定作出了巨大贡献。大家都知道，穆斯林一日要做五次礼拜，在艾提尕尔清真寺做礼拜的穆斯林日礼时有两三千人，聚礼时有五六千人，每当古尔邦节时人数可达数万人。会礼结束后，门楼上锣鼓震响，唢呐齐鸣，男人们在广场上跳起传统的萨满舞，狂欢可通宵达旦。

伴随着我的讲解，艾提尕尔清真寺就要到了，在这里我有几点温馨提示送给大家：由于这里是宗教圣地，所以寺内禁止吞云吐雾；喜欢大声嚷嚷的团友请暂时装聋作哑；时时刻刻黏在一起的帅哥靓妹们请先装作互不认识；照相机请不要从正面对准正在做礼拜的穆斯林；也不允许服饰过于引诱他人。大家要是不遵守的话就会有寺院领导请您喝茶，我们呢也就不等你了。

好了，现在来到正门前，大家一定想问：为什么这座清真寺的主题色彩是白蓝黄绿四种颜色呢？它诠释了怎样的伊斯兰教文化呢？现在就让我们一起去揭开它的面纱吧！（马乐）

【点评】本篇导游词是介绍艾提尕尔清真寺的概况讲解，主要涉及艾提尕尔清真寺的建立过程、建筑特色和作用，具有一定的知识性，能体现民族特色。作为概况介绍，主题是明确的，几个部分层次分明，结构清晰，基本符合评分要求。但在语言的创新、文化内涵的提升及与现实和游客的关联等方面，还可以进一步提高。（徐慧慧）

14. 西湖岳庙导游词

各位游客，我们现在看到的这组古朴庄重、雄伟肃穆的建筑群就是著名的岳王庙。清代诗人袁枚曾有诗句："赖有岳于双少保，人间始觉重西湖。"说的是，西湖正是因为有了像岳飞和于谦这样的民族英雄才更加闻名遐迩，也为这柔美的西湖平添了不少阳刚之气！早在700年前，人们为了纪念岳飞，就在此建造了岳王庙，而我国现在有四处著名的纪念岳飞的祠庙，一处在岳飞的故乡河南汤阴，另一处在河南省朱仙镇，还有一处在台湾地区的宜兰县，而我们眼前的这座岳王庙才是岳飞遗骨真正的埋葬之地。

各位游客，我们现在来到的是岳庙的主体建筑——忠烈祠，请看大殿内这尊塑像，他头戴红缨帅盔，身着紫色蟒袍，臂露金甲，足蹬武靴，左手按剑，右手握拳，目光炯炯，英姿飒爽，这便是令人肃然起敬的岳元帅！下面，我给大家简单介绍一下他短暂而光辉的一生。岳飞1103年生于河南汤阴，相传，在他出生时，有大鸟从空中飞鸣而过，所以取名飞，字鹏举。岳

飞从小就聪慧过人，喜读兵法，在名师指导下，十八般武艺是样样精通。20岁时，他在母亲的鼓励下怀着"尽忠报国"的夙愿，踏上了从军的征程。在短短十几年的抗金生涯中，岳飞骁勇善战，所向披靡，攻无不克，战无不胜，他转战大江南北，收复建康，经营襄阳，三援淮西，四次北伐，立下了可歌可泣的辉煌战功，并且逐渐建立了一支训练有素的抗金队伍——岳家军，令敌人闻风丧胆，金兵惊呼"撼山易，撼岳家军难"。然而坚持抗战、力图收复失地的岳飞，却遭到了以高宗赵构、宰相秦桧为代表的投降派的迫害，被他们以"莫须有"的罪名杀害于西湖边的风波亭，年仅39岁。

各位游客，我们现在来到了碑廊，请欣赏这块由赵宽所书的《满江红》词碑。当时是绍兴六年（1136），岳飞再次出师北伐，攻占了洛阳等地，一路直逼北宋故都汴京，大有收复中原、直捣金国老巢黄龙府之势。但此时的宋高宗一心想要议和，一天之内竟下了十二道金牌，命令岳飞立即班师，岳飞不得不率军回到鄂州。他痛感错失良机，百感交集之下写下了这首千古绝唱《满江红》。"怒发冲冠，凭栏处，潇潇雨歇。抬望眼，仰天长啸，壮怀激烈。三十功名尘与土，八千里路云和月。莫等闲，白了少年头，空悲切。"一个"怒"字体现了岳飞当时心中多少悲愤，一句"八千里路云和月"又表达了将军多少豁达的胸襟，他告诉我们，好男儿不要虚度光阴，应当志存高远，为国建功立业！

各位游客，这首荡气回肠的《满江红》表达着岳飞尽忠报国的意愿，他这种超越时代的爱国精神将永远激励着我们。来！让我们大家一起唱响这首《满江红》："怒发冲冠，凭阑处，潇潇雨歇……"（邓德智、栾星寰）

【点评】本篇导游词最大的亮点似乎不在作为一种文体的导游词本身，而是导游词所具备的强烈的情感性和演绎性，在现场讲解中，具有较好的视听效果，因而能产生较强的现场感染力。所以也可以说，这是一篇讨巧的比赛导游词，具体而言主要体现在：一是选择了抗金英雄岳飞作为主要讲解对象，他那种高扬激昂的英雄气概、浓郁深沉的爱国热忱和荡气回肠的生平事迹，无不令人激情感怀，情思汹涌，能使观众（游客）产生强烈的共情与共鸣；二是在讲解中穿插朗诵了著名词作《满江红》，较自然地将艺术化的词作朗诵技巧融入功能性的讲解语言中，增强了导游语言的艺术性和张力，具有较强的现场效果和欣赏价值。当然，这种做法既是讨巧的，也是容易引起异议的，使得本篇导游词或许表现力强，有利于选手较容易在比赛中脱颖而出，但就导游词本身而言，却又很难成为经典之作。首先，在5分钟的导游讲解时间中，将《满江红》部分进行呈现，使朗诵所占的比例不免有些高了，以至于导游语言的讲解特性没有得到充分的展现和突出。其次，为了凸显岳飞生平和《满江红》，全篇的结构层次和游览线索相对有些跳跃和断裂，从逻辑性的角度来说不无瑕疵。再次，导游词的结尾略显仓促和无力，而在朗诵之后再加以演唱，既重复，也无疑过度使用了技巧，显得华丽有余，而诚意不足。最后，本篇的导游语言散珠不少，但语法的精准性、语句的连贯性和语言的流畅性方面还有不少改善空间。整体来说，本篇导游词的优点和瑕疵均较为明显，而传统景点的现代演绎和创新演绎也同样是需要继续探索的地方。（徐慧慧）

15. 天坛圜丘坛导游词

各位游客大家好，欢迎您来到美丽的天坛圜丘坛参观、游览，我是导游员××，很高兴为您服务。

天坛公园中共有两座祭坛，位于北部的是祈谷坛，建于明永乐年间，最早叫天地坛；而位于南部的则是建于明嘉靖时期的圜丘坛，它可是天坛中最神秘、最神奇的地方之一。

圜丘坛是皇帝夏至祈雨、冬至祭天的场所。早在汉代，儒家就提出了"君权神授，天人感应"的思想，所以古代在修建祭祀上天的祭台时要充分体现出对"天"的敬意和对礼制的传承。古人用什么来体现对上天的礼敬呢？大家随我一道到圜丘坛上去看看吧。

圜丘坛是一座三层的圆形石台，古人认为天是圆的，地是方的，所以祭天台设计成圆形，外围两层墙墙，一圆一方，代表天圆地方。整座祭天台是用汉白玉和艾叶青石建成的。在设计建造过程中，设计者们巧妙地运用了极阳数"9"来突出敬天礼神的理念。那么"9"有什么含义呢？我问问大家，自然界最大的东西是什么？对了，是天；自然数里最大的数字是什么？是"9"。根据阴阳学说，在天地间，天为阳，地为阴；在数字中奇数为阳，偶数为阴；在方向上南为阳，北为阴。所以阳数就是天数，而"9"是最大的阳数，所以古人喜欢用"9"象征天，于是用"9"来筑祭天台便是天经地义

附录 比赛型导游词及研究论文选

导游词编撰与讲解实务

的事。现在就让我们一起来找找这些神秘的"9",看看它藏在何处吧。

咱们一边登上台阶一边数数这组台阶有多少级,是不是正好9级。往上还有两组台阶,每组也是9级。整个圜丘坛东南西北各开一口,每个登坛口都有上中下三组台阶,每一组台阶都是9级,再找找看。我们再来看看三层坛面的护板数,上层坛面的护板数为每侧9块,是9的一倍数;二层坛面护板数为每侧18块,是9的二倍数;下层坛面护板数为每侧27块,是9的三倍数。下面我们再来看看三层坛面的直径,顶层坛面直径为9丈,暗含了一九,中层坛面直径15丈暗含三五,下层坛面21丈暗含三七,三层坛面直径不仅将1、3、5、7、9所有阳数包含在内,三层坛面直径相加为45丈,更含有九五之尊之意,真是巧夺天工啊!

来到顶层,这里的"9"味儿更浓了。坛面中心,有块圆形石块,它叫天心石,被一层一层的扇形石板环绕,您来数数这扇形石,它的第一环是9块儿,第二环是二九18块儿,第三环是三九27块儿,直到第九环为九九81块儿。这还没完,在第二层坛面上的扇形石从第十环到第十八环,底层坛面上从第十九环到第二十七环,同样都是9的倍数。三层坛面的扇形石共3402块,378个"9",真可谓是将9用到了极致啊。可是皇帝还嫌这不够,在祭天九举的时候还要敬酒,可见皇帝对天的推崇。

说完扇形石我们再回头看看正中心的圆形石块儿,刚才说了它叫天心石,据说这块石头是宇宙的中心,是皇帝与天上诸神相互交流的"天界",皇帝将风调雨顺、国泰民安的美好愿望传达给上天,祈望得到上天的保佑和恩赐。

时代变迁,皇帝早就没了,但来自全国各地、世界各国的朋友来到圜丘坛,都会在这里向上天诉说心中美好的愿望。来吧诸位,就在天心石上,让我们也将心中美好的愿望传达给上苍,这里是圜丘,我们美丽中国最神秘,也是最神奇的地方!(程伟、张成瑞)

【点评】本篇开门见山、直入主题,十分简洁、利索地指出了讲解对象"天坛中最神秘、最神奇的地方之一"的圜丘坛。之后在简单介绍了建坛主要应"体现对上天的礼敬"后,便自然而然地将重点落脚在了"巧妙地运用了极阳数9来突出敬天礼神的理念"这个主旨之上。其间用了两个关键性的引导问句"古人用什么来体现对上天的礼敬呢?"和"那么9有什么含义呢？"既体现出逻辑性，也起到了很好的组织内容、引领思路和推动讲解的作用。在整体结构和层次方面较为完整、简洁、清晰。从全篇来说，一眼看去最大的特点就是对数字"9"的阐释和罗列，这既是圜丘坛建造的神奇、巧妙之处，自然也成了导游员讲解的亮点。这一点对有关知识欠缺的旅游者来说，无疑具有较强的吸引力，从而有利于实现较好的讲解效果。在导游语言方面，本篇也做得相当出色，尤其是带有北京人的口语韵调（如儿化音），同时在导游讲解语句中也不乏轻松、诙谐的味道，这也是京腔京调所具有的一种典型特性，能体现导游讲解的地域性特色和趣味性要求。说到趣味性，这是导游词创作中既困难又重要的一点，是导游语言艺术的重要特性，实际上也是旅游者普遍追求的导游讲解风格。但这一点在比赛中却鲜有出色的体现。这既是一个问题，同时也反映出导游词创作整体上幽默和趣味性的缺乏。因此它在本篇中的零星一露，却显得价值倍增。当然，本篇在大篇幅对"9"的运用及其传统设计理念的介绍中，如果能突破固有模式，增加一些今昔对比式的讲解和评述，定能使整个讲解更为灵动、丰满和有时代气息。（徐慧慧）

16. 李清照蜡像馆

文化圣地，度假天堂，好客山东欢迎您！各位朋友，大家好，欢迎大家来到"魅力泉城"——济南。济南这座温文尔雅的城市，以它兼容并蓄的秉性，造就了一代又一代的济南名仕，传唱过一部又一部的泉城经典；也正是那温婉多情的济南泉水，沁润出一段又一段的高尚情操，陶冶了这济南府的性情。然而在这座坚毅不屈的老城中，还有着那不一样的精彩，下面我们就一起走进5A级景区——"天下第一泉"旅游景区的文化荟萃之地——李清照蜡像馆，共同品味千古女词人李清照的生平以及词作吧！

"大明湖畔趵突泉边故居在垂杨深处，漱玉集中金石录里文才有后主遗风。"这是郭沫若老先生1959年到访济南时对女词人李清照故居环境及其词风的高度评价。朋友们，心怀郭老先生笔下的美好，让我们在蜡像馆中认知这位具有南唐后主李煜风格的女词人吧。李清照蜡像馆的四组蜡像生动形象地展示了女词人跌宕起伏的一生。第一组蜡像为"父母教诲"，朋友们请看，少年时期的李清照正在父母的鞭策下吟诗作赋。其父李格非官居礼部员

外郎,博学多才,文章受知于苏轼;而母亲则是状元王拱晨的孙女,知书善文。良好的家庭氛围,为李清照营造了一流的成长和成才环境。

朋友们,青春年少的李清照就已才华横溢,令人景仰。大家请看这第二组蜡像,站立中间的李清照正吟诵诗作,而当朝著名文人黄庭坚、周邦彦、张耒等名士则环座周围,李清照诗作暗合音律,引得众人连连称赞。此时的李清照就已经绽秀诗坛了。

18岁那年李清照嫁给了当朝宰相之子——赵明诚。二人的婚后生活正如这第三组蜡像,您看夫妻恩爱志同道合。二人平时除了填词作赋外,清照还协助丈夫收集金石字画,并合著有《金石录》一书。在创作形式上,清照善于运用白描手法塑造鲜明、生动的艺术形象。语言清丽动人、明白流畅,世称"易安体",对后世影响颇大。而在词学评论上,她强调协律,崇尚典雅、情致,要求严格划清"诗"与"词"的界限。在名家辈出的宋代词坛上,李清照独树一帜,被后人称为"词圣"。是的,温婉多情的李清照也曾因思念外出的丈夫,留下过相思哀愁的一抹——"花自飘零水自流。一种相思,两处闲愁。"

然而,快乐的时光总是短暂的,随着1127年金兵入侵中原宋室南渡,夫妻二人被迫移居江南,不久赵明诚病故,李清照在离乱与孤独中度过了悲凉的晚年。大家请看这最后一组蜡像,她婉约淡雅的眉间,也闪着男儿般的英气,炽热的拳拳爱国之情苍天可鉴。面对着破碎的家国山河,她写下了那一首流传千古的《夏日绝句》:"生当作人杰,死亦为鬼雄。至今思项羽,不肯过江东。"

光阴在人世间飘然离去,心中的红颜也渐行渐远,然而,历史的尘埃无法掩盖绝代女词人的万世芳华,这位旷世女词人美妙绝伦的词句和她那巾帼不让须眉的爱国情怀将永世流传。谢谢大家!(王煜琴、陈超凡)

【点评】在导游讲解中,讲文化名人是不太容易出彩的,因为许多文化名人一生的事迹很多,人文贡献大作品多,而导游大赛的讲解时间只有5分钟,所以很难裁减好讲解内容。特别是像李清照这样的大词人,其作品本身也没有多少人能真正欣赏,所以要讲解好她的一生,实在不是一件易事。本导游词则选择了李清照蜡像馆中的四组蜡像进行讲解,而四组蜡像也正好是李清照一生中四个重要人生节点。第一组蜡像是父母教诲下的童年学诗场

景;第二组是名动诗坛的青年时期;第三组是婚后幸福及成为一代词圣的成熟期;而第四组则是其南渡后的国破家亡、飘零孤寂的晚年生活。四组蜡像形象展示了李清照波澜起伏的一生,按蜡像馆实景逐一讲解,只要讲解内容丰富、生动、准确,没有什么结构安排,也能收到较好的讲解效果。这是其一。其二是本篇导游词依据景观对象的特点,即她是一位中国文学史上著名的大词人,为契合其词人特质,导游词中引用了诗词与楹联,如引用她自己的诗词"花自飘零水自流。一种相思,两处闲愁"和"生当作人杰,死亦为鬼雄。至今思项羽,不肯过江东",来表现她飘零江南后的愁情与坚毅品格。而由郭沫若题写在李清照故居前的楹联"大明湖畔趵突泉边故居在垂杨深处,漱玉集中金石录里文才有后主遗风",上联形象地描绘了故居所在地的环境之美,下联高度概括了李清照一生的主要事迹与贡献。这样的引用收到了简洁明了、点石成金的艺术效果。其三是本篇导游词开头用大家耳熟能详的广告语"好客山东欢迎你"作为导游讲解的欢迎词,既信手拈来,又具有亲和力,可谓一举两得。结束语写得很有文采,也符合李清照这位绝代词人的身份,但明显的不足是,本篇导游词不仅没有致谢的内容,也没有从讲解对象生发开去,提炼出耐人寻味的人生哲理,从而使结语显得较为苍白无力。(汪亚明)

17. 美龄宫凤凰的传奇

各位游客,欢迎游览美龄宫。

美龄宫建于1931年,位于南京东郊小红山上,原为国民政府主席的寓所,后改为中山陵谒陵的高级官员休息室。国民政府从重庆迁回南京后,因蒋介石、宋美龄夫妇常在此休息和度假,故又称之为"美龄宫"。

美龄宫主体建筑是一座依山而建的中西合璧式建筑,顶覆绿色琉璃瓦,鲜艳夺目,奢侈豪华。难怪当年美国驻华大使司徒雷登先生来此做客时也忍不住赞它为"远东第一别墅"。

美龄宫占地120亩,高三层,由正屋、门楼、警卫室、汽车间及花园等几部分组成。第一层为接待室、衣帽间、办公室及公共服务室;第二层主要做会客与休息之用,设有大厅、客厅、书房。穿过大厅,我们来到"凸"字形平台——观凤台。平台四周围是清式汉白玉栏杆,共有34根,每根立柱

上雕有凤凰一只，雍容华贵，富丽堂皇。因为建造这座别墅时正值宋美龄34岁，34只凤凰正寓此意。

各位游客，继续拾级而上，我们现在来到了第三层。第三层有卧室、餐厅和厨房。步入主卧室，室内陈设考究，地上铺着紫红色地毯，墙上挂着名人字画。其中客厅在抗战后被蒋介石改名为凯歌堂，语出《晋书·乐志上》："其有短箫之乐者，则所谓王师大捷，令军中凯歌者也。"窗前的书桌上摆着一幅宋美龄年轻时的大幅照片。正是这位机智美丽、风度翩翩的东方女性，创造了一个又一个不朽传奇，使其成为近代中国最有影响力的女性之一。

游客朋友，每当我们来到美龄宫，思绪就会跟随着凤凰展翅穿越到1943年2月18日这一天，穿越到大洋彼岸的美国国会演讲台。在中国抗日战争最艰难的时期，宋美龄以中国"第一夫人"的身份访美并在美国国会发表演说，她以流利的英语、感人的语言，向美国国会议员和美国人民介绍了中国人民奋力抗战的艰苦历程。"中美两国虽然语言不同，但都在为共同的信念而战，这个信念就是自由，自由女神正拥抱着美国，而侵略者听到的将是死亡的丧钟。"宋美龄讲了短短20分钟，先后8次被雷鸣般的掌声打断，"宋美龄旋风"迅速席卷全美，从而使中国抗战得到了更多的国际援助。这是宋美龄一生的巅峰之作，更是中西方文化交汇的历史时刻。

游客朋友们，那位美丽、智慧、坚强的中国女性，她的身影在这里已经消失了六十多个春秋，然而今天在美龄宫，我们仍然折服于她的风采与魅力！这就是来自美龄宫凤凰的不老传奇。（魏文静、张晓）

【点评】就建筑物本身而言，其是缺乏生机和活力的，只有有了人类的活动，它才会变得生动，才具有故事性。所谓导游讲解，从某种意义上说，主要是在讲故事，而本文作者则独辟蹊径，略讲物，详述人，凤凰而涅槃，凸显了该景点的灵魂与核心，是一种合理而自然的选择。就导游词而言，本篇先写名称由来，再述建筑物的分布，继而引出主人公，并选择人物较切题的主要功绩而述之，整体来看条理清晰，主题突出，层层推进，且能逐步引向高潮，因而是一篇不错的导游词。本篇在导游讲解方法上主要运用了引用法，同时也成为全篇的一个亮点和高潮。当然，如果在第一处引用《晋书·乐志上》时能稍作解释，可能会更贴近旅游者的需要。在导游语言方面，本篇也较为文雅端庄，符合讲解内容的需要。作为获得一等奖的导游词，本篇尚有几处值得提升，主要表现为：其一，点题不足。宋美龄住过的地方那么多，为何独独这里会被称作"美龄宫"？这或许也是许多旅游者会产生疑惑的地方。其二，前有呼，后无应。凤凰寓意何在？或许需要一个更明确有力的呼应性说明。其三，主题提升稍显无力。"传奇"何处体现？以上问题值得选手和指导老师在材料选取、整合时进一步斟酌。（吴旬初、徐慧慧）

18. 横店影视城明清宫苑导游词

各位朋友，欢迎来到横店影视城明清宫苑景区。俗话说，人生有四喜——久旱逢甘雨，他乡遇故知，洞房花烛夜，金榜题名时。今天我就要为各位介绍一下皇帝的洞房花烛夜。

大家请看，这里就是清朝皇帝皇后结婚的地方——坤宁宫。

结婚是人生大事，对于皇帝来说，更是上升到国家层面的头等大事。所以，皇家的婚礼是非常繁杂和隆重的，用末代皇帝溥仪的话来说，大婚的当天，整个坤宁宫就像是"一堆烧瘫了的红蜡烛"，到处都是红彤彤的一片。皇后的龙凤喜轿会从大清门沿着中轴线一直抬到交泰殿，朝东停放——这个叫作天喜方位。然后会有喜娘来搀扶皇后，跪到坤宁宫的门口，等待皇帝的到来。皇帝到了之后，皇后要对他行三拜九叩的大礼，这个叫作"金凤朝阳礼"。在行礼的同时，边上就会有喜娘给他们报喜词："万岁爷登大宝，金凤朝阳来得巧，怎么那么巧？怎么那么妙？万岁爷喜事到，玉皇大帝早知道，遣金童，送玉女，王母娘娘给您道大喜！道大喜！"报完喜词、行完礼之后，皇帝皇后还要跨马鞍，迈火盆，然后是祭祖、拜天地、入洞房。

到了晚上，皇帝和皇后要在炕上行合卺（念"紧"）礼，也就是喝交杯酒。这交杯酒可不像我们现在用两只手挽着喝，那是洋式的喝法。中国传统的交杯酒是怎么喝的呢？它是将一个把玩了二十几年的葫芦，在大婚的前一天一分为二，皇帝皇后各执一半，喝完之后再把它们合在一起，以示百年好合。

喝完交杯酒之后，就进入了洞房的高潮部分：吃子孙饽饽和长寿面。"饽饽"就是"饺子"，而子孙饽饽是一种做得非常非常小的饺子，为什么做那么小呢？做得小，吃得就多，吃得越多表示子孙越多。子孙饽饽和长寿面

一定不能做熟，要带点儿生味儿，皇帝皇后吃了，喜娘就会问，生不生啊？这时两人会害羞地回答："生！生！"据说在喜庆的日子说吉祥话儿，就会百子千孙！

说到这儿，咱们就不打扰皇帝皇后了，请大家跟着我往前走。

我们现在所在的位置，相当于故宫的听喜阁。据说大婚当天，在宾客都散去之后，太后会派年长的太监到窗外"听喜"。通常第二天一早，太监会欢天喜地地跑到太后面前报告："老祖宗欸，今儿个奴才给您道大喜啦！"说明这一夜皇帝皇后非常和美。它寄托了皇家祈盼子孙绵延、福泽永续的美好愿望，也为婚礼盛典画下了圆满的句号。

朋友们，横店影视城的坤宁宫，不仅再现了清代宫廷的建筑风貌，也让我们体验了一回清朝皇家的婚礼仪式，它是中国婚俗文化的一个缩影。当然，随着时代的变迁，很多传统仪式都在现代社会中变化或消失了，只有人们心中对幸福的向往从不曾改变。许多朋友来到这里，常常感慨地说："其实婚礼不论繁复，还是简单，都只是个形式，关键看双方是否用心对待。"确实，幸福没有标准，没有仪轨。就像眼前的这个台阶，无论是你上来一步还是我下去一步，只要彼此的心在同一个高度和谐震颤，这就是幸福！（王莹）

【点评】这是一篇主题突出、特色鲜明的导游词。选手讲解的景点为人造景观，相对缺乏人文底蕴。为弥补这一缺陷，选手将坤宁宫为皇家婚礼举办地点作为挖掘文化内涵的突破口，自然、巧妙地运用触景生情法将对清代皇家婚礼仪式的介绍融入坤宁宫的讲解中，使整篇导游词颇具皇家风范。导游词按时间顺序和空间顺序相结合的逻辑顺序展开，有讲述，有升华，结构清晰，内容完整，节奏明快，非常易于听者接受。语言的灵活运用是这篇导游词的又一大优点。讲述皇帝结婚过程的语言简明畅快，字里行间透着浓浓的喜庆味儿。喜娘报喜词、喜娘与皇帝皇后关于子孙饽饽的一问一答、太监道喜几个桥段的设计都给选手提供了扮演不同角色、展示表演天赋的机会。选手对不同角色的精准把握为讲解加分不少，使台上短短的5分钟高潮迭起。稍显不足的是，缺乏介绍景点的影视拍摄功能，很难与紫禁城的坤宁宫区分开来；最后对人生的感悟稍显繁复，可适当简练一些。（徐慧慧）

19. 楹联中的徽商

尊敬的各位嘉宾，欢迎您来到位于安徽南部的古徽州。一提到徽州，想必大家的脑海里马上就浮现出明清时期活跃在大江南北、黄河两岸的徽商了吧！徽商与晋商齐名，商业资本极其雄厚。这个以"徽骆驼"自嘲的大商帮，凭着不怕吃苦，敢于拼搏的精神，创造了明清两朝"无徽不成商"的神话。

俗话说："富不过三代"，那么徽商是通过什么样的方式，盛行了中国商界长达三四百年之久呢？接下来，就请各位跟随我走进徽商的家园，去一探究竟吧！

位于黄山脚下的西递村是世界文化遗产，素有"桃花源里人家"和"中国楹联之乡"的美誉。这里保存着大大小小的古楹联精品100多副，它们以简洁的文字、浓缩的思想内涵，向我们无声地展示着徽商长盛不衰的奥妙……

眼前这幢建筑叫瑞玉庭，它的主人可是徽商世家。大家看这副对联："快乐每从辛苦得，便宜多自吃亏来。"哎，您有没有觉得它非常有意思，上联的"快"字少了一竖，"辛"字却多了一横；下联的"多"字少了一点，而"亏"字又多了一点。这是为什么呢？其实房主人是希望通过对联中的错字向后辈表达他对经营和处世的人生感悟：享受快乐少一点儿，付出辛苦多一点儿，贪图便宜少一点儿，甘愿吃亏多一点儿。只有这样，才能成就大业。在这一多一少之间，早期的徽州商人那辛苦打拼、艰难隐忍的经商生活一下子浮现在了我们眼前！

现在我们来到的是笃敬堂。您看"读书好营商好效好便好，创业难守成难知难不难"，这上联是说无论读书还是经商，关键在于成效，只要有所成就，在哪方面发展都是好的，这和邓小平同志提出的"不管白猫黑猫，能抓到老鼠就是好猫"有着异曲同工之妙。而最妙的是下联中"知难"的"难"字，它偏旁下面的"大"字变成了"小"字，意思是说知难而进，再大的困难也是"小难"！这副对联对仗工整，朗朗上口，使人过目难忘、品味不尽。

走过这条幽深的小巷，迎面就是履福堂，再看堂上的这副对联："世事让三分，天宽地阔；心田存一点，子种孙耕。"想想多少有钱人家，飞扬跋扈，财大气粗；多少势利小人，得势马上脸就变，其结果大多是大厦倾覆，不得

善终。于是,富起来的徽商为了从根本上摆脱富不过三代的魔咒,他们在思想上做了深刻的反思,行为上做了有效的约束。

那么徽州商人在富起来之后是怎么样百尺竿头更进一步的呢?"以八千岁为春,之九万里而南!"大夫第的这副对联比喻得多好啊!八千岁的古树都会焕发新芽,千万不能满足于眼前,要有开拓进取、勇于创新的奋斗精神!身在徽州,放眼天下,更要有鲲鹏展翅九万里的豪迈气概!

如果说,我们西递的建筑是一个个美妙、凝固的音符,那么,这里的楹联则是丰富而又蕴含哲理的歌词。各位嘉宾,说到这里,您有没有找到徽商长盛不衰的答案呢?最后请允许我这位民间大使,代表我们热情好客的安徽父老,期待您的再次光临!(王西涛、李雨晴)

【点评】本篇导游词题为"楹联中的徽商",可谓匠心独具、特色鲜明。首先,通过"楹联"展示一个群体的思想文化特征,并由此回答"徽商是通过什么样的方式,盛行了中国商界长达三四百年之久"这个问题,不仅角度独特,也使主题突出,内容巧妙,内涵深刻,在众多的导游词中让人过目难忘。这可谓是本篇导游词的最大亮点。其次,本篇的内容、结构安排也较为紧凑巧妙。首段开门见山,循着"徽州"—"徽商"—"无徽不成商"的思路,一下就落脚在了"徽商神话"上,然后通过一个承上启下的过渡,便又将重点顺理成章地转到了"楹联"上,并以此回答"徽商神话"存在的原因,可谓简洁明了,脉络清晰,重点突出。同时,在众多的楹联中,创作者又根据内在逻辑巧妙地选择了其中的几副作为突破口,从"辛苦打拼、艰难隐忍的经商生活"到"知难而进"的进取,再到有成后"深刻的反思"以及如何"百尺竿头更进一步",简单的四副楹联,却做到了思想内容层层递进,主题内涵水落石出,精简巧妙。还有值得肯定的是本篇与思想主题相契合的导游语言,整体显得文雅大方,雅俗共赏。有些比喻恰到好处,如"如果说,我们西递的建筑是一个个美妙、凝固的音符,那么,这里的楹联则是丰富而又蕴含哲理的歌词",形象、独到地呈现出了一幅徽州的山水人文画卷,因此也具有较鲜明的地域文化特色。整体来说,本篇导游词是以思想性、人文性取胜,经得起推敲和品味,而在现场的表现性、互动性方面可能略受影响。(钱正英、徐慧慧)

20. 舌尖上的杭州

各位游客，大家好！欢迎来到最真实的天堂、最具幸福感的城市：杭州！人们常说，一千个读者心中有一千个哈姆雷特。我也经常在想，在一年8568万游客的心目中，究竟又有多少个杭州呢？

白居易诗云："未能抛得杭州去，一半勾留是此湖。"这句诗让我大概有了些眉目。这位来过杭州，还当过几年地方官的审美大师认为，杭州的美妙，西湖占了一半。这恐怕是很多人的心声。所谓天下西湖三十六，就中最好是杭州。但是，大家可能又发现了一个问题。因为西湖虽好，也只占了白居易的"一半勾留"。那么，杭州的另一半魅力又是什么呢？

著名的人类学家张光直说："到达一个文化的核心的最好方法之一，就是通过它的肠胃。"其实，一个城市的魅力，也常常根植在人的肠胃里，那就是它的饮食。而杭州的饮食充满了江南独特的文化色彩，它和其他地方饮食最大的不同不是口味，而是每个菜点都有一个充满传奇色彩的传说或故事。于是您分不清自己吃的究竟是食物，还是文化。

比如有这么一道菜，据说是受了苏东坡《望江南》词中的一句"休对故人思故国，且将新火试新茶，诗酒趁年华"的启发。古代称寒食之后重新开火做饭为"新火"，时间就在清明前后，人们由此联想到这个季节中的时鲜河虾，于是将它与龙井新茶一起烹制，这就是著名的"龙井虾仁"，它结合了湖虾的鲜美、绿茶的清香，尊重原味，就地取材，体现出杭州崇尚清淡、自然的个性。

朋友们，在杭州，就连一个最普通的点心也有一个有趣的故事。公元1142年，抗金英雄岳飞以"莫须有"的罪名被害于临安大理寺，杭州百姓十分痛恨秦桧夫妇。相传有一天，杭州有一个卖油炸食品的业主，捏了两个人形的面块比作秦桧夫妇，将它们撮到一块，用棒一压，投入油锅里炸，嘴里还念道："油炸桧吃"。这就是油条的来历。后来又在此基础上发展为杭州风味小吃：葱包桧。这个点心体现的是杭州人最质朴的民族感情和善恶观念，也为杭州这个柔美的城市添上了阳刚的一笔。

杭州还有一杯好茶：西湖龙井茶。乾隆皇帝六下江南，四次都到老龙井来喝茶，据说全是因为龙井茶的养生功效。乾隆在世88载，是中国古代最高寿的皇帝，85岁那年，他萌生退位之意，御医着急地说：国不可一日无君

呐。乾隆听后哈哈大笑,脱口而出:君不可一日无茶。可见以茶养生能使人淡然自持,知足常乐,这也是杭州的特色。

各位游客,杭州的饮食文化源远流长,有关它的故事更是说来话长。今天,既然您来到了杭州,就请您一定"闻香下马,知味停车",好好用您的味蕾感受这个天堂城市里最具人间烟火味的饮食。毕竟,当城市不断被复制,越来越雷同时,或许,只有活跃在我们舌尖和记忆中的味道,那些从每一扇窗户散发出来的气息,才真正标志着一个城市独有的魅力,令我们终生难忘。谢谢!(徐慧慧、孙慧煜)

【点评】这是一篇有关杭州饮食文化的原创导游词,更是近年来在各类导游大赛中所呈现出来的难得佳作。一般以景点讲解为主的导游词显得比较常规,写作难度不大,但略显深度、文化不足;而以讲解文化为主题的则易流于历史资料的堆砌,人云亦云。中国的饮食文化博大精深,央视纪录片《舌尖上的中国》一共七集都没法儿讲述完全,所以又加拍了第二季。而作为一篇助力选手获得一等奖的导游词,在短短的一千多字里要把一种地方饮食文化讲得深入浅出、雅俗共赏又精彩绝伦、耐人寻味是相当困难的。但是这篇导游词可以说当之无愧地做到了!它有以下几个特点:第一,结构完整,层次分明,篇幅虽短但完全符合通常所说的好的文章要具备虎头—猪肚—豹尾的结构,即开头如虎头般斑斓夺目,内容像猪肚那样饱满丰富,结尾则像豹子的尾巴一样漂亮有力。这篇讲解词的第一和第二段从出其不意的角度为杭州饮食主题的引出做了巧妙的铺垫,是通篇文字的"虎头"。第三至第六段则是"猪肚",首先点出主题,接着总结出了杭州饮食的特点,然后介绍了三种杭州的典型饮食品——龙井虾仁、油炸桧和西湖龙井茶,这三种饮食品看似简单,却是作者巧妙构思、选择的结果。杭州地方饮食众多,之所以选择这三种,一是考虑到品种的多样性:虾仁是炒菜,油炸桧是小吃,茶则是饮品。二是考虑到内容的雅俗共赏:喝茶是雅事,品小吃则能体验到民俗。三是这三种饮食品背后所折射出的不同文化精神:龙井虾仁背后透出的是一种纯纯的文人气质;油炸桧体现的是普通民众最质朴的民族情感;龙井茶则展现出了皇室的一种贵气。四是充分考虑到了选手的实际状况,难易结合,有层次,有变化,便于选手发挥演绎。第七段是"豹尾",将整篇讲解词的立意进行了提升:饮食不只是满足人的食欲,它更是代表了一个城市独特的文化和魅力，在当今城市趋同、地方特色被吞噬的大环境下，它更为宝贵！第二，文字功底扎实，语言优美、简练、到位，通篇没有多余的词句，既有文化的高度，又有生动通俗的典故；既抛开了饮食主题易流于纯感官享受、层次不高的弊端，又避免了文化主题过于深刻、曲高和寡的尴尬，可谓是比赛型导游词的典范。第三，充分结合了导游工作的实际，格局大，重思考。讲解词虽字数不多，但有价值的信息量很大。在开头即有对整个杭州每年游客接待量的介绍。之后突破了讲解中老调重弹的西湖，让听众从一个全新的角度来了解杭州。对三种饮食品的介绍十分符合导游口语讲解的要求。最后的总结也颇具画龙点睛的功效，让人按捺不住，几乎要离开现场去好好品味杭州这个天堂城市里最具人间烟火味的饮食了！如果说要找出这篇讲解词的不足之处的话，那就是因为它的经典，所以对选手本身的素质要求很高，并非一般人所能驾驭。在讲解时应注重诉说的朴实和灵动，任何华丽的技巧施加于它都会显得格格不入！（徐慧慧）

21. 秦兵马俑：雕塑艺术

各位尊敬的来宾，大家好！俯视一号兵马俑坑的全景，您是否体会到了"秦王扫六合，虎视何雄哉"的时代精神和"不尽长江滚滚来"的强烈动感？接下来，让我们换一个角度，来近距离欣赏一下兵马俑的雕塑艺术。其中最值得一提的，是兵马俑的个体和整体军阵之间，那种对立又统一的美学关系。

中国文化向来不太重视个性。而早在2200多年前的秦兵马俑，却蕴含着让人惊叹的个性化特征。这里6000名将士有6000张面孔。许多摄影师在拍摄兵马俑时，甚至还发现了兵马俑转瞬即逝、变化多端的面部表情。根据拍摄角度、距离的不同，同一具兵马俑可能会显现出或嗔或喜，或怒或笑，或苦或乐，或正或邪的不同表情来。比如，我们看这位下层军士俑，他面部表情悲戚，眼神茫然，但紧闭双唇又体现出一种帝国军士所具有的自信与坚毅。这是现实生活的磨难与个体精神品质相碰撞的结果。我们再看这位兵士俑，他紧锁眉头，额头上的表情纹和太阳穴附近肌肉的紧张状态，显现出怒容，挺直的鼻梁充满威仪，络腮胡显得他个性勇猛，与此相矛盾的是他饱满的双唇，似乎透露出一丝笑意，浑厚的脸型，以及柔和上翘的髭须，则又让人觉得平易近人、憨厚朴直。这些秦俑之所以有如此鲜明的个性特征，一方

面是受到当时写实主义风尚的影响，另一方面更重要的是秦代工匠对现实的深切体悟和对个体生命意识的尊重。用如此逼近现实的形式呈现无敌于天下的力量，则正是秦代"六王毕，四海一"时代的真实写照。

然而，如果我们进一步观察，在6000张面孔后面，又蕴含着秦人的共同性格和秦兵内在的威武风神。这正是秦兵马俑最鲜明的审美特征之一：以感性具体的个体形象，展现了秦人和秦兵的共同风采。兵马俑所蕴含的这种圆满、古拙、宁静、和谐的审美意味，正体现出了与西方雕塑不同的美学追求。你看这些兵俑个个身材高大，体格魁梧，坚实有力，质朴无华，表情严峻，一个从西北黄土高原走来的秦人的共同形象，站立在你的面前，使您猜想数年前，他可能还是一个在黄土高原拉犁的农民。但透过这朴实憨厚的形象，却让我们看到一种饱经风霜的沉着，身经百战的老练，战无不胜、攻无不克的必胜信念，笑傲沙场、视死如归的坚定与从容，这是那支横扫六合、一统天下的秦兵将士们的共同气质。

更重要的是，6000名秦军将士排列有序，组织严密，步兵、骑兵、车兵、弓兵、弩兵既相异相别，又互补互动，构成一个和谐完美的整体。整个军阵像处于一种临战的状态，步兵个个身披铠甲，持枪执戟，聚精会神，目视前方，像时刻等待进入战斗的号令。骑兵牵马挟弓，头戴圆形小帽，像时刻准备跨马出击。车兵身着重甲，手执车辔，曲背挺腿，像要立即冲上沙场。弓弩兵呢，或立或跪，挽弓搭箭，箭镞仿佛要立刻飞向敌阵。

总之，6000名将士朝向一个方向，凝成一颗心脏，汇成一个力量，这个力量，威武雄壮，无所畏惧，排山倒海，绵延至今。这是龙虎之师，这是无敌之师，这是必胜之师。

谢谢大家！（徐慧慧）

【点评】秦兵马俑被誉为世界第八大奇迹，在中国的人文景观中可谓独领风骚。秦兵马俑景区主要由一号坑、二号坑、三号坑和博物馆组成，导游讲解一般从它的发现史讲起，然后分别介绍各个景点。而本篇导游词则别出心裁，选取了一个独特的视角：兵马俑的雕塑艺术。要讲解好兵马俑的雕塑艺术实属不易，没有雕塑艺术基础的游客也听不太明白。所以，这样的选择本身就是一次冒险。幸好作者抓住了"对立统一"的艺术哲学法则，从个性与共性的矛盾统一角度，先聚焦单个兵马俑进行艺术分析，6000个兵马俑有

6000种个性,而组合在一起就呈现出强秦"横扫六合,一统天下"的壮美气魄。所以,这与其说是一篇导游词,还不如说是一篇雕塑艺术鉴赏的美文。当然本篇也有不尽如人意之处,就是对于前面的单个兵马俑雕塑的讲解很细致入微,但到后面没有对由6000多个兵马俑组成的群雕进行整体解说,没有归纳出群雕的审美类型与价值。(汪亚明)

22. 林社

各位朋友,您可知道,是什么原因使浙江文人蜚声文坛?又是什么让浙江商人名声在外?那是因为求真务实、诚信和谐、开放图强的浙江精神。浙江精神包含了良好的文化基因、早发的经济教育和不事张扬的个性理念,而这都要归功于近代浙江教育体系的完善。

在浙江的教育事业中,有一颗最闪亮的星,那就是林启。林启是谁?他是杭州百年前的一位老市长,是浙江大学、浙江理工大学、杭州高级中学的创办人。

今天我将带大家参观位于杭州西湖孤山北麓的林社。大家请看那石凳旁边坐着一位老者,那就是林启的塑像。林启是福州人,生于1839年,卒于1900年。他一生刚正不阿,勤政为民,推崇维新改革。在京为官时,得知慈禧暗中挪用军费修建颐和园,他忧愤交加,连夜奏疏:请太后罢颐和园之役,以纾民困。当时有人劝他:你这是冒死上疏,千万不可!林启凛然说:我为民请命,虽死不辞!果然,奏本令慈禧大怒,林启被革职外放。

请大家随我往前走,眼前这座两层中西式建筑就是林启纪念馆。匾额上"林社"两个大字,由曾担任浙江大学校长的潘云鹤先生题写。

请各位和我一起走进展厅,这里主要展示了林启先生的生平以及在浙江的政绩。我们现在看到的这组图片是林启创建的浙江大学的前身——求是书院。取名求是,是实事求是的意思。林启办学提倡以中为体,以西为用。课程除了注重国学,学习修身养性之外,还引进西学,提倡科学技术。

接下来我们来看第二组图片,这是林启创建的蚕学馆,是浙江理工大学的前身。杭州在古时候有"丝绸之府"之称,可是到了光绪初年,出现了蚕瘟而丝劣的状况,农民养蚕歉收,经济衰退。蚕学馆以教学、科研和推广为己任,不仅促进了杭州丝织业的复兴,还为以后全国丝绸业的发展作出了重

要贡献。

下面的这组图片是养正书塾，它是杭州高级中学的前身。话说它的校舍来之不易，当时在杭州开办广济医院的英国人梅腾更想将此地拨为私人寓所，却遭到林启婉拒：此地要改建学堂，不便给人。梅腾恼羞成怒，扬言要告到京城总理衙门去！但他万万没有料到，平时温良恭谦的林启，听后勃然大怒：我林启官可以不做，但中国之土地，一寸不能失！梅腾更被林启的浩然正气镇住，不仅放弃了索要寓所的想法，反而很敬佩林启，称赞他为中国政府中难得的一位好官。

林启先生为国而忧，为民而劳，鞠躬尽瘁，病逝于杭州任上，享年62岁。林启去世后，他的子女要把遗体运回家乡安葬。杭州人纷纷恳请将他留葬杭州，并找出林启生前诗句——为我名山留片席，看人宦海渡云帆为证。林启一生淡泊名利，想要死后能够与西湖的青山绿水为伴。林启子女深深感受到杭州人的情真意切，最终同意将父亲安葬在孤山。

各位游客，走进林社，我们读懂了林启为国为民的风骨；走出林社，我们汲取了林启实事求是的思想，这样求真务实、自强不息的浙江精神难道不值得我们代代相传吗？（边喜英）

【点评】这篇导游词围绕林社这一景点，以"一人三组图片一精神"的脉络和主线展开，主题突出，层次清晰，内容丰满，具有一定的思想性和表现性。"一人"即林启，抓住人物展开故事、表现精神，是名人故居类导游词常见的构思方式，而人物也是导游讲解中比较容易讲出故事性和趣味性的一个好选择。本篇围绕"林启"这个人物，选定了他生平最主要的贡献"办学"作为主要内容，然后通过相应的三组图片，讲述林启办学的主要过程及其精神面貌。这个部分最关键的问题是要做到删繁就简、突出主题、体现变化与统一，也就是材料的选择应各有侧重有所差异，体现生动性和多样性，但最终都能统一在一种精神或价值观当中。最后再回到人物，进一步总结其精神及后世反响。同时，这篇导游词的高度，不仅在人物的精神，更在"一精神"，即浙江精神。所以开场从精神入手，结尾以精神作结，体现人格、办学、教育及浙江精神的内在统一与呼应递进关系。从整体上看，这是一篇非常典型的纪念馆类景区景点导游词，值得借鉴与学习。如果在文字表达上能更加准确流畅，就更好了。（徐慧慧）

23. 都锦生织锦博物馆

各位游客，2016年9月召开的G20峰会，让杭州成为世界阅读中国的眼睛，而习近平主席夫人彭丽媛女士的"柔性外交"也是一道亮丽的风景。她不仅邀请元首夫人团参观了久负盛名的中国美术学院，领略青瓷、书画等传统文化的魅力，还赠送给各国夫人一份精美的国礼，它就是大名鼎鼎的都锦生织锦。今天我带大家参观的就是都锦生织锦博物馆。接下来请大家随我进内参观。

现在我们来到了第一展厅——织锦历史厅。大家请看这张老照片，这是西湖的茅家埠，1898年都锦生就出生在这座白色的老宅里。父亲给他取名锦生，冥冥之中注定了他是为织锦而生的。少年时的他痴迷于西湖山水，走遍了西湖的角角落落，心里早已描绘出创造风景织锦的蓝图。大家请看，这是他23岁时创作的第一幅风景织锦"九溪十八涧"。在美国费城举办的国际博览会和首届西湖博览会上，他的作品屡屡获奖。当时的中国正掀起抵制日货、实业救国的热潮，都锦生丝织厂在这样的潮流中不断扩大。然而抗战爆发，由于都锦生坚决抵制日本人的合作要求，他的丝厂不断遭遇停工、搬迁甚至屡次被炸，最终摆脱不了时代的宿命无奈倒闭，悲愤交加的都锦生在1943年病逝于他乡，年仅45岁。一个为锦而生的人，最终为锦而死。

幸运的是织锦技艺在工人的手中得以保存。大家请看，这是中华人民共和国成立后起死回生的丝厂，作为重要的外事接待单位，国家领导人出访的国礼就一直在这里生产。大家请看，这是毛泽东主席访问苏联时赠送给斯大林的伟人织锦像。而这张照片记录的是敬爱的周总理来到丝厂视察，他盛赞都锦生的织锦技艺，他说："这是国宝！必须保留！"在老一代杭州人的心目中，都锦生不仅是人名、厂名，更是一个响当当的民族品牌。

各位团友，请随我来到第二展厅。大家请看眼前的这块台毯，就是G20期间由都锦生丝织厂生产的国礼。早在1年前，丝织厂就接到了秘密设计生产国礼的任务。如何将东方元素与杭州地域特色完美结合？如何让早已被列为国家级非物质文化遗产的杭州织锦织造技艺焕发出新的生命力？这是设计团队面临的重大挑战。大家请看！设计团队通过2万多根经线和纬线的编织，将我国古老的种桑养蚕、抽丝剥茧、出使西域等画面完美展示在眼前的这块台毯织布上，再现了中国古代丝绸之路的盛况，这与习近平总书记提出

的"一带一路"倡议设想巧妙地结合在一起，成为G20峰会国礼中最耀眼的明星！

越是民族的，越是世界的！曾几何时，都锦生、孔凤春、毛源昌、王星记这些老字号几乎浓缩了杭州整整一个时代的记忆！它们与百姓的生活密不可分，只是在科技与机械代替了大部分传统手工艺的今天，老字号与我们渐行渐远。虽然我们把许多手工艺上升到非遗的层面，但是对它们真正的认知和尊重还浮于表面。传统手工艺流淌的是光阴里的那段心情，它是有温度感的，所以弘扬民族品牌就是今天我们对工匠精神的最好传承！（韩德琼）

【点评】这篇导游词创作于2016年杭州举办了G20国际峰会之后，抓住彭丽媛女士送给各国元首夫人的国礼"都锦生织锦"展开，体现出传统技艺的时代新生和G20、"一带一路""工匠精神"等年度热点，是一篇具有时代感和创新性的导游词。本篇的线索以小见大，从一个物（织锦），到一个馆（都锦生织锦博物馆），通过选择几幅有代表性的照片和几个重要历史节点，反映出织锦技艺的艰难发展历程、织锦人精益求精的工匠精神与家国使命等内容，体现了民族工艺既回望过去又立足当下，既不忘传承又注重创新的时代精神与使命。如果把本篇林林总总的材料、热点与信息进行更紧密的组织，尤其结尾部分能有更简洁、清晰的陈述，可能会更有力。（徐慧慧）

24. 千岛湖——巨网捕鱼

亲爱的朋友们，欢迎走进"天下第一秀水"——千岛湖。它是为了建造新安江水电站而形成的一个水库。郭沫若先生曾写诗赞美它："西子三千个，群山已失高。峰峦成岛屿，平地卷波涛。"今天您来千岛湖，绝不可错过这三样东西：一是欣赏千岛点缀的一湖好水；二是深呼吸充满负氧离子的一口好空气；三当然是饕餮一餐名满天下的千岛湖好鱼头了。

而要吃鱼呢，首先得捕鱼。这就不得不提到600多年前新安江上的"九姓渔民"。话说，元朝末年，陈友谅和朱元璋争夺天下，陈友谅被打败，他手下的陈、钱、许、叶、林、李、袁、孙、何这九姓被贬到新安江一带，官府命令，这九姓不得读书考试，不得上岸居住，不得与岸上人通婚，上岸还不得穿鞋。久而久之，便形成了一个独特的水上渔民部落。他们靠水吃水，

练就了一身捕鱼的绝活儿。这就是传说中的巨网捕鱼。如今，巨网捕鱼还成了千岛湖旅游的金名片，供游客们感受观赏。那么我考考大家，这一网下去，最多能捕到多少斤鱼呢？——32万公斤！

千岛湖渔民们这一套巨网捕鱼的绝技，靠的是什么呢？秘诀只有四个字："拦、刺、赶、张"。

我们先来说说"拦"，拦就是拦网，渔民们先在渔场两头约3公里的地方分别设一道巨大的拦网，这个网相当于42个足球场那么大，俗称"封锁线"。当然在拦网前有个十分重要的环节就是要侦察鱼情。渔老大们可厉害了，他们凭着自己多年的经验，看水面上的波纹、水里小泡的多少，闻闻鱼腥味，听听水下发出的声音，就可以知道是什么鱼了。如果听到打水的哗哗声，您猜是什么鱼来了？这位朋友很有经验，对，是鲤鱼，因为鲤鱼游水时，尾巴的摆动幅度大；而如果听到啪啪啪声，说明这群鱼喜欢跳出水面，那肯定就是白鲢鱼了。

他们找到鱼下好拦网后，就要开始第二、第三步，就是"刺和赶"。渔民们会选择鱼儿容易逃跑的水域，设立奋斗网，也就是"埋伏圈"，目的是让鱼儿进得去出不来。之后，他们各自坐一条装满渔网的小划船，在封锁线内，间隔有序地投下三层丝网，大家可别小瞧了丝网！它勒到鱼鳞，鱼儿感到刺痛，就会拼命地逃跑，这就乖乖地蹿进了埋伏圈。

那最后一步"张"，就是拉网，巨网捕鱼中最激动人心的时刻终于来了。当渔老大一声令下，"起网咯，嘿哈，伙计们呐，嘿哈，加把劲呐，嘿哈"，号子声响彻湖面，渔民们动作整齐划一，渔网渐收渐小，受了惊的鱼儿"噼里啪啦"跃出水面，伴着水花飞溅，鱼儿有的高跳，有的飞跃，有的转身……像玉珠落盘一样，场面相当壮观，再加上朋友们的欢呼声，那真的是"群鱼狂舞，人欢鱼跃"啊！

亲爱的朋友们，当您欣赏这壮观的巨网捕鱼场景时，其实您真正欣赏的是这些鱼所生活的优越的生态环境，是千岛湖178亿立方无污染的一级饮用水水源，是生活在千岛湖畔的淳安民众，是淳安民众就像爱护自己的眼睛一样精心爱护着母亲湖的朴素理念，是天人合一的浪漫诗篇。山峦青翠，湖水澄碧。看得见青山绿水，留得住美丽乡愁。谢谢！（徐慧慧）

【点评】巨网捕鱼是千岛湖旅游的一大看点，每年到了捕捞旺季，各家

电视台都会争相直播捕鱼的场景。所以,这个选题应该是很好的,关键在于如何描述这个场景。因为导游讲解不像电视摄像那样直观、形象,要完整、形象、生动地描摹巨网捕鱼的壮观场景实属不易。但本篇导游词则先用"拦、刺、赶、张"四个字加以概括,然后逐一细细道来,把一个相当繁复的场景清晰、生动、形象地呈现了出来,即使尚未身临其境的游客朋友也会有一种身临其境的亲历感,我觉得这是本篇导游词最为成功的地方。

本篇导游词另一成功之处在于其结构完整、剪裁恰当。就结构而言,这篇千余字的短文,由开头的欢迎词、千岛湖概述、九姓渔民的简介,然后推出重头戏——巨网捕鱼的描绘,最后是结束语,在结构上完全符合一般导游词的写作要求。就剪裁而言,因本导游讲解的重心是巨网捕鱼的场景描写,所以千岛湖和九姓渔民都作为铺垫性的概述,特别是九姓渔民这个"引子",使本篇导游词的内容更加丰富多彩,但这只是"引子"而已,写得非常简洁、生动,却为本篇导游词增色不少。(汪亚明)

二、研究论文

导游大赛获胜的八大法则

浙江旅游职业学院 徐慧慧

这几年,各级各类的导游大赛在各地如火如荼地举行,尤其是 2010 年由国家旅游局、共青团中央、全国妇联主办了全国导游大赛后,更是在全国掀起了导游竞赛的高潮。2012 年 12 月 25 日—27 日,2012 全国导游大赛又在珠海举行,为此,各地再次掀起了一股导游竞赛的热浪,从旅行社内部竞赛,到县市级、省级层层选拔,形成了涉及整个行业的一件大事、盛事。一批批优秀的导游人才也在一系列的大赛中脱颖而出,成为旅游业界的代表和旅游形象的窗口。越来越多的导游员参与到比赛的队伍中来,并将它视作自己职业发展和技能提升的重要途径,甚至是实现自身价值的重要舞台。我们似乎感受到导游业界形成了一种"不想参加导游大赛的导游不是好导游"的共识。

确实,导游大赛作为一种特殊的培训方式、难得的展示机会和交流平台,是导游员提高技能水平、文化底蕴和综合素质的最集中、最有效的渠

道，同时对展示导游员良好形象、扩大社会影响、提升行业知名度等，都有着不可低估的作用。因此，导游大赛越来越受到旅行社、旅游行政主管部门、从业人员的广泛关注和重视。导游大赛的获奖选手也已经成为整个行业的代表与领头人，为国家和地区的旅游事业及自身的职业生涯都带来了益处。

那么，导游员如何能在竞争激烈的大赛中脱颖而出、拔得头筹呢？笔者在综合了全国导游大赛、浙江省及各地市导游大赛的基础上，根据2010全国导游大赛和2012全国导游大赛比赛规则及评分标准，提出了导游大赛获胜的八大法则。

法则一：良好的职业形象奠定基础

所谓良好的职业形象，是职业导游员展示出来的整体形象，简单来说就是导游员的精气神，具体包括仪容仪表、仪态礼节、谈吐风度及职业感等。我们都知道，在人际交往中有一个"首轮效应"，体现在比赛中，就要求选手能在极短的时间内树立起良好的职业形象。不可否认的是，这种形象首先会受外在形象的影响，"爱美之心人皆有之"，这也是许多比赛最后都有点儿像选美的原因。所以除了个别特别有个性、有特长的选手之外，一般选手都需要在身高、容貌、体态等方面占得先机，再加上适当的妆容修饰，着装得体，就能呈现出较好的舞台形象。但导游职业形象的良好，更重要的是由内而外散发的那种健康、阳光、沉稳、自信而又厚积薄发的感觉，因此积极向上的神采、饱满的精神和规范的行为礼仪就显得尤其重要。有句话叫"腹有诗书气自华"，形象说明了良好的文化修养对形象气质的重要影响。一般比赛中都会有一个形象风采展示或者自我介绍环节。这时候选手就要把自己最好的精气神展现出来，同时配合凝练得体的言辞，举手投足间自然而恰到好处地展现出一位优秀导游员的职业形象。

总体来说，良好的导游形象需要不错的外形、恰当的修饰、得体的服装、优雅的举止，对导游工作的感悟自然、深刻，尽量不说大话套话，而要注重挖掘自身的独特性，做到出面亮眼、出口动心、出手不凡、胸有成竹。

法则二：扎实的理论知识举足轻重

纵观近几年各类导游大赛，理论知识的考核已成常规项目。它要么出现在初赛、复赛中以笔试的形式初定排名，要么在决赛中设定一个知识问答环节现场考核，其特点是所占的分数较高，每道题的分值大，具有明显的拉开

差异、决定名次的作用。比如2010全国大赛知识问答的总分为20分，一共5题，每题4分。因此如果有一题回答错误，就将和最好的选手相差4分，这在"导游讲解"环节中是一个很大的差距，几乎只出现在最高分和最低分之间，而"才艺展示"环节的总分才5分。因此，志在获胜的选手，必须在理论知识环节做到万无一失。

理论知识一方面要求选手有平时的积累，另一方面需要战时的有效强化。理论知识内容一般包括旅游政策和法规、导游业务技能、导游文化知识、旅游服务礼仪等，涉及面广，涵盖的内容多，题量大，题型则以客观题为主，分判断题、单选题、多选题等。为方便操作和统一标准，两届全国大赛都事先公布了知识问答的题库。这些题目主要来自行业与专业中较主流的书籍、教材、参考资料，应该是由旅游相关院校教师提供，难免和实际的导游服务工作存在出入，也不会全面考虑各地的实际情况，因此再有经验的导游员也必须做好扎实的理论准备，不可仅凭经验。同时，赛前的强化记忆举足轻重，尤其是导游知识题，选手必须对每一道题目都烂熟于心，才能保证在比赛中分毫不失。而按照已有的经验来看，大部分选手都能在知识问答中得满分。可见，选手们对确定范围的赛项都做足了准备，几乎能确保万无一失。因此，要想在比赛中取胜，就不能在理论知识中失分，甚至一题都不能错。

法则三：出色的导游讲解初定乾坤

正如导游讲解是导游服务的灵魂，导游讲解也是导游大赛的核心和灵魂，在导游大赛中起了举足轻重的作用，一般都是分值最大，看点最多，也最受关注的。虽然从比赛的实际来说，它能拉开的分数很有限，但要是不能在这一环节站稳脚跟，名列前茅，那么最后的成绩也往往难以超越。可以说，导游讲解是选手综合能力的体现，也是对整个比赛结果的初定乾坤。

那么，怎样的导游讲解算是成功？如何才能做到出色？笔者反复查看了浙江省，尤其是全国导游大赛选手的讲解视频，并结合自己多年教学研究和指导导游大赛的经验，提出了"竞赛型导游词"和"实战导游词"的概念。本文将以2010全国导游大赛"导游讲解"环节的评分标准为例做如下阐述。

第一是时间把握要准，比赛要求"5分钟，4分30秒时计时器提示，到时即停。超时10秒内扣2分，超时10秒终止比赛"。因此导游讲解第一个最关键的要求就是时间问题。一旦时间失控，再好的讲解都成了硬伤，导致回天乏力。

第二是讲解内容,其最佳要求是"全面、完整、准确,重点突出、紧扣主题、与时俱进"。也就是说,导游讲解的5分钟,不是平时常规带团中随意截取的一个自然片段,而是经过整合、重构后的一个浓缩的精华。它麻雀虽小,五脏俱全,既要有明确的主题且主题全面并有完整的阐述,又要有围绕主题的主次内容,并能体现时代特色。全国大赛有一位上海选手讲解上海世博园的水博园,设定了当今最受关注的环保的大主题,并结合水与生命的关系和现代科技,对人类的生存状态进行了反思,讲解内容发人深省、直入人心,得到了较高的分数。哪怕是讲历史、讲传统,也应该从中看出新意,点出其与现代社会和现实生活的关系,将物与人、与时联系起来。

第三是讲解结构,要求"结构合理、层次分明、详略得当、逻辑性强"。结构是对主题和内容的具体体现,是盛装内容的"容器"。容器要适合内容物的需要,最好还能使之锦上添花,符合观赏者的接受心理。因此,选手应致力于研究导游讲解艺术,熟悉游客接受心理,在充分使用各种逻辑思维的基础上巧妙布局,化腐朽为神奇。

第四是"讲解具有很高的文化内涵"。也就是说,导游大赛重申了导游员是文化人的观点,对讲解的品位与内涵提出了要求。那种哗众取宠甚至滑稽庸俗的讲解,在这里被否定,而按部就班的常规讲解也同样不提倡。这就要求选手尽量避免单一游程式的解说,而应对讲解对象进行立体分析、深入挖掘,做到广阔的眼界与深刻的见解相结合,体现深厚的文史地理知识或科学原理,阐发时代精神、哲学思想及人文关怀,表现出厚积薄发、娓娓道来的自信与涵养。

第五是讲解技巧,要求"讲解角度新颖,讲解生动幽默、通俗易懂,富有感染力、亲和力"。讲解角度的选择和主题直接相关,选手最好能以小见大、由此及彼、推陈出新、点石成金,做到一朵花里看出春天,一粒沙中看到世界,在情理中,在意料外,给人耳目一新、妙不可言之感。同时,选手最好能用令听众喜闻乐见、赏心悦目的方式来表达深刻的主题和内容,语言要符合导游语言的要求,即口语化,富有感染力、亲和力和交流感。

第六是语音语调上要求"普通话标准(外语语音标准),语调自然、音量适中、语速把握得当、节奏合理、肢体语言规范",表达能力方面"口齿清楚、语法正确、表达自然流畅"。这一点主要应强调导游讲解与其他语言样式的不同。比如导游讲解不是演讲,过分的夸张和鼓动性反而会显得别扭

和不自然,破坏了交流语言的自然天性;导游讲解不是朗诵,情感过于强烈、遣词过于华丽,就失去了导游讲解口语化的基本特征;导游讲解更不是表演,它讲求的是娓娓道来,情真意切,有现场感,有交流感,要的是激情而不是抒情和煽情。它虽然以导游员讲解为主,但始终存在着游客这一潜在接受者和对话者,因此导游讲解是一个召唤结构而不是一种单向展示模式。选手的肢体语言也要结合导游工作实际,做到职业、规范、恰到好处而不是表演性和夸张性。总体而言,导游讲解应该是由内而外情真意切地讲述,而不是声情并茂地背诵。

如果做到了以上六点,基本上就是一次成功的导游讲解了,而只有在导游讲解中表现出扎实的文化积累、出色的语言技能和讲解艺术水平、巧妙的主题设置和谋篇布局、规范得体的体态语言,以及自然大气的综合形象,才能得到高分,为最后赢得胜利,拿下最扎实、最有分量的一战。

法则四:规范的业务技能决定成败

近几年的导游大赛,虽然最热闹、最有看点的是导游讲解和才艺表演这两个赛项,但真正决定成败的,往往是导游知识题和导游服务工作情景再现题的回答。以"2010全国导游大赛决赛成绩"为例,最后取得前几名的,都是"情景再现"赛项20分总分中得分在16分以上的。有两位选手,虽然在导游讲解、才艺表演、知识问答、形象展示中均取得了非常高的分数,但由于"情景再现"分别只有12分和8分,直接导致了总成绩的一落千丈。因此,扎实、规范的业务技能的比拼,成为导游大赛一个最不动声色却最激烈的较量。

"情景再现"要求选手观看导游现场工作视频短片,然后按照要求,将视频短片中导游员在日常工作中不符合导游业务规范的行为或其他错误用中文写在答题纸上,观看视频5~8分钟,答题时间20分钟。一般来说,这一赛项因为是考核导游工作业务规范的,所以相较而言,导游员选手要比讲解员选手更有优势。所以在备赛过程中,讲解员选手更应对这一块内容进行强化训练,比如学习导游资格证考证教材中关于业务规范的知识以及国家和行业的服务标准,如《导游服务规范》等,有条件的还可以通过随团学习导游员实际工作规范的方式来加强对导游业务流程及规范的掌握。

当然,事物都有两面性。"情景再现"的规范和正确与否不是参照实际工作中所谓的不出错的标准,或者是旅游者的感受,而是按照行业或职业中被公认的或者是有国标、行标规定的相对正式的规范来评判的。如果导游员选手在日常带团中没有注意一些细节而是养成了习惯成自然的随意性，那么就有可能在这个赛项中因为经验的限制反而出现失误。倒是讲解员选手由于没有先入为主的"经验"，反而有可能在学习业务规范时更遵从和恪守业务规范中的严格规定与要求，从而获得准确性的优势。

因此，无论哪类选手，都应该安下心来扎扎实实落实业务技能和工作流程，仔仔细细对照国家标准和行业规范，认真梳理导游服务工作中有可能出现的纰漏和错误，掌握规定动作，加强对业务细节的钻研，包括形象、礼仪、言行举止和各个程序中的必要元素等，切实做好比赛准备。

另外，两届全国导游大赛中都要求"正确答案中，每出现一个错别字扣0.2 分（重复错别字不重复扣分）"，可见，错别字问题也应该引起选手的高度重视。导游员在学习业务规范的时候，还要注意文字问题，平时也应多积累多实践，以免出现不必要的失分。

法则五：精彩的才艺展示锦上添花

对导游大赛才艺展示环节比较明确和形成共识的一点是必须符合导游工作的实际，但在比赛中，才艺比赛的裁判常常又多为专业的表演艺术专家，所以就难免会天然地怀着对专业性的诉求。因此从这两个方面综合来看，导游大赛中的才艺，似乎更注重项目的简单可操作性（符合导游工作实际）和表现的专业感（符合裁判审美要求），如果再加上独特的创意和与导游工作紧密而巧妙的结合度，使才艺在技术和艺术指标之外还能展现职业精神和共同价值，必然能得到高分。对于没有专业才艺基础的选手来说，独特的创意和职业精神就是一个获得高分的捷径。

为了体现才艺展示要符合导游工作实际，两届全国导游大赛都规定了"选手在歌舞、戏曲、器乐、相声、小品、口技、朗诵、魔术、武术、讲故事 10 项中选择 1 项"。在分值分配中，现场表现（要求节目内容健康向上；表演自然、流畅，无差错；临场发挥稳定，感染力强；题材新颖，与导游工作性质贴近）和专业素养各占 2 分，再一次体现出导游大赛才艺比拼注重职业背景的特性。

然而，才艺展示最值得注意的地方是它的赋分较低，只有 5 分，而一般经过一定的舞台包装，每位选手的分数差异相当微小。以"2010 全国导游大赛决赛成绩汇总表"为例，除了一位选手只有 4 分之外，大部分选手都在

4.2~4.7分，平均分为4.58分。这就有了一个策略的问题，即为了这不到1分的差距，选手应该花多少的精力去准备，以及准备的侧重点应该在哪里？我们常说，台上三分钟，台下十年功，可见才艺表演并不是一个可以速成的项目，如果要拼真功夫，就必须已经具备了功底。因此像歌舞、戏曲、器乐、口技、武术等讲求技术的类型，就不适合没有基础的选手选择。有基础的选手要在最短时间内达到最佳的效果，一方面应该请专业高手进行指点，并选择巧妙的曲目扬长避短；另一方面可以增加体现导游工作的元素来提高节目分值。没有基础的选手就必须在情景设计和包装上取胜，以便别出心裁、巧夺天工。比如相声、小品的内容主旨能体现旅游和导游工作性质，朗诵原创的旅游工作诗词等，或者将不同的才艺元素进行巧妙的搭配、组合，通过设计追求意想不到的效果。

总体来说，才艺展示这一赛项给导游员的启示是我们应该在平时注重个人的才艺培养，结合自身特点，努力形成一项能在导游工作中活跃气氛、展示才华的个人特长。针对比赛，则需要讲求策略，扬长避短，注重设计和效率效果，不要因小失大，花费太多的精力准备。

以上五项法则主要是针对具体的比赛项目来说的，接下来简单就比赛的准备与临场表现谈一谈需要注意的问题。

法则六：系统准备和针对性训练必不可少

目前各类导游大赛虽然层出不穷，但比赛方式和内容却相对固定，两届全国导游大赛都采用了导游风采、导游讲解、知识问答、情景再现、才艺展示五个赛项作为决赛环节。可以说，这五个赛项比较全面地反映了导游服务工作的技能与业务要求，能基本检验选手的综合能力，并且作为比赛项目来说具有较好的观赏性和可操作性。因此，选手在比赛前如何进行系统准备，并根据比赛规则和自身特性，进行针对性的训练，将尤为重要。毕竟，比赛就是戴着赛制的镣铐去跳舞。

系统的准备训练主要包括以下几个方面：第一，时刻关注大赛通知，深入研究比赛规则。所谓知己知彼，百战不殆，了解赛制规则是取得比赛优胜的前提。比如导游讲解再优秀的选手，如果不了解比赛时间的要求，那么只要讲解超出几秒，就会被直接扣掉2分。所谓放对梯子要比拼命地爬梯子重要得多。因此，磨刀不误砍柴工。选手必须深刻了解和把握好比赛的各项规则与要求，以此制定各项目的准备方法和训练步骤，才能有的放矢，事半功倍。第二，高手指导，分项准备，各个突破。经常听导游员说自己是实战型选手不是比赛型选手，其实所谓的实战型和比赛型，主要还是要看是否根据比赛要求做了针对性准备，而这个准备可能很难仅凭个人的力量来实现，毕竟，术业有专攻，一个每天研究如何带好团的导游，确实不一定能知道如何比好赛，因此，选手在备战中，需要寻求相关专家的指导，争取各个突破。一个完美的指导团队大概需要这几方面的专家：导游词的创作与讲解专家、导游理论与业务规范指导专家、导游形象与礼仪专家、懂导游的才艺指导专家。当然，如果选手本身具备这几方面的能力，自己就能在各方面训练把关，这是最理想的备赛情况。但无论是靠专家还是自己就是专家，都需要有策略、有针对性地对各个赛项进行扎实训练，做到熟能生巧。第三，定期模拟，不断突破，查漏补缺，随时调整。准备大赛一般需要一定的时间，要经历一个否定之否定、螺旋上升的过程，这就需要在训练中定期进行模拟演练，并请各方面的人员进行观摩、挑刺，提出意见、建议，然后根据这些情况做出相应的调整。总体来说，这就是个内修技能、外修形象、专家指点、全面保障的备战过程，只有赛前准备到位，才能在赛时发挥得正常。

法则七：稳定的临场发挥保驾护航

比赛就像一场战争，战前训练是一回事儿，但战时的临场发挥和随机应变则又是一回事儿。只有战时发挥出色，战前的训练才有价值和意义，因此必须同样重视临场发挥。稳定的临场发挥首先来自扎实的基本功和系统的准备，同时还来自对其他参赛对象及比赛整体情况的全面了解，以及对现场要求的熟悉。因此，从选手出发前往比赛地点到比赛完全结束，仍然有一个重要的备战过程，而这个短暂甚至难免有些忙乱的时间段，很可能又是关键的临门一脚。因此，在做好充分的前期准备之后，还要重视比赛整个过程中的每一个细节。

第一，必须重视赛前筹备会，尤其是对评判组工作要密切关注。如果能有条件了解评委组成，那么就能大致判断评委的风格和喜好，对准备工作有更好的参考作用。第二，要重视领队、教练报到后的预备会议及抽签情况，进一步了解比赛细则和具体安排，必要信息务必做好明确的记录。第三，全国性比赛包括各地大型的导游比赛一般会在决赛前安排1天的集中培训和彩排时间，以熟悉比赛场地、规则、顺序、要求等，选手务必重视。有时候相关信息可能在事先就可以通过赛务组了解到，越早了解越好。第四，比赛有

附录 比赛型导游词及研究论文选

一个过程,在不同阶段,选手的心情可能会受各方面因素的影响,如何控制情绪,保证正常发挥,也是一个非常重要的问题。每个赛项结束一般很快就会公布该赛项的成绩,这时候如何让选手在面对成绩排名时,做到胜不骄败不馁,如何客观看待他人优势和我方劣势,确实是一个很有讲究的问题。这一方面考验选手的心理素质,另一方面对教练团队提出了要求。最后,整个比赛过程中沉稳、自信、大方的状态,将给最后的成绩提供有力保障。

法则八:长期的钻研积累才是根本

曾经听不少导游这样感慨:以前总觉得导游比赛就是作秀,没什么意思,那些选手不过是凭着一个好形象加上一些花里胡哨的表演获胜的,这和真正的导游工作和导游服务技能没什么大关系。但是凡参加过比赛的导游就会体会到,虽然导游技能最扎实的选手不一定得到最后的冠军,但是要取得好成绩,却一定需要有扎实的业务技能。如果没有那点基本功,根本不能在这么多选手和一项又一项的比赛中胜出。所以,参加比赛能发现自己身上存在着的许多不足和短板,尤其是业务精准度方面的问题,知道自己还需要好好研究导游服务技能和讲解技能,提高文化内涵的修炼,尤其是还要去进一步培养才艺特长。最关键的是,比赛会上瘾,导游员的技能也会随之提高。总希望积累以后,还能再来切磋交流,比赛一回,在竞赛中不断成长。

其实,比赛本身并不是目的,就像全国导游大赛通知中说的,举行比赛更是"为了贯彻落实《国务院关于加快发展旅游业的意见》和《旅游服务质量提升纲要(2009—2015)》,展示导游形象风采,交流导游服务经验,激励导游提升素质,提高导游服务质量,树立旅游行业形象",发挥获奖选手的示范和带动作用。通过以赛促学,以赛带训,总结经验,树立标杆,能更有效、更快速地培养和建设一支具有较高服务水准、过硬业务技能、良好职业道德、适应旅游业发展需要、深受旅游者欢迎的品牌导游员队伍,从而促进我国旅游行业精神文明建设和职业道德建设,推动旅游业持续、健康、快速、优质发展。

杭州有一位参加过多次导游大赛并曾获得过浙江省导游大赛冠军的导游员,曾这样总结他的业务提升之路:价值感是导游进步的原动力,交流是导游进步的平台,学习是导游进步的根本,兴趣是导游永远的加油站,导游大赛则是导游进步最好的熔炉。对此我深有同感,就以此作为本文的结尾,并与所有导游员共勉吧!

后 记

说起这本教材的最初缘起，不得不追溯到10多年前我的一次导游培训经历。记得那年的冬天，刚刚下完第一场雪，杭州市旅游委员会人事培训部请我为他们录制一则长度为两个半小时的《导游词写作》视频，作为导游年审培训的选修课挂到网上供导游们选修。我接到任务后，认真准备了一个内容充实、视角新颖的PPT，并在一个寒冷的上午一次性录制完成。之后，我又用此课件为导游专业教师、在职导游员和参加导游大赛的选手开设培训讲座，均受到好评，由此萌生编写一本导游词写作教材的念头。

要编写教材，首先得有相应的课程。但我原先就职的浙江旅游职业学院导游专业并没有开设导游词写作的课程，只在"大学应用文写作"和"旅游文学"中有相应的内容。况且写作课程在大学课堂上历来不太受欢迎，这方面的专职教师也缺乏。所以，要开设导游词写作课程也不是件容易的事。当然，另一个重要原因是高职院校的学生写作基础较差，即使开设此课，也难以保证相应的教学效果。所以，当时几乎所有的高职旅游院校或旅游相关专业都未开设此课程。直到2010年，浙江旅游职业学院被列入国家示范性骨干院校建设单位，导游专业被列为中央财政支持的重点建设专业。专业建设的重点除实训基地外，主要是对人才培养方案和人才培养模式进行改革与创新。正是在这一背景下，导游专业教研室对人才培养方案进行了全面修订，从专业化目标出发，增设了实用性更强的"导游词创作与讲解"课程，并将其列入导游专业建设的末级项目，确定由我领衔编写相关教材。从那时起，我就和校内外同人一起探讨课程的开设，并着手准备教材的编写工作。

要编写教材，还得有一个合适的书名。起初，想过"导游词写作教程"之类的书名，但仔细一想，在校学生很少有机会通过实地调研获取写作素

材,高职学生也不会很主动地去查阅大量纸质文献获得相应的材料,而更习惯于上网搜索材料进行导游词的编写。基于此,我就想是否可以将编与撰结合起来,而且这门课是一门导游词编写的实务性课程,所以,我就给这部教材起了个"导游词编撰实务"的书名。

书名即是定位,本教材的定位就是写作实训,就是按照导游词写作的基本路径与程序设置相应的写作任务,让学生通过实训能编写出结构完整、内容充实、语言生动形象的导游词作品。由此我联想到当时普遍流行的项目化教学模式,于是就参照这种模式来安排编写体例,将导游词讲解内容分成9个项目,然后再在项目下设置若干个具体任务,最终形成整部教材完整、新颖的结构体系。可以说,这样的教材名称和编写体例,在此前的同类教材编写中从未有过,说其具有原创性实也不为过。

这本教材从2012年问世以来已历时十多年,经历三次修订(含更换书名),基本格局一直没有改变,本次修订增加一个项目"沿途导游词的编撰与讲解",目的是适应目前导游专业教学的要求。教材自出版以来一直颇受欢迎,主要读者群是旅游院校教师和学生。后来在高级导游考试中有导游词创作的内容,且占"导游能力测试"科目的50%,其考试题型与本教材一模一样。所以,此教材就成为高级导游考生复习迎考的必备参考书,由此成就了本教材稳定的销售量。

近年来,教育部和省教育厅都在力推新型立体化教材项目的建设。受此影响,我和浙江旅游职业学院导游专业教师徐慧慧、嘉兴职业技术学院旅游管理专业教师王显成商量,决定在原有教材格局基本不变的情况下,按照新型立体化教材的要求,增设"请扫二维码,跟着视频学讲解"的内容,即从项目三至项目十,在每个项目中配制一个相关内容的视频,视频的时长为10分钟左右,均由学生讲解拍摄,这样既符合现场导游考试的要求,又能让学生在模仿中学会讲解,同时还连接了"我是导游"小程序(扫封底二维码),以备学生拓展学习,通过全国导游人员资格考试。基于以上的初步建设成果,我们申报了浙江省高校"十三五"新形态教材建设项目,以期通过省级立项来助推本教材的广泛使用,进一步提升导游人员的文化和业务水平。

本教材虽以原版为基础,但由于将原书名改成了"导游词编撰与讲解实务",根据出版社的规定必须用新的书号重新出版,所以我们就按新教材进行了项目申报。

后记

　　本教材由汪亚明、徐慧慧、王显成编撰。具体分工如下：汪亚明编写了项目一、项目三至项目五、4个视频的导游词稿件，以及5则获奖导游词的点评；徐慧慧编写了项目二和项目十、组织学生拍摄了8个视频并撰写了一则视频导游词、点评了14则获奖导游词，以及撰写了研究论文《导游大赛获胜的八大法则》；王显成编写了项目八和项目九。最后由汪亚明统稿。

　　在教材修订出版之际，我们首先要感谢浙江旅游职业学院和嘉兴职业技术学院为本教材申报省级"十三五"新形态教材建设项目提供的大力支持；其次要感谢徐慧慧和王显成两位老师的精诚合作，特别是徐慧慧老师花了不少精力组织培训学生拍摄了质量上乘的8个视频，同时为修订教材增加了项目二，为本教材增色不少；最后还要衷心感谢旅游教育出版社的同人为本教材编辑、出版所作出的辛勤劳动，你们的付出和敬业令人难以忘怀！

2023年12月于杭州

汪亚明